江苏省"十四五"时期重点出版物出版专项规划项目

中华民族音乐传承出版工程
中华民族音乐传承出版工程
精品出版入选项目

中国音乐经济史

魏晋至五代十国卷

韩启超 等 著

苏州大学出版社
Soochow University Press

图书在版编目(CIP)数据

中国音乐经济史. 魏晋至五代十国卷 / 韩启超等著. ——苏州：苏州大学出版社，2023.6
中华民族音乐传承出版工程
ISBN 978-7-5672-4429-0

Ⅰ.①中… Ⅱ.①韩… Ⅲ.①中国经济史-关系-音乐史-古代 Ⅳ.①F129②J609.2

中国国家版本馆 CIP 数据核字(2023)第 095820 号

书　　名：	中国音乐经济史·魏晋至五代十国卷 Zhongguo Yinyue Jingjishi·Wei-Jin Zhi Wudai-Shiguo Juan
著　　者：	韩启超　等
主　　审：	秦　序
责任编辑：	孔舒仪　倪锈霞
装帧设计：	吴　钰
出 版 人：	盛惠良
出版发行：	苏州大学出版社(Soochow University Press)
社　　址：	苏州市十梓街 1 号　　邮编：215006
网　　址：	http://www.sudapress.com
邮　　箱：	sdcbs@suda.edu.cn
印　　装：	苏州工业园区美柯乐制版印务有限责任公司
邮购热线：	0512-67480030　　销售热线：0512-67481020
网店地址：	https://szdxcbs.tmall.com/(天猫旗舰店)
开　　本：	718 mm×1 000 mm　1/16　印张：18.5　字数：313 千
版　　次：	2023 年 6 月第 1 版
印　　次：	2023 年 6 月第 1 次印刷
书　　号：	ISBN 978-7-5672-4429-0
定　　价：	78.00 元

凡购本社图书发现印装错误，请与本社联系调换。
服务热线：0512-67481020

序　言

越是基础越需重视，越是艰险越要向前
——为音乐经济研究的开展鼓与呼

秦　序[①]

一

以韩启超教授为代表的几位青年学者，敢于探索创新，编撰了《中国音乐经济史》，即将出版，嘱我写一点文字作为序文。

我当然义不容辞，因为是我鼓励他们开展这方面研究的。多年前，我所带中国艺术研究院的硕士研究生曹丽娜，受我的指定和影响，以《唐代民间营利性乐舞的生产与流通》为题，撰写了硕士论文。她顺利毕业后，通过选拔进入北京戏曲艺术职业学院任教，并且较快晋升为副教授。她的这篇文章，也很快引起了学界关注。尤其是上海音乐学院洛秦教授（现任中国音乐史学会会长），就曾在一次综述中国音乐史研究成果的会上，专门介绍了该文，并给予了很高评价，这也令我信心倍增。之后，我又先后指导中国艺术研究院和南京艺术学院的多位硕士、博士生，以不同时段、不同内容的中国古代音乐经济事项作为研究对象撰写学位论文，并均通过答

[①] 秦序，1948年生。中国艺术研究院音乐研究所原研究员、博士生导师；兼南京艺术学院教授、博士生导师；另兼浙江师范大学音乐学院教授。

辩顺利毕业。现在，在韩启超博士的带领和推动下，这些成果得以编写成书，并能奉献于世，当然是值得高兴的一件好事。

我相信中国古代音乐与经济关系的研究，一定会迎来新的发展和机遇。

二

回想这些青年学子尝试进行音乐经济方面的研究，从开始直到现在，在获得鼓励表扬的背后，也曾遭遇种种困难和诘难。

比如，这几位青年学子，甚至是我，原来学的都是音乐艺术和音乐学，没有接受过经济学方面的专业知识教育，非常缺少相关研究的学术"支持系统"和学识储备。这当然是一时难以逾越的巨大困难。

又如，古代音乐与经济的关系，自古以来并没有得到应有的重视，相关文献材料和实物史料不仅稀少，还零散难觅。显然，不可能在这些有限的资料上，运用现代经济学家们爱用的"总量分析法""个量分析法"，或分析研究其中的经济"模型"和"统计方法"所积累的数据，更不可能采用黄仁宇先生所主张的"数字化管理"之类标准来考量。

再比如百年来，马克思的辩证唯物主义和历史唯物主义思想，早已是我们党和国家的重要指导思想，"经济是基础"应成为一般人的常识。但翻检已有的中国古代音乐史研究论著，虽常提及每一时代音乐艺术所赖以生存的经济基础和政治、文化环境，但往往"远景"与"近景"、经济基础与音乐艺术两者各表，其皮、毛关系若即若离、似有似无，并没能深刻揭示出相互间的内在联系，以及彼此之间的密切互动，更无从展示每一时代音乐经济的多样性、丰富性和时代特色。

虽然缺少必要的、可以直接参考和依据的前人相关研究成果，研究起来自然困难重重，但是这些青年学子仍筚路蓝缕、勠力前行。

三

他们的尝试和努力，除了必须面对的主客观困难外，还有诸多因不解而引发的疑问：

你们不是学经济的，懂什么经济，研究什么经济呢？

音乐是音乐，艺术是艺术，经济是经济，怎么能扯到一起呢？

研究经济离不开数据和数学，没有数据，怎么能研究经济呢？你们拿得出多少古代的、翔实可靠的音乐经济数据呢？你们懂数学（尤其高等数学）吗？

你们知道古代一场演出，成本多少钱、票价多少钱吗？

……

这些疑问，还比较容易解释回答（详后）。更难的是他们还遭遇了种种诘难和反对，甚至连使用"音乐经济""音乐经济学"等概念，也遭到批评。比如，有人认为，因为"这一概念目前尚未形成"，可以用"音乐的产业""音乐的商业化"，甚至可以用"音乐的经济学"，但不能采用这种"A＋B"式命名的"音乐经济学"。

四

如果缺少相关文化历史知识，甚至没有经济学常识，对中国古代音乐与经济的关系不甚了解，从而提出若干疑问，甚至某些责难，都好理解。不知者，不为怪嘛。

那么，我们能不能研究音乐与经济的关系？能不能探索音乐经济学？

科学研究发展的历程表明，各种科学学科，是不断发展、不断深化的；同时，也有新的学科、新的分支学科不断涌现。另外，不同学科之间也会相互交融、渗透，从而产生种种新的边缘学科和交叉学科（诸如生物化学、音乐治疗学等）。

据网络数据，今天的学科数目已经从20世纪80年代的5 000多个发展到了10 000多个，并且还在不断增加。

音乐经济学，是音乐学与经济学两大常见学科相互结合的交叉学科，是已经在我国出现了几十年的艺术经济学的一个分支学科。

况且，科学的探索、发展，本来就没有任何禁区，也没有最后的止境。德国著名哲学家卡尔·雅斯贝尔斯在《哲学与科学》一文中明确指出：

对于近代科学来说，"没有什么是无足轻重的"。每一个事实，甚至最微小的、最丑恶的、最遥远的、最疏离的事物，在现代科学看来都是合法的研究对象——因为它的存在。科学已变为真正普遍的。没有哪一件事物能够逃避它。没有哪一件事物必须被掩藏或悄然逝去；也没有哪一件事物必须保持一种神秘。①

音乐与经济的联系，当然不是"最微小的、最丑恶的、最遥远的、最疏离的事物"。即便后面种种事物，也都有研究的必要，也都不能保持其神秘。那么，我们尝试研究中国古代音乐与经济的关系，有何不可？

因为科学研究没有任何禁区，所以去研究音乐与经济的关系，也就是开展一点音乐经济学的研究，哪怕简陋粗浅，也是可贵的尝试和探索，不足为奇。

当然，要进行任何一种科学探索，都需要一定的主客观条件，需要具备相关的基础知识，掌握一定的研究方法。但人非圣人，都非"生而知之"者，都是学而后知的人。那么，为什么不可以让好学的青年学人通过不断的努力学习，从而掌握从事某类科学研究的一定基础能力呢？

五

这里，我想大声为音乐经济学研究鼓与呼：

越是基础越需重视，越是艰险越要向前！

经济基础对上层建筑的决定性作用，是我们应该掌握的基本常识。不妨重温一下马克思的开创性论述：

> 人们在自己生活的社会生产中发生一定的、必然的、不以他们的意识为转移的关系，即同他们的物质生产力的一定发展阶段相适应的生产关系。这些生产关系的总和构成社会的经济结构，即有法律的和政治的上层建筑竖立其上并有一定的社会意识形态与之相适应的现实基础。物质生活的生产方式制约着整个社会生活、政治生活和精神生活的过程。不是人们的意识决定人们的存在，相反，是人们的社会存在决定人们的意识。②

---

① 卡尔·雅斯贝尔斯. 智慧之路：哲学导论［M］. 柯锦华，范进，译. 北京：中国国际广播出版社，1988：104-105.

② 中共中央马克思恩格斯列宁斯大林著作编译局. 马克思恩格斯选集：第2卷［M］. 北京：人民出版社，1972：82.

恩格斯晚年也强调指出：

政治、法、哲学、宗教、文学、艺术等等的发展是以经济发展为基础的。但是，它们又都互相作用并对经济基础发生作用。①

因此，研究艺术，研究艺术史、音乐史，不能只看艺术、音乐本身，必须也看到艺术、音乐作为一种上层建筑，离不开经济基础的影响，离不开社会经济文化活动的影响。

艺术、音乐与经济之间，存在密切关系。聪明的中国古人早已发现，并留下许多重要记述。比如，墨子为什么提出"非乐"？

《墨子》非乐篇就认为：仁者是为天下考虑的，不是"为其目之所美，耳之所乐，口之所甘，身体之所安"，若"以此亏夺民衣食之财，仁者弗为也"。②

墨子强调自己之所以"非乐"，是因为"非以大钟、鸣鼓、琴瑟、竽笙之声以为不乐也；非以刻镂华文章之色以为不美也……虽身知其安也，口知其甘也，目知其美也，耳知其乐也，然上考之不中圣王之事，下度之不中万民之利"。③

墨子当然知道"大钟、鸣鼓、琴瑟、竽笙之声"的优美动听，知道各种感官的美好享受，但他反对的是统治者们为了追求这些享受，而去"亏夺民衣食之财"。

墨子还指出，音乐不能使民众得到衣食，不能解除"饥者不得食，寒者不得衣，劳者不得息"之三患。他还从制器、奏乐、听乐三方面指出，音乐会成为天下之害。制造昂贵的乐器，必将"厚措敛乎万民"，"亏夺民衣食之财"。④ 奏乐者、表演者，也要吃好穿好，"食必粱肉，衣必文绣，此掌不从事乎衣食之财，而掌食乎人者也"。⑤ 听乐还会让人耽误工作，而追

---

① 中共中央马克思恩格斯列宁斯大林著作编译局. 马克思恩格斯选集：第四卷［M］. 北京：人民出版社，1995：732.

② 方勇. 墨子［M］. 北京：中华书局，2015：273-274. 编辑说明：书中引文均对引用文献进行原文摘录，与现代汉语用法规范不一致之处，不再进行修改批注。

③ 方勇. 墨子［M］. 北京：中华书局，2015：274.

④ 方勇. 墨子［M］. 北京：中华书局，2015：274-275.

⑤ 方勇. 墨子［M］. 北京：中华书局，2015：278.

求浩大的音乐表演,会使"国家乱而社稷危","仓廪府库不实","叔粟不足","布缕不兴",甚至亡国。①

因此,墨子看到了经济基础对兴礼乐具有的重要作用,而过度追求乐舞的宏大壮观,费时费财,"夺民衣食之财以拊乐"②,将会造成过度浪费,将会把经济基础压塌。

墨子的批评,也反映出"礼崩乐坏"的当时,各国统治者追求奢华乐舞,力求"大其钟鼓",从而造成了大量浪费,造成经济的入不敷出。这些描述从侧面反映了当时音乐生产的繁盛,离不开经济实力的支持。经济是为上层社会进行艺术表演的重要基础。

湖北随县战国早期的曾侯乙墓,出土了大量珍贵音乐文物,包括重达2 500多公斤的错金青铜编钟,其规模空前辉煌和宏伟。若没有发达的经济条件支持,绝不可能出现这样的音乐艺术奇迹。

汉代太史公司马迁也独具经济学眼光,《史记》中专设"货殖列传"。《广雅》云:殖,立也。孔安国注《尚书》云:殖,生也,生资货财利。因此该列传专门记载各地物产和经商活动。文中明确记述:"今夫赵女郑姬,设形容,揳鸣琴,揄长袂,蹑利屣,目挑心招,出不远千里,不择老少者,奔富厚也。"③说明当时赵、郑等国,多有擅长才艺、弹琴的貌美女子。她们远嫁或不远千里提供乐舞服务,以追求富贵生活。这些乐舞人是一种当地的"出产""土特产",而她们的学艺和技艺推销,也是一种目的性很强的商业经济行为。

《史记》卷一百二十九"货殖列传"还记述,"中山地薄人众,犹有沙丘纣淫地馀民,民俗懁急……为倡优。女子则鼓鸣瑟,跕屣,游媚贵富,入后宫,遍诸侯"④。土地贫瘠、人多地少的中山国,培养从小唱歌、跳舞和演奏琴瑟等乐器的歌儿舞女,他们同样是当地重要的"出产"。他们学成以后,向各国输出,为社会上层提供乐舞服务。太史公显然是从各地出产

---

① 方勇. 墨子 [M]. 北京:中华书局,2015:279-280.
② 方勇. 墨子 [M]. 北京:中华书局,2015:278.
③ 司马迁. 史记 [M] // 中华书局编辑部. "二十四史"(简体字本). 北京:中华书局,2000:2473.
④ 司马迁. 史记 [M] // 中华书局编辑部. "二十四史"(简体字本). 北京:中华书局,2000:2468.

和商品交易的角度,来分析记述这些文艺人才的培养和流通的。

如上所述,聪明的我国古人,早就以敏锐的经济学眼光看待艺术活动。为什么在音乐学界,很多人听到有关音乐与经济关系的话题,还会感到意外呢?

六

又如,一些学者问,没有大量数据,没有收入开支的明细数据,怎么能进行经济研究呢?

换句话说,这些学者认为,如果没有大量数据与公式,便不能研究中国古代音乐与经济的关系。

其实,只有大量数据、数学公式、各种统计表格等,才是经济学的研究,这是对经济学研究的一种误解。

史学界和经济学界,对远古时代"狩猎经济""游牧经济""小农经济"的判断与定性,能有多少可靠的、明晰的统计数字?这些重要判断,难道不是从经济学角度做出的吗?

古人云,"大军未动,粮草先行"。今人说,"什么问题最大,吃饭问题最大"。虽无具体数字,但不也蕴含着非常深刻的经济学道理吗?

亚当·斯密及其时代,把经济学看成人文科学。当时的经济学研究中,数学公式和数据不多。数学公式和数据,是从19世纪末开始才在经济学研究中大量出现的,的确非常重要。

在19世纪末,经济学发生了重要的"边际革命",边际观念的引入,使经济学得以脱胎换骨。研究边际观念,就必须运用微积分中的增量分析方法,特别是偏微分中的增量分析。而数学一旦进入经济学,也立刻发挥了巨大的作用。

正因为数学对经济学的贡献很大,近代经济学也越来越离不开数学。自从1969年诺贝尔奖开始颁发经济学奖后,得奖的经济学家大多数是精通数学者,有的人本来就是数学家。[1]

今天,经济学有许多不同类别,有很多不同的分支学科,比如出现了

---

[1] 茅于轼,岑科. 人文经济学:不用数学的经济学[M]. 广州:暨南大学出版社,2013:1-2.

宏观经济学、微观经济学、文字经济学、数理经济学等。有的经济学分支学科大量采用数学和公式，但也有少用甚至不用数字和数学的经济学分支学科。

我国著名经济学家茅于轼就曾写出《生活中的经济学》一书。此书通过讲述作者在美国这个高度发达的市场经济国家中生活的点滴经验，说明市场经济是如何运作的。书中很少有枯燥的数据，甚至没有什么艰深的数学公式或数学模式，但它确实做到了把深奥的经济学还原为浅显易懂的事理常规这一点。该书不仅非常热销，也产生了很大的社会影响。①

茅于轼先生指出，19世纪末以来，经济学研究越来越数理化，逐渐形成了一种"数理经济学"，也使经济学越来越接近自然科学。经济学的这种发展，却越来越偏离了创造主流经济学的亚当·斯密及其时代把经济学看成人文科学的本义。数理经济学力主用客观的、自然科学的立场和方法去研究市场。由于自然科学中没有"是"和"非"的价值判断，只有"对"和"错"的逻辑判断，所以，清华大学的一名经济学教授樊纲公然说："经济学不讲道德。"

他所说的"经济学"，应该就是这种自然科学式的数理经济学。②

2013年2月，茅于轼先生与岑科合作出版了一部新的经济学专著，叫作《人文经济学——不用数学的经济学》。

茅先生说写作该书的本义，就是要使经济学回归人文科学，建立人文经济学。人文经济学主张以人的立场来研究市场，其要回答的问题是，人应该建立什么样的价值观，人和人的关系应该是怎样的，自利是不是一定会害人，社会和国家应该按照什么原则建立，什么样的制度能实现全社会的福利，人如何认识自己的人生，人生的目的是什么，等等。显然，人文经济学具有超出单纯自然科学的视野，"这种研究已经跨越纯经济学，进入哲学、社会学、政治学等学科的交叉领域"③。

因此，该书干脆在副标题中点明，它是一本"不用数学的经济学"!

---

① 茅于轼. 生活中的经济学：第二版 [M]. 广州：暨南大学出版社，2003.
② 茅于轼，岑科. 人文经济学：不用数学的经济学 [M]. 广州：暨南大学出版社，2013：3-4.
③ 茅于轼，岑科. 人文经济学：不用数学的经济学 [M]. 广州：暨南大学出版社，2013：5.

看来，确实有很多人需要这种"不用数学的经济学"，以便让更多的人进一步了解、学习经济学。

茅于轼先生还强调指出：

我们相信，再复杂的数理关系也能通过语言把它说明白。而且经济规律未必一定要用数学才能证明，我们的生活也提供了丰富的素材来说明经济规律。所以人文经济学也可以说是"不用数学的经济学"。①

我们能够因为这些著述少用甚至不用数字和数学公式来谈论经济，便可以说它们不是经济学著作吗？

英国学者哈耶克撰写的《通往奴役之路》，是世界经济史、思想史上的名著，在哈耶克学术生涯中占有极其重要的地位，为他赢得了世界性的声誉。

1974年，鉴于哈耶克在经济学界拥有自亚当·斯密以来最受人尊重的道德哲学家和政治经济学家至高无上的地位，他与冈纳·缪尔达尔一起，荣获当年的诺贝尔经济学奖。

这部诺贝尔经济学奖获得者的代表性著作，也没有高深数学和大量数据。

难道，能因为这部代表作少用甚至不用数学数据和表格，便否认它是经济学方面的巨著吗？

七

反对使用"音乐经济学"的学者，说"这一概念目前尚未形成"，认为只能用"音乐的产业""音乐的商业化""音乐的经济学"，但不能用这种以"A+B"式命名的"音乐经济学"。这种说法值得商榷。

其实，"艺术经济学"一词，至迟于20世纪80年代，就已在中国学界有所运用，学者们也先后发表、出版了诸多艺术经济学论文和著作，不可谓艺术经济和艺术经济学概念"尚未形成"。②"音乐经济"和"音乐经济

---

① 此段文字引自《人文经济学——不用数学的经济学》封面。
② 我国学者李书亮等在20世纪80年代就提出建立艺术经济学的观点。顾兆贵从1987年便开始讲授艺术经济学课程。

学"，也只不过是"艺术经济学"的合理发展与具体延伸。

反对"音乐经济学"而主张采用"音乐的经济学"之名，后者不也是"A+B"式？大而言之，为什么音乐考古学、音乐声学、音乐心理学、音乐美学、音乐人类学、音乐图像学，或民族音乐学、音乐上海学、音乐北京学等，均可以采用"A+B"式命名；为什么中国古代的"琴学""书学""诗学""曲学"等，也都可以采用"A+B"式命名，且今天仍继续沿用，但偏偏不允许"音乐经济学"也采用"A+B"式命名呢？

如果说"音乐经济学"不能用"A+B"式命名是因为"这一概念目前尚未形成"，那么其他"A+B"式命名，包括上述种种学科名称，难道都是"概念"已经形成之后才出现的吗？它们都是形成了"A+B"式概念之后，才有"A+B"式命名的吗？

是先有事实还是先有概念？如果不允许尝试，不允许探索，甚至不允许失败、犯错误，上述大量"A+B"式命名，又从何而来？它们不都是概念"尚未形成"时，便开始有学科结合，开始有"A+B"式的探索吗？

大家知道，早在汉代文献中，就已出现了"琴道"这种"A+B"式命名。桓谭便著有《琴道》，蔡仲德先生认为它是"中国历史上第一篇完整的琴论"①。说到"道"，孔子曾说，"朝闻道，夕死可矣"。那么，在汉代人心目之中，难道"道"能比"学"低吗？当时桓谭提出"琴道"，就运用了"A+B"式命名。如上所述，这既然是第一篇完整的琴论，也是迄今最早提出"琴道"的文章，难道也是这一概念已经形成之后，才允许它"出现"的吗？有什么材料证明这一概念早已形成？当时，又是谁来允许、批准"琴道"这一概念可以适用"A+B"式命名呢？

古代当然没有"生产力""生产关系"等近现代学术词汇，但如果因为它们是近代或现代词汇，后人就不能用来研究远古以来世界各国经济和社会的发展变化吗？如果没有可以直接替代的"历史上既有的概念"，后人就不能创造、运用新的能说明问题、能包容古代内涵的学术概念吗？

固然，中国古代有"艺术""经济"等"既有的概念"，但它们也不能严格等同于我们所运用的"艺术""经济"等现代词汇。那么，我们今天就

---

① 蔡仲德. 中国音乐美学史 [M]. 北京：人民音乐出版社，1995：397.

不能运用这些现代词汇的"艺术""经济"来描述古代的事项吗？

再广而言之，古代当然也没有地球、世界、人类、现代化等现代词汇，那我们就不能谈论古代的地球、世界和人类，以及他们的"前现代化"了吗？

八

众所周知，法国艺术史家丹纳的《艺术哲学》是一部非常重要的具有示范意义的艺术史、美学史著作。丹纳对意大利文艺复兴时期的绘画、尼德兰的绘画、古希腊的雕塑进行了深入细致且极其精彩的分析研究。他认为物质文明与精神文明的性质、面貌，都取决于种族、环境、时代三大因素。他努力复活承载着、影响着上述不同时期艺术的具体文化背景与生活场景，指出每种艺术品种和流派只能在特殊的精神气候中产生，从而说明艺术家必须适应社会环境、满足社会要求。他所标榜的种族、环境、时代三大影响因素，在艺术史上产生了深远影响，为许多学者所遵循。

但正如该书译者、翻译家傅雷先生所指出：丹纳所揭示的时代与环境，还只限于思想感情、道德宗教、政治法律、风俗人情，总之是仍属上层建筑的东西。丹纳还是忽略了或不够强调最基本的一面——经济生活。因而傅先生认为，尽管该书材料非常丰富，论证非常详尽，但仍不免有不全面之感。①

傅雷先生的这一批评，对我们学习丹纳《艺术哲学》的成功经验，以提升对中国音乐史、艺术史的研究，是不能忽视的忠告。

我们还需要加强经济是基础的认知，而越是基础，就越需要人们的重视。我们研究作为社会上层建筑和意识形态之一的音乐艺术，怎么能脱离具有着深远影响的经济基础和社会经济行为呢？光亮的舞台之下、舞台之后，以及环绕着音乐艺术的方方面面，无不受到经济的影响，都有一双看不见的经济大手、市场大手，在影响和支配着艺术的传播和发展。

想想当年我们刚开始尝试音乐史学的研究，杨荫浏、李纯一、黄翔鹏等前辈对我们的点滴粗浅探索，热情鼓励、勉慰有加。我们应学习继承他们科学探索的宝贵成果和成功经验，也应学习他们对青年学人的支持和激励。我们何不给关心艺术经济基础研究的青年学子们多一些帮助，多一些

---

① 丹纳. 艺术哲学 [M]. 傅雷, 译. 北京：人民文学出版社, 1963：4-5.

掌声和支持呢?

对有志探索音乐经济研究的青年学人，我想借此机会也对你们说几句心里话。

近代科学诞生之际，为了追求客观真理，比如为揭示地球围着太阳转，有多少前辈科学家，敢冒天下之大不韪勇敢向前。意大利伟大的科学家布鲁诺甚至为此献出了宝贵生命，被活活烧死在罗马的鲜花广场上。

我们一定要努力学习音乐学与经济学研究的相关知识，打好进一步深入研究的"支持系统"。我们前期的研究成果能够结集出版，要看到成绩，也一定要看到诸多不足。要认真聆听社会各界的批评指正，继续努力，不断完善自己的研究，以创造更大、更多的成绩。尤其要努力学习、继承并发扬光大前辈科学家们不畏艰险、勇敢追求真理的伟大探索精神。

今天，有人提出各种疑问，我们不必多虑计较，应将更好地解释、说明作为自己重要的义务，也将这些疑问和建议当作继续探索的动力。

目 录

序　言 /1

第一章　魏晋南朝时期的音乐经济 /1
第一节　宫廷音乐的生产与消费 /3
第二节　世家大族音乐的生产与消费 /40
第三节　魏晋南朝时期音乐经济的总体特征 /55

第二章　北朝时期的音乐经济 /63
第一节　北朝时期的音乐生产 /65
第二节　北朝时期的音乐消费 /84
第三节　北朝时期音乐生产与消费的总体特征 /92

第三章　隋唐时期的音乐经济（上） /100
第一节　隋唐时期非商业性的音乐生产 /104
第二节　隋唐时期非商业性的音乐消费 /147
第三节　隋唐时期非商业性音乐生产与消费的总体特征 /163

第四章　隋唐时期的音乐经济（下） /168
第一节　隋唐时期商业性的音乐生产 /168
第二节　隋唐时期商业性的音乐消费 /184
第三节　隋唐时期音乐生产与消费的产品类型 /197
第四节　隋唐时期商业性音乐经济的总体特征 /203

第五章　五代十国时期的音乐经济　/ 206

第一节　五代十国时期的音乐生产　/ 210

第二节　五代十国时期的音乐消费　/ 243

第三节　五代十国时期音乐生产与消费的经济基础和总体特征　/ 250

后　记　/ 274

第一章　魏晋南朝时期的音乐经济

从宏观历史来看，魏晋南朝时期是中国历史上政权更迭最为频繁的时期。它肇始于三国。汉末天下大乱后，地方豪绅官员纷起，群雄割据，曹操挟持汉献帝，以"奉天子以令诸侯"的旗帜雄踞北方，其子曹丕于公元220年自立国号为魏，东汉正式灭亡。此后，占据江东之地的孙权也称帝建立孙吴政权；雄踞西蜀的刘备称帝建立蜀国。魏蜀吴三国鼎立局面正式形成。公元265年司马炎废曹魏政权称帝，建都洛阳，史称西晋，至公元280年消灭东吴，统一中国。西晋持续51年，至公元316年，在外族入侵、内室诸王叛乱的多重打击下，以司马睿为首的晋朝宗室携北方世家大族南迁，于建康（今南京）建立东晋。由于东晋是在北方南迁世族及南方土著世族的共同支持下建立的政权，因此，世家大族把持了国家的政治、军事和经济命脉，形成了"王与马共天下"的独特局面。与此同时，广大的北方地域则进入五胡十六国的时代。

公元420年东晋大将刘裕篡权建立宋（420—479年），拉开了南朝四国更迭的序幕，并形成了南北朝对峙的局面。继代而来的是南朝齐（479—502年）、南朝梁（502—557年）、南朝陈（557—589年）。由于东吴、东晋、宋、齐、梁、陈均建都于建康，故史学界常常把这六个朝代简称为"六朝"，而宋、齐、梁、陈则合称为"南朝"。与南朝对峙的北方社会主要的政权有北魏、东魏、西魏、北齐、北周。

从社会结构来看,魏晋南朝时期是门阀士族统治的时代,抑或说是豪强地主的时代。世家大族和地方豪绅拥有巨大的经济财富和政治特权,如他们拥有大量的土地,还拥有私家部伎、部曲。而作为社会底层的农民,在动荡不安的社会背景下,随着封建统治者的横征暴敛,逐渐失去土地被迫成为豪绅世族的佃户。封建统治者推行"九品中正制"选拔官员则进一步强化了豪绅与帝王共同掌权的政治格局。

从经济发展来看,魏晋南朝时期社会经济的整体发展并不平衡,北朝中原地区政权更迭频繁、战乱纷呈,战争及政权更替导致中原地域经济衰退、民不聊生。而伴随着北方士族和民众的大量南迁,先进的生产工具、生产技术也被带到南方,极大地促进了江南生产力的发展,推动了江南经济的繁荣。在社会大动荡的宏观背景下,两晋时期的门阀制度,以及南方皇权势力羸弱、豪绅世家大族强势的政治结构进一步强化和推动了地主庄园经济的发展,促使在封建土地私有制的基础上形成了具有时代特色的庄园经济、坞壁经济、寺院经济。

庄园经济的典型特点是庄园主拥有大量的土地和财富,具有强大的消费能力,所谓"豪人之室,连栋数百,膏田满野,奴婢千群,徒附万计。船车贾贩,周于四方;废居积贮,满于都城。琦赂宝货,巨室不能容"①。坞壁经济的特点是坞壁在坞壁主的统率下从事战斗和生产,它的产生与北方独特的政治环境及宗法制度有着密切的关系。寺院经济是以宗教关系为纽带的封建经济形式,寺院不仅拥有大量土地,还是一个相对封闭的生产经济体,具有免赋役的特权。②

在此背景下,南北城镇的商业经济也得到一定程度的发展。大量的城镇,尤其是南方城镇常住人口和经商者、手工业者日益增多,城市规模也日渐扩大。左思在《吴都赋》中描绘了南方城市的商业状况,"开市朝而并纳,横闤阓而流溢。混品物而同廛,并都鄙而为一。士女伫眙,商贾骈坒。纻衣绤服,杂沓丛萃。轻舆按辔以经隧,楼船举帆而过肆。果布辐凑而常然,致远游离与珂珬。纆贿纷纭,器用万端。金镒磊砢,珠琲阑干。……富

---

① 范晔. 后汉书 [M] //中华书局编辑部."二十四史"(简体字本). 李贤,等, 注. 北京:中华书局, 2000:1112.

② 李锋,代维. 魏晋南北朝时期的豪强地主经济 [J]. 吕梁教育学院学报, 2013(4):112-115,118.

中之甿，货殖之选。乘时射利，财丰巨万"①。

显然，在世家大族、豪绅地主强大的经济财富支撑之下，私家蓄伎成为这一时期音乐发展的典型特征，而世家大族也成为社会乐舞消费的主体。在王室与世家大族乐舞娱乐消费的引领之下，整个社会竞相奢靡用乐，声伎纷葩，相和、清商、吴歌、西曲等丝竹女乐，流闻衢路。

第一节　宫廷音乐的生产与消费

一、宫廷音乐的生产

（一）宫廷音乐生产者

1. 太乐、乐府机构所辖专业音乐生产者

魏晋南朝时期宫廷音乐的生产者主要是国家所蓄养的专业乐人，但由于汉魏之际战乱纷起，前朝乐工四处逃逸，十之不存其一，因此后世各王室的专业乐舞生产者体系的构建经历了一个相对复杂且漫长的过程。

《三国志》卷二十九载，东汉献帝时雅乐郎杜夔辞官后，因乱世投奔荆州，为荆州牧刘表服务。②这说明战争纷乱之际，地方诸侯成为前朝宫廷专业音乐生产者的主要投靠对象。当然，前朝乐人投奔地方诸侯的行为，为曹魏之世创立雅乐、乐府提供了基本条件。如刘表之子刘琮后来归降曹操，为曹操集团带来大量乐工，于是，曹操以杜夔为军谋祭酒，参太乐事，令其创制雅乐。③《三国会要》卷十四云：

> 魏武平荆州，获杜夔，善八音，尝为汉雅乐郎，尤悉乐事，于是以为军谋祭酒，使创定雅乐。时又有散骑侍郎邓静、尹商善咏雅乐，歌师尹胡能歌宗庙郊祀之曲，舞师冯肃、服养晓知先代诸舞，夔悉总

---

① 左思. 吴都赋 [M] // 严可均. 全上古三代秦汉三国六朝文. 北京：中华书局，1958：3770.

② 陈寿. 三国志 [M] // 中华书局编辑部. "二十四史"（简体字本）. 裴松之，注. 北京：中华书局，2000：598.

③ 陈寿. 三国志 [M] // 中华书局编辑部. "二十四史"（简体字本）. 裴松之，注. 北京：中华书局，2000：598.

领之。①

"魏武平荆州"是在建安十三年（208年），此时曹操除了让杜夔制定雅乐外，还召集了一大批专业乐人，由杜夔领导。这足以证明曹操集团从建安十三年（208年）获得杜夔开始，就已经着手建设国家乐府机构及礼乐体系，蓄养专业乐人。

魏黄初年间（220—226年），乐府官署的设置备受重视。当时杜夔被任命为太乐令、协律都尉，管理乐事。至魏明帝时期，其更为强调乐府官署的重要性，如《宋书》卷十九云：

> 明帝太和初，诏曰："礼乐之作，所以类物表庸而不忘其本者也。凡音乐以舞为主，自黄帝《云门》以下，至于周《大武》，皆太庙舞名也。然则其所司之官，皆曰太乐，所以总领诸物，不可以一物名。武皇帝庙乐未称，其议定庙乐及舞，舞者所执，缀兆之制，声哥之诗，务令详备。乐官自如故为太乐。"太乐，汉旧名，后汉依谶改太予乐官，至是改复旧。②

可见，魏文帝、魏明帝时期，乐府官署已承袭汉之旧制。太乐为总领诸乐事的最高机构，其下有太乐令、太乐丞、协律都尉、司律中郎、清商令、清商丞等。前朝太乐令杜夔及其弟子邵登、张泰、桑馥、陈颃等都曾主管国家乐舞生产。

除了重视乐舞管理人员的建设之外，魏明帝还大力完善乐府制度，重视乐府中职业乐人的培训与教习。《晋书》卷十六载，泰始十年（274年）协律中郎将列和曾云：

> 昔魏明帝时，令和承受笛声以作此律，欲使学者别居一坊，歌咏讲习，依此律调。至于都合乐时，但识其尺寸之名，则丝竹歌咏，皆得均合。③

显然，乐府官署为了便于教习乐工，使学习者别居一坊，这一做法开

---

① 杨晨. 三国会要[M]. 北京：中华书局，1955：260.
② 沈约. 宋书[M]//中华书局编辑部."二十四史"（简体字本）. 北京：中华书局，2000：360.
③ 房玄龄，等. 晋书[M]//中华书局编辑部."二十四史"（简体字本）. 北京：中华书局，2000：310.

后代之先河。乐人别居一坊的现象一方面说明这一时期政府对音乐生产者的管理更加规范化；另一方面也说明至魏明帝时期，乐府中的乐人得到了扩充，音乐生产者规模渐趋庞大，其规模正如《三国志》卷十三所云："童女以蹈舞缀；酿酎必贯三时而后成，乐人必三千四百而后备。"①

蜀、吴两国宫廷所辖乐人的相关记载相对较少，正如陈旸《乐书》所云："吴蜀音乐之制，后世无闻焉。"萧涤非先生在《汉魏六朝乐府文学史》中亦断言蜀汉无乐府。然而，从少许史料中依然能看出，蜀、吴两国虽没有魏国那样繁华的宫廷音乐，但政府依然蓄养大量乐人从事音乐生产。《宋书》载吴景帝时韦昭曾制鼓吹铙歌十二曲，并且上表云："当付乐官善哥者习哥。"② 这说明吴国有乐官制度和乐舞生产者。关于蜀国宫廷乐舞生产者的情况，史书也有记载：

> 三年春，亮率众南征。……诏赐亮金铁钺一具，曲盖一，前后羽葆鼓吹各一部，虎贲六十人。③
>
> 即斩怀、沛，还向成都，所过辄克。于涪大会，置酒作乐。④
>
> 后主立太子，以周为仆，转家令。时后主颇出游观，增广声乐。周上疏谏曰："……夫忧责在身者，不暇尽乐，先帝之志，堂构未成，诚非尽乐之时。愿省减乐官、后宫所增造，但奉修先帝所施，下为子孙节俭之教。"徙为中散大夫，犹侍太子。⑤

西晋统一，政治相对稳定，经济发展迅速，国家政治机构沿用汉魏制度，在礼乐上亦全面继承汉魏旧制。正如《晋书》所云，西晋泰始元年（265年）晋武帝"诏陈留王载天子旌旗，备五时副车，行魏正朔，郊祀天

---

① 陈寿. 三国志 [M] //中华书局编辑部. "二十四史"（简体字本）. 裴松之，注. 北京：中华书局，2000：309.
② 沈约. 宋书 [M] //中华书局编辑部. "二十四史"（简体字本）. 北京：中华书局，2000：364.
③ 陈寿. 三国志 [M] //中华书局编辑部. "二十四史"（简体字本）. 裴松之，注. 北京：中华书局，2000：683-684.
④ 陈寿. 三国志 [M] //中华书局编辑部. "二十四史"（简体字本）. 裴松之，注. 北京：中华书局，2000：709.
⑤ 陈寿. 三国志 [M] //中华书局编辑部. "二十四史"（简体字本）. 裴松之，注. 北京：中华书局，2000：761.

地,礼乐制度皆如魏旧,上书不称臣"①,"武皇帝采汉魏之遗范,览景文之垂则,鼎鬴唯新,前音不改"。又说"及武帝受命之初,百度草创。泰始二年,诏郊祀明堂礼乐权用魏仪,遵周室肇称殷礼之义,但改乐章而已"②,"及武帝受命,遵而不革。至泰始十年,光禄大夫荀勖奏造新度,更铸律吕"③。

值得注意的是,西晋武帝泰始元年(265年),除诏沿用魏旧礼乐制度外,还诏令"省郡国御调,禁乐府靡丽百戏之伎及雕文游畋之具"④。这说明泰始元年(265年)西晋政府建立乐府之制时,废除了乐府中的百戏并罢免了其相关生产者。与此同时,西晋政府对乐舞人员实行了分类管理,建立了系统的乐官制度。根据《晋书》卷二十四载,晋设太常、光禄勋等官,为列卿,各置丞、功曹、主簿、五官等员;太常内有博士、协律校尉员等职,统领太学诸博士、祭酒及太史、太庙、太乐、鼓吹、陵等令,太史又别置灵台丞。其中,光禄勋统武贲中郎将、太官、黄门、掖庭、清商等令。⑤

从《晋书》所载元正嘉会礼仪可知,西晋太乐署掌管雅乐登歌食举之乐,鼓吹署除掌管鼓吹之伎外,兼有百戏,清商署则与前代相同。至于乐府官署人员,晋初由荀颉定乐事。《晋书》卷三十九云:"时以《正德》《大豫》雅颂未合,命颉定乐。事未终,以泰始十年薨。"后任用荀勖为光禄大夫,"既掌乐事,又修律吕,并行于世"⑥。晋武帝泰始九年(273年),光禄大夫荀勖以杜夔所制律吕,校太乐、总章、鼓吹八音,典知乐事,并令郭夏、宋识、张华等造乐章。荀勖在前代律制基础上,制定了新笛律,并以此为"诸弦歌"的标准。晋泰始年间(265—274年),刘秀、邓昊、

---

① 房玄龄,等.晋书[M]//中华书局编辑部."二十四史"(简体字本).北京:中华书局,2000:35.
② 房玄龄,等.晋书[M]//中华书局编辑部."二十四史"(简体字本).北京:中华书局,2000:436,438.
③ 房玄龄,等.晋书[M]//中华书局编辑部."二十四史"(简体字本).北京:中华书局,2000:306.
④ 房玄龄,等.晋书[M]//中华书局编辑部."二十四史"(简体字本).北京:中华书局,2000:35.
⑤ 房玄龄,等.晋书[M]//中华书局编辑部."二十四史"(简体字本).北京:中华书局,2000:475-476.
⑥ 房玄龄,等.晋书[M]//中华书局编辑部."二十四史"(简体字本).北京:中华书局,2000:754-756.

王艳、魏邵等为太乐郎；协律中郎将是列和，其下乐人有郝生、宋同、鲁基、种整、朱夏等。① 之后，陈颀为司律中郎将，掌领乐事。晋元康年间（291—299年），荀勖之子荀藩为黄门侍郎，嗣其事，修金石郊庙之乐。

西晋乐工人数也极为庞大，以清商乐为例。西晋灭吴，获得大量吴地女乐，使清商乐队伍迅速壮大。《晋书》卷三载，太康二年（281年）三月，晋武帝司马炎收复东吴后，"诏选孙皓妓妾五千人入宫"②，其中多数属于孙皓的歌舞伎人。《晋书》卷三十一亦云："时帝多内宠，平吴之后复纳孙皓宫人数千，自此掖庭殆将万人。"③《晋书》卷二十四载，掖庭与清商并列，统属光禄勋，可见掖庭所掌管的女色应与音乐伎人有关。刘怀荣先生曾考证认为，晋掖庭所辖人员多为音乐伎艺女子。④ 但由于内廷清商乐舞人员规模过于庞大，因此帝王怠于政治，耽于游宴。于是晋武帝在太康七年（286年）颁布罢黜清商、掖庭女子的诏令，云："今出清商掖庭及诸才人奴女保林已下二百七十余人还家。"⑤

永嘉之乱后，海内分崩，乐府制度毁之不存，礼乐登歌废而不用，乐府伶工四散，伶官乐器皆没于刘聪、石勒。至元帝司马睿逃至江左，建立东晋，宫廷已经没有可用的音乐生产者。《晋书》卷二十三云：

> 江左初立宗庙，尚书下太常祭祀所用乐名。太常贺循答云："魏氏增损汉乐，以为一代之礼，未审大晋乐名所以为异。遭离丧乱，旧典不存。……旧京荒废，今既散亡，音韵曲折，又无识者，则于今难以意言。"⑥

因此，元帝初，由于无雅乐器及伶人，司马睿诏罢去太乐和鼓吹令一职。此后虽得登歌、食举之乐，并未全备。太宁末年（325年），晋明帝诏令阮孚等人，增扩朝中音乐生产规模。至咸和年间（326—334年），宫廷雅

---

① 房玄龄，等. 晋书［M］//中华书局编辑部."二十四史"（简体字本）. 北京：中华书局，2000：310-311.
② 房玄龄，等. 晋书［M］//中华书局编辑部."二十四史"（简体字本）. 北京：中华书局，2000：48.
③ 房玄龄，等. 晋书［M］//中华书局编辑部."二十四史"（简体字本）. 北京：中华书局，2000：627.
④ 刘怀荣. 魏晋乐府官署演变考［J］. 社会科学战线，2002（5）：98-102.
⑤ 严可均. 全上古三代秦汉三国六朝文［M］. 北京：中华书局，1958：2992.
⑥ 房玄龄，等. 晋书［M］//中华书局编辑部."二十四史"（简体字本）. 北京：中华书局，2000：449.

乐登歌和鼓吹、食举之乐全备。于是，成帝司马衍重新置太乐官署之制，尽力聚集散落四方的伶人、乐器以增太乐之规模。

但由于东晋皇权孱弱，世家大族把持朝政，地方诸侯割据，旧朝乐人伶工多流落地方，为地方官僚贵族独享，朝廷依然缺少金石之乐生产者。《晋书》卷二十三云：

> 庾亮为荆州，与谢尚修复雅乐，未具而亮薨。庾翼、桓温专事军旅，乐器在库，遂至朽坏焉。及慕容俊平冉闵，兵戈之际，而邺下乐人亦颇有来者。①

可见，东晋宫廷乐人规模虽在成帝时有所恢复，但与前代相距甚远。咸康二年（336年），置女鼓吹羽仪、杂伎工巧以充乐府。但咸康七年（341年），由于日食，杜皇后崩，骠骑将军、东海王冲薨，司空、兴平伯陆玩薨，等等，诸事件的影响，成帝诏罢除乐府杂伎。同年，成帝又接受散骑侍郎顾臻的建议，除《高缊》《紫鹿》《跂行》《鳖食》《齐王卷衣》《笙儿》等乐，减罢音乐生产者的禀资。因此，咸康八年（342年）正会仪注，成帝就诏令唯作鼓吹钟鼓，其余伎乐尽不作，但其后又在宴飨中复设《高缊》《紫鹿》之伎。②

穆帝永和十一年（355年），尚书仆射谢尚为国家采拾乐人，充实宫廷太乐乐工人数。后王猛平邺，又获慕容氏所属乐声并入乐府，于是乐府规模逐渐壮大。晋孝武帝太元年间（376—396年），破苻坚，又获乐工杨蜀等人，进一步扩充了国家雅乐的生产规模。

宋承东晋之制，宋武帝刘裕对音乐非常重视，其在为镇西将军时，就拥有鼓吹一部。因此，宋武帝永初元年（420年），乐府官署建制已备，设太常一人、太乐令一人、丞一人。太乐令的级别为右三品，与光禄大夫同级，黄门则为右第五品。除此之外，宋乐府职官还有：

> 殿中中郎将校尉、都尉……银印青绶。四时朝服，武冠。
> 小黄门，给四时朝服，武冠。
> 黄门谒者，给四时朝服，进贤一梁冠。朝贺通谒时，著高山冠。

---

① 房玄龄，等. 晋书 [M] //中华书局编辑部. "二十四史"（简体字本）. 北京：中华书局，2000：449.

② 房玄龄，等. 晋书 [M] //中华书局编辑部. "二十四史"（简体字本）. 北京：中华书局，2000：463.

>黄门诸署史，给四时朝服，武冠。
>中黄门黄门诸署从官寺人，给四时科单衣，武冠。
>总章监鼓吹监司律司马，铜印，墨绶。朝服。鼓吹监总章协律司马，武冠。总章监司律司马，进贤一梁冠。
>黄门诸署丞，铜印，黄绶。给四时朝服，进贤一梁冠。
>黄门称长、园监，铜印，黄绶。给四时朝服，武冠。
>黄门鼓吹、及钉官仆射、黄门鼓吹史主事、诸官鼓吹……凡此前众职，江左多不备，又多阙朝服。①

南朝宋时期的著名乐官有：武帝时的太常卿郑鲜之、黄门侍郎王韶之，文帝时的太乐令钟宗之。到宋后废帝（苍梧王）元徽年间（473—476年），不算后堂杂伎，太乐雅、郑乐人多达一千余人。② 可见，南朝宋宫廷所辖乐舞生产者的规模还是相当庞大的。

南朝齐建国之初，对前朝乐工规模进行了缩减，《南齐书》卷二十八载：

>上初即位，祖思启陈政事……又曰："乐者动天地，感鬼神，正情性，立人伦，其义大矣。按前汉编户千万，太乐伶官方八百二十九人，孔光等奏罢不合经法者四百四十一人，正乐定员，唯置三百八十八人。今户口不能百万，而太乐雅、郑，元徽时校试千有余人，后堂杂伎，不在其数，糜废力役，伤败风俗。今欲拨邪归道，莫若罢杂伎，王庭唯置钟虡、羽戚、登歌而已。如此，则官充给养，国反淳风矣。③

这一境况到武帝永明四年（486年）有所改变，《南史》载此时后宫万余人，太乐、景第、暴室皆满，嶷后房亦千余人，但贪于享乐的齐武帝依然继续采集乐人。④明帝永泰元年（498年）之后，乐府规模更为庞大，以此来满足统治者的声色娱乐，而为维持乐府运转，皇帝不得不派臣僚下扬

---

① 沈约. 宋书［M］//中华书局编辑部."二十四史"（简体字本）. 北京：中华书局，2000：347－349.

② 萧子显. 南齐书［M］//中华书局编辑部."二十四史"（简体字本）. 北京：中华书局，2000：348.

③ 萧子显. 南齐书［M］//中华书局编辑部."二十四史"（简体字本）. 北京：中华书局，2000：347－349.

④ 李延寿. 南史［M］//中华书局编辑部."二十四史"（简体字本）. 北京：中华书局，2000：708.

州、南徐二地敛取钱财，供太乐诸伎的衣饰、杂费。①

梁立朝之初延续了齐的思路，削减宫廷乐舞生产者规模。天监元年（502年）梁武帝下诏取消了乐府，并于天监七年（508年）对官制进行改革，以斯宣达为太乐丞，采取一系列新的措施。具体来说，梁代乐府官署改革表现在六个方面。

其一，改前代"太乐掌诸乐事"的旧制，由太常卿统领；

其二，将太乐和鼓吹并列，提高鼓吹署的地位；

其三，在太乐下设有清商署，并置令、丞之职；

其四，在太乐、鼓吹、协律校尉、总章校尉等职外，设有掌故、乐正之属以协助管理乐事；

其五，在乐府中设立吴歌、西曲女乐部；

其六，扩充乐府机构，增设法乐童子伎、童子倚歌梵呗。

梁武帝虽对乐府进行大幅改革，但乐府总体规模并未有大的扩充，正如《隋书》卷十五所云："自汉至梁、陈乐工，其大数不相逾越。"② 到梁简文帝时，政权屡弱，受制于侯景，朝中乐舞生产者也大多汇集侯景之地。直到元帝萧绎执政后，政府才基本恢复乐制，但其规模与武帝时相距甚远。

南朝陈已不复梁时的风采，宫廷所辖乐人相对较少，直到太建六年（574年）乐府音乐人员才达到一定规模。《隋书》卷十三载：

> 至六年十一月，侍中尚书左仆射、建昌侯徐陵，仪曹郎中沈罕，奏来年元会仪注……其制，鼓吹一部十六人，则箫十三人，笳二人，鼓一人。东宫一部，降三人，箫减二人，笳减一人。诸王一部，又降一人，减箫一。庶姓一部，又降一人，复减箫一。③

综上，魏晋南朝时期由于政权的更迭，宫廷乐舞生产者的数量时增时减，并不稳定。总体来说宫廷乐人数量庞大，种类繁多，既有清商女乐，又有雅乐登歌乐人；既有鼓吹乐人，又有总章乐人。归纳起来，比较有代表性的是以下五类。

---

① 萧子显. 南齐书［M］//中华书局编辑部."二十四史"（简体字本）. 北京：中华书局，2000：71.

② 魏徵. 隋书［M］//中华书局编辑部."二十四史"（简体字本）. 北京：中华书局，2000：250.

③ 魏徵. 隋书［M］//中华书局编辑部."二十四史"（简体字本）. 北京：中华书局，2000：210.

第一，鼓吹署乐人。三国时期鼓吹乐延续了东汉蓬勃发展的势头，受到社会各层人士的喜爱，并成为身份和地位的象征，各国王室自然极为重视。《三国志》卷四十六载，东吴建国初期，孙策就通过战争手段获得大量鼓吹音乐生产者，所谓"得术百工及鼓吹部曲三万余人"①。这便使得吴主常常将鼓吹赐予臣僚，并频繁地在军旅中使用。《三国志》卷四十七云：

> 权以水军围取，得三千余人，其没溺者亦数千人。权数挑战，公坚守不出。……权行五六里，回还作鼓吹。②

曹魏以降更是"顷诸鼓吹广求异妓"③，以致"魏、晋之世，给鼓吹甚轻，牙门督将五校悉有鼓吹"④。

第二，清商署乐人。清商乐是魏晋南朝时期发展最为迅速的音乐形式，尤其是在曹氏三祖的爱好和提倡下，清商乐从鼓吹乐中独立出来。曹氏设立清商专署，以更为独立的形式组织乐人进行生产，并设铜雀台作为乐舞艺人的生产场所。魏明帝时以令狐景为清商令、庞熙为清商丞。《三国志》卷四载，齐王曹芳尤其喜爱清商乐，常自言："我自尔，谁能奈我何？""每见九亲妇女有美色，或留以付清商。帝至后园竹间戏，或与从官携手共行。"⑤ 刘宋之际，将清商乐称为"正声伎"，进一步确定了它在宫廷乐舞生产中的地位。

第三，四夷乐人。魏晋南朝之际战争连绵不休，乐府机构时立时废，当时四夷之邦国所献乐人是宫廷音乐生产的主要力量之一。如《三国志》卷四十七载："六年……十二月，扶南王范旃遣使献乐人及方物。"⑥

第四，雅乐登歌乐人。魏晋之际，雅俗渐趋分离，乐府机构所蓄乐人更多地承担宴飨之功能，宫廷祭祀及重要的仪式活动则专用雅乐，由此，产生了专门的雅乐登歌人员从事音乐生产。所谓"君化民以德，礼教兴行，

---

① 陈寿. 三国志［M］//中华书局编辑部. "二十四史"（简体字本）. 裴松之，注. 北京：中华书局，2000：820.
② 陈寿. 三国志［M］//中华书局编辑部. "二十四史"（简体字本）. 裴松之，注. 北京：中华书局，2000：827-828.
③ 严可均. 全上古三代秦汉三国六朝文［M］. 北京：中华书局，1958：1954.
④ 郭茂倩. 乐府诗集［M］. 北京：中华书局，1979：224.
⑤ 陈寿. 三国志［M］//中华书局编辑部. "二十四史"（简体字本）. 裴松之，注. 北京：中华书局，2000：98.
⑥ 陈寿. 三国志［M］//中华书局编辑部. "二十四史"（简体字本）. 裴松之，注. 北京：中华书局，2000：847.

是用锡君轩悬之乐"①。

由于历代统治者把轩悬、金石之乐当成帝王、君权的标志与象征，因此，在战乱频仍、政权更迭的魏晋南朝时期，皇室、门阀权贵、地方王侯都纷纷蓄养雅乐登歌乐人。

第五，总章乐人。总章也是汉魏时期的宫廷音乐机构之一，《后汉书》卷九云："八年冬十月已巳，公卿初迎冬于北郊，总章始复备八佾舞。"② 但两汉文献对此并没有太多记载，只有西晋时期明确将其与太乐、鼓吹等官署并提。《晋书》卷二十二云：

> 泰始九年，光禄大夫荀勖以杜夔所制律吕，校太乐、总章、鼓吹八音，与律吕乖错，乃制古尺，作新律吕，以调声韵。事具《律历志》。律成，遂班下太常，使太乐、总章、鼓吹、清商施用。勖遂典知乐事，启朝士解音律者共掌之。③

据此说明，作为国家的乐舞管理机构之一，总章的级别在太乐之下、鼓吹之上。其所辖乐人是以表演舞蹈为主的女艺人，她们不仅是宫廷重要的乐舞生产力量之一，也是魏晋南朝时期帝王恩赐臣僚的主要对象，如《南朝宋会要》所载帝王赏赐臣僚女乐多为总章之伎。《宋书》卷十九也有大量有关总章乐人活动的记载：

> 宋文帝元嘉十三年，司徒彭城王义康于东府正会，依旧给伎。总章工冯大列："相承给诸王伎十四种，其舞伎三十六人。"太常傅隆以为："……其总章舞伎，即古之女乐也。殿庭八八，诸王则应六八，理例坦然。"
>
> 孝武大明中，以《鞞》、《拂》、杂舞合之钟石，施于殿庭。顺帝昇明二年，尚书令王僧虔上表言之，并论三调哥曰……今总章旧佾二八之流，袿服既殊，曲律亦异，推今校古，皎然可知。又哥钟一肆，克

---

① 陈寿. 三国志[M]//中华书局编辑部."二十四史"（简体字本）. 裴松之，注. 北京：中华书局，2000：830.
② 范晔. 后汉书[M]//中华书局编辑部."二十四史"（简体字本）. 李贤，等，注. 北京：中华书局，2000：253.
③ 房玄龄，等. 晋书[M]//中华书局编辑部."二十四史"（简体字本）. 北京：中华书局，2000：445.

谐女乐，以哥为称，非雅器也。……"①

2. 皇室后宫管理体系下的音乐生产者

魏晋南朝时期，在南朝宋政府主导、太常机构管理下的乐府机构组织各类乐舞人员为国家从事乐舞生产的同时，以皇后为中心的后宫管理体制中也出现了相应的音乐机构以及受其管辖的乐舞生产者，这是南朝宋宫廷音乐生产的一个新现象。从本质上来说，它体现了人性的解放及音乐文化在南朝的变革。

从文献来看，后宫乐舞官制从宋少帝时开始建立，其体例模仿朝廷乐官体系，如《宋书》卷四十一载："其后太宗留心后房，拟外百官，备位置内职。列其名品于后。"② 所置乐官有以下几种。

乐正，置一人。管理六宫乐人，具有审查、衡量、确定乐人级别、职位的权力，即"铨六宫"。官品第三。

徽音房帅，置一人。不知掌何事，但从其名称上看应与音乐管理有关。官品第四。

赞乐女史，置一人。主管乐人人事变迁，即所云"铨人士"。官品第四。

典乐帅，置人无定数，有限外。"有限外"不知何指。官品第四。

清商帅，置人无定数。应是管理清商乐的专署。官品第五。

总章帅，置人无定数。主管女音乐伎。官品第五。

左西章帅，置人无定数。官品第五。

右西章帅，置人无定数。官品第五。左、右西章帅，官职的排列与总章相连，疑与舞伎有关，是总章的下属单位。

总章伎伙。准二卫五品，敕吏比六品。主管舞伎、音乐服饰。

典乐人。相当于诸房禁防的级别。

从以上内容可以看出，由于后宫官制是"拟外百官，备位置内职"，因此音乐官制较为完备，乐人队伍也极为庞大，这进一步促进了女乐的繁荣，推动了音乐的发展。

---

① 沈约. 宋书［M］//中华书局编辑部."二十四史"（简体字本）. 北京：中华书局，2000：368，372.

② 沈约. 宋书［M］//中华书局编辑部."二十四史"（简体字本）. 北京：中华书局，2000：833.

3. 精通音乐技艺的帝王、臣僚

魏晋之际，音乐之风盛行，精通音乐的皇室成员、臣僚、文士也是音乐的生产群体之一，积极参与音乐生产、传播。

魏晋之际，曹操、曹丕、曹植喜爱清商乐，常常亲自创作乐歌在宴飨之时以供欢娱。除了清商乐之外，曹植还创作佛教音乐，如鱼山梵呗的形成被认为与曹植有着密切的关系。东晋孝武帝也擅长音乐技艺，常常与臣僚欢宴娱乐，并亲自演奏乐器。《晋书》卷八十一载：

> 孝武末年……帝召伊饮宴，安侍坐。帝命伊吹笛。伊神色无迕，即吹为一弄，乃放笛云："臣于筝分乃不及笛，然自足以韵合歌管，请以筝歌，并请一吹笛人。"帝善其调达，乃敕御妓奏笛。伊又云："御府人于臣必自不合，臣有一奴，善相便串。"帝弥赏其放率，乃许召之。奴既吹笛，伊便抚筝而歌《怨诗》曰："……"声节慷慨，俯仰可观。安泣下沾衿，乃越席而就之，捋其须曰："使君于此不凡！"帝甚有愧色。①

南齐永元时期（499—501年），皇帝萧宝卷在宫廷宴飨时亲自表演白虎幢，自制杂色锦伎衣。精通音乐的南陈后主陈叔宝更是经常进行音乐创作与表演，于清乐中作《黄鹂留》《玉树后庭花》《金钗两臂垂》等曲，与臣僚、嫔妃制其词，绮艳相高，极于轻薄。抑或"亲执乐器，悦玩无倦，倚弦而歌。别采新声，为《无愁曲》，音韵窈窕，极于哀思"②。

由此可见，魏晋南朝宫廷娱乐性宴飨音乐活动，已摆脱了传统宴飨活动礼制束缚，表现出了魏晋南朝时期人性解放的思想。帝王也在这种思想潮流中，不顾九五之尊，与臣僚、乐人同台竞技，共同娱乐。此种案例非常普遍，除了上文所列举文献外，《宋书》卷六十九也记载了南朝宋文帝与群臣宴饮娱乐，亲自进行乐舞生产的事：

> 晔长不满七尺，肥黑，秃眉须。善弹琵琶，能为新声，上欲闻之，屡讽以微旨，晔伪若不晓，终不肯为上弹。上尝宴饮欢适，谓晔曰：

---

① 房玄龄，等. 晋书 [M] //中华书局编辑部."二十四史"（简体字本）. 北京：中华书局，2000：1411.

② 魏徵. 隋书 [M] //中华书局编辑部."二十四史"（简体字本）. 北京：中华书局，2000：223.

"我欲歌，卿可弹。"晔乃奉旨。上歌既毕，晔亦止弦。①

因此，在统治者的提倡下，臣僚常常以习乐为时尚，以精通一两件乐器或一两种音乐技能而自豪。只有如此，才不至于在宫廷宴会上落伍，不至于在别人竞相展示技能时，因自己不懂音乐而影响仕途。

《南齐书》卷二十三记载了南齐太祖萧道成在华林宴上与褚渊、王僧虔、沈文季、张敬儿等人逗乐，并由此封赏臣僚一事：

> 上曲宴群臣数人，各使效伎艺。褚渊弹琵琶，王僧虔弹琴，沈文季歌《子夜》，张敬儿舞，王敬则拍张。俭曰："臣无所解，唯知诵书。"因跪上前诵相如《封禅书》。上笑曰："此盛德之事，吾何以堪之。"后上使陆澄诵《孝经》，自"仲尼居"而起。俭曰："澄所谓博而寡要，臣请诵之。"乃诵《君子之事上》章。上曰："善！张子布更觉非奇也。"寻以本官领太子詹事，加兵二百人。②

当然，除了帝王引领音乐生产之外，围绕在帝王身边的臣僚也常常以歌舞创作、表演为风尚，有时也参与管理宫廷乐府机构，创制雅乐登歌，有代表性的如南朝宋时期的沈约。因此，帝王、臣僚的这些乐舞生产也极大地丰富了社会音乐生产与消费的内容及形式。

(二) 宫廷音乐生产方式、目的

魏晋南朝时期宫廷音乐的生产方式主要有两种，其一是政府统一支配下的音乐生产，其二是自发性的音乐生产。下面分而述之。

1. 政府统一支配下的音乐生产

所谓政府统一支配下的音乐生产，主要是指这一时期在以皇权为中心的政府支配、主导下进行的音乐生产。表面上看，从魏蜀吴三国纷争到两晋时期，再到南朝宋齐梁陈，朝代更替极为频繁。但每一个政权在维护统治、发展经济的同时，都无一例外地致力于音乐机构的建设、管理。

因此，在音乐生产上表现出来的是统治者运用国家经济手段，购买音乐生产资料从事乐舞生产，进行音乐生产的物质资料属于国家，所有音乐

---

① 沈约. 宋书［M］//中华书局编辑部."二十四史"（简体字本）. 北京：中华书局，2000：1202.

② 萧子显. 南齐书［M］//中华书局编辑部."二十四史"（简体字本）. 北京：中华书局，2000：290.

生产者由国家设立的专门的音乐机构进行分类管理，如太乐署、鼓吹署、清商署、总章等。这些音乐生产者由国家提供生产、生活资料，以及学习、居住场所，国家成为其唯一的恩主。音乐的生产是在专门机构的指导下进行的。其生产目的是满足中央及地方的娱乐、祭祀、仪式、政治等需求。当然，南朝宋时期在后宫管理下的音乐生产也属于政府统一支配下的生产行为。

2. 自发性的音乐生产

所谓自发性的音乐生产，是指这一时期帝王、皇室成员、各级官员以及文士自觉充当音乐生产者生产宫廷音乐，其生产目的是自娱或众娱，也有部分音乐创作是为了国家的礼乐建设。这些音乐生产并不以获取物质或经济上的回报作为前提。如在帝王层面上有南齐皇帝萧宝卷在宫廷宴飨过程中亲自表演白虎幢，南陈后主陈叔宝制作《黄鹂留》《玉树后庭花》《金钗两臂垂》等曲；在臣僚层面上有东吴大臣韦昭制鼓吹十二曲，南朝宋大臣谢庄、沈约、颜延之先后创作大量的礼乐作品。另外在音乐表演上有南齐褚渊弹琵琶，王僧虔弹琴，沈文季歌《子夜》，张敬儿跳舞，王敬则拍张，等等。

（三）宫廷音乐产品类型

根据宫廷音乐生产的目的以及音乐产品的适用场所、功能和性质来看，这一时期的宫廷音乐产品主要有以下几种类型。

1. 祭祀性音乐产品

国之大事，在祀与戎。祭祀音乐产品的生产历来受到统治者重视，正如《史记》卷二十四所云："王者功成作乐，治定制礼。"是以"五帝殊时，不相沿乐；三王异世，不相袭礼"。① 从正史文献来看，这一时期有关祭祀性音乐产品的记载最为翔实。归纳起来主要包括以下几点。

第一，郊庙乐歌，即南郊乐歌和北郊乐歌。南郊和北郊祭祀是历代立国制礼的首要仪制，也是皇族最为重视的礼乐活动之一。用乐一般有《夕牲歌》《迎送神歌》《飨神歌》等，但在具体曲目上，历朝历代各有区别，南北郊亦有所不同。如东吴时期"《肆夏》在庙，《云翘》承机"②。宋南郊

---

① 司马迁. 史记 [M] //中华书局编辑部. "二十四史"（简体字本）. 裴骃, 集解. 司马贞, 索隐. 张守节, 正义. 北京：中华书局, 2000：1049.

② 陈旸.《乐书》点校 [M]. 张国强, 点校. 郑州：中州古籍出版社, 2019：916.

用《天地郊夕牲》《迎送神》《飨神》雅乐登歌三篇。①

第二，明堂乐歌。明堂用乐除与南北郊相同的《夕牲歌》《飨神歌》外，还包括《天郊飨神歌》《地郊飨神歌》《明堂飨神歌》。有代表性的如谢庄所造宋明堂歌，《南齐书》卷十一曰："明堂歌辞，祠五帝。汉郊祀歌皆四言，宋孝武使谢庄造辞……庄歌宋太祖亦无定句。"②《宋书》卷二十亦说："右迎神歌诗（依汉郊祀迎神，三言，四句一转韵）。"③

第三，宗庙登歌。宋武帝永初年间（420—422年），诏庙乐用王韶之所造七庙登歌辞七首、七庙享神登歌一首，具体包括《北平府君歌》《相国掾府君歌》《开封府君歌》《武原府君歌》《东安府君歌》《孝皇帝歌》《高祖武皇帝歌》《七庙享神歌》。④

另外还有谢庄造《宋世祖庙歌》，具体包括《孝武皇帝歌》《宣太后歌》二首；王韶之造《前舞》《后舞》歌二篇。《乐府诗集》卷第二收录了南朝齐、梁、陈时期大量的宗庙登歌，比较有代表性的是《引牲乐》《嘉荐乐》《昭夏乐》《永至乐》《文德宣烈乐》《武德宣烈乐》《高德宣烈乐》《嘉胙乐》等。⑤

第四，雩祭乐歌。雩祭实为明堂活动之一，《南齐书》卷十一曰："建武二年，雩祭明堂。"⑥但并非代代都有此祭，所用乐曲也与明堂迥异，因此，《乐府诗集》将其收录并单独归类。雩祭活动中的乐曲有《迎神歌八解》《歌世祖武皇帝》《歌青帝》《歌赤帝》《歌黄帝》《歌白帝》《歌黑帝》《送神歌》等。⑦

第五，藉田乐歌。此类乐歌用于政府主持的农事祭祀活动，主要叙述农作之事。晋傅玄作《祀先农先蚕夕牲歌》诗一篇、《迎送神》一篇、《飨社稷先农先圣先蚕歌》诗三篇，胡道安作《先农飨神诗》一篇，江淹作

---

① 郭茂倩. 乐府诗集［M］. 北京：中华书局，1979：13.
② 萧子显. 南齐书［M］//中华书局编辑部. "二十四史"（简体字本）. 北京：中华书局，2000：118.
③ 沈约. 宋书［M］//中华书局编辑部. "二十四史"（简体字本）. 北京：中华书局，2000：381.
④ 郭茂倩. 乐府诗集［M］. 北京：中华书局，1979：116-118.
⑤ 郭茂倩. 乐府诗集［M］. 北京：中华书局，1979：19-20.
⑥ 萧子显. 南齐书［M］//中华书局编辑部. "二十四史"（简体字本）. 北京：中华书局，2000：118.
⑦ 郭茂倩. 乐府诗集［M］. 北京：中华书局，1979：27-29.

《祀先农迎送神升歌》及《飨神歌》二章。①

第六，太庙乐歌。在太庙举行的主要是祭祀祖考的仪式。在儒学熏陶下的封建王朝，祭祀先祖是宫廷礼乐活动的重要组成部分。魏晋南朝对太庙乐歌非常重视，史载齐太祖萧道成未登基时，就诏令乐工造太庙乐歌。太庙用乐有《肃咸乐》《引牲乐》《嘉荐乐》《昭夏乐》《永至乐》《凯容乐》《永祚乐》《肆夏乐》《休成乐》等。太庙祭祀除用乐歌外，还有舞蹈，一般采用七室舞，《隋书》卷十三曰：陈初并用梁乐，唯改七室舞辞。皇祖步兵府君、皇祖正员府君、皇祖怀安府君、皇高祖安成府君、皇曾祖太常府君五神室，并奏《凯容舞》，皇祖景皇帝神室奏《景德凯容舞》，皇考高祖武皇帝神室奏《武德舞》。②

除太庙活动用乐外，小庙也用音乐。《隋书》卷七曰：梁"又有小庙，太祖太夫人庙也。非嫡，故别立庙。皇帝每祭太庙讫，乃诣小庙，亦以一太牢，如太庙礼"③。可见，小庙礼仪与太庙同，仅用乐有所区别，《乐府诗集》收录有《梁小庙乐歌》，包括《舞歌》《登歌》二首。④

第七，燕射乐歌。魏晋南朝非常重视燕射乐舞生产，除了继承前代作品之外，更多的是在前代类似作品的基础上进行创作。如南朝宋曾令王韶之造燕射四厢乐歌五篇：一曰《肆夏乐歌》四章，包括《于铄》《将将》《法章》《九功》等曲；二曰《大会行礼歌》二章；三曰《王公上寿歌》一章；四曰《殿前登歌》三章；五曰《食举歌》十章，包括黄钟作《晨羲》《体至和》《王道》《开元辰》《礼有容》五曲，太蔟作《五玉》《怀荒裔》《皇猷缉》《惟永初》《王道纯》五曲。⑤

南朝齐、梁、陈沿用前代燕射乐，正如《乐府诗集》卷第十三所载："终宋、齐已来，相承用之。梁、陈三朝，乐有四十九等。"⑥ 具体来说，南朝齐梁时期盛行的乐曲主要有《肆夏乐歌》《大会行礼歌》《上寿歌》《殿前登歌》《食举歌》等。

---

① 郭茂倩．乐府诗集［M］．北京：中华书局，1979：29．
② 魏徵．隋书［M］//中华书局编辑部．"二十四史"（简体字本）．北京：中华书局，2000：208－209．
③ 魏徵．隋书［M］//中华书局编辑部．"二十四史"（简体字本）．北京：中华书局，2000：91．
④ 郭茂倩．乐府诗集［M］．北京：中华书局，1979：129．
⑤ 郭茂倩．乐府诗集［M］．北京：中华书局，1979：195．
⑥ 郭茂倩．乐府诗集［M］．北京：中华书局，1979：182．

除了乐歌作品外，这一时期还产生了大量的祭祀舞蹈作品，主要有以下几种。

《宣烈舞》，用于郊庙。魏文帝改《五行》为《大武》，改《武德》为《武颂舞》。魏明帝改造的《武始舞》被晋世沿用。南朝宋孝建元年（454年），以《凯容舞》为《韶舞》，《宣烈舞》为《武舞》。其表演服饰以魏明帝时期的《武始舞》服饰为定制，后代相承用之。舞时执干戚。舞者服饰是：郊庙奏，平冕，黑介帻，玄衣裳，白领袖、绛领袖中衣，绛合幅裤，绛袜；朝廷一般是武冠，赤帻，生绛袍单衣，绢领袖，皂领袖中衣，虎文画合幅裤，白布袜，皆黑韦缇。①

《凯容舞》，用于郊庙。源自舜时代的《韶舞》，后来魏改为《大韶》。宋改《凯容舞》为《韶舞》，后又改为《文舞》。表演时舞者执羽钥，服饰则沿用魏咸熙冠服。郊庙，冠委貌，服饰如前；朝廷，进贤冠，黑介帻，生黄袍单衣，白合幅裤，其余如前。②

《前舞》《后舞》。西晋泰始九年（273年）造。宋元嘉中，改《正德》为《前舞》，《大豫》为《后舞》。③

当然，这些祭祀类音乐产品并非机械使用，而是有着严格的规定，且必须配合固定的仪式。统治者非常重视各种仪式的制定，如宋孝建二年（455年）九月，据左仆射建平、王宏的建议，确定郊庙祭祀乐仪，包括南郊、章庙用乐仪式，不同仪式配合使用不同的乐舞作品。南齐政府继承了宋元徽旧式，制定了南郊乐仪式、北郊乐仪式、明堂用乐仪式、太庙用乐仪式等，梁陈皆因袭前代，只是在具体使用时有所创新。

2. 鼓吹乐

鼓吹乐是军旅音乐的主要形式，也是魏晋南朝乐舞生产的重要产品之一。皇室则更重视此乐，南陈后主明确宣称鼓吹乃军乐，有功乃授。承袭前代又因时因世另造新曲，是这一时期鼓吹乐生产的主要趋势。

从文献来看，魏晋南朝时期鼓吹乐产品极为多样。如三国时期魏缪袭借鉴汉鼓吹曲而制魏鼓吹十二曲，随后吴大臣韦昭亦仿照缪袭制鼓吹十二

---

① 萧子显. 南齐书 [M] //中华书局编辑部. "二十四史"（简体字本）. 北京：中华书局，2000：129.

② 萧子显. 南齐书 [M] //中华书局编辑部. "二十四史"（简体字本）. 北京：中华书局，2000：129.

③ 萧子显. 南齐书 [M] //中华书局编辑部. "二十四史"（简体字本）. 北京：中华书局，2000：129–130.

曲。《晋书》卷二十三载韦昭所制鼓吹十二曲是：一曰《炎精缺》，二曰《汉之季》，三曰《摅武师》，四曰《乌林》，五曰《秋风》，六曰《克皖城》，七曰《关背德》，八曰《通荆门》，九曰《章洪德》，十曰《顺历数》，十一曰《承天命》，十二曰《玄化》。①

晋武帝时期则令傅玄制鼓吹曲二十二部，以代魏曲，具体曲目是：一曰《灵之祥》，二曰《宣受命》，三曰《征辽东》，四曰《宣辅政》，五曰《时运多难》，六曰《景龙飞》，七曰《平玉衡》，八曰《文皇统百揆》，九曰《因时运》，十曰《惟庸蜀》，十一曰《天序》，十二曰《大晋承运期》，十三曰《金灵运》，十四曰《于穆我皇》，十五曰《仲春振旅》，十六曰《夏苗田》，十七曰《仲秋狝田》，十八曰《顺天道》，十九曰《唐尧》，二十曰《玄云》，二十一曰《伯益》，二十二曰《钓竿》。②

南朝宋何承天于晋义熙末年（418年）私造鼓吹曲十五篇：一曰《朱路》，二曰《思悲公》，三曰《雍离》，四曰《战城南》，五曰《巫山高》，六曰《上陵者》，七曰《将进酒》，八曰《君马》，九曰《芳树》，十曰《有所思》，十一曰《雉子游原泽》，十二曰《上邪》，十三曰《临高台》，十四曰《远期》，十五曰《石流》。③

南朝齐永明八年（490年），骠骑咨议谢朓与竟陵王萧子良一起在赴荆州途中创制了鼓吹曲十首：一曰《元会曲》，二曰《郊祀曲》，三曰《钧天曲》，四曰《入朝曲》，五曰《出藩曲》，六曰《校猎曲》，七曰《从戎曲》，八曰《送远曲》，九曰《登山曲》，十曰《泛水曲》。④

南朝梁高祖则亲制鼓吹新歌十二曲：一曰《木纪谢》，二曰《贤首山》，三曰《桐柏山》，四曰《道亡》，五曰《忧威》，六曰《汉东流》，七曰《鹤楼峻》，八曰《昏主恣淫慝》，九曰《石首局》，十曰《期运集》，十一曰《于穆》，十二曰《惟大梁》。⑤

除此之外，据《古今乐录》载，梁鼓角横吹曲还有《企喻》《琅琊王》《巨鹿公主》《紫骝马》《黄淡思》《地驱乐》《雀劳利》《慕容垂》《陇头流

---

① 房玄龄，等. 晋书［M］//中华书局编辑部. "二十四史"（简体字本）. 北京：中华书局，2000：451－452.
② 房玄龄，等. 晋书［M］//中华书局编辑部. "二十四史"（简体字本）. 北京：中华书局，2000：453－456.
③ 郭茂倩. 乐府诗集［M］. 北京：中华书局，1979：287.
④ 郭茂倩. 乐府诗集［M］. 北京：中华书局，1979：293.
⑤ 郭茂倩. 乐府诗集［M］. 北京：中华书局，1979：296－297.

水》等歌三十六曲。而在梁时期乐府乐人保留的前朝旧曲有六十六首，包括《大白净皇太子》《小白净皇太子》《雍台》《胡遵》《淳于王》《捉搦》《东平刘生》《单迪历》《鲁爽》《半和企喻》《比敦》《胡度来》《隔谷》《地驱乐》《紫骝马》《折杨柳》《幽州马客吟》《陇头》《魏高阳王乐人》等。

至于鼓吹乐的演出方式，据《乐府诗集》引《古今乐录》所载，梁、陈时有宫悬图，四隅各有鼓吹楼而无建鼓。所谓鼓吹楼，其实是专为鼓吹乐人设置的演奏场所，以及鼓吹乐器摆放之地。因此，鼓吹在陆地上演出则是楼车，水中则为楼船，在庭堂则以簨虡为楼。梁世有鼓吹熊罴十二案，其乐器有龙头大棡鼓、中鼓、独揭小鼓等。

3. 佛教音乐

魏晋时期佛教迅速发展，在此之前，三国时期，曹植已经开始创作佛教音乐，至南朝梁时佛教音乐已盛行于宫廷。尤其是梁武帝笃信佛法，"曾设斋会，自以身施同泰寺为奴，其朝臣三表不许，于是内外百官共敛珍宝而赎之"①。梁武帝除了大量建造寺院，亲自宣讲佛法教义外，还积极运用音乐手段弘法。

因此，佛教音乐也成为宫廷音乐的重要组成部分。天监十一年（512年），梁武帝让精通音律的高僧法云改制民间流传的《三洲歌》，梁武帝亲自制作《上云乐》，包括《凤台曲》《桐柏曲》《方丈曲》《方诸曲》《玉龟曲》《金丹曲》《金陵曲》七曲，以替代西曲，施用于三朝宴飨仪式上。另外，梁武帝又制《善哉》《大乐》《大欢》《天道》《仙道》《神王》《龙王》《灭过恶》《除爱水》《断苦轮》等十篇，名为正乐，皆述佛法。又设立有法乐童子伎、童子倚歌梵呗，广泛用于无遮大会上。

4. 相和歌

《晋书》卷二十三载：

> 相和，汉旧歌也，丝竹更相和，执节者歌。本一部，魏明帝分为二，更递夜宿。本十七曲，朱生、宋识、列和等复合之为十三曲。②

---

① 魏收. 魏书 [M] //中华书局编辑部. "二十四史"（简体字本）. 北京：中华书局，2000：1478.

② 房玄龄，等. 晋书 [M] //中华书局编辑部. "二十四史"（简体字本）. 北京：中华书局，2000：461.

相和歌的主要伴奏乐器有笙、笛、节、琴、瑟、琵琶、筝七种，显然，相和歌的演出团体规模不小，加上执节而歌的乐人，相和歌自魏晋至南朝的演出规模若齐全的话至少需要八个人，可见这是一种成熟的艺术形式。《晋书》卷二十三载：

> 案魏晋之世，有孙氏善弘旧曲，宋识善击节唱和，陈左善清歌，列和善吹笛，郝索善弹筝，朱生善琵琶，尤发新声。故傅玄著书曰："人若钦所闻而忽所见，不亦惑乎！设此六人生于上世，越今古而无俪，何但夔牙同契哉！"①

从傅玄的感慨中可以看出，魏晋时期相和歌的生产与表演依然盛行，无论宫廷、世家大族还是民间到处闪现着它的身影。因此，作为女乐歌舞的代表产品，相和歌也是宫廷音乐生产的主要内容之一。相和歌生产者继承前代乐曲并加以改编，甚至重新创作，使其成为这一时期的基本音乐形式。《晋书》卷二十三云："凡乐章古辞，今之存者，并汉世街陌谣讴，《江南可采莲》《乌生十五子》《白头吟》之属也。"其后渐被于弦管，即相和诸曲。魏晋之世，相承用之。"东晋以来，稍有增广。"乐曲有《子夜歌》《凤将雏歌》《阿子》《欢闻歌》《团扇歌》《懊侬歌》《长史变》等。②

按郭茂倩《乐府诗集》，这一时期所生产的相和歌作品可分为十类，每一类包含众多的乐曲。

第一，相和六引。乐曲有《箜篌引》《商引》《徵引》《羽引》《宫引》《角引》，伴奏乐器有笙、笛、节、琴、瑟、琵琶、筝七种。③

第二，相和曲。乐曲有十五首：《气出唱》《精列》《江南》《度关山》《东光》《十五》《薤露》《蒿里》《觐歌》《对酒》《鸡鸣》《乌生》《平陵东》《东门》《陌上桑》。④ 从歌词内容看，《气出唱》多言神仙之事；《精列》《薤露》《蒿里》感慨时间如白驹过隙，人生短促；《度关山》叙征人行役之思；《东光》反映百姓在战争中所受的痛苦及其不满情绪；《十五》即《十五从军征》，梁鼓角横吹曲，又称《紫骝马》，也反映了社会动荡、

---

① 房玄龄，等. 晋书 [M] //中华书局编辑部. "二十四史"（简体字本）. 北京：中华书局，2000：461.
② 房玄龄，等. 晋书 [M] //中华书局编辑部. "二十四史"（简体字本）. 北京：中华书局，2000：461-462.
③ 郭茂倩. 乐府诗集 [M]. 北京：中华书局，1979：377.
④ 郭茂倩. 乐府诗集 [M]. 北京：中华书局，1979：382.

民不聊生的现实；《乌生》《平陵东》控诉了官吏对良民的压榨；《江南》活泼、亲切，具有南方民歌特色。另外，崔豹《古今注》认为《薤露》《蒿里》是泣丧之歌，《薤露》为王公贵族出殡时所用丧歌，《蒿里》为士大夫、庶人出殡时所用。

第三，叹吟曲。《古今乐录》载古有八曲，现有吟叹四曲：《大雅吟》《王明君》《楚妃叹》《王子乔》。《大雅吟》《王明君》《楚妃叹》为晋石崇撰辞。《古今乐录》云："《明君》歌舞者，晋太康中季伦所作也。……其造新之曲，多哀怨之声。"这说明《王明君》是歌舞兼有，其乐曲风格显然是如泣如诉，哀婉动人。另外，琴曲、胡笳曲也都仿此而作，表演时可能又添加注声、送声。谢希逸《琴论》曰："平调《明君》三十六拍，胡笳《明君》三十六拍，清调《明君》十三拍，间弦《明君》九拍，蜀调《明君》十二拍，吴调《明君》十四拍，杜琼《明君》二十一拍，凡有七曲。"《琴集》曰："胡笳《明君》四弄，有上舞、下舞、上闲弦、下闲弦。《明君》三百余弄，其善者四焉。又胡笳《明君别》五弄，辞汉、跨鞍、望乡、奔云、入林是也。"①

第四，四弦曲。据张永《元嘉技录》载，实际只有《蜀国四弦》一曲，居相和之末，三调之首。在演出方式上，歌舞兼有，偏重丝竹。②

第五，平调曲。《古今乐录》载有七曲：《长歌行》《短歌行》《猛虎行》《君子行》《燕歌行》《从军行》《鞠歌行》。《荀氏录》载有十二曲，流传后世的有五曲。伴奏乐器有笙、笛、筑、瑟、琴、筝、琵琶七种，歌弦六部。③

第六，清调曲。《古今乐录》载有六曲：《苦寒行》《豫章行》《董逃行》《相逢狭路间行》《塘上行》《秋胡行》。《荀氏录》载有九曲，传者五曲，晋、宋、齐还有歌者，梁、陈已不歌。伴奏乐器有笙、笛（下声弄、高弄、游弄）、篪、节、琴、瑟、筝、琵琶八种，在风格上更趋委婉。④

第七，瑟调曲。《古今乐录》载有三十八曲：《善哉行》《陇西行》《折杨柳行》《西门行》《东门行》《东西门行》《却东西门行》《顺东西门行》《饮马行》《上留田行》《新成安乐宫行》《妇病行》《孤子生行》《放歌行》

---

① 郭茂倩. 乐府诗集［M］. 北京：中华书局，1979：424-426.
② 郭茂倩. 乐府诗集［M］. 北京：中华书局，1979：440.
③ 郭茂倩. 乐府诗集［M］. 北京：中华书局，1979：441.
④ 郭茂倩. 乐府诗集［M］. 北京：中华书局，1979：495.

《大墙上蒿行》《野田黄爵行》《钓竿行》《临高台行》《长安城西行》《武舍之中行》《雁门太守行》《艳歌何尝行》《艳歌福钟行》《艳歌双鸿行》《煌煌京洛行》《帝王所居行》《门有车马客行》《墙上难用趋行》《日重光行》《蜀道难行》《棹歌行》《有所思行》《蒲坂行》《采梨橘行》《白杨行》《胡无人行》《青龙行》《公无渡河行》。《荀氏录》载有十五曲，传者九曲。伴奏乐器有笙、笛、节、琴、瑟、筝、琵琶七种，歌弦六部。①

第八，楚调曲。《古今乐录》载有五曲：《白头吟行》《泰山吟行》《梁甫吟行》《东武琵琶吟行》《怨诗行》。伴奏乐器有笙、笛弄、节、琴、筝、琵琶、瑟七种。张永《元嘉技录》载有但曲七首：《广陵散》《黄老弹飞引》《大胡笳鸣》《小胡笳鸣》《鹍鸡游弦》《流楚》《窈窕》。②

第九，侧调曲。《乐府诗集》在相和歌中并没有收录侧调曲，只是在题解中说："侧调者生于楚调。"据此可以推测，侧调是楚调派生出来的，在风格上与楚调不会相差太远。但《乐府诗集》卷第六十二记载了一首侧调曲，其云："《伤歌行》，侧调曲也。"③ 从歌词来看，其属于感物伤怀、泣涕沾裳的哀鸣高吟，与楚调哀婉、忧伤的风格相同。

第十，大曲。这是一种诗、歌、舞三位一体的大型多段体乐曲，也是相和歌发展的最高形式，结构主要包括艳、曲、趋、乱四部分。当时盛行的十五首大曲具体是：《东门》（《东门行》）、《西山》（《折杨柳行》）、《罗敷》（《艳歌罗敷行》）、《西门》（《西门行》）、《默默》（《折杨柳行》）、《园桃》（《煌煌京洛行》）、《白鹄》（《艳歌何尝行》）、《碣石》（《步出夏门行》）、《何尝》（《艳歌何尝行》）、《置酒》（《野田黄爵行》）、《为乐》（《满歌行》）、《夏门》（《步出夏门行》）、《王者布大化》（《棹歌行》）、《洛阳令》（《雁门太守行》）、《白头吟》等。④

杨生枝先生认为这十类乐曲在演唱时，可能是套曲组歌。从实际的音乐生活来看，诸相和曲有连缀表演的可能，但并不一定形成所谓"套曲"结构，十种名称应该是郭茂倩从不同角度对相和歌进行分类的方式。

5. 清商乐

清商乐是一种包括声乐、器乐、舞蹈在内的综合艺术形式，它的声乐

---

① 郭茂倩. 乐府诗集 [M]. 北京：中华书局，1979：534 – 535.
② 郭茂倩. 乐府诗集 [M]. 北京：中华书局，1979：599.
③ 郭茂倩. 乐府诗集 [M]. 北京：中华书局，1979：897.
④ 郭茂倩. 乐府诗集 [M]. 北京：中华书局，1979：635.

部分实际上代表着魏晋南朝声乐艺术发展的高峰。郭茂倩《乐府诗集》清商曲辞中收录了六类，所辖乐曲不一，具体如下。

第一，吴声歌曲。据《古今乐录》载，吴歌所包括的乐曲有六种：《命啸》十解、吴声十曲、游曲六曲、半折、六变、八解。另外还有《七日夜》《女歌》《长史变》《黄鹄》《碧玉》《桃叶》《长乐佳》《欢好》《懊恼》《读曲》十曲。①

第二，《神弦歌》。这是巫觋祀神的乐曲，即所谓"婆娑乐神"的音乐。《古今乐录》载《神弦歌》十一曲：《宿阿》《道君》《圣郎》《娇女》《白石郎》《青溪小姑》《湖就姑》《姑恩》《采菱童》《明下童》《同生》。②

第三，《西曲》。又称"荆楚西声"，以丝竹管弦为伴奏，包括歌唱与舞蹈，但在声节送和等方面与吴歌迥异。据《古今乐录》载，共计三十四曲，分舞曲、倚歌两类，其中舞曲有十六首：《石城乐》《乌夜啼》《莫愁乐》《估客乐》《襄阳乐》《三洲》《襄阳蹋铜蹄》《采桑度》《江陵乐》《青骢白马》《共戏乐》《安东平》《那呵滩》《孟珠》《医乐》《寿阳乐》。倚歌有十五首：《青阳度》《女儿子》《来罗》《夜黄》《夜度娘》《长松标》《双行缠》《黄督》《黄缨》《平西乐》《攀杨枝》《寻阳乐》《白附鸠》《拔蒲》《作蚕丝》。另外还有《杨叛儿》《西乌夜飞》《月节折杨柳歌》三曲。③

第四，《江南弄》。《古今乐录》载："梁天监十一年冬，武帝改西曲，制《江南上云乐》十四曲，《江南弄》七曲。"这说明《江南弄》最初应是梁武帝对西曲的改编之作。《古今乐录》其后又云："又沈约作四曲……亦谓之《江南弄》云。"④ 显然，《江南弄》已由最初改编自西曲的一个曲名演变成了某一类曲目的总称，它代表着梁、陈之际西曲盛行于都市后，在宫廷的新发展。据《古今乐录》载，梁武帝所制《江南弄》有七曲：《江南弄》《龙笛曲》《采莲曲》《凤笛曲》《采菱曲》《游女曲》《朝云曲》。沈约所制四曲是：《赵瑟曲》《秦筝曲》《阳春曲》《朝云曲》。⑤ 内容多描写宫闱生活以及歌舞乐人的舞姿和歌态。

第五，《上云乐》。具有佛乐之风，应该是梁武帝在西曲的基础上，借

---

① 郭茂倩. 乐府诗集 [M]. 北京：中华书局，1979：640.
② 郭茂倩. 乐府诗集 [M]. 北京：中华书局，1979：683.
③ 郭茂倩. 乐府诗集 [M]. 北京：中华书局，1979：688-689.
④ 郭茂倩. 乐府诗集 [M]. 北京：中华书局，1979：726.
⑤ 郭茂倩. 乐府诗集 [M]. 北京：中华书局，1979：726.

鉴佛教音乐制成的，以表示其弘法的决心，代替言辞曲调淫俗的西曲。《古今乐录》载梁武帝制《上云乐》有七曲：《凤台曲》《桐柏曲》《方丈曲》《方诸曲》《玉龟曲》《金丹曲》《金陵曲》。① 从歌词内容来看，其多描述神仙事迹、佛道之事。

第六，雅歌。西曲的一种，在梁、陈之际转变成雅乐登歌。《古今乐录》载梁有雅歌五曲：《应王受图曲》《臣道曲》《积恶篇》《积善篇》《宴酒篇》。② 这五篇乐曲结构完全一致，四字一句，计十二句，显得端庄肃穆，与雅乐风格相同，并作为定式用在三朝礼仪中。

二、宫廷音乐的消费

（一）宫廷音乐消费形式

1. 祭祀活动

宫廷祭祀活动是音乐消费的主要形式，据清人秦蕙田《五礼通考》所云，宫廷祭祀活动属于吉礼范畴，主要是对天神、地祇和宗庙（祖先）行祭祀之礼。包括圆丘祀天、祈谷、大雩、明堂、五帝、祭寒暑、日月、星辰、方丘祭地、社稷、四望山川、封禅、五祀、六宗、四方、四类、高禖、蜡腊、傩礼、祭酺、盟诅、衅礼、宗庙制度、乐律、宗庙时享、禘祫、荐新、后妃庙、私亲庙、太子庙、诸侯庙祭、祀先代帝王、祭先圣先师、祀孔子、功臣配享、贤臣祀典、享先农、享先蚕、享先火、享先炊、享先卜、享先医、历代祭厉等。

从史料来看，这一时期宫廷祭祀性音乐使用的场所主要集中在郊庙、明堂、藉田、雩祭、太庙、燕射等活动场合。表演者主要是宫廷职业乐人，尤其是雅乐登歌乐人。由于是国家的重要仪式活动，主持者一般都是德高望重的贵族王侯，有时是帝王自身；乐舞表演的内容则有着严格的限定，或者是沿袭前代乐舞，或者是当世改编、新造乐舞，表演对象则是参与活动的帝王及相关臣僚。

需要指出的是，这一时期的祭祀性音乐活动不仅是表演传统的雅乐登歌，还常常把丝竹之乐、杂舞施用于庙堂。如《隋书》曰："在汉之世，独奏登歌。近代以来，始用丝竹。"③《乐府诗集》卷第五十三云：

---

① 郭茂倩. 乐府诗集[M]. 北京：中华书局，1979：744.
② 郭茂倩. 乐府诗集[M]. 北京：中华书局，1979：749.
③ 郭茂倩. 乐府诗集[M]. 北京：中华书局，1979：34.

> 杂舞者,《公莫》《巴渝》《盘舞》《鞞舞》《铎舞》《拂舞》《白纻》之类是也。始皆出自方俗,后浸陈于殿庭。盖自周有缦乐散乐,秦汉因之增广,宴会所奏,率非雅舞。汉、魏已后,并以鞞、铎、巾、拂四舞,用之宴飨。宋武帝大明中,亦以鞞拂杂舞合之。钟石施于庙庭,朝会用乐,则兼奏之。①

2. 宴飨活动

《乐府诗集》卷第十三云:"凡正飨,食则在庙,燕则在寝,所以仁宾客也。"② 因此,这一时期从宴飨的功能与场所来看,主要有以下几类。

(1) 礼仪性、教化性宴飨。

礼仪性、教化性宴飨活动所用音乐即皇族辟雍飨射之雅颂乐,主要目的是通过在饮食之礼、宾射之礼、宴飨之礼上演奏乐曲来起到礼仪性或教化性作用。《晋书》卷二十载晋武帝参照汉魏仪制而定元会仪,傅玄《元会赋》曰:"考夏后之遗训,综殷周之典艺,采秦汉之旧仪,定元正之嘉会。"其烦琐的仪式内容如下:

> 先正一日,有司各宿设。夜漏未尽十刻,群臣集到,庭燎起火。上贺,起,谒报,又贺皇后。还,从云龙东中华门入,诣东阁下,便坐。漏未尽七刻,百官及受赞郎官以下至计吏皆入立其次,其陛卫者如临轩仪。漏未尽五刻,谒者、仆射、大鸿胪各各奏群臣就位定。漏尽,侍中奏外办。皇帝出,钟鼓作,百官皆拜伏。太常导皇帝升御坐,钟鼓止,百官起。大鸿胪跪奏"请朝贺"。掌礼郎赞"皇帝延王登"。大鸿胪跪赞"藩王臣某等奉白璧各一,再拜贺"。太常报"王悉登"。谒者引上殿,当御坐。皇帝兴,王再拜。皇帝坐,复再拜。跪置璧御坐前,复再拜。成礼讫,谒者引下殿,还故位。掌礼郎赞"皇帝延太尉等"。于是公、特进、匈奴南单于、金紫将军当大鸿胪西,中二千石、二千石、千石、六百石当大行令西,皆北面伏。鸿胪跪赞"太尉、中二千石等奉璧、皮、帛、羔、雁、雉,再拜贺"。太常赞"皇帝延公等登"。掌礼引公至金紫将军上殿。皇帝兴,皆再拜。皇帝坐,又再拜。跪置璧皮帛御坐前,复再拜。成礼讫,谒者引下殿,还故位。公置璧成礼时,大行令并赞殿下,中二千石以下同。成礼讫,以赞授赞

---

① 郭茂倩. 乐府诗集 [M]. 北京:中华书局,1979:766.
② 郭茂倩. 乐府诗集 [M]. 北京:中华书局,1979:181.

郎，郎以璧帛付谒者，羔、雁、雉付太官。太乐令跪请奏雅乐，乐以次作。乘黄令乃出车，皇帝罢入，百官皆坐。昼漏上水六刻，诸蛮夷胡客以次入，皆再拜讫，坐。御入后三刻又出，钟鼓作。谒者、仆射跪奏"请群臣上"。谒者引王公二千石上殿，千石、六百石停本位。谒者引王诣樽酌寿酒，跪授侍中。侍中跪置御坐前，王还。王自酌置位前，谒者跪奏"藩王臣某等奉觞，再拜上千万岁寿"。四厢乐作，百官再拜。已饮，又再拜。谒者引王等还本位。陛下者传就席，群臣皆跪诺。侍中、中书令、尚书令各于殿上上寿酒。登歌乐升，太官又行御酒。御酒升阶，太官令跪授侍郎，侍郎跪进御坐前。乃行百官酒。太乐令跪奏"奏登歌"，三终乃降。太官令跪请具御饭，到阶，群臣皆起。太官令持羹跪授司徒，持饭跪授大司农，尚食持案并授持节，持节跪进御坐前。群臣就席。太乐令跪奏"奏食举乐"。太官行百官饭案遍。食毕，太乐令跪奏"请进乐"。乐以次作。鼓吹令又前跪奏"请以次进众妓"。乃召诸郡计吏前，受敕戒于阶下。宴乐毕，谒者一人跪奏"请罢退"。钟鼓作，群臣北面再拜，出。然则夜漏未尽七刻谓之晨贺，昼漏上三刻更出，百官奉寿酒，谓之昼会。别置女乐三十人于黄帐外，奏房中之歌。①

这种在国家重大节庆（如元会）中的宴飨活动有着严格的程序，使用音乐有着严格的要求，其用乐目的是体现"礼"的内涵。正如东晋成帝诏书所云："若元日大飨，万国朝宗，庭废钟鼓之奏，遂阙起居之节，朝无磬制之音，宾无蹈履之度，其于事义，不亦阙乎！惟可量轻重，以制事中。"②

宋孝武帝对正冬宴飨音乐活动的规定更为严格：胡伎不得着彩衣；舞伎正冬着袿衣，不得庄面蔽花；正冬会不得铎舞、杯柈舞。长跻伎、趫舒、丸剑、博山伎、缘大橦伎、升五案伎，自非正冬会奏舞曲，不得舞。③齐取代宋之后，基本延续宋正旦元会宴飨仪制。梁更注重宴飨用乐，天监四年（505年），贺玚掌宾礼，议论皇太子元会出入所奏之乐，梁武帝为遵循前代

---

① 房玄龄，等. 晋书［M］//中华书局编辑部. "二十四史"（简体字本）. 北京：中华书局，2000：419-420.

② 房玄龄，等. 晋书［M］//中华书局编辑部. "二十四史"（简体字本）. 北京：中华书局，2000：462-463.

③ 沈约. 宋书［M］//中华书局编辑部. "二十四史"（简体字本）. 北京：中华书局，2000：351-352.

仪制，命另制养德之乐。① 陈太建六年（574年）在前代仪制的基础上进行了修改，具体程序为：

> 先会一日，太乐展宫悬、高㔽、五案于殿庭。客入，奏《相和》五引。帝出，黄门侍郎举麾于殿上，掌故应之，举于阶下，奏《康韶》之乐。诏延王公登，奏《变韶》。奉珪璧讫，初引下殿，奏亦如之。帝兴，入便殿，奏《穆韶》。更衣又出，奏亦如之。帝举酒，奏《绥韶》。进膳，奏《侑韶》。帝御茶果，太常丞跪请进舞《七德》，继之《九序》。②

《隋书》卷十三则详细归纳了南朝时期宫廷固定沿袭的、制度化的宴飨乐舞生产消费情况，具体如下：

> 三朝，第一，奏《相和五引》；第二，众官入，奏《俊雅》；第三，皇帝入阁，奏《皇雅》；第四，皇太子发西中华门，奏《胤雅》；第五，皇帝进，王公发足；第六，王公降殿，同奏《寅雅》；第七，皇帝入储变服；第八，皇帝变服出储，同奏《皇雅》；第九，公卿上寿酒，奏《介雅》；第十，太子入预会，奏《胤雅》；十一，皇帝食举，奏《需雅》；十二，撤食，奏《雍雅》；十三，设《大壮》武舞；十四，设《大观》文舞；十五，设《雅歌》五曲；十六，设俳伎；十七，设《鼙舞》；十八，设《铎舞》；十九，设《拂舞》；二十，设《巾舞》并《白纻》；二十一，设舞盘伎；二十二，设舞轮伎；二十三，设刺长追花幢伎；二十四，设受猾伎；二十五，设车轮折胆伎；二十六，设长跻伎；二十七，设须弥山、黄山、三峡等伎；二十八，设跳铃伎；二十九，设跳剑伎；三十，设掷倒伎；三十一，设掷倒案伎；三十二，设青丝幢伎；三十三，设一伞花幢伎；三十四，设雷幢伎；三十五，设金轮幢伎；三十六，设白兽幢伎；三十七，设掷跻伎；三十八，设猕猴幢伎；三十九，设啄木幢伎；四十，设五案幢咒愿伎；四十一，设辟邪伎；四十二，设青紫鹿伎；四十三，设白武伎，作讫，将白鹿来迎下；四十四，设寺子导安息孔雀、凤凰、文鹿胡舞登连《上云乐》歌

---

① 魏徵. 隋书［M］//中华书局编辑部. "二十四史"（简体字本）. 北京：中华书局，2000：206－207.

② 魏徵. 隋书［M］//中华书局编辑部. "二十四史"（简体字本）. 北京：中华书局，2000：210.

舞伎；四十五，设缘高絙伎；四十六，设变黄龙弄龟伎；四十七，皇太子起，奏《胤雅》；四十八，众官出，奏《俊雅》；四十九，皇帝兴，奏《皇雅》。①

显然，这些乐舞表演是按照宫廷宴飨活动的固定仪制次序进行的，虽然乐人众多、规模庞大、演出内容繁杂，却严谨而有序，彰显了帝王宴飨乐舞消费的威严性和仪制性。总的来说，从晋到陈元会宴飨用乐，内容虽以雅乐登歌为主，突出音乐礼仪教化功能，但也大量运用了百戏杂技、鼓吹女乐，在体现礼仪的同时达到"乐以佐食"之消费目的。

（2）娱乐性宴飨。

娱乐性宴飨音乐，诸如皇室庆典、皇室内宴、宴飨臣僚等仪典中的音乐活动，既有仪式性，又兼具娱乐性。所谓"乐以佐食，不可废也"。尤其是在魏晋南朝皇室奢靡风气之下，声色之娱成为主流，清商女乐成为皇室宴飨娱乐活动的主要对象。

东吴偏居江南，但宴乐消费尤盛。《三国志》卷五十二载："每升堂宴饮，酒酣乐作，登辄降意与同欢乐。"② 东晋至南朝皇帝与臣僚宴飨娱乐更习以为常。《晋书》卷八十一载，孝武帝曾召大将桓伊、谢安饮宴，酒宴之中桓伊吹笛，皇帝命御伎协奏，但桓伊却认为宫廷乐人不能相和，就申请让自家奴婢相互合奏，以至帝王宴飨之中呈现出"奴既吹笛，伊便抚筝而歌《怨诗》"的场景，"声节慷慨，俯仰可观"。③

由此可见，当时娱乐性宴飨音乐活动，已摆脱了传统宴飨活动礼制束缚，强调娱乐性，帝王也在这种思想潮流中与臣僚不分彼此，共同娱乐。因此，此种宴飨娱乐表演者从专业乐人转变为帝王与臣僚，乐舞的消费者与表演者混为一体，构建了一种自娱自乐的新模式。

当然，这一时期宴飨娱乐的主要目的是满足帝王的享乐欲望，为此，大量的女乐人员成为宴飨乐舞消费的主要对象，如齐王曹芳"每见九亲妇

---

① 魏徵. 隋书［M］//中华书局编辑部. "二十四史"（简体字本）. 北京：中华书局，2000：206.

② 陈寿. 三国志［M］//中华书局编辑部. "二十四史"（简体字本）. 裴松之，注. 北京：中华书局，2000：905.

③ 房玄龄，等. 晋书［M］//中华书局编辑部. "二十四史"（简体字本）. 北京：中华书局，2000：1411.

女有美色，或留以付清商"①。晋武帝平吴后，收纳吴国乐伎五千多人供自己享乐。南朝宋前废帝刘子业荒淫到"游华林园竹林堂，使妇人裸身相逐"。宋明帝看上了大臣到㧑的爱伎陈玉珠却求之不得，便动用权力夺之。《陈书》卷七亦载：

> 后主每引宾客对贵妃等游宴，则使诸贵人及女学士与狎客共赋新诗，互相赠答，采其尤艳丽者以为曲词，被以新声，选宫女有容色者以千百数，令习而哥之，分部迭进，持以相乐。其曲有《玉树后庭花》《临春乐》等，大指所归，皆美张贵妃、孔贵嫔之容色也。②

有时也用鼓吹、钟磬之乐。《南齐书》卷二十载：

> 永明中无太后、皇后，羊贵嫔居昭阳殿西，范贵妃居昭阳殿东，宠姬荀昭华居凤华柏殿。宫内御所居寿昌画殿南阁，置白鹭鼓吹二部；乾光殿东西头，置钟磬两厢：皆宴乐处也。③

（3）艺术性宴飨。

在魏晋南朝宴飨娱乐风气的影响下，丝竹女乐大盛，众多的音乐演出，大量乐人的培养及皇帝、臣僚音乐欣赏水平的提高，促使更专业的宴飨音乐出现，并在南朝梁时蔚然成风。比较有代表性的是专门举办的丝竹乐会。《梁书》卷三载：

> 二年……秋八月庚戌，舆驾幸德阳堂，设丝竹会，祖送魏主元悦。④

> 太清元年……五月丁酉，舆驾幸德阳堂，宴群臣，设丝竹乐。⑤

显然，在此种宴飨乐舞活动中，饮食已不是主要目的，丝竹之乐的消

---

① 陈寿. 三国志［M］//中华书局编辑部. "二十四史"（简体字本）. 裴松之，注. 北京：中华书局，2000：98.
② 姚思廉. 陈书［M］//中华书局编辑部. "二十四史"（简体字本）. 北京：中华书局，2000：89.
③ 萧子显. 南齐书［M］//中华书局编辑部. "二十四史"（简体字本）. 北京：中华书局，2000：258.
④ 姚思廉. 梁书［M］//中华书局编辑部. "二十四史"（简体字本）. 北京：中华书局，2000：49-50.
⑤ 姚思廉. 梁书［M］//中华书局编辑部. "二十四史"（简体字本）. 北京：中华书局，2000：60-61.

费才是重点。更有甚者,一些嗜乐如命的皇帝干脆将音乐活动作为其日常生活的主要内容。《南史》卷五载:

> 帝在东宫,便好弄……自江祏、始安王遥光等诛后,无所忌惮,日夜于后堂戏马,鼓噪为乐。合夕,便击金鼓吹角,令左右数百人叫,杂以羌胡横吹诸伎。①

总之,在此类乐舞活动中,消费者往往都是精通乐舞的帝王、臣僚,表演者则是技艺水平较高的清商女乐。除了歌曲之外,器乐演奏、舞蹈也是活动的主要内容,消费者欣赏乐舞活动不再是单纯地在宴飨时用以佐食,更多的是从专业的角度进行赏析,从而提升自我的审美感知和满足自己对于艺术的兴趣爱好。正如文学家傅毅在《舞赋》中详细描写的宫廷宴乐歌舞的表演过程:

> 于是郑女出进,二八徐侍,姣服极丽,姁媮致态。貌嫽妙以妖蛊兮,红颜晔其扬华……目流睇而横波。珠翠的砾而炤耀兮,华袿飞髾而杂纤罗。顾形影,自整装,顺微风,挥若芳。动朱唇,纡清阳,亢音高歌,为乐之方。②

如此高深精妙的音乐表演,让观者如痴如醉,极大地满足了消费者的艺术欣赏需求。

(4) 游宴。

玄学盛行,促使魏晋南朝人士常以隐士自居,以山水为伴。受此风影响,游览江南胜景就成为皇室贵族出游的首选,而游览途中命清商女乐歌舞、鼓吹丝竹助兴,则是不可或缺的娱乐方式。因此,游宴也成为这一时期宫廷乐舞消费的主要方式之一。

三国时,吴主孙权曾乘船从武昌入江旅游,当时狂风大作,孙权却不顾水急浪险,依然兴致盎然地命舵工"当张头取罗州"③,可见游山玩水之风在孙吴时期已颇盛行。刘宋宗室刘义恭,也好游乐,"游行或二三百里,

---

① 李延寿. 南史 [M] //中华书局编辑部. "二十四史" (简体字本). 北京:中华书局,2000:100-101.
② 傅毅. 舞赋 [M] //严可均. 全上古三代秦汉三国六朝文. 北京:中华书局,1958:1410.
③ 陈寿. 三国志 [M] //中华书局编辑部. "二十四史" (简体字本). 裴松之, 注. 北京:中华书局,2000:838.

孝武恣其所之。东至吴郡，登虎丘山，又登无锡县乌山以望太湖"①，游玩之际则宴飨作乐，其乐融融。南齐武帝萧赜，虽未曾远游，却"数幸诸苑囿"，并于"乐游苑设会，使人皆着御衣"，并常设丝竹会于苑囿，纵情享乐。齐太祖萧道成则有过之而无不及，《南齐书》卷一载：

> 五年七月戊子，帝微行出北湖，常单马先走，羽仪禁卫随后追之，于堤塘相蹈藉。左右张互儿马坠湖，帝怒，取马置光明亭前，自驰骑刺杀之，因共屠割，与左右作羌胡伎为乐。②

南齐东昏侯萧宝卷为方便出游，干脆将所经道路上的居民驱逐出去，"从万春门由东宫以东至于郊外，数十百里，皆空家尽室。巷陌悬幔为高障，置仗人防守"，"或于市肆左侧过亲幸家，环回宛转，周遍京邑。每三四更中，鼓声四出，幡戟横路，百姓喧走相随，士庶莫辨。出辄不言定所，东西南北，无处不驱人。高鄣之内，设部伍羽仪，复有数部，皆奏鼓吹羌胡伎，鼓角横吹。夜出昼反，火光照天"。③

3. 赐乐活动

由于赐乐是帝王巩固皇权、笼络群臣、收买人心的重要手段，因此，这一时期赏赐性音乐活动也就成为音乐消费的主要方式之一。

文献表明，自三国开始，帝王的赐乐活动就日渐繁多。如吴主孙权在公安大宴，大将吕蒙称病不去，孙权便赐其大量的步骑鼓吹，吕蒙因而拜谢还营，"兵马导从，前后鼓吹，光耀于路"④。《三国志》卷六十四亦载：

> 权拜恪抚越将军，领丹杨太守，授棨戟武骑三百。拜毕，命恪备威仪，作鼓吹，导引归家。⑤

当然，帝王的赏赐不仅有乐人，还包括乐器、乐部等，从而彰显对臣

---

① 李延寿. 南史 [M] //中华书局编辑部. "二十四史"（简体字本）. 北京：中华书局，2000：244.

② 萧子显. 南齐书 [M] //中华书局编辑部. "二十四史"（简体字本）. 北京：中华书局，2000：7.

③ 萧子显. 南齐书 [M] //中华书局编辑部. "二十四史"（简体字本）. 北京：中华书局，2000：71.

④ 陈寿. 三国志 [M] //中华书局编辑部. "二十四史"（简体字本）. 裴松之，注. 北京：中华书局，2000：946.

⑤ 陈寿. 三国志 [M] //中华书局编辑部. "二十四史"（简体字本）. 裴松之，注. 北京：中华书局，2000：1054.

僚的宠爱和重视，而拥有乐人、乐部数量的多少，也成了臣僚彰显军功或受皇室重用与否的一种标志。

前文已述，东吴赏赐臣僚，多针对周瑜、吕蒙、诸葛恪等有军功之人，并以鼓吹乐为主。东晋以来"给鼓吹甚轻"，连衙门、都将，均可赐予。据《南朝齐会要》载，南齐短短二十五年间，皇帝赐给包括卫将军王俭在内的17位高官，每人鼓吹乐一部，而这17人中，有14人来自侨寓的琅琊王氏。梁、陈更甚于此，据《南朝梁会要》载，梁皇族竟然先后赐鼓吹乐给28位官员；《南朝陈会要》则记载陈皇室先后赐鼓吹乐给20位功臣或皇帝宠幸之臣。可见，这种赐乐活动极富政治含义，乐人、鼓吹乐成为联系皇帝与世家大族、官员的重要纽带。

除赏赐官员鼓吹乐之外，统治者也经常赏赐他们女乐，《南朝梁会要》载：

> 赐甲第女乐金帛。元法僧。
> 赐女伎一部。昭明太子。元景仲。
> 赐女乐。元法僧子景仲。
> 赍后宫吴声、西曲女妓各一部。徐勉。

《南朝陈会要》载：

> 赐女乐一部。都督、镇前将军吴明彻。都督、平北将军周炅女伎。都督、云麾将军陈慧纪。
> 给鼓吹女乐。司空司马消难。安西将军周敷。

钟磬之乐或宫悬等礼仪性乐部也是赏赐的内容之一，《南朝梁会要》载：

> 赐钟磬之乐。司空王茂。

《南朝陈会要》载：

> 赐钟磬一部、米一万斛、绢布二千匹。车骑大将军吴明彻。

《南朝齐会要》载：

> 赐乐。
> 建武元年，海陵王昭文给钟虡宫悬。

甚至琴、瑟、琵琶等乐器也被列入赏赐范围之内，《南朝齐会要》载：

江夏王锋尝观武帝赐以宝装琴。

世祖在东宫，赐褚渊金镂柄银柱琵琶。

综上，赐乐成为一种惯例，除具有政治笼络的意义外，也反映了当时音乐的繁荣及社会上层对音乐的重视。乐人与甲第池园、良田美产、布帛珍宝等，一并作为赏赐大臣的物品，说明音乐及其表演者——乐伎在当时社会中，不光是财富的象征，更是皇室贵族的主要消费对象之一。乐人地位十分卑贱，社会腐化、荒淫十分严重。

4. 胡乐活动

魏晋南朝胡乐东传南下，以建业为中心的城市、乡村也出现了胡戎之伎，南朝时胡乐已流行于宫廷。浙江瑞安出土的南朝瓷谷仓上的舞者形象，从服饰及动作风韵来看，与今天的维吾尔族舞蹈极为相似，可能是当时西域传入南方的舞蹈。这显然与史料记载的宋明帝时宫廷已有西、伧、羌、胡诸杂舞，并与《鞞舞》《拂舞》等共同施用于殿庭宴飨的情况相符。

齐梁以来，胡乐更是泛滥，成为帝王乐舞消费的重要内容之一，如齐太祖萧道成曾微行出北湖，与左右作羌胡伎为乐。文惠皇太子薨，其长子郁林王萧昭业却"入后宫，尝列胡妓二部夹阁迎奏"①。东昏侯萧宝卷更为荒唐，常常夜出昼返，每三四更中，设部伍羽仪。复有数部，皆奏鼓吹羌胡伎，鼓角横吹。②

南朝梁元帝萧绎也爱好胡乐、胡舞，其在《夕出通波阁下观妓诗》中说："胡舞开春阁，铃盘出步廊。"陈后主亦喜欢胡乐，曾专门派遣宫女学习北方箫鼓，谓之《代北》，酒酣奏之。受地方风尚影响，大臣章昭达每日饮会时，必盛设女伎杂乐，备尽羌胡之声，音律姿容，并一时之妙，即使临对寇敌，旗鼓相望，也不停止享用胡乐。③

5. 宗教活动

魏晋南朝时期儒学相对式微，玄学、佛教、道教兴盛，社会上出现了

---

① 萧子显. 南齐书 [M] //中华书局编辑部. "二十四史"（简体字本）. 北京：中华书局，2000：49.

② 萧子显. 南齐书 [M] //中华书局编辑部. "二十四史"（简体字本）. 北京：中华书局，2000：71.

③ 姚思廉. 陈书 [M] //中华书局编辑部. "二十四史"（简体字本）. 北京：中华书局，2000：124.

多种文化观念并行发展、相互交融的现象。在各种宗教音乐活动中，佛乐尤为兴盛。许多统治者极力倡扬佛法，音乐是他们弘扬佛法的重要手段之一。这类由统治者提倡、参与的以弘法为目的的音乐活动，也是宫廷音乐消费的重要内容之一。

佛教音乐的消费，当以南朝梁武帝最为突出。《隋书》卷十三记载，梁武帝"既笃敬佛法，又制《善哉》《大乐》《大欢》《天道》《仙道》《神王》《龙王》《灭过恶》《除爱水》《断苦轮》等十篇，名为正乐，皆述佛法。又有法乐童子伎、童子倚歌梵呗，设无遮大会则为之"①。可见梁时无遮大会已成为佛教的重要庆典，也是进行佛教音乐活动的重要场合。不仅如此，梁武帝还设专业的乐团——法乐童子伎服务于宗教音乐活动。

皇室重视佛教音乐，而朝廷管辖的佛教寺院也强调伎乐活动，通过伎乐宣扬佛法。很多法师本身就是出色的音乐生产者，梁朝僧人释慧皎《高僧传》记载一位高僧，"家本事神，身习鼓舞。世间杂技，及著父占相，皆备尽其妙"②。

南朝寺院亦多不胜数，"南朝四百八十寺，多少楼台烟雨中"。梁武帝时仅建康（今南京）一带就有佛寺五百多所，僧尼十万余人。

由于南方尚祀重巫，祭祀乐舞也属于宫廷宗教性乐舞消费的范畴。从东吴将《神弦乐》用于郊庙开始，民间盛行的祭祀传统、音乐活动深深地影响着宫廷，因此，宫廷的巫乐、巫舞明显带有娱神又娱人的双向功能。南朝宋时，帝王崇巫尚祀，宋文帝的长子刘邵和东阳公主在宫内整日整夜地观赏巫歌舞表演，宋前废帝刘子业甚至亲自率领宫女数百人在宫中捕鬼，表演巫舞以娱乐。《南史》卷五载郁林王为速求皇位，令女巫杨氏祷祀，以音乐及其他手段诅咒文惠太子薨。南陈后主也重视巫祀活动，《陈书》卷七载张贵妃"又好厌魅之术，假鬼道以惑后主，置淫祀于宫中，聚诸妖巫使之鼓舞"③，进行放荡的歌舞表演。

（二）宫廷音乐消费基础

魏晋南朝时期，虽然政权更迭，但经济却在一定程度上得到有力发展。

---

① 魏徵. 隋书［M］//中华书局编辑部."二十四史"（简体字本）. 北京：中华书局，2000：208.

② 释慧皎. 高僧传［M］. 汤用彤，校注. 汤一玄，整理. 北京：中华书局，1992：517.

③ 姚思廉. 陈书［M］//中华书局编辑部."二十四史"（简体字本）. 北京：中华书局，2000：89.

尤其是长江流域，在南朝时期逐渐形成上游、中游、下游三大经济发展区，长江流域和黄河流域之间的经济差距逐渐缩小。如在孙策统治时期，东吴社会已经是"仓库盈积"了。东晋以来北方世家及民众大量南迁，更进一步促进了南方经济的发展。南朝时期，北方长期战乱，社会动荡，而南方则相对安定，这为其经济、文化的发展繁盛创造了有利的条件。沈约《宋书》描绘了南朝社会经济的状况：

> 江南之为国盛矣……自晋氏迁流，迄于太元之世，百许年中，无风尘之警，区域之内，晏如也。及孙恩寇乱，歼亡事极，自此以至大明之季，年逾六纪，民户繁育，将曩一时矣。地广野丰，民勤本业，一岁或稔，则数郡忘饥。会土带海傍湖，良畴亦数十万顷，膏腴上地，亩直一金，鄠、杜之间，不能比也。荆城跨南楚之富，扬部有全吴之沃，鱼盐杞梓之利，充仞八方，丝绵布帛之饶，覆衣天下。①

《陈书》卷五也称，位于长江中下游的建康附近"良畴美柘，畦畎相望，连宇高甍，阡陌如绣"②。梁武帝时，建康已经成为南北各四十里、居民二十八万户的大城市。当时王公贵戚和世家大族过着奢侈豪华的生活，裴子野《宋略乐志叙》云，当时的宫廷是"优杂子女，荡目淫心。充庭广奏，则以鱼龙靡慢为瑰玮，会同飨觐，则以吴趋楚舞为妖妍。纤罗雾縠侈其衣，疏金镂玉砥其器"③。群臣则歌伎填室，鸿商富贾之家舞女成群。显然，经济的发展、物资的富庶为这一时期宫廷音乐的生产与消费奠定了坚实的基础。

当然，从文献来看，宫廷音乐的消费支出巨大。《宋书》卷四载，宋少帝刘义符"征召乐府，鸠集伶官，优倡管弘"的耗费竟然"兴造千计，费用万端，帑藏空虚，人力殚尽"。④到明帝永泰之后，乐府规模更为庞大，

---

① 沈约. 宋书［M］//中华书局编辑部. "二十四史"（简体字本）. 北京：中华书局，2000：1014-1015.
② 姚思廉. 陈书［M］//中华书局编辑部. "二十四史"（简体字本）. 北京：中华书局，2000：56.
③ 裴子野. 宋略乐志叙［M］//严可均. 全上古三代秦汉三国六朝文. 北京：中华书局，1958：6529.
④ 沈约. 宋书［M］//中华书局编辑部. "二十四史"（简体字本）. 北京：中华书局，2000：44-45.

为维持乐府运转，皇帝派臣僚下扬州、南徐二地敛取钱财。①

《南齐书》卷二十八生动地记载了当时宫廷音乐消费的状况，其云："今户口不能百万，而太乐雅、郑，元徽时校试千有余人，后堂杂伎，不在其数，糜废力役，伤败风俗。"并指出，一旦"罢杂伎，王庭唯置钟虡、羽戚、登歌"，"则官充给养，国反淳风矣"。②

因此，为了降低过高的消费成本，梁武帝在天监元年（502年）下诏曰：

> 宋氏以来，并恣淫侈，倾宫之富，遂盈数千。推算五都，愁穷四海，并婴罹冤横，拘逼不一。抚弦命管，良家不被蠲；织室绣房，幽厄犹见役。弊国伤和，莫斯为甚。凡后宫乐府，西解暴室，诸如此例，一皆放遣。若衰老不能自存，官给廪食。③

即便如此，对宫廷音乐的奢侈消费也是屡禁不止，这从《梁书》的记载就可看出端倪：

> 今之燕喜，相竞夸豪，积果如山岳，列肴同绮绣，露台之产，不周一燕之资，而宾主之间，裁取满腹，未及下堂，已同臭腐。又歌姬舞女，本有品制，二八之锡，良待和戎。今畜妓之夫，无有等秩，虽复庶贱微人，皆盛姬姜，务在贪污，争饰罗绮。故为吏牧民者，竞为剥削，虽致赀巨亿，罢归之日，不支数年，便已消散。盖由宴醑所费，既破数家之产；歌谣之具，必俟千金之资。所费事等丘山，为欢止在俄顷。乃更追恨向所取之少，今所费之多。如复傅翼，增其搏噬，一何悖哉！其余淫侈，著之凡百，习以成俗，日见滋甚，欲使人守廉隅，吏尚清白，安可得邪！④

当然，宫廷乐舞生产与消费不仅是一种经济支出，也会给百姓带来无

---

① 萧子显. 南齐书［M］//中华书局编辑部. "二十四史"（简体字本）. 北京：中华书局，2000：71.

② 萧子显. 南齐书［M］//中华书局编辑部. "二十四史"（简体字本）. 北京：中华书局，2000：348-349.

③ 姚思廉. 梁书［M］//中华书局编辑部. "二十四史"（简体字本）. 北京：中华书局，2000：24-25.

④ 姚思廉. 梁书［M］//中华书局编辑部. "二十四史"（简体字本）. 北京：中华书局，2000：378.

尽的痛苦，这进一步增加乐舞消费的成本。如南齐东昏侯萧宝卷为方便出游，将所经道路上的居民尽数驱逐，"从万春门由东宫以东至于郊外，数十百里，皆空家尽室。巷陌悬幔为高障，置仗人防守"，"或于市肆左侧过亲幸家，环回宛转，周遍京邑。每三四更中，鼓声四出，幡戟横路，百姓喧走相随，士庶莫辨。出辄不言定所，东西南北，无处不驱人。高郭之内，设部伍羽仪，复有数部，皆奏鼓吹羌胡伎，鼓角横吹。夜出昼反，火光照天"。①

正因为经济与乐舞生产之间有着密切的关系，一旦国家经济实力衰落，其对乐舞生产消费的影响也立竿见影。如两晋之间的永嘉之乱，导致民不聊生，政府财政捉襟见肘，以致连基本的音乐体制都不能维持。《晋书》云：

  及元帝南迁，皇度草昧，礼容乐器，扫地皆尽，虽稍加采掇，而多所沦胥，终于恭、安，竟不能备。②

  永嘉之乱，伶官既减，曲台宣榭，咸变涔莱。虽复《象舞》歌工，自胡归晋，至于孤竹之管，云和之瑟，空桑之琴，泗滨之磬，其能备者，百不一焉。③

不仅如此，帝王还下令在宫廷演出中"除《高纟丽》、《紫鹿》、《跂行》、《鳖食》及《齐王卷衣》、《笮儿》等乐，又减其廪"④。

---

① 萧子显. 南齐书［M］//中华书局编辑部. "二十四史"（简体字本）. 北京：中华书局，2000：71.
② 房玄龄，等. 晋书［M］//中华书局编辑部. "二十四史"（简体字本）. 北京：中华书局，2000：306.
③ 房玄龄，等. 晋书［M］//中华书局编辑部. "二十四史"（简体字本）. 北京：中华书局，2000：436.
④ 房玄龄，等. 晋书［M］//中华书局编辑部. "二十四史"（简体字本）. 北京：中华书局，2000：463.

第二节 世家大族音乐的生产与消费

一、世家大族音乐的生产

(一) 世家大族音乐生产者

从音乐经济学角度来看,音乐作为一种产品,具有一定的特殊性,即其生产活动不仅包括音乐创作,还包括音乐表演。因此,作为魏晋南朝音乐的一部分,世家大族音乐生产者本身也是音乐表演者。按照社会阶层划分,世家大族音乐生产者可分为三类:世家大族的"私家部伎"(贵族所蓄地位卑微的乐工、乐伎)、精通歌舞的贵族子弟(包括皇室和世家大族、寒门贵族成员)、具有一地社会地位的音乐世家。

1. 世家大族的"私家部伎"

所谓"私家部伎",即指乐伎没有独立地位,只是作为世家大族的私有财产,主要功能是生产歌舞以满足"恩主"的声色需求。魏晋南朝时期,由于政治、经济等特殊原因,世家大族、官僚豪富为享乐竞相蓄伎,成为乐伎的主要"恩主"。音乐活动的重心也从宫廷转移到了世家大族的坞堡或庄园之中,因此,这是一个家伎盛行的声色时代。

史料对这一特殊时期人们竞相蓄伎的情况多有记载。西晋的豪绅石崇所宠幸的歌伎绿珠无论是美色还是乐艺都冠绝一时。南朝宋时南郡王刘义宣蓄养乐伎多达千余人,供自己享乐;[①] 散骑常侍、黄门侍郎杜幼文所蓄"女伎数十人,丝竹昼夜不绝"[②];尚书中事颜师伯"伎妾声乐,尽天下之选"[③]。梁时世家大族羊侃所蓄女乐更是多不胜数,以致"姬妾侍列,穷极奢靡",比较知名的有善歌者王娥儿,技艺之高连宫廷乐人也只能屈居其下;善舞者张净琬可以作"掌中舞",孙荆玉"能反腰帖地,衔得席上玉

---

① 沈约. 宋书 [M] //中华书局编辑部. "二十四史"(简体字本). 北京:中华书局,2000:1189.

② 沈约. 宋书 [M] //中华书局编辑部. "二十四史"(简体字本). 北京:中华书局,2000:1138.

③ 沈约. 宋书 [M] //中华书局编辑部. "二十四史"(简体字本). 北京:中华书局,2000:1318.

箺"；善奏乐器者有陆太喜，筝艺冠绝一时。①

显然，魏晋南朝时期，世家大族所蓄私家乐伎规模庞大、数量众多，已经成为这一时期音乐生产的主力。从现有史料来看，这一类音乐生产者的组成主要有四种。

第一，前朝乐人伶工。东汉至南朝，政权更迭频繁，导致宫廷和贵族豪绅庭院中的歌舞乐伎失去了原来的恩主给养，因而流落各地、四处飘零。当时民间传唱的歌曲"草生可揽结，女儿可揽抱"之语就真实地描述了这些散落民间乐人的悲惨、凄凉状况。因此，这些前朝乐人为了生存，纷纷选择世家大族作为新的恩主。

第二，官僚、世家大族自己培养的音乐奴婢。西晋石崇为了乐舞享乐，花费巨资从海南买来渔夫之女绿珠，作为私家乐伎，遍请国内乐师对其精心培养。绿珠成名后又培养出了擅长弹琵琶的乐伎宋祎。② 因此，世家大族花费巨资长期培养私家乐伎供自己享乐，成为这一时期的独特现象。大量培养私家乐伎以实现自我娱乐的形式开创了隋唐文士的蓄伎之风。

第三，民间艺人。魏晋南朝时期，拥有雄厚经济实力的士家大族更是时刻关注民间出色的歌舞艺人，常常以各种手段将其据为己有，以满足自己的声色之娱。如羊侃之乐伎张净琬、王娥儿，石崇之乐伎翔风。

第四，赐、赠乐人。魏晋南朝是门阀士族社会，皇室力量衰微，世家大族与皇室成员共同把持朝政，形成所谓"王与马共天下"的局面。在此背景下，皇室为了巩固政权，非常注重拉拢有实力的世家贵族。于是，赐乐（包括乐人、乐部、乐器）成为皇室笼络收买世族的主要手段之一。如东晋明帝司马绍因酒色过度，卧病不起，就将自己所蓄歌伎纷纷送与臣僚。南齐皇帝在短短二十五年之内，赐给包括卫将军王俭在内的17位高官每人鼓吹乐一部，而这17人中，有14人来自侨寓的琅琊王氏。梁皇族先后赐鼓吹乐部给28位世族官员，陈皇室先后赐鼓吹乐部给20位达官贵族。

作为私家部伎，这些乐人无论出身如何，整体上都属于贵族的奴隶，没有人身自由，地位低贱。贵族可以将所蓄之伎当成普通私产随意处置。在此种状况下，乐人舞者命运极为悲惨。石崇早年宠幸年轻而又美艳的乐伎翔风，但当翔风年老色衰之际，就无情地将其抛弃。王恺在宴请宾朋时，

---

① 姚思廉. 梁书[M]//中华书局编辑部. "二十四史"（简体字本）. 北京：中华书局，2000：390.
② 川上子. 中国乐伎[M]. 上海：上海音乐出版社，1993：68.

让乐人劝酒，客人不喝就把劝酒的乐人杀掉，如果乐伎演奏出错，则立即处死。① 因此，许多乐人因不符合主人意愿，常常惨遭剥面、毁容甚至杀头。有些贵族出于某种原因不能再继续欣赏歌舞伎乐时，竟逼迫家伎中会弹琴者烧毁手指，善歌唱者吞炭哑声，或出家为尼。②

当然，在这些乐人中，也不乏地位相对较高者。如石崇为培养乐伎绿珠，遍请名师，绿珠成名之后，石崇视其为至宝，甚至不惜牺牲自己的性命。③《北史》卷十四曾记载乐人曹僧奴、曹妙达因得到皇室宠幸被封为王侯，一些女乐伎因得到皇室、贵族的喜欢而被封为"昭仪""夫人"等。④

2. 精通歌舞的贵族子弟

钱穆先生曾说，魏晋南朝世家大族之所以能保泰持盈达数百年之久，重要原因在于当时极重门风。⑤ 文化成为世家大族的重要标志，优美门风是世家大族的追求目标。中古世族文化主要包括两个方面：家风与家学。如果说家风侧重于对世族子弟的精神品格的塑造，那么家学则侧重于对世族子弟文学艺术的培养，两者相辅相成。再加上整个社会音乐之风的盛行，世族子弟中形成了一种竞相研修文学、书法、绘画和音乐的风尚。从东吴世家出身的周瑜，到东晋名士袁山松、大司马参军桓伊，再到南朝萧梁时的徐湛之，均以"伎乐之妙，冠绝一时"，以至跟随名士学习音乐的富家子弟达上千人，⑥ 足见此风之盛。

不仅如此，在世族内部，嗜乐之风代代沿袭的现象也极为常见。如陈郡谢氏，号称"五朝门第"。谢鲲"能歌善鼓琴"⑦。谢尚"善音乐，博综众艺"。桓温请谢尚弹琴，后者遂即兴演奏《秋风》一曲。谢尚曾模仿"委巷歌谣"创作了《大道曲》，其词收存于北宋郭茂倩编撰的《乐府诗集》

---

① 房玄龄，等. 晋书［M］//中华书局编辑部."二十四史"（简体字本）. 北京：中华书局，2000：1705.

② 李延寿. 北史［M］//中华书局编辑部."二十四史"（简体字本）. 北京：中华书局，2000：978.

③ 川上子. 中国乐伎［M］. 上海：上海音乐出版社，1993：68.

④ 李延寿. 北史［M］//中华书局编辑部."二十四史"（简体字本）. 北京：中华书局，2000：344-345.

⑤ 钱穆. 国史大纲：上［M］. 北京：商务印书馆，1996：309.

⑥ 李延寿. 南史［M］//中华书局编辑部."二十四史"（简体字本）. 北京：中华书局，2000：285.

⑦ 房玄龄，等. 晋书［M］//中华书局编辑部."二十四史"（简体字本）. 北京：中华书局，2000：911.

中。谢尚还"能作异舞",一次他应王导之请表演《鸲鹆舞》,"著衣帻而舞,导令坐者抚掌击节","抚仰在中,傍若无人,其率诣如此"。①

在此环境下,贵族子弟有着良好的文化、艺术修养。因此,自娱自乐、自制音乐、自己演奏,就成为世族子弟日常生活的一部分,频繁的宴飨活动则成为他们展示自己音乐产品的主要舞台。

3. 具有一地社会地位的音乐世家

音乐世家也是这一时期音乐生产的重要组成部分。如魏晋时期的荀勖家族。荀勖掌管晋太乐,修正律吕,亲自设计十二"笛",验证笛律,找到管口校正的方法。其子荀藩、孙子荀邃都继承父业,主管乐府。

以创作、表演琴、笛、琵琶为主的音乐世家在魏晋南朝更多,如魏晋时期以善弹琵琶著称的阮氏家族,比较著名的先后有阮瑀、阮籍、阮咸、阮瞻等;以琴乐著称于世的戴氏家族有戴逵、戴述、戴勃、戴颙等;宋、齐之世柳氏家族的柳世隆、柳恽,也是以琴学享誉一时。

(二)世家大族音乐生产方式、目的

生产方式是指社会生活所必需的物质资料的谋得方式,在生产过程中形成的人与自然界之间或人与人之间的相互关系的体系。魏晋南朝世家大族音乐生产是一种分散的、互不联系的个别生产,即以家族为单位的松散型个别生产,但在家族内部,私家部伎之间又天然地形成了一种简单的小规模的协作生产,其中心以恩主的喜好转移或改变。

当然,对于贵族或文人音乐世家来说,其所进行的音乐生产实际上体现了一种自给自足的生产方式,是封建社会小农经济自给自足的基本体现。贵族和文人音乐世家拥有雄厚的经济基础和较高的社会地位,常常以家庭或家族为单位,具有长期或世代的延续性,其音乐产品不仅具有较高的艺术水准,还具有相对独立性和流通表演的自主性。

世家大族音乐生产的目的主要有四个。

其一,满足娱他的需要。"士为知己者死,女为悦己者容。"广大底层音乐艺人通过艰苦的训练,将音乐产品以表演的形式呈献给自己的主人及主人的宾客,以博得宾主的欢心、赏赐和重视,从而换取基本的生命权利、生活保障和荣华富贵,甚至某些特殊的社会地位。当然,从本质上来说,

---

① 房玄龄,等. 晋书 [M] //中华书局编辑部."二十四史"(简体字本). 北京:中华书局,2000:1377.

这种音乐生产的目的是一种广义的交换。根据经济学理论，任何一种以自愿的协定为基础，而提供任何一种现实的、持续的、当前的或未来的效用，以换取某种相对报酬的行为都属于交换。通过交换，音乐艺人们衣着光鲜、生活富足、衣食无忧，成为贵族的爱妾与知音，甚至贵为王侯。

其二，满足自娱的需要。这主要是指参与音乐生产的人员中还有一部分属于贵族和音乐世家。这些拥有雄厚经济实力，具有较高文学、艺术修养以及一定政治地位的贵族和音乐世家，通过自制音乐、自我表演，或与乐人、宾客同时表演，以达到自娱目的。当然，对于他们来说，很多作品的产生是因情而发、因事而作。如晋王献之因喜爱小妾桃叶而制《桃叶歌》，司徒左长史王廞兵败而制《长史变歌》。《宋书》曰："六变诸曲，皆因事制歌。"这种奢靡的自娱行为与魏晋南朝声色之社会、民众崇尚清商女乐之风是一致的。

其三，满足功利的需要。由于世家大族音乐的生产资料主体——乐人属于私有性质，其本身也是在恩主的主导下进行音乐生产，因此，所有产品在本质上不属于乐人所有，音乐产品、乐人都成为世家大族享用和交换的对象，世家大族借此来获得某种需要或回报。这种需要或回报主要有四种：皇室笼络世家大族的需要；世家大族博得政治地位，甚至称霸一方、割据为王的需要；① 世家大族炫耀、彰显自己政治、经济地位和艺术造诣的需要；世家大族结交朋友的需要。

其四，满足家风学养的需要。世家大族重视家学，倡导艺术，认为家风学养是维系世族发展的重要力量，而优美"门风"形成的重要条件之一就是艺术。因此，音乐无论是自我生产还是乐人生产，都是为了增添家风学养的厚度，为了维系家族的传承与发展。

总之，魏晋南朝世家大族的音乐生产基本是一种封建庄园主自给自足的音乐生产方式，并不以"音乐"作为商品去交换社会其他生产部门的劳动产品或资料。这一方面受到自然经济占主导地位的社会制度的影响，另一方面私家部伎的私有性、世家大族的超强经济实力也决定了音乐不会作为一种商品，因此世家大族音乐产品虽属于私有性质，但世家大族并没有以"音乐产品"来积累资本的思想意识和经济行为。

---

① 如东晋末年慕容超与姚兴争乐，掳掠皇室太乐诸伎充斥于庭，供自己享用，并私设太乐，"简男女二千五百，付太乐教之"以满足自己称帝野心。参见：房玄龄，等. 晋书 [M]//中华书局编辑部. "二十四史"（简体字本）. 北京：中华书局，2000：2138.

（三）世家大族音乐产品类型

世家大族音乐产品种类繁多，私家部伎主要创作、表演清商乐舞、丝竹之乐、吴歌、西曲、鼓吹乐等。

《南齐书》卷四十六载："自宋大明以来，声伎所尚，多郑卫淫俗，雅乐正声，鲜有好者。惠基解音律，尤好魏三祖曲及《相和歌》，每奏，辄赏悦不能已。"① 所谓郑卫淫俗，主要是指清商乐、相和歌、吴歌、西曲，足见南朝审美之风尚，音乐生产的主体也就在于此。如梁时羊侃曾让乐伎表演《采莲》《棹歌》等吴歌，其乐伎中有以弹筝为主的陆太喜，以舞蹈为主的张净琬、孙荆玉，以唱歌为主的王娥儿，等等。② 石崇最宠信的乐伎绿珠擅长吹笛弹瑟，尤善《明君》之舞，作吴声歌曲《懊侬歌》等。③

《洛阳伽蓝记》卷第三详细记载了这一时期贵族私家部伎音乐生产的内容：

> 正光中……出则鸣驺御道，文物成行，铙吹响发，笳声哀转。入则歌姬舞女，击筑吹笙，丝管迭奏，连宵尽日。……美人徐月华，善弹箜篌，能为《明妃出塞》之歌……修容亦能为《绿水歌》，艳姿善为《火凤舞》。④

除了私家部伎生产、表演的清商乐舞之外，宗教性音乐也是生产类型之一。东吴孙皓世在宗庙演出民间祭祀音乐《神弦乐》，接连七日而不绝。《晋书》卷九十四载夏统的叔父为祭祀祖先，请来女巫章丹与陈珠，二巫"并有国色，庄服甚丽，善歌舞"，表演巫术时"撞钟击鼓，间以丝竹，丹、珠乃拔刀破舌，吞刀吐火，云雾杳冥，流光电发"，然后二人又在庭中，"轻步徊舞，灵谈鬼笑，飞触挑抉，酬酢翩翻"。⑤ 这说明宗教音乐活动形式相当丰富，既有钟鼓丝竹之乐，又有歌舞百戏。

贵族文人擅长制作文辞典雅的相和歌、清商乐、吴歌、西曲、上云乐、

---

① 萧子显. 南齐书 [M] //中华书局编辑部. "二十四史"（简体字本）. 北京：中华书局，2000：549.
② 姚思廉. 梁书 [M] //中华书局编辑部. "二十四史"（简体字本）. 北京：中华书局，2000：390.
③ 郭茂倩. 乐府诗集 [M]. 北京：中华书局，1979：667.
④ 杨衒之. 洛阳伽蓝记校释 [M]. 周祖谟，校释. 北京：中华书局，2010：122-124.
⑤ 房玄龄，等. 晋书 [M] //中华书局编辑部. "二十四史"（简体字本）. 北京：中华书局，2000：1621.

倚歌、挽歌、笛曲、琴曲、琵琶曲等。如一代文宗沈约，曾创作祭祀音乐《相和五引》，西曲《襄阳蹋铜蹄》，江南弄《赵瑟曲》《秦筝曲》等，施用于皇室祭祀、贵族宴飨之中。世家大族羊侃，也自造《采莲》《棹歌》两曲，甚有新致。①

《晋书》卷八十一说世家大族桓伊多才多艺，"善音乐，尽一时之妙，为江左第一"，演奏笛子尤为出色。一次皇帝召桓伊饮宴，命他吹笛，他"即吹为一弄"，后抚筝而歌《怨诗》。② 桓伊还善唱"挽歌"，曾作《行路难》曲，词句婉切，时人谓之一绝。

其他如南齐竟陵王子良、道人释宝月，西晋豪绅石崇，南朝宋临川王刘义庆、平穆王刘铄、随王刘诞，梁武帝萧衍、王子云，等等，都创作有大量的音乐作品。

文人音乐素养的普遍提高使创作、改编吴歌、西曲成为一种时尚。如晋车骑将军沈玩制《前溪歌》、宋汝南王造《碧玉歌》等。宋、梁之际尤为普遍，从《乐府诗集》载宋少帝曾制新歌三十六曲就可见一斑。南朝陈是吴歌发展的顶峰，陈后主善音乐，登基后极力提倡清商乐，尤以创制吴歌最为擅长。《唐书》曰："《春江花月夜》《玉树后庭花》《堂堂》并陈后主所作。"③

音乐世家以琴曲的创作、表演为主。戴逵及其两个儿子戴勃、戴颙，都是著名的琴家。《宋书》卷九十三载："父善琴书，颙并传之。凡诸音律，皆能挥手。"但是，因为戴逵在戴颙十六岁时故去，戴颙兄弟不忍心弹其父所传之曲，于是，"各造新弄，勃五部，颙十五部。颙又制长弄一部，并传于世"。宗炳擅弹《金石弄》，刘宋太祖还特派一个叫杨观的宫廷乐师专门去找他学习此曲。④

（四）世家大族音乐生产的经济基础

经济基础决定上层建筑，什么样的经济基础就决定了什么样的音乐生产与审美娱乐方式。从政治的角度来说，魏晋南朝时期国家权力的主体把

---

① 姚思廉. 梁书［M］//中华书局编辑部. "二十四史"（简体字本）. 北京：中华书局，2000：390.
② 房玄龄，等. 晋书［M］//中华书局编辑部. "二十四史"（简体字本）. 北京：中华书局，2000：1411.
③ 郭茂倩. 乐府诗集［M］. 北京：中华书局，1979：678.
④ 沈约. 宋书［M］//中华书局编辑部. "二十四史"（简体字本）. 北京：中华书局，2000：1516-1517.

握在世家大族手中，形成皇室与世家大族共享至高权力的局面。这就标志着世家大族掌握着社会资源的分配权力，包括音乐资源的分配权力。魏晋南朝时期，南方经济日益繁盛。东晋以来北方世家及民众大量南迁，有力地促进了南方经济进一步开发，江南成为新的经济中心，拥有较强大的经济实力。正如沈约所云，江南"地广野丰，民勤本业，一岁或稔，则数郡忘饥。会土带海傍湖，良畴亦数十万顷，膏腴上地，亩直一金，鄠、杜之间，不能比也。荆城跨南楚之富，扬部有全吴之沃，鱼盐杞梓之利，充仞八方，丝绵布帛之饶，覆衣天下"①。

萌芽于西汉中后期的田庄经济，在东汉得到了普遍发展，至魏晋南朝达到鼎盛。其内部"闭门成市"，基本生活所需在一定程度上可以不必依赖田庄以外的市场。世家大族占有大量庄园田地，崔寔在其所著《四民月令》中记载了田庄经济的繁盛状况，大意为田庄土地面积广阔，种植各种蔬菜及林木，饲养各种牲畜，还有养蚕、缫丝、纺织、染色、制鞋、制药、制蜡、酿酒、酿醋、制酱、制糖等手工业，以及加工制造农具、兵器。为了经营田庄，豪强地主大肆兼并土地，借荫亲制获得同族人、家人及佃户的依附，迫使百姓离开土地成为依附农，甚至成为流民和奴隶。田庄内部还出现了称为"部曲"或"家兵"的私人武装，平时巡警守卫，战时则随田庄主作战。田庄经济使得农民创造的物质财富大部分不是作为税收流入国库，而是为庄园主所赚取，进一步巩固了他们的垄断势力。②

魏晋南朝商业活动发达，大庄园主的宅第、大寺院、堡垒周围，特别是交通要道口，形成集市，经济繁荣程度不亚于宋代市井。梁武帝时，建康已经成为南北各四十里、居民二十八万户的大城市。其周边也是"良畴美柘，畦畎相望，连宇高甍，阡陌如绣"③。更为突出的是，经商之风在社会上非常普遍，甚至世家大族、皇室也热衷于此。如宋少帝"于华林园为列肆，亲自酤卖"。宋后废帝"凡诸鄙事，过目则能，锻炼金银，裁衣作帽，莫不精绝"。齐郁林王不无羡慕地说："动见拘执，不如作市边屠酤富儿百倍矣。"齐东昏侯"又于苑中立店肆，模大市，日游市中，杂所货物，

---

① 沈约. 宋书[M]//中华书局编辑部. "二十四史"（简体字本）. 北京：中华书局，2000：1015.

② 刘洋. 试论东汉社会批判思潮兴起的原因[J]. 商丘职业技术学院学报，2009（4）：91-92.

③ 姚思廉. 陈书[M]//中华书局编辑部. "二十四史"（简体字本）. 北京：中华书局，2000：56.

与宫人阉竖共为裨贩。以潘妃为市令,自为市吏录事,将斗者就潘妃罚之。……又开渠立埭,躬自引船,埭上设店,坐而屠肉"。①

政治经济上的特权,为世族大家纵情享乐提供了充分保障。例如,太傅何曾"食日万钱,尤曰无下箸处"②。其子何劭"骄奢简贵,亦有父风","食必尽四方珍异,一日之供以钱二万为限。时论以为太官御膳,无以加之"。③ 据《世说新语》卷第三十记述,晋武帝曾到王武子家,王家请吃饭,所用均为琉璃器皿。婢女百人服务,她们衣着皆绫罗,饮食均由她们手擎。所蒸猪肉异常美味,原来王家竟用人乳喂养猪。石崇富可敌国,连皇室都自愧不如,其如厕也"常有十余婢侍列,皆丽服藻饰,置甲煎粉、沉得汁之属,无不毕备"④。

贵族还拥有大量僮仆奴婢。如晋陶侃有家僮千数,刁协家有奴婢数千人。刘宋时,谢昆家有奴僮一千数百人,沈庆之有奴僮千人。其他贵族拥有的奴僮数量也不相上下。

可以说,这是典型的庄园主经济时代,其核心是以人身依附关系为特征的封建大土地所有制。自给自足的大地主田庄经济是门阀士族形成的经济基础,也是世家大族音乐生产的经济基础。

正因有着如此的经济基础,世家大族的音乐生产才繁盛奢靡。《通典》卷第一百四十一说这一时期"王侯将相,歌伎填室;鸿商富贾,舞女成群。竞相夸大,互有争夺,如恐不及,莫为禁令"⑤。

二、世家大族音乐的消费

(一) 世家大族音乐的消费场所、形式、对象

消费方式是生活方式的重要内容,根据马克思经济学原理,消费方式是在一定社会经济条件下,消费者同消费资料相结合的方式,包括消费者

---

① 李延寿. 南史[M]//中华书局编辑部. "二十四史"(简体字本). 北京,中华书局,2000:103-104.
② 房玄龄,等. 晋书[M]//中华书局编辑部. "二十四史"(简体字本). 北京:中华书局,2000:650.
③ 房玄龄,等. 晋书[M]//中华书局编辑部. "二十四史"(简体字本). 北京:中华书局,2000:651.
④ 刘义庆. 世说新语笺疏[M]. 刘孝标,注. 余嘉锡,笺疏. 周祖谟,等,整理. 北京:中华书局,2007:1029.
⑤ 杜佑. 通典[M]. 王文锦,等,点校. 北京:中华书局,1988:3601.

以什么身份、采用什么形式、运用什么方法来消费消费资料，以满足其需要。世家大族音乐的主要消费者是拥有这些私家部伎的奴隶主贵族，即那些在经济上以田庄经济为基础，在文化上注重优美门风，在政治上具有世袭特权的世家大族。

在消费者中还有一个特殊群体——鸿商富贾。如吴声、西曲的产生地域主要在京都建业，长江中游的荆州、郢州，以及汉水流域的樊、邓一带，这些正是商业贸易极为兴盛的地域。因此，商人成了欣赏吴声、西曲的一个重要组成部分。但是，魏晋南朝时期的制度一般不允许富商拥有私家乐伎，故而腰缠万贯的商人常常绕开甚至突破这种禁令，通过改变户籍的方式，即加入士籍来实现音乐消费。沈约曾云，在齐武帝时"落除卑注，更书新籍"，也"不过用一万许钱"。① 据《宋书》卷三十五记载，扬州领户一十四万三千二百九十六，经审查不合于士族标准而退还本地审查的竟占了一半，这足见当时改籍之风盛行。②

魏晋南朝世家大族音乐消费的形式、场所多种多样，具体有以下几种。

1. 家宴

"乐以佐食"，家庭宴飨成了世家大族的首要音乐消费场所。世家大族拥有的政治、经济特权，造就了其极度腐化奢靡的生活。《晋书》卷二十七云："晋世之士苟偷于酒食之间，而知不及远。"③ 这生动地说明了此时贵族的生活状态。而魏晋南朝的娱乐之风更加剧了世家大族在家宴上为满足自己的声色之需而铺张用乐的现象。

在精通音乐艺术的恩主审美观念的影响下，世族家庭宴飨音乐消费的主要对象是具有较高艺术水准的清商女乐、丝竹之声。如梁时羊侃家中设宴，所用乐人数百，分组演出，从早到晚，通宵达旦，谓之"恒舞"。④ 在奢乐之风的影响下，就连为官清廉的夏侯亶，每有客，也常令伎妾隔帘奏之。⑤ 而陈代的章昭达无论何时宴饮，必备清商女伎、羌胡之声，哪怕"临

---

① 杜佑. 通典［M］. 王文锦，等，点校. 北京：中华书局，1988：59-60.
② 丁红旗. 从《南齐书·王诩传》看东晋南朝俗乐风俗［J］. 沈阳师范大学学报（社会科学版），2009（4）：80-84.
③ 房玄龄，等. 晋书［M］//中华书局编辑部."二十四史"（简体字本）. 北京：中华书局，2000：535.
④ 姚思廉. 梁书［M］//中华书局编辑部."二十四史"（简体字本）. 北京：中华书局，2000：391.
⑤ 姚思廉. 梁书［M］//中华书局编辑部."二十四史"（简体字本）. 北京：中华书局，2000：287.

对寇敌,旗鼓相望,弗之废也"①。

私家部伎的奢华演出是魏晋南朝世家大族宴飨音乐消费的主体,但不是全部。世家大族为了标榜风流,亲自参与音乐演出,表演自己创作的音乐,并与乐人伶工相唱和,以期到达自娱自乐之极境。如西晋庾晞常"自摇大铃为唱,使左右齐和"②,谢石在司马道子的宴飨中唱"委巷之歌",谢尚在司徒王导的宴会中跳《鸲鹆舞》③,等等。

2. 出行、游宴、雅集

魏晋南朝富于浪漫气息,玄学盛行,佛儒杂流。门阀制度和经济特权使世家大族过着悠闲奢侈的生活,再加上世代对优美门风的追求,使出行、游宴、雅集成为他们日常生活的主要娱乐方式。南朝以来寒门士族的崛起则进一步加深了世族不问政治、寄情山水的情怀。

世族子弟常在出行、游宴、雅集中运用朝廷所赐音乐部伎和私家伎乐,以显示自己地位的高贵与家族的荣耀,以及自娱以达到超脱物外的旷达境界。

具体来说,世族子弟在出行中常运用鼓吹乐,如东吴豪门世族吕蒙,出行常常用孙权所赐给的鼓吹乐部,"兵马导从,前后鼓吹,光耀于路"。卫将军士燮兄弟雄踞一方,出行时均"鸣钟磬,备具威仪,笳箫鼓吹,车骑满道"。④ 到南朝时期,连"牙门督将五校悉有鼓吹"⑤。

在游宴中所消费的音乐则以私家部伎所奏清商音乐、吴歌、西曲为主,如《梁书》卷三十九载羊侃乘船出行衡州,在水中设宴赏景,船上"饰以珠玉,加之锦缋,盛设帷屏,陈列女乐"。表演内容有羊侃自造音乐《采莲》《棹歌》,有清商乐伎陆太喜、张净琬、孙荆玉、王娥儿等的精彩乐舞,以致两岸观者如堵。⑥

---

① 姚思廉. 陈书 [M] //中华书局编辑部. "二十四史"(简体字本). 北京:中华书局, 2000:124.

② 房玄龄,等. 晋书 [M] //中华书局编辑部. "二十四史"(简体字本). 北京:中华书局, 2000:543.

③ 房玄龄,等. 晋书 [M] //中华书局编辑部. "二十四史"(简体字本). 北京:中华书局, 2000:1377.

④ 陈寿. 三国志 [M] //中华书局编辑部. "二十四史"(简体字本). 裴松之,注. 北京:中华书局, 2000:881.

⑤ 郭茂倩. 乐府诗集 [M]. 北京:中华书局, 1979:224.

⑥ 姚思廉. 梁书 [M] //中华书局编辑部. "二十四史"(简体字本). 北京:中华书局, 2000:390.

雅集是世族弟子在尚清谈的社会背景下，选择志趣相投者结伴而行，在山水胜景中欢宴自娱、谈古论今的活动形式，其内容主要是吟诗、作乐、喝酒、赏景。由于这是一种自娱性活动，追求的是独乐与众乐的统一，彰显的是与自然合一、超脱放达的人生理念，①因此，参与者常引吭高歌、弹琴赋诗、以舞相属，不分贵贱。如陆机《棹歌行》中"名讴激清唱，榜人纵棹歌"②之句，就生动地描述了自诩博学儒雅的贵族子弟雅集中音乐表演的热烈场面。

《宋书》卷九十三对世族雅集活动的音乐消费记载尤为详细，其云：

> 衡阳王义季镇京口，长史张邵与颙姻通，迎来止黄鹄山。山北有竹林精舍，林涧甚美，颙憩于此涧，义季亟从之游，颙服其野服，不改常度。为义季鼓琴，并新声变曲，其三调《游弦》、《广陵》、《止息》之流，皆与世异。③

《南齐书》也曾记载，一次豫章王陈巋、沈文季与司徒褚渊相邀在北宅后堂集会，酒酣之际，褚渊取琵琶，演奏《明君曲》，文季便下席大唱曰："沈文季不能作伎儿。"然而"渊颜色无异，曲终而止"。④显然，雅集音乐消费强调的是自娱，那些高官显贵的世族子弟并不在意音乐生产与消费的贵贱之分。

3. 官宴

世家大族拥有政治特权，因此具有政治性的官宴也是音乐消费的主要场所。这种官宴一般分为两种：其一，政务上款待上司、同僚、下属；其二，接受皇室或上司的命令，承办具有赏赐性的宴飨。因此，官宴活动具有极强的政治色彩，宴飨用乐规模庞大、规范，音乐水平高超。当然，由于奢侈之风盛行，官宴用乐也成为世族炫富、炫政治地位的绝佳舞台。⑤

如南朝梁武帝大同年间（535—546年），皇帝诏令羊侃设宴款待魏来使阳斐。羊侃为了在数百宾客中展示自己的财富，所用食器皆金玉杂宝，同

---

① 韩启超. 六朝世家大族乐舞生活考 [J]. 交响（西安音乐学院学报），2008（4）：19-25.
② 郭茂倩. 乐府诗集 [M]. 北京：中华书局，1979：593.
③ 沈约. 宋书 [M] //中华书局编辑部. "二十四史"（简体字本）. 北京：中华书局，2000：1516.
④ 萧子显. 南齐书 [M] //中华书局编辑部. "二十四史"（简体字本）. 北京：中华书局，2000：526.
⑤ 韩启超. 六朝世家大族乐舞生活考 [J]. 交响（西安音乐学院学报），2008（4）：19-25.

时演奏三部女乐。数百侍婢手执金花烛,以"恒舞"的形式进行通宵达旦的演出。①

（二）世家大族音乐的消费成本

世家大族音乐的生产与消费建立在巨额资金的基础上。为了满足自己的娱乐消费,很多世家大族往往耗费大量的人力、物力、财力,甚至搭上自己的性命。

首先,世家大族供养、培训歌舞伎乐人员需要大量、持续的资金投入。世家大族拥有大量的音乐生产资料——歌舞伎,这些私家部伎数量庞大,数以千计。西晋石崇有"苍头八百余人"②；外戚贾谧"歌僮舞女,选极一时"③。东晋陶侃有"家僮千余"④；苟晞家"奴婢将千人"⑤。南朝宋代南郡王刘义宣有"后房千余"⑥；蔡廓"宅内奴僮,人有数百"⑦。杜幼文"女伎数十人,丝竹昼夜不绝"⑧；沈庆之"奴僮千计。……妓妾数十人"⑨。梁代夏侯夔"后房伎妾曳罗縠饰金翠者亦有百数"⑩。

由于是私家部伎,属于依附性质,众多歌舞伎乐人员的生活状态是:年轻时富足无忧、奢靡无度；衣服鲜艳珍丽,化妆尽选一时之妙；用金银马具,着锦履,用红色为蟠盖衣服,剪彩帛为杂花,以绫作杂服饰,作鹿

---

① 姚思廉. 梁书 [M]//中华书局编辑部."二十四史"（简体字本）. 北京：中华书局, 2000：391.

② 房玄龄, 等. 晋书 [M]//中华书局编辑部."二十四史"（简体字本）. 北京：中华书局, 2000：657.

③ 房玄龄, 等. 晋书 [M]//中华书局编辑部."二十四史"（简体字本）. 北京：中华书局, 2000：770.

④ 房玄龄, 等. 晋书 [M]//中华书局编辑部."二十四史"（简体字本）. 北京：中华书局, 2000：1179.

⑤ 房玄龄, 等. 晋书 [M]//中华书局编辑部."二十四史"（简体字本）. 北京：中华书局, 2000：1106.

⑥ 沈约. 宋书 [M]//中华书局编辑部."二十四史"（简体字本）. 北京：中华书局, 2000：1189.

⑦ 沈约. 宋书 [M]//中华书局编辑部."二十四史"（简体字本）. 北京：中华书局, 2000：1042.

⑧ 沈约. 宋书 [M]//中华书局编辑部."二十四史"（简体字本）. 北京：中华书局, 2000：1138.

⑨ 沈约. 宋书 [M]//中华书局编辑部."二十四史"（简体字本）. 北京：中华书局, 2000：1323-1324.

⑩ 姚思廉. 梁书 [M]//中华书局编辑部."二十四史"（简体字本）. 北京：中华书局, 2000：289.

行锦、牙箱笼杂物,等等;所用乐器精美无比,常常以七宝饰之;① 歌童舞女出入行游,涂巷盈满;表演水平,出神入化,甚至超越皇家歌伎。此种风气南朝尤盛,齐太祖甚至屡下禁令也阻挡不了世家大族的奢侈音乐消费之风。因此,世家大族要想维持庞大的私家部伎与奢靡的音乐生产与消费,就必须有大量的资金支持。这包括日常提供私家乐人的衣食住行消费与音乐培训、乐器购置、乐人购买等消费支出,以及宴飨演出等各种场合的租用和建造费用。

如散骑侍郎顾臻所说:"今夷狄对岸,外御为急,兵食七升,忘身赴难,过泰之戏,日廪五斗。"② 最为典型的是西晋石崇,购买乐伎绿珠,花费上等珍珠三十斛,折合当时货币可谓千金。石崇的投资还远不止如此,他又花费巨资广邀名师教绿珠琴棋书画、歌舞,并且在京都洛阳东郊专门修"金谷园",作为绿珠的表演场所,供自己享乐。如此花费万金之巨在一人身上,在南朝并非独此一家,足见这一时代乐舞消费之奢侈。

以此为据,世家大族拥有数以千计的音乐人员,所需资金数额简直难以统计。为了满足自己的娱乐需求,世家大族倾其所有,甚至贪污腐败、倾家荡产,直至失去性命。南齐东昏侯就属于这一类代表。史载东昏侯奢侈荒淫,开支浩大,平时剥夺所得"犹不能足,下扬、南徐二州桥桁塘埭丁计功为直,敛取见钱,供太乐主衣杂费。由是所在塘浃,多有隳废"③。可知东昏侯为满足自己的音乐消费,竟不顾两个州的塘毁堤溃,私吞兴修水利的捐税,以供其用。而咸阳王元禧因为蓄养伎妾,维持音乐娱乐,不惜贪图钱财,最终获罪而死。④

当然,世家大族对乐舞伎的花费如此奢侈,其要求也非常高。西晋石崇为了让舞伎肢体轻盈,考核的办法是将用香木研成的碎末铺在象牙镶嵌的床上,让舞伎从上面踩过,如果没有留下脚印,便赠给其成串的珍珠,如果留下脚印,则让这些舞伎节制饮食、减轻体重,以符合自己的审美需

---

① 萧子显. 南齐书[M]//中华书局编辑部."二十四史"(简体字本). 北京:中华书局,2000:9.
② 沈约. 宋书[M]//中华书局编辑部."二十四史"(简体字本). 北京:中华书局,2000:368.
③ 萧子显. 南齐书[M]//中华书局编辑部."二十四史"(简体字本). 北京:中华书局,2000:71.
④ 魏收. 魏书[M]//中华书局编辑部."二十四史"(简体字本). 北京:中华书局,2000:363.

求。而乐人在表演时，稍有差错就会被剥面、砍手，甚至丢掉性命。由此可见，魏晋南朝乐伎虽然收入颇丰，但也属于高危职业，其根本原因是地位低贱。

其次，各种场合的音乐消费频繁、奢华，需要巨大的经济支出。魏晋南朝宴飨之风盛行，使得音乐消费场合众多，演出极为频繁。众多"富拟国君"的世家大族，其经济上的超强实力以及攀比之风进一步推动音乐生产与消费走向奢华。东晋时期"一宴之馔，费过十金"极为普通，超过者比比皆是。如世家大族谢家的谢安常携子侄游集，"肴馔亦屡费百金"①。更有甚者如富甲一方的羊侃、石崇。史载羊侃性"好宾客郊游，终日献酬"。一次宴飨可以款待三百多人，用金玉器皿，奏三部女乐，数百侍婢手执金花烛，通宵表演，以供宾主娱乐。② 石崇发明"恒舞"，让舞者戴着玉佩、金钗，互相挽手绕庭柱而舞，昼夜不停。由此，"贵势之流，货室之族，车服伎乐，争相奢丽，亭池第宅，竞趣高华"③。此种宴飨娱乐花费何止百金！由此，魏晋南朝音乐消费之奢华更是难以想象，如此频繁、奢华的音乐消费，增加了世家大族的支出成本，出现了"食日万钱"④，"一日之供以钱二万为限"⑤ 的现象。

梁贺琛上书皇帝，指陈时弊，批评社会上宴飨竞相奢侈浪费的言论便生动地揭示了这一特征。其云：

> 今之燕喜，相竞夸豪，积果如山岳，列肴同绮绣，露台之产，不周一燕之资，而宾主之间，裁取满腹，未及下堂，已同臭腐。又歌姬舞女，本有品制，二八之锡，良待和戎。……故为吏牧民者，竞为剥削，虽致赀巨亿，罢归之日，不支数年，便已消散。盖由宴醑所费，既破数家之产；歌谣之具，必俟千金之资。所费事等丘山，为欢止在

---

① 房玄龄，等. 晋书［M］//中华书局编辑部."二十四史"（简体字本）. 北京：中华书局，2000：1381.

② 姚思廉. 梁书［M］//中华书局编辑部."二十四史"（简体字本）. 北京：中华书局，2000：391.

③ 萧子显. 南齐书［M］//中华书局编辑部."二十四史"（简体字本）. 北京：中华书局，2000：632.

④ 房玄龄，等. 晋书［M］//中华书局编辑部."二十四史"（简体字本）. 北京：中华书局，2000：650.

⑤ 房玄龄，等. 晋书［M］//中华书局编辑部."二十四史"（简体字本）. 北京：中华书局，2000：651.

俄顷。乃更追恨向所取之少，今所费之多。如复傅翼，增其搏噬，一何悖哉！其余淫侈，著之凡百，习以成俗，日见滋甚，欲使人守廉隅，吏尚清白，安可得邪！①

可见，这一时期世家大族为了满足自己的音乐消费欲望，耗费巨资属于正常行为，很多人甚至贪污违法、变卖田宅，以致家破人亡也在所不惜。因此，从这一角度来说，将魏晋南朝定性为"声色之社会""家伎之时代"，也是正确的。②

第三节　魏晋南朝时期音乐经济的总体特征

一、音乐生产消费的主体是非营利性

音乐经济活动是音乐活动领域中的经济行为，或者是人们社会生活中围绕音乐文化发生的一切经济行为。它既包括音乐商品的生产、分配、交换、储存、消费过程，又包括经济条件对音乐（包括音乐作品、创作、表演，乐器的生产等相关的音乐活动）生产过程所发挥的作用。魏晋南朝宫廷与民间的音乐生产方式是自给自足式的封建小农经济的体现，音乐经济在本质上是一种非营利性的生产与消费。深究原因，和这一时期的社会结构，世家大族的经济、政治特权有着密切关系。

中国学术界通常把魏晋南北朝时期看作一个相对独立的阶段。这个时代处于汉唐两个大帝国之间，是一个分裂、混乱的时代，门阀士族的存在是这个时代的特有现象。③ 门阀制度主要特点是鲜明的等级性，严格的政治分配特权（如九品中正制）导致了"上品无寒门，下品无士族"，"公门有公，卿门有卿"的局面。于是，这一时期的阶级结构，大体上可以分为三个等级：贵族、良民、贱民。六个阶级：皇室和高门士族地主阶级，寒门庶族地主阶级，少数民族酋帅阶级，农业、手工业编户齐民阶级，屯田户、

---

① 姚思廉. 梁书［M］//中华书局编辑部. "二十四史"（简体字本）. 北京：中华书局，2000：378.
② 韩启超. 六朝世家大族乐舞生活考［J］. 交响（西安音乐学院学报），2008（4）：19-25.
③ 孙明君. 汉晋士族的发展历程［J］. 文史知识，2009（8）：19-26.

佃客、部曲、军户、吏家、杂户等依附民阶级，白徒、养女和奴婢阶级。①由此可见，专职乐人、私家部伎属于最底层的贱民或奴婢阶级，没有独立地位，完全依附于贵族，这是具有奴隶制特征的隶属关系，恩主可以自由支配乐伎们的生命，尤其是女性乐伎与恩主的另一重依附关系——作为伎妾对主人的依附关系。②

门阀制度在经济上表现得尤为突出，正如《魏晋南北朝史》强调，"魏晋南北朝时期，封建土地所有制的形态，是世家大族地主占有了大量土地和不完全占有土地上的耕作者依附农民——部曲、佃客。这种封建关系的形成，隶属性是极度强化的"③。这种社会结构、经济结构说明，音乐生产资料或生产资料的提供者——乐人是音乐资料上的无产者，所有音乐产品包括乐舞生产者都归封建贵族和地主所有，即以皇权为中心的皇室、世家大族，以及以经济资源为核心的富商大贾是音乐资料和产品的占有者和使用者。二者属于不同的阶级，也是一种隶属关系。音乐生产的最终目的是满足奴隶主的日常享乐。当然，有时候乐人自己也成为音乐产品，被主人任意处理。

因此，宫廷乐人和私家部伎的音乐产品、音乐行为的回报，无法以直接的价格或金钱来体现，但本质上可以通过潜在形式获得价值体现，即通过交换获得生活保障以及荣誉、地位或某种特定目的。这就是无产者——乐人进行音乐生产的回报，是无形价格的体现。

虽然宫廷中的广大职业乐工和私家部伎是通过音乐生产获得回报，从而实现特定价值，但这种大规模的宫廷乐舞和世家大族音乐，其社会属性分别是以皇权政府和世家大族的私家体制为主，本质上属于一种强迫性的，或者说是"应差式"的非营利性音乐经济活动。没有人身自由的音乐艺人，不是经济活动的主体，不能自由地在市场上出售自己的艺术产品，他们的艺术作品或表演，不是作为商品来流通的，它的使用价值的实现往往是由恩主决定的。

宫廷和世家大族精通音乐者，侧重于雅乐登歌和雅化的轻歌曼舞，其创作与表演并不为求得回报，只是作为一种自我娱乐的手段或者获得社会

---

① 许辉. 六朝的时代特征与"六朝文化"之形成 [J]. 许昌师专学报，2001 (6)：36-41.
② 张振涛. 论恩主——关于中古伎乐发展阶段乐户与庇护者依附关系的初步探讨 [J]. 中国音乐学，1994 (3)：118-127.
③ 王仲荦. 魏晋南北朝史：上 [M]. 上海：上海人民出版社，1979：前言2.

肯定、认同的途径。音乐世家创作作品以琴曲为多，属于专业创作，以抒发个人情怀为主，无论是创作还是表演，都不以交换或获得商业回报为目的，追求自我精神满足，是一种自我身份或职业的标志。

综上，这一时期宫廷和世家大族的音乐生产和消费整体上是为了自给自足，并不以与其他产品进行交换为主要目的。这种音乐生产体现着一种"具有封建主义特色的"社会劳动关系，构成了中古时期音乐生产、消费的主体特征，为中古伎乐的核心形态的形成以及私家部伎时代的产生奠定了基础。

二、音乐生产消费的商品性、流通性初步展现

从更为广义的角度来看，魏晋南朝时期世家大族的音乐生产属于社会生产的一部分、一个环节，其产品必然在社会整体循环中进行流通、分配、消费。从史料来看，这一时期音乐作为一种产品，有一部分进入了流通环节，并通过交换实现了音乐生产的经济效应，具有初步的商业性。即这类音乐的生产不再是单纯的自给自足，而是为了获得一种市场认同的价值，通过价格体系进行交换，从而实现音乐生产的营利性与音乐消费的商业化。

部分音乐生产的商业化与魏晋南朝时期整体社会经济发展以及商业繁盛有关。虽然中国封建社会的经济政策整体是重农抑商，但魏晋南朝时期比较特殊，尤其是东晋南朝，士民不事农桑，转而游食贩贾的现象日益明显。《晋书》卷二十六载东晋著名将领应詹曾上表云："军兴以来，征战运漕，朝廷宗庙，百官用度，既已殷广，下及工商流寓僮仆不亲农桑而游食者，以十万计。"① 南齐王子良在《上谠言表》中说："至乃靡衣媮食，曾宇雕墉，商货浮侈，田莱芜替，械朴爽流，摽梅失序。"② 南朝梁郭祖深也说："今商旅转繁，游食转众，耕夫日少，杼轴日空。"③ 由此可见，这种经商风气之盛，甚至"人竞商贩，不为田业"，以致"南亩废而不垦"。④

---

① 房玄龄，等. 晋书 [M] //中华书局编辑部."二十四史"（简体字本）. 北京：中华书局，2000：513.
② 王子良. 上谠言表 [M] //严可均. 全上古三代秦汉三国六朝文. 北京：中华书局，1958：5648－5649.
③ 李延寿. 南史 [M] //中华书局编辑部."二十四史"（简体字本）. 北京，中华书局，2000：1149.
④ 房玄龄，等. 晋书 [M] //中华书局编辑部."二十四史"（简体字本）. 北京：中华书局，2000：1321－1322.

在此背景下，音乐作为一种稀缺产品，也产生了商业化现象。从《乐府诗集》所载西曲的产生、发展以及西曲歌词来看，西曲由商女所唱，主要对象是世家大族、商贾，主要场所是荆、郢、樊、邓之间的商船之上，主要目的是获取一定的商业报酬以养家糊口。

由此，在世家大族看来，"歌谣之具，必俟千金之资"已成为一种常态化的音乐消费，因此西晋富商石崇用三十斛上等珍珠去买一个歌伎，并耗费巨资对其进行培训也不足为怪了。更为明显的是，当时在社会上人们已经普遍认识到音乐产品的商业价值，并通过价格体现出来。正如《古今乐录》云："江南音，一唱值千金。"① 传唱的歌词鲜明地体现了这一时期人们对音乐商业价值以及音乐生产、表演商业性的认同。这一价值体现包含了消费者的普遍审美趋向，同时也在引导音乐生产者去迎合消费者进行更大价值的音乐生产。

在此背景下，音乐生产者的收入就得到了体现。如南朝齐时丹阳著名歌伎孟珠，其生活状态是："人言孟珠富，信实金满堂。龙头衔九花，玉钗明月珰。"② 由此说明，音乐生产者通过音乐表演获得的经济回报极高，这也进一步证实了音乐生产的商业价值。

从经济学角度分析，艺人的这种超越一般民众的高收入也遵循了价值规律。乐人创造的艺术产品或表演水平有多大价值，获得多少回报，很大程度上取决于其自身的稀缺或特异程度，即"物以稀为贵"。当然，这种稀缺或特异在魏晋南朝时期并不仅仅是指音乐的生产与表演，还包括生产者的容貌，即"色艺"。从这个意义上讲，音乐产品价值的高低，一方面取决于其可以衡量的艺术品位，另一方面受到观众追捧程度的影响。正如英国经济学家马歇尔所说，一个商人或制造商对一样东西所能付出的价格，终究要看消费者对这种东西或用它制成的东西肯付的价格而定。所以，一切需求的最终调节者是消费者的需求，这体现了价值规律中供求关系对价格的影响，消费者的需求也是艺术商品交换价值的重要衡量尺度之一。③

三、音乐生产消费对经济发展的依赖性

从音乐学角度来看，音乐活动的核心是音乐的创作、表演与欣赏；从

---

① 郭茂倩. 乐府诗集 [M]. 北京：中华书局，1979：726.
② 郭茂倩. 乐府诗集 [M]. 北京：中华书局，1979：714.
③ 曹丽娜. 唐代民间营利性乐舞的生产与流通 [D]. 北京：中国艺术研究院，2008：22.

经济学角度来看,音乐经济活动的核心是音乐产品(作品、表演)的生产与流通(营利性或非营利性的传播)。因此,音乐生产与消费的各个环节,都离不开经济的支持,体现出对经济发展的极大依赖性。

前文已述,魏晋南朝时期宫廷音乐生产与消费建立在国家体制的基础上,是政府行为的财政支持,耗资巨大。同样,世家大族的音乐生产者包括三个方面:私家部伎、贵族和音乐世家。私家部伎的获得、魏晋南北朝的蓄伎行为、音乐的生产都建立在世家大族拥有雄厚的经济基础之上,也正因为门阀士族制度以及庄园经济特权,世家大族才有大量资金用于购买乐人等生产资料。贵族和音乐世家也正是在衣食无忧的基础上才得以进行自娱性的音乐创作、传播。

宫廷专业乐人和世族私家部伎音乐产品并不以交换为目的,恩主们需要提供更多的资金用于自我消费、自我满足,实现政府体制内和庄园壁坞内的自我循环。因此,要想实现奢华享乐之目的,唯一的依靠是皇室或世家大族自身的经济实力,而魏晋南朝江南经济的繁荣以及商业的兴旺为不同阶层的音乐消费提供了基础。

当然,魏晋南朝经济的发展是一种畸形的发展,频繁的战乱,带来的是民不聊生,民间经济发展屡受重创。但是,世家大族的政治、经济特权,如荫亲制等制度,进一步推动了封建庄园经济的繁盛发展并加大了世族和平民经济的差异。因此,魏晋南朝音乐的繁盛发展主要是因为对封建庄园经济发展的依赖,或者说是与世家大族庄园经济发展融为一体。

封建庄园经济的畸形发展状况导致了音乐生产的扩大与缩小,音乐表演的奢华与简略,在一定程度上决定音乐的产品类型、音乐的消费趋势。如散骑侍郎顾臻上表曰:因"过泰之戏,日廪五斗"的音乐消费太高,"于是除《高絙》《紫鹿》《跂行》《鳖食》及《齐王卷衣》《笮儿》等乐,又减其廪。其后复《高絙》《紫鹿》焉"①。从这段文献可以明确看到,经济对娱乐消费的影响。通过增加或减少音乐人员、音乐演出的资金供给,来调节音乐的生产,是非常直观而有效的手段。但经济手段并不一定对音乐风格产生决定性影响。魏晋南朝清商乐舞、吴歌、西曲、鼓吹乐等音乐种类的产生,除了经济发展的制约之外,还要受到地域习俗、社会审美风尚、民间生活状态等因素的影响。因此说,富足的经济和魏晋南朝整体的风尚,

---

① 房玄龄,等. 晋书[M]//中华书局编辑部."二十四史"(简体字本). 北京:中华书局,2000:463.

以及世家大族自身的娱乐需要、审美风格都成为私家音乐生产必不可少的物质基础和社会文化条件。

四、世家大族音乐生产与消费对社会娱乐审美的引领性

魏晋南朝音乐生产与消费是以世家大族为主体的，这导致整个社会形成了一种奢侈宴飨、豪华夸乐之风，并由此形成以贵族子弟、豪绅商贾追求女乐声色为主的玩乐之风。所以，这一时代最为盛行的乐舞产品是以女乐表演为主、旖旎柔婉、妩媚动人的清商乐，歌颂爱情的吴歌，吟唱商女流离的西曲，言辞艳丽的上云乐，等等，甚至连一些宗教性音乐也带有清商女乐之风。无怪乎史学界一致认为魏晋南朝之江南乃一声色之社会，这一评价与其音乐消费有着直接的因果关系。

这也是一个艺术自觉、个性解放的时代，贵族子弟一方面组织私家部伎进行音乐生产；另一方面也摒弃传统贱乐观念，亲自参与音乐的创作与表演，甚至与歌伎同台演出，相互欢娱。此种艺术上的自觉、解放、随意、尚乐风气也极大地影响甚至引领了其他社会阶层，导致整个社会，无论皇宫还是官邸，无论庄园还是民间，都能看到一种人尚歌舞、各尽欢颜的景象。如《宋书》描写的宋文帝元嘉时期城市中的歌舞盛况："凡百户之乡，有市之邑，歌谣舞蹈，触处成群。"① 到顺帝时"家竞新哇，人尚谣俗。"②《南齐书》描写的齐武帝永明年间的情况："都邑之盛，士女富逸，歌声舞节，祛服华妆，桃花绿水之间，秋月春风之下，盖以百数。"③以至家庭侈靡，声伎纷葩，丝竹之音，流闻衢路。

《古今乐录》记载的《江陵乐》歌词生动地描绘了民间音乐艺人的表演情况，清楚地显示了音乐消费的普及化与频繁化：

> 不复蹑蹀人，蹑地地欲穿。盆隘欢绳断，蹋坏绛罗裙。
> 不复出场戏，蹋场生青草。试作两三回，蹋场方就好。
> 阳春二三月，相将蹋百草。逢人驻步看，扬声皆言好。

---

① 沈约. 宋书［M］//中华书局编辑部."二十四史"（简体字本）. 北京：中华书局，2000：1505.

② 沈约. 宋书［M］//中华书局编辑部."二十四史"（简体字本）. 北京：中华书局，2000：372.

③ 萧子显. 南齐书［M］//中华书局编辑部."二十四史"（简体字本）. 北京：中华书局，2000：621.

暂出后园看,见花多忆子。乌乌双双飞,侬欢今何在。①

五、世家大族音乐生产与消费的相对封闭性

当代的历史学家把商周奴隶制以后的封建经济制度分为三个大的历史阶段:战国秦汉为封建经济制度和封建依附关系发展阶段;魏晋隋唐为庄园农奴制阶段;宋元明清为封建租佃制阶段。肇始于战国、完成于东汉、炽盛于魏晋南朝的封建大土地所有制,使新兴地主阶级、门阀士族、大庄园主成为皇帝以下最大的食利阶级。②

显然,这个"皇帝以下最大的食利阶级"在本质上产生于庄园体制,庄园壁坞林立,"田亩连于方国",使庄园形成了一个综合辑麻缕丝、纺织手工、食品加工、武装荫庇、私学教育、豢养乐伎的自给自足的经济单位和自治体。因此,一个庄园坞堡就是一处家族领地,就是一个内聚的、自足的经济社会单位,依附者无论是否同宗同族,大多从组织与精神上依附于庄园主。即便在生活时间上,也与国家体制有着显著不同,如《四民月令》作为贵族庄园生活的时间表,它对庄园的月度物质生活、社会生活、精神生活有着较为完整的安排。

可见,在每个庄园主——世家大族内部,都有着相对固定的地域空间和相对稳定的人文环境。因此,世家大族的经济特征,庄园、宗法制度必然导致其音乐的生产与消费都处在一个相对封闭的环境下,即音乐生产是一种相对独立的个体生产,彼此之间没有太多的联系。

六、音乐生产与消费具有一定的文化品格

整体来看,魏晋南朝的音乐生产与消费与这一时代人文思潮紧密相连,与世家大族文化精神相关,具有一定的文化品格,即音乐产品、消费娱乐都带有浓烈的世家大族的审美风尚和文化品格。

深究原因,与魏晋文化自觉且世家大族以文化作为维系家族门第的重要手段的观念有关。魏晋以降的许多门阀士族,是由汉代的经学世家转化来的。与此同时,那些初以军功致显的家族,为了保持门第的世代高华,

---

① 郭茂倩. 乐府诗集 [M]. 北京:中华书局,1979:710.
② 张振涛. 论恩主——关于中古伎乐发展阶段乐户与庇护者依附关系的初步探讨 [J]. 中国音乐学,1994(3):118-127.

也顺应历史潮流,加强德业儒素的研习,使其后世子孙渐以文化修养见称。① 另外,魏晋南朝文化倡导儒玄互渗、佛道并用、胡汉交融的多元发展格局,也对当时的音乐文化风格产生了重要影响。玄学清谈加深了诗赋、书法、绘画、音乐、围棋、雕塑、园林等文化艺术的联系,士人的思维方式和人生情趣也发生了深刻的变化。

更为重要的是,音乐生产者比直接从事生产的农户对贵族和庄园主的人身依附性更为紧密,女伎往往兼作婢、妾,贵族对其拥有的权力带有强烈的奴隶经济体制的特征。正如黄翔鹏先生所说,恩主决定了音乐艺术的发展,同时也决定了音乐的内容、形式以及文化属性。

在此种背景下,恩主本身的音乐修为、艺术品格对音乐艺术的生产与发展趋向有很大的影响。当时出现的许多优秀乐伎,都是恩主亲自调教出来的,如石崇之绿珠、王献之之桃叶。由此,在以文化自居的世家大族中,音乐的生产与消费也有着自己独特的品格。

---

① 蒋晓光. 唐文化发展进程与唐宋文化转型的必然性 [J]. 兰州学刊, 2009 (11): 119 - 222.

第二章　北朝时期的音乐经济

北朝是中国历史上一个比较特殊的时期，时间跨度从公元386年（北魏登国元年）到公元581年（杨坚称帝，改国号为隋），包括北魏、东魏、西魏、北齐、北周，基本与南朝（宋、齐、梁、陈）对峙。

从历史学和社会学的角度来看，学界认为其特殊性主要体现在三个方面。

一是社会政治结构的特殊性。雄踞北方广袤中原地带的五个政权，其核心统治集团虽是少数民族，却依然在历史的发展中形成了与魏晋南朝一样的社会属性——典型的门阀士族统治；国家的选士制度也如南朝一样重视门第，以九品中正制为主，察举、征辟制为辅。正如魏孝文帝所说："清浊同流，混齐一等，君子小人名品无别，此殊为不可。"① 因此，其主体特征依然是豪强地主统治，世家大族和地方豪绅拥有巨大的经济财富和政治特权。《魏书》卷六十载："令伎作家习士人风礼，则百年难成；令士人儿童效伎作容态，则一朝可得。是以士人同处，则礼教易兴；伎作杂居，则风俗难改。"② 说明当时门阀士族制度深入人心，世族内部强调家风学养，阶层观念鲜明。

二是经济发展的特殊性。北朝产生于五胡十六国时期的频繁战争中，

---

① 魏收. 魏书 [M]. 北京：中华书局，1974：1310.
② 魏收. 魏书 [M]. 北京：中华书局，1974：1341.

当时广大的北方地区充斥着"白骨露于野,千里无鸡鸣"的悲惨状况,大批的北方原有望族、民众纷纷南迁。自北魏统一北方之后,农村和城镇经济得到显著发展,城镇人口及经商者、手工业者群体日益增多,城市规模日渐扩大。最有代表性的是平城、邺城和洛阳,如《洛阳伽蓝记》卷第四记载北魏迁都洛阳后,都城洛阳成了一个国际性的大都市,四方民众、天下商贾群集,"有阜财、金肆二里,富人在焉。凡此十里,多诸工商货殖之民。千金比屋,层楼对出,重门启扇,阁道交通,迭相临望。金银锦绣,奴婢缇衣,五味八珍,仆隶毕口"①。北齐时期经济持续发展,政府积极劝课农桑,奖励耕织,社会仓廪充实,人民富足。豪绅地主的强权政治结构进一步强化和推动了地主庄园经济的发展,形成了具有时代特色的坞壁经济,其特点是坞壁在坞壁主的统率下从事战斗和生产,坞壁主拥有大量的土地和财富,具有强大的消费能力,它的产生与北方独特的政治环境以及宗法制度有着密切的关系。②

三是社会文化的特殊性。北朝虽为鲜卑族(据《陈寅恪魏晋南北朝史讲演录》,北齐最高统治者皇室高氏为汉人而鲜卑化者)统治,但民族大融合、社会文化多元发展是时代主流。汉儒之学盛行,从北魏孝文帝开始,推行汉化运动,重视学习汉族文化,借鉴汉族制度,改易汉俗。后继者也多尊奉孔子、礼遇儒者、振兴经学,自觉接受中原儒家文化思想,倡导儒学教育。如魏道武帝"初定中原,……便以经术为先"③。开建学校,尤显儒士,吏民歌咏之。儒家思想的正统地位逐渐在北朝社会得到确立。

佛教文化也极为发达,从北魏到北周,虽经历了两次大规模的毁佛灭佛运动,但总体上历代帝王均宣扬君权神授的思想,社会上出现了信佛、从佛、尊佛的普遍现象。《魏书》卷一百一十四载:"魏有天下,至于禅让,佛经流通,大集中国,凡有四百一十五部,合一千九百一十九卷。……自中国之有佛法,未之有也。略而计之,僧尼大众二百万矣,其寺三万有余。"④孝文帝时期,平城有寺院约一百所,僧尼两千余人;各地有寺院六千四百七十八所,僧尼七万七千二百五十八人,⑤足见佛教流通之盛况。后

---

① 杨衒之. 洛阳伽蓝记校释 [M]. 周祖谟, 校释. 北京: 中华书局, 2010: 145.
② 李锋, 代维. 魏晋南北朝时期的豪强地主经济 [J]. 吕梁教育学院学报, 2013 (4): 112-118.
③ 魏收. 魏书 [M]. 北京: 中华书局, 1974: 1841.
④ 魏收. 魏书 [M]. 北京: 中华书局, 1974: 3048.
⑤ 魏收. 魏书 [M]. 北京: 中华书局, 1974: 3039.

继者东魏、西魏、北齐、北周的佛教发展依然繁盛，尤其是北齐，佛教之盛不亚前朝。据载北齐神武帝高欢尊崇佛法，制造穷极，凡厥良沃，悉为僧有。北齐迁都邺城后，邺城成为新的佛教重镇，一城之内就有寺院四千所，僧尼八万人，由此可想见全国佛教寺院规模之庞大。

北朝的道教也日渐繁盛，民众普遍信奉天师道，尤其是经历北魏著名道教领袖寇谦之的改革之后，天师道一度成为国教，地位超过佛教。面对如此繁盛的宗教文化，北朝政府设立了专门的宗教管理机构，其中佛教管理体系是：沙门统—昭玄寺—（鸿胪寺）典寺署—司寂"掌法门之政"。道教管理体系是：仙人博士—崇玄寺—（太常寺）崇虚局—司玄"掌道门之政"。①

综上，作为特殊的历史阶段，虽然历史学界常常将北朝纳入魏晋南北朝这一大的历史时期去论述，但从其政治、文化及音乐经济发展的特殊性来看，需要独立的一章对其展开论述。

第一节　北朝时期的音乐生产

一、北朝社会音乐生产者

（一）宫廷乐官与职业乐舞生产者

与南朝一样，北朝历代政府均重视国家乐舞制度和乐舞机构的建设，如《魏书》卷一百九载，魏太祖"定中山，获其乐县，既初拨乱，未遑创改，因时所行而用之"②。"诏太乐、总章、鼓吹增修杂伎，造五兵、角抵、麒麟、凤皇、仙人、长蛇、白象、白虎及诸畏兽、鱼龙、辟邪、鹿马仙车、高絙百尺、长桥、缘橦、跳丸、五案以备百戏。大飨设之于殿庭，如汉晋之旧也。太宗初，又增修之，撰合大曲，更为钟鼓之节。"③魏世祖"破赫连昌，获古雅乐，及平凉州，得其伶人、器服，并择而存之"④。

这说明北魏立国初就设置了各种音乐机构，蓄养了大批乐人，后世一

---

① 龙显昭. 中国古代宗教管理体制源流初探 [J]. 中华文化论坛，2000（4）：91-98.
② 魏收. 魏书 [M]. 北京：中华书局，1974：2827.
③ 魏收. 魏书 [M]. 北京：中华书局，1974：2828.
④ 魏收. 魏书 [M]. 北京：中华书局，1974：2828.

直在延续和完善。据《魏书》载，北魏时期宫廷设置与乐舞生产相关的官职有：

右第一品：太常；

右从第一品：少府；

右第五品：方舞郎庶长、掖庭监、协律郎、太乐祭酒；

右第六品：律博士、礼官博士、方舞郎、秘书钟律郎；

右第七品：太常斋郎、太乐典录。①

从文献来看，北魏时期，陆儁、长孙石洛曾任乐部尚书，刘芳、祖莹曾任太常卿，公孙崇、赵樊生、张乾龟、崔九龙为太乐令。北周时期，长孙绍远为太常，官拜大司乐。史料多次记载了他们组织乐人进行制礼作乐的活动，如景明年间（500—504 年）太乐令公孙崇多次召集八座已下、四门博士集太乐署研讨制定国家礼乐；永平二年（509 年），太常卿刘芳、太乐令公孙崇特意向熟悉雅乐正声的扬州民张阳子及义阳民儿凤鸣、陈孝孙、戴当千、吴殿、陈文显、陈成等七人请教，制定《八佾》、文武二舞、钟声、管弦、登歌声调，并令教习，形成了相对复杂的用乐制度和用乐内容。北周初，"绍远为太常，广召工人，创造乐器，土木丝竹，各得其宜"②。

归纳起来，北朝宫廷职业乐舞生产者主要有以下六类。

第一，太常雅乐登歌乐人。魏晋之际，雅俗渐趋分离，宫廷以帝王为中心的仪式乐舞活动主要是雅乐，由此，出现了专门从事音乐生产的雅乐登歌人员。如《魏书》卷一百九载，北魏立国之初即"更制金石，并教文武二舞及登歌、鼓吹诸曲"③。"其圆丘、方泽、上辛、地祇……乐人之数，各有差等焉。"④

第二，鼓吹署乐人。北魏时期，宫廷设置鼓吹署，并重视鼓吹乐人的配备，《魏书》载："案鼓吹之制，盖古之军声，献捷之乐，不常用也。有重位茂勋，乃得备作。"北魏天兴二年（399 年）道武帝制定天子仪仗，强调"鸣茄唱，上下作鼓吹。军戎、大祠则设之"；天兴六年（403 年）冬，

---

① 魏收. 魏书 [M]. 北京：中华书局，1974：2977 - 2990.
② 令狐德棻，等. 周书 [M]. 北京：中华书局，1971：430.
③ 魏收. 魏书 [M]. 北京：中华书局，1974：2833.
④ 魏收. 魏书 [M]. 北京：中华书局，1974：2843.

又"诏太乐、总章、鼓吹增修杂伎"。① 据董玥硕士学位论文《北朝乐器的考古学观察》统计，目前发现的北魏至北周时期的墓葬中，至少有 19 个存在鼓吹乐器壁画或乐舞俑，大部分是以骑马鼓吹的形式出现的，这说明北朝鼓吹乐之繁盛。

第三，清商署乐人。清商乐本为中原旧曲，历经曹氏三祖推崇，盛行于南方。北魏世祖（太武帝）时期，定寿春，收其声伎，将"江左所传中原旧曲《明君》《圣主》《公莫》《白鸠》之属，及江南吴歌、荆楚四声，总谓《清商》。至于殿庭飨宴兼奏之"②。当然，这里的乐舞生产者大部分应属于北魏虏获的江南乐人。

第四，总章乐人。总章，汉魏时期的宫廷音乐机构之一，所辖乐人多为女性，以表演舞蹈为主。北魏依然沿袭此制度，《魏书》卷一百九载，北魏道武帝拓跋珪天兴六年（403 年），"诏太乐、总章、鼓吹增修杂伎，造五兵、角抵、麒麟、凤皇、仙人、长蛇、白象、白虎及诸畏兽、鱼龙、辟邪、鹿马仙车、高䋲百尺、长桥、缘橦、跳丸、五案以备百戏"③。这说明总章作为国家乐舞机构在北魏时期受到重视，能够与太乐、鼓吹并列。

第五，四夷乐人。北朝社会相对稳定，国力一度强盛。由此，四夷之邦国所献乐人也成为宫廷非商业乐舞生产的主要力量之一。对此，史料记载颇丰，如北魏太武帝平河西得到《西凉乐》，在宫廷演出一直延续到北周，隋继承之后改为《国伎》，列七部伎之首。④ 北魏太武帝"通西域"后"又以悦般国鼓舞设于乐署"⑤。北齐时期，"其帝家诸奴及胡人乐工，叨窃贵幸，今亦出焉"⑥。"后魏有曹婆罗门，受龟兹琵琶于商人，世传其业，至孙妙达，尤为北齐高洋所重，常自击胡鼓以和之。"⑦《旧唐书》卷二十九记载，周武帝聘虏女为后，"西域诸国来媵，于是龟兹、疏勒、安国、康国之乐，大聚长安。胡儿令羯人白智通教习，颇杂以新声。张重华时，天竺重译贡乐伎，后其国王子为沙门来游，又传奇方音。宋世有高丽、百济伎乐。

---

① 魏收. 魏书 [M]. 北京：中华书局，1974：2800-2801，2813，2828.
② 魏收. 魏书 [M]. 北京：中华书局，1974：2843.
③ 魏收. 魏书 [M]. 北京：中华书局，1974：2828.
④ 魏徵，等. 隋书 [M]. 北京：中华书局，1973：378.
⑤ 魏收. 魏书 [M]. 北京：中华书局，1974：2828.
⑥ 李百药. 北齐书 [M]. 北京：中华书局，1972：686.
⑦ 刘昫，等. 旧唐书 [M]. 北京：中华书局，1975：1069.

魏平冯跋，亦得之而未具。周师灭齐，二国献其乐"①。后来，周武帝又因四夷乐人太多，而"省掖庭四夷乐、后宫罗绮工人五百余人"②。

第六，散乐百戏艺人。从文献来看，北朝宫廷音乐机构蓄养了大批百戏艺人，如前文所述，北魏道武帝拓跋珪天兴六年（403 年）冬下诏增修杂伎，造五兵、角抵、麒麟、凤皇、仙人、长蛇、白象、白虎及诸畏兽、鱼龙、辟邪、鹿马仙车、高絙百尺、长桥、缘幢、跳丸、五案，以备百戏，在宫廷宴飨中表演。后继者明元帝拓跋嗣又进一步增修，说明艺人规模在北魏逐渐扩大。当然，到北魏末年时，一些倡优艺人因不符合帝王的审美观念而被罢免，如《魏书》卷十一载，建义元年（528 年）夏四月癸卯"幸华林都亭燕射，班锡有差。太乐奏伎有倡优为愚痴者，帝以非雅戏，诏罢之"③。

《通典》载，北齐武平中期，亦有鱼龙烂漫、俳优、侏儒、山车、巨象、拔井、种瓜、杀马、剥驴等百戏。后周武帝保定初，诏罢元会殿庭百戏。宣帝即位后，郑译奏徵齐散乐，并会京师为之。盖秦角抵之流也。而广召杂伎，增修百戏，鱼龙漫衍之伎，常陈于殿前，累日继夜，不知休息。④

（二）乐户

乐户是北魏时期以政令的形式，将贱民归属乐籍的总谓。《魏书》载："诸强盗杀人者，首从皆斩，妻子同籍，配为乐户；其不杀人，及赃不满五匹，魁首斩，从者死，妻子亦为乐户。"北魏太和年间，"又河东郡人杨风等七百五十人，列称乐户皇甫奴兄弟，虽沉屈兵伍而操尚弥高，奉养继亲甚著恭孝之称"⑤。项阳先生认为北魏大量隶属寺院的贱民佛图户，其功能与乐户相当，承担着寺院音声供养的具体工作。

因此，从北魏开始的乐籍制度，明确了中国古代职业乐人的身份归属。从职能来看，其概念所指比较宽泛，列入乐籍之人（乐户）上至宫廷下至各个政府机关，甚至包括城市内的专职卖艺之人。从这个角度来说，上述所说的宫廷乐人也属于此类范畴。但鉴于北魏乐籍制度初兴，乐籍概念又

---

① 刘昫，等. 旧唐书 [M]. 北京：中华书局，1975：1069.
② 令狐德棻，等. 周书 [M]. 北京：中华书局，1971：79.
③ 魏收. 魏书 [M]. 北京：中华书局，1974：276.
④ 魏徵，等. 隋书 [M]. 北京：中华书局，1973：342.
⑤ 魏收. 魏书 [M]. 北京：中华书局，1974：2888，1884.

相对宽泛，相关文献也极少，本章将宫廷专职乐人单列出来。

（三）精通音乐技艺的帝王、臣僚

魏晋南朝名士风流，帝王、臣僚竞相参与乐舞生产，此种风气在北朝也极为盛行。如北魏时期，魏高祖与文明太后大飨群臣，宴飨之中，高祖"亲舞于太后前，群臣皆舞。高祖乃歌，仍率群臣再拜上寿"①。"太后曾与高祖幸灵泉池，燕群臣及藩国使人、诸方渠帅，各令为其方舞。高祖帅群臣上寿，太后忻然作歌，帝亦和歌，遂命群臣各言其志，于是和歌者九十人。"②魏高祖与文明太后还亲自作歌章，戒劝上下，皆宣之管弦。③

北齐时期幼主被称为无愁天子，常常在宴飨之中"自弹胡琵琶而唱之，侍和之者以百数"④。《隋书》卷十四亦载：北齐后主"自能度曲，亲执乐器，悦玩无倦，倚弦而歌，别采新声，为《无愁曲》。音韵窈窕，极于哀思。使胡儿阉官之辈，齐唱和之，曲终乐阕，莫不殒涕。虽行幸道路，或时马上奏之，乐往哀来，竟以亡国"⑤。《周书》卷四十八载周高祖平齐之后，宴飨酒酣之，自弹琵琶，令梁主伴舞。⑥《北齐书》卷十一记载"周武帝在云阳，宴齐君臣，自弹胡琵琶"⑦。

当然，除了帝王引领音乐生产之外，围绕在帝王身边的大臣也常常以歌舞创作、表演为风尚。如北魏丞相尔朱荣宴饮酒酣之际"必自匡坐唱虏歌"，日常在家"与左右连手踏地，唱《回波乐》而出"⑧。北魏大臣孙绍之兄孙世元善弹筝，世元去世之后，其弟闻筝声便涕泗呜咽。同时期相州刺史李安世之子李谧"惟以琴书为业"⑨。北魏平恩县候崔光"取乐琴书，颐养神性"⑩。著作郎宗钦"肃志琴书，恬心初素"⑪。秦州刺史赵煚"好音律，以善歌闻于世"⑫。据统计，北魏时期以善琴著称的官员繁多，除上述

---

① 魏收. 魏书 [M]. 北京：中华书局，1974：1203.
② 魏收. 魏书 [M]. 北京：中华书局，1974：329.
③ 魏收. 魏书 [M]. 北京：中华书局，1974：2829.
④ 李百药. 北齐书 [M]. 北京：中华书局，1972：112.
⑤ 魏徵，等. 隋书 [M]. 北京：中华书局，1973：331.
⑥ 令狐德棻，等. 周书 [M]. 北京：中华书局，1971：864.
⑦ 李百药. 北齐书 [M]. 北京：中华书局，1972：145.
⑧ 李延寿. 北史 [M]. 北京：中华书局，1974：1762.
⑨ 魏收. 魏书 [M]. 北京：中华书局，1974：1932.
⑩ 魏收. 魏书 [M]. 北京：中华书局，1974：1498.
⑪ 魏收. 魏书 [M]. 北京：中华书局，1974：1157.
⑫ 魏收. 魏书 [M]. 北京：中华书局，1974：1882.

文献记载外，还有世宗的挽郎谷士恢、柳谐、裴谐等。

北齐时期，齐武成帝常在内廷让中书侍郎祖珽弹琵琶，齐郡太守和士开跳胡舞。① 光州刺史郑述祖之子郑元德"能鼓琴，自造龙吟十弄，云尝梦人弹琴，寤而写得"②。神武帝第十一子，高阳康穆王湜在文宣帝去世的时候，兼任司徒，导引梓宫，但其以吹笛、击胡鼓为乐，结果被太后下令杖责百余而死，令人唏嘘。③

北周时期高平檀翥，字凤翔，能鼓瑟。④ 周武帝在云阳宴齐君臣时，命宗室大臣、广宁王孝珩吹笛，孝珩举笛裁至口，泪下呜咽。⑤

综上，北朝帝王、臣僚的乐舞行为主要集中在弹琵琶、弹琴、吹笛、击胡鼓等内容上，这一方面反映了当时社会的主流音乐形态，另一方面也反映了贵族的乐舞审美取向。

（四）豪绅贵族的"私家部伎"

所谓"私家部伎"，即豪绅贵族私家蓄养的乐舞生产者，这在魏晋南北朝时期极为突出，这一群体规模庞大，是乐舞生产的重要力量。这些私家部伎没有独立地位，只是作为个人的私有财产。乐人的主要功能是生产歌舞以满足恩主的声色需求。从文献来看，北朝私家蓄伎现象不亚于魏晋南朝。北魏光禄大夫高聪"有妓十余人"⑥。骁骑将军夏侯道迁"妓妾十余，常自娱兴"⑦。徐州刺史薛安都从弟薛真度"有女妓数十人，每集宾客，辄命奏之，丝竹歌舞，不辍于前，尽声色之适"⑧。河间王琛有"妓女三百人，尽皆国色。有婢朝云，善吹篪，能为《团扇歌》《陇上声》"⑨。高阳王雍所蓄乐伎多达千人，其中技艺高超者有美人徐月华，善弹箜篌，所歌《明妃出塞》之曲，闻者莫不动容；艺人修容和艳姿，蛾眉皓齿，洁貌倾城，前者善《绿水歌》，后者善《火凤舞》。⑩

现今遗存的大量北朝时期的贵族墓葬中的壁画、石刻也充分证明了这

---

① 李百药. 北齐书 [M]. 北京：中华书局，1972：516.
② 李百药. 北齐书 [M]. 北京：中华书局，1972：398.
③ 李百药. 北齐书 [M]. 北京：中华书局，1972：138.
④ 令狐德棻，等. 周书 [M]. 北京：中华书局，1971：687.
⑤ 李百药. 北齐书 [M]. 北京：中华书局，1972：145–146.
⑥ 魏收. 魏书 [M]. 北京：中华书局，1974：1523.
⑦ 魏收. 魏书 [M]. 北京：中华书局，1974：1583.
⑧ 魏收. 魏书 [M]. 北京：中华书局，1974：1357.
⑨ 杨衒之. 洛阳伽蓝记校释 [M]. 周祖谟，校释. 北京：中华书局，2010：148.
⑩ 杨衒之. 洛阳伽蓝记校释 [M]. 周祖谟，校释. 北京：中华书局，2010：124.

一时期蓄伎之风盛行。如山西省太原市迎泽区郝庄乡王家峰村东"王墓坡"中有北齐徐显秀的墓,墓主人曾被册封为武安郡王,累迁司空公、太尉等职,墓中的壁画生动刻画了当时贵族拥有大量私家乐伎的情景(图1)。壁画中,男女主人安坐于床榻之上,举杯饮酒,面前杯盘陈列,食物丰盛。两旁多位男女乐人手持琵琶、箜篌、笙管等,随时根据主人的指令进行乐舞表演。

图1　北齐徐显秀墓壁画宴飨乐舞图

二、北朝社会音乐生产方式、目的

(一) 皇权中心统筹下的国家音乐生产

生产方式是指社会生活所必需的物质资料谋得方式,在生产过程中形成的人与自然界之间或人与人之间的相互关系的体系。很显然,这一时期乐舞生产的核心场所是宫廷,以帝王及其嫔妃的政治行为、生活娱乐需求为主要目的,其本质上是以皇权为中心,由政府机关进行资源配置和主导的生产行为。

因此,以皇权为中心统筹下的国家音乐生产方式属于典型的非商业行为音乐生产。其表现出来的音乐生产形式是,皇权政府运用国家经济手段蓄养乐伎,购买音乐生产资料从事乐舞生产,与音乐生产有关的物质资料归皇权国家所有,所有音乐生产者由国家设立专门的音乐机构进行分类管理,如太乐署、鼓吹署、清商署、总章等。这些音乐生产者由国家提供生产、生活资料,提供学习、居住场所,封建帝王是其唯一的恩主。音乐的生产活动是在皇权政府的指导下按帝王所需进行,生产目的也是满足帝王、宫廷及各级政府的娱乐、祭祀、宴飨、外交、教化等需要。也正因如此，北魏孝文帝尤为倡导国家礼乐，认为礼乐关乎国家命脉，关乎政治教化，所以亲自组织、创作礼乐，并颁布"简置乐官诏"，删繁就简，让专业的人从事国家礼乐管理和组织生产，并令中书监与太乐署一起整理搜集雅乐。

从文献来看，也有一种乐舞生产情况比较特殊。《周书》卷二十八载：

> 魏恭帝三年，拜骠骑大将军、开府仪同三司，转江州刺史，爵上庸县公，邑二千户。陵州木笼獠恃险粗犷，每行抄劫，诏腾讨之。獠既因山为城，攻之未可拔。腾遂于城下多设声乐及诸杂伎，示无战心。诸贼果弃其兵仗，或携妻子临城观乐。腾知其无备，密令众军俱上，诸贼惶惧，不知所为。遂纵兵讨击，尽破之，斩首一万级，俘获五千人。①

这种音乐生产方式，从组织者角度来说，是将乐舞作为一种战争武器或战争中的重要策略，从而通过乐舞生产行为获得战争的胜利；从乐舞生产的场所来看，乐舞生产者都属于职业乐人，但其乐舞生产行为并不在宾主把酒言欢的宴席之中，而是在残酷的战场上。这类事件是否真实很难确认，但它反映了统治者对乐舞生产的重视，以及乐舞表演的魅力，也是典型的国家乐舞生产方式。

（二）个体自发性的音乐生产

所谓自发性音乐生产，是指这一时期帝王、皇室成员、各级官员、文士在宫廷音乐生产过程中，自觉充当音乐生产者，积极从事乐舞生产活动，其音乐生产是出于自娱、众娱或情感宣泄的需要，并不以获取物质或经济上的回报为目的。如北魏时期，魏高祖在宴飨中亲自舞蹈、和歌，创作歌章，文明太后亦自跳舞、作歌，太和五年（481年）"文明太后、高祖并为歌章，戒劝上下，皆宣之管弦"②。《魏书》卷十三亦云："太后以高祖富于春秋，乃作《劝戒歌》三百余章，又作《皇诰》十八篇，文多不载。"③ 据《梁书》卷三十九记载，北魏胡太后因追思杨华，曾创作《杨白华歌辞》，"使宫人昼夜连臂蹋足歌之，辞甚凄惋焉"④。北齐时期，宫廷宴飨中，无愁

---

① 令狐德棻，等.周书[M].北京：中华书局，1971：471.
② 魏收.魏书[M].北京：中华书局，1974：2829.
③ 魏收.魏书[M].北京：中华书局，1974：329.
④ 姚思廉.梁书[M].北京：中华书局，1973：556-557.

天子常自弹琵琶而唱之，齐郡太守和士开跳胡舞，中书侍郎祖珽善弹琵琶，能为新曲；① 北周时期，周武帝宴飨酒酣之际自弹琵琶，孝珩吹笛。②

创作杂曲以抒发情感也是北朝的一个典型现象。所谓杂曲，《乐府诗集》卷六十一云："杂曲者，历代有之，或心志之所存，或情思之所感，或宴游欢乐之所发，或忧愁愤怨之所兴，或叙离别悲伤之怀，或言征战行役之苦，或缘于佛老，或出自夷虏。兼收备载，故总谓之杂曲。"③ 据统计，北魏大臣祖叔辨创作有杂曲《千里思》；北魏到东魏时期的大臣温子昇创作有杂曲《结袜子》《安定侯曲》；北齐大臣魏收创作有杂曲《齐瑟行》《永世乐》，杂歌谣《挟瑟歌》；北魏至北齐时期的官员邢劭创作有杂曲《思公子》；北周著名文学家、昌州刺史王褒创作有杂曲《轻举篇》《游侠篇》《陵云台》《古曲》《高句丽》；北周安成王萧秀之子、蔡阳郡公萧捴创作有杂曲《霜妇吟》、杂歌谣《劳歌》；北魏到北周时期的贵族名臣庾信创作有杂曲《出自蓟北门行》《苦热行》《结客少年场行》，《乐府诗集》还收录了庾信创作的十首《步虚词》，并在题解中曰："《步虚词》，道家曲也，备言众仙缥缈轻举之美。"④

显然，此类音乐生产方式主要体现在两个方面：一是个体为了抒情达意而进行不同类型的音乐创作；二是为了宴飨欢愉而进行乐舞表演，这包括主动行为的乐舞表演和被动行为（被邀请、被帝王诏令）的乐舞献艺表演。

自发性乐舞生产还存在一种情况，如《魏书》卷九十三所载，京都仕女为了献媚帝王（魏孝文帝），"造新声而弦歌之，名曰《中山王乐》。诏班乐府，合乐奏之"⑤。

（三）私家蓄伎行为的音乐生产

魏晋南朝是世家大族的时代，北朝社会也具有此种属性，世代沿袭的氏族、豪绅成为国家政权的基础，他们依靠雄厚的经济实力和稳固的政治特权竞相过着奢靡的生活，私家蓄伎和乐舞娱乐成为一种主要生活方式。这就形成了一种区别于恩主个体自发性音乐生产的新方式，即以恩主所蓄伎乐人员为主体，以家族为单位分散的、互不联系的个别生产。但在家族

---

① 李百药. 北齐书［M］. 北京：中华书局，1972：516.
② 李百药. 北齐书［M］. 北京：中华书局，1972：145.
③ 郭茂倩. 乐府诗集［M］. 北京：中华书局，1979：885.
④ 郭茂倩. 乐府诗集［M］. 北京：中华书局，1979：1099.
⑤ 魏收. 魏书［M］. 北京：中华书局，1974：1990.

内部，私家部伎之间又天然地形成一种简单的、小规模的协作生产模式，从而形成从生产到消费的闭环，其核心是以私家恩主的喜好为转移或改变，所以它的生产性质具有典型的娱他性和功利性。《洛阳伽蓝记》卷第三详细地记载了这一时期贵族私家部伎音乐生产状况：

> 为丞相……僮仆六千，妓女五百……自汉晋以来，诸王豪侈，未之有也。出则鸣驺御道，文物成行，铙吹响发，笳声哀转。入则歌姬舞女，击筑吹笙，丝管迭奏，连宵尽日。……美人徐月华，善弹箜篌，能为《明妃出塞》之歌……修容亦能为《绿水歌》，艳姿善《火凤舞》。①

西安北周安伽墓围屏石榻上有大量的乐舞图像，也描绘了这一时期贵族宴飨时私家乐伎进行乐舞生产的盛况（图2）。壁画中，主人端坐中央，或主人一人举杯独饮，或宾主双方举杯共饮；周边私家乐人林立，或演奏琵琶、箜篌、腰鼓，或吹奏竖笛、排箫，或朱唇轻启缓歌低音，或身着胡服，拍手、甩袖、扭腰、踢腿跳胡舞。

图2　北周安伽墓乐舞图

贵族让私家乐伎从事乐舞生产还存在另外一种情况，即私家乐伎跟随恩主参与战争，并作为恩主攻城掠地的一种策略或工具。《洛阳伽蓝记》卷第四载：

---

① 杨衒之. 洛阳伽蓝记校释［M］. 周祖谟，校释. 北京：中华书局，2010：122 - 124.

有田僧超者，善吹笳，能为《壮士歌》《项羽吟》，征西将军崔延伯甚爱之。……延伯危冠长剑耀武于前，僧超吹《壮士笛曲》于后，闻之者懦夫成勇，剑客思奋。……延伯每临阵，常令僧超为壮士声，甲胄之士莫不踊跃。延伯单马入阵，旁若无人，勇冠三军，威镇戎竖。①

河间王琛最为豪首。……妓女三百人，尽皆国色。有婢朝云，善吹箎，能为《团扇歌》《陇上声》。琛为秦州刺史，诸羌外叛，屡讨之不降。琛令朝云假为贫妪，吹箎而乞。诸羌闻之，悉皆流涕。迭相谓曰："何为弃坟井，在山谷为寇也？"即相率归降。秦民语曰："快马健儿，不如老妪吹箎。"②

三、北朝音乐产品的主要类型

从音乐生产的目的以及音乐产品的适用场所、功能和性质来看，这一时期音乐产品主要有以下几种类型。

（一）宫廷雅乐

国之大事在于祭祀，历代帝王均重视雅乐产品的创制。北魏初期就建立了相对完备的郊庙之乐，常用乐舞有《文始》《五行》《皇始》等。尤其是北魏孝文帝，多次倡导重建国家雅乐，召集官员商议雅乐重建事宜，务求音声正宗。在孝文帝看来，音乐（雅乐）可以感动天地、神祇，调节阴阳，关乎国家风气，还可以将德行传播到域外。所以，"诏定乐章，非雅者除之"③。

从史料来看，北朝祭祀乐舞涉及宗庙乐舞、郊庙乐舞、雅乐登歌等，历代政府对各种礼乐行为有着严格的规定。以北魏郊庙乐舞为例，其具体规定有：

孟秋祀天西郊，兆内坛西，备列金石，乐具，皇帝入兆内行礼，咸奏舞《八佾》之舞；孟夏有事于东庙，用乐略与西郊同。太祖初，冬至祭天于南郊圆丘，乐用《皇矣》，奏《云和》之舞，事讫，奏《维

---

① 杨衒之. 洛阳伽蓝记校释 [M]. 周祖谟，校释. 北京：中华书局，2010：142–143.
② 杨衒之. 洛阳伽蓝记校释 [M]. 周祖谟，校释. 北京：中华书局，2010：148–149.
③ 魏收. 魏书 [M]. 北京：中华书局，1974：162.

皇》，将燎；夏至祭地祇于北郊方泽，乐用《天祚》，奏《大武》之舞。①

宗庙登歌之乐也比较庞大，如北魏"追尊皇曾祖、皇祖、皇考诸帝，乐用八佾，舞《皇始》之舞"②。当然，北魏初期由于礼乐不备，也常常运用具有本民族特色的乐舞《簸逻回歌》作为宗庙之乐。据《隋书》卷十四载："天兴初，吏部郎邓彦海，奏上庙乐，创制宫悬，而钟管不备。乐章既阙，杂以《簸逻回歌》。"③

《乐府诗集》记载了大量的北齐祭祀乐舞，包括北齐南郊乐歌十三首、北郊乐歌八首、明堂乐歌十一首，乐曲有《肆夏乐》《高明乐》《昭夏乐》《皇夏乐》《武德乐》等；五郊乐歌五首，曲名是《青帝高明乐》《赤帝高明乐》《黄帝高明乐》《白帝高明乐》《黑帝高明乐》；享庙乐十八首，常用乐曲有《始基乐恢祚舞》《文德乐宣政舞》《文正乐光大舞》等。

（二）《真人代歌》

《真人代歌》亦称北歌，北朝鲜卑族民间歌舞，北魏时先作为掖庭之乐在宫廷演出，后作为雅乐用于郊庙宴飨。《真人代歌》的表演结构比较庞大，有一百五十章，以歌为主，类似北魏民族史诗，用丝竹伴奏。对此，《魏书》卷一百九有明确记载：

> 凡乐者乐其所自生，礼不忘其本，掖庭中歌《真人代歌》，上叙祖宗开基所由，下及君臣废兴之迹，凡一百五十章，昏晨歌之，时与丝竹合奏。郊庙宴飨亦用之。④

《旧唐书》卷二十九亦载：

> 后魏乐府始有北歌，即《魏史》所谓《真人代歌》是也。代都时，命掖庭宫女晨夕歌之。周、隋世，与《西凉乐》杂奏。今存者五十三章，其名目可解者六章：《慕容可汗》《吐谷浑》《部落稽》《巨鹿公主》《白净王太子》《企喻》也。其不可解者，咸多可汗之辞。……北

---

① 魏收. 魏书 [M]. 北京：中华书局，1974：2827 - 2828.
② 魏收. 魏书 [M]. 北京：中华书局，1974：2827.
③ 魏徵，等. 隋书 [M]. 北京：中华书局，1997：313.
④ 魏收. 魏书 [M]. 北京：中华书局，1974：2828.

虏之俗，呼主为可汗。①

（三）鼓吹乐

鼓吹乐源自两汉，魏晋南朝极为盛行。北朝时期，鼓吹乐也是政府不可或缺的乐舞产品之一。皇室出行、赏赐有功之臣需要鼓吹，权臣出行需有鼓吹。如北魏高阳王雍为丞相时，皇帝赐羽葆鼓吹百余人，出行时"铙吹响发，笳声哀转"②。《北齐书》卷四十七载："寻除兖州刺史，给后部鼓吹，即本州也，轩昂自得……先有铙吹，至于案部行游，遂两部并用。"③因此，帝王非常重视鼓吹乐建设，《魏书》卷一百九载：

> 永平三年冬，芳上言："观古帝王，罔不据功象德而制舞名及诸乐章，今欲教文武二舞，施之郊庙，请参制二舞之名。窃观汉魏已来，鼓吹之曲亦不相缘，今亦须制新曲，以扬皇家之德美。"诏芳与侍中崔光、郭祚，黄门游肇、孙惠蔚等四人参定舞名并鼓吹诸曲。④

《魏书》《北齐书》《周书》鲜少记载北朝的鼓吹乐作品，《通典》记载北周宣帝时，改前代鼓吹《朱鹭》等曲，制为十五曲，述受魏禅及战功之事。《乐府诗集》收录有北魏贵族温子昇创作的一首鼓角横吹曲《白鼻䯄》。今人学者研究认为，南朝梁的鼓角横吹曲并非出自南朝，而是来自北朝，主要是北魏，即大部分的梁鼓角横吹曲是在北魏时期盛行的。⑤《古今乐录》曰：

> 梁鼓角横吹曲有《企喻》《琅琊王》《巨鹿公主》《紫骝马》《黄淡思》《地驱乐》《雀劳利》《慕容垂》《陇头流水》等歌三十六曲。二十五曲有歌有声，十一曲有歌。是时乐府胡吹旧曲有《大白净皇太子》《小白净皇太子》《雍台》《擒台》《胡遵》《利珊女》《淳于王》《捉搦》《东平刘生》《单迪历》《鲁爽》《半和企喻》《比敦》《胡度来》十四曲。三曲有歌，十一曲亡。又有《隔谷》《地驱乐》《紫骝马》

---

① 刘昫，等．旧唐书［M］．北京：中华书局，1975：1071-1072．
② 杨衒之．洛阳伽蓝记校释［M］．周祖谟，校释．北京：中华书局，2010：122．
③ 李百药．北齐书［M］．北京：中华书局，1972：659．
④ 魏收．魏书［M］．北京：中华书局，1974：2832．
⑤ 王运熙．梁鼓角横吹曲杂谈［J］．楚雄师专学报（社会科学版），1995（4）：20-24．刘怀荣．汉魏以来北方鼓吹乐横吹乐及其南传考论［J］．黄钟（武汉音乐学院学报），2009（1）：72-78．

《折杨柳》《幽州马客吟》《慕容家自鲁企由谷》《陇头》《魏高阳王乐人》等歌二十七曲,合前三曲,凡三十曲,总六十六曲。①

当然,也有学者认为北朝盛行的《簸逻回歌》是鼓吹乐,其根据是《新唐书》卷二十二所载:"金吾所掌有大角,即魏之'簸逻回',工人谓之角手,以备鼓吹。"②从文献来看,应该有一定道理。至于其乐曲内容,《隋书》卷十五记载:"大角,第一曲起捉马,第二曲被马,第三曲骑马,第四曲行,第五曲入阵,第六曲收军,第七曲下营。皆以三通为一曲。其辞并本之鲜卑。"③其内容显然主要是描述战争或军事训练的场景,属于典型的鲜卑风格军乐。

现存北朝时期的墓葬壁画有大量描绘贵族出行前后鼓吹的情景,进一步证明了当时鼓吹乐的繁盛。如大同沙岭墓室壁画有北魏平城时期的鼓吹仪仗(图3);山西省太原市晋祠镇王郭村挖掘出的北齐鲜卑望族、东安王娄睿墓的壁画描绘有墓主人奢华用乐的情景,其中有胡角横吹图(图4)。

图3 大同沙岭墓室壁画鼓吹仪仗图(局部)

---

① 郭茂倩. 乐府诗集 [M]. 北京:中华书局,1979:362.
② 欧阳修,宋祁. 新唐书 [M]. 北京:中华书局,1975:479.
③ 魏徵,等. 隋书 [M]. 北京:中华书局,1973:383.

图 4　北齐娄睿墓壁画胡角横吹图

（四）相和歌

相和歌源自汉代里巷歌谣，魏晋南朝极为兴盛。北朝时期，相和歌在文人宴飨中也普遍存在。从《乐府诗集》记载来看，这一时期文士竞相创作相和诸曲，如北魏宰相高允创作有瑟调曲《罗敷行》；北周著名文学家、昌州刺史王褒创作有瑟调曲《日出东南隅行》《墙上难为趋》，吟叹曲《明君词》，平调曲《燕歌行》《从军行》《远征人》，清调曲《长安有狭斜行》。《洛阳伽蓝记》记载了魏高阳王蓄养的家伎徐月华擅长表演相和歌《明妃出塞》，演唱时，闻者莫不动容，足见音乐之魅力。

西魏到北周时期的贵族才子、名臣萧捴创作有相和曲《日出行》；北魏到北周时期的贵族名臣庾信创作有吟叹曲《王昭君》《明君词》，平调曲《燕歌行》《从军行》，楚调曲《怨歌行》；北齐大臣魏收创作有楚调曲《棹歌行》；北周文士徐谦创作有平调曲《短歌行》；北周赵王创作有平调曲《从军行》；北周尚法师创作有瑟调曲《饮马长城窟行》；等等。

（五）清商乐舞

从史料来看，清商乐作为江南音乐的总体概念，是在北魏时期形成的。《魏书》卷一百九载：

> 初，高祖讨淮、汉，世宗定寿春，收其声伎。江左所传中原旧曲，

《明君》《圣主》《公莫》《白鸠》之属,及江南吴歌、荆楚四声,总谓《清商》。至于殿庭飨宴兼奏之。①

这说明,在北魏与江南政权的战争中,随着北魏疆域的扩大、南方城镇的沦陷,包括盛行于江南的吴歌、西曲在内的清商乐舞、乐工,都被北魏政府虏获而去,并汇集在宫廷中享用。当然,从庾信创作的两首西曲《乌夜啼》《贾客词》被郭茂倩《乐府诗集》收录的现象来看,自北魏开始,北朝政府和文士也在推动清商乐舞的本土化,而且清商诸曲并未局限于宫廷享用,贵族豪绅、文士的宴飨也常常使用。如《洛阳伽蓝记》记载高阳王有二美姬,一名修容、一名艳姿,并蛾眉皓齿,洁貌倾城,修容擅长清商曲《绿水歌》,艳姿擅长清商曲《火凤舞》。高阳王去世之后,其乐伎徐月华被原士康纳为侧室,常令其歌《绿水歌》《火凤舞》之曲。②

(六) 胡乐及其他四夷乐舞

北魏时期,拓跋氏族除了大力推行中原和南方乐舞生产之外,也强调在宴飨之中对其他地域民族乐舞的生产消费,备列"宫悬正乐"的同时,也兼奏"五方殊俗"之曲。如魏世祖拓跋焘通西域之后,将悦般国鼓舞设于乐署。魏太祖初兴,"置皇始之舞,复有吴夷、东夷、西戎之舞"③。魏高祖元宏太和初,又将"方乐之制及四夷歌舞,稍增列于太乐"④。北魏宣武帝之后,胡乐更为盛行,《通典》卷第一百四十二载:"自宣武已后,始爱胡声,洎于迁都。屈茨,琵琶,五弦,箜篌,胡筚,胡鼓,铜钹,打沙罗,胡舞铿锵镗鞳,洪心骇耳,抚筝新靡绝丽,歌响全似吟哭,听之者无不凄怆。"⑤北魏将四夷乐舞与太乐并列的现象受到了宋人陈旸的批评,其云:"然赫连昌、凉州、悦般国之乐,吴夷、东夷、西戎之舞,并列之太乐,是不知先王之时,夷乐作于国门右辟之说也。"⑥

北齐时期胡化之风更为盛行,这进一步推动宫廷和社会的胡乐繁盛,据《北齐书》卷五十载,当时社会上盛行"苍头卢儿、西域丑胡、龟兹杂伎",从事此类乐舞生产的人呈现"封王者接武,开府者比肩"的现象,宫

---

① 魏收. 魏书 [M]. 北京: 中华书局, 1974: 2843.
② 杨衒之. 洛阳伽蓝记校释 [M]. 周祖谟, 校释. 北京: 中华书局, 2010: 124.
③ 魏收. 魏书 [M]. 北京: 中华书局, 1974: 2831.
④ 魏收. 魏书 [M]. 北京: 中华书局, 1974: 2828.
⑤ 杜佑. 通典 [M]. 王文锦, 等, 点校. 北京: 中华书局, 1988: 3614-3615.
⑥ 马端临. 文献通考 [M]. 北京: 中华书局, 2011: 4374.

廷宴飨时的乐舞生产者常常是"帝家诸奴及胡人乐工"①。在此风气之下，帝王、臣僚竞相学胡舞、弹胡琴，在宴飨之中抒怀娱乐。如北齐神武帝高欢爱好胡乐，"是时西魏言神武中弩，神武闻之，乃勉坐见诸贵，使斛律金敕勒歌，神武自和之，哀感流涕"②。齐后主高纬尤好胡乐，作无愁之曲，"自弹胡琵琶而唱之，侍和之者以百数"，以至世人称之为"无愁天子"。③《北齐书》载，后周武帝在云阳宴齐君臣，自弹胡琵琶。④"帝于后园使珽弹琵琶，和士开胡舞，各赏物百段。"⑤当然，大臣和士开不仅善跳胡舞，还善弹胡琵琶，这使得帝王非常喜欢他。北齐善弹胡琵琶者还有章永兴，史载"世宗尝令章永兴于马上弹胡琵琶，奏十余曲"⑥。

《乐府诗集》也记载了这一时期盛行的四夷乐舞，如反映蠕蠕国主阿那瑰的杂曲《阿那瑰》在北朝非常流行；北魏到东魏时期的大臣温子昇创作《敦煌乐》，词云"客从远方来，相随歌且笑。自有敦煌乐，不减安陵调"⑦，反映了西域乐舞在中原的流行；北周王褒创作有《高句丽》；等等。

《隋书》卷十四记载，北周武帝曾以康国、疏勒、龟兹、高昌等乐在宫廷"教习以备飨宴之礼"⑧。因此，从目前史料来看，隋唐九十部伎中的《龟兹乐》《西凉乐》《高昌乐》《疏勒乐》《高丽乐》都是这一时期传入中原，并在宫廷演出的。

当然，北朝社会四夷乐舞的繁盛远超前代的原因是多方面的，但核心因素有两点：一是北朝历代统治者本身具有鲜明的少数民族特色，这使其与其他四夷乐舞有着天然亲缘（主动吸收与认同）；二是丝绸之路的打通为北朝历代政府与西域邦国交流频繁提供便利，北朝政府的强大稳定及商贸的繁荣，吸引异族邦国纷纷自愿前来，主动进行乐舞文化的交流（进贡），即四夷邦国的自觉推动。正如《魏书》卷一百二载："魏德益以远闻，西域龟兹、疏勒、乌孙、悦般、渴盘陀、鄯善、焉耆、车师、栗特诸国王始遣使来献。"⑨

---

① 李百药. 北齐书 [M]. 北京：中华书局，1972：685–686.
② 李百药. 北齐书 [M]. 北京：中华书局，1972：23.
③ 李百药. 北齐书 [M]. 北京：中华书局，1972：112.
④ 李百药. 北齐书 [M]. 北京：中华书局，1972：145.
⑤ 李百药. 北齐书 [M]. 北京：中华书局，1972：516.
⑥ 李百药. 北齐书 [M]. 北京：中华书局，1972：667.
⑦ 郭茂倩. 乐府诗集 [M]. 北京：中华书局，1979：1094.
⑧ 魏徵，等. 隋书 [M]. 北京：中华书局，1973：342.
⑨ 魏收. 魏书 [M]. 北京：中华书局，1974：2259–2260.

（七）挽歌

南北朝时期社会盛行厚葬之风，受其影响，挽歌在北朝也比较盛行。士大夫多在丧葬活动中进行创作，所谓"临死，作诗及挽歌词，寄之亲朋，以见怨痛"①。如温子昇曾创作《相国清河王挽歌》以悼念清河王元怿，其词曰："高门讵改辙，曲沼尚余波。何言吹楼下，翻成薤露歌。"②

《乐府诗集》卷第二十七记载了北齐祖孝徵创作的挽歌：

> 昔日驱驷马，谒帝长杨宫。
> 旌悬白云外，骑猎红尘中。
> 今来向漳浦，素盖转悲风。
> 荣华与歌笑，万事尽成空。③

受此风影响，帝王也参与其中。如《魏书》载，外戚大臣冯熙去世后，魏孝文帝亲自为其作碑文及挽歌，词皆穷美尽哀，事过其厚。④ 当权臣去世时，帝王也会将挽歌与鼓吹等一并赐赠，如清河王元怿死后，太后于孝昌元年（525年）追赠其为太子太师、大将军，并"给九旒鸾辂、黄屋、左纛、辒辌车，前后部羽葆鼓吹，虎贲班剑百人，挽歌二部，葬礼依晋安平王孚故事"⑤。

（八）散乐百戏

北朝时期散乐百戏极为繁盛，是重要的乐舞生产内容之一。北魏政府多次强调增修杂伎，在宴飨之中备列散乐百戏，北齐政府对散乐百戏的重视也不亚于前代。从文献来看，这一时期比较有代表性的散乐是《鱼龙辟邪》《鹿马仙车》《吞刀吐火》《剥车剥驴》《种瓜拔井》等。《旧唐书》卷二十九载：

> 《散乐》者，历代有之……后魏、北齐，亦有《鱼龙辟邪》《鹿马仙车》《吞刀吐火》《剥车剥驴》《种瓜拔井》之戏。⑥

---

① 魏收. 魏书 [M]. 北京：中华书局，1974：1690.
② 温子昇. 相国清河王挽歌 [M] //丁福保. 全汉三国晋南北朝诗. 北京：中华书局，1959：1483.
③ 郭茂倩. 乐府诗集 [M]. 北京：中华书局，1979：401－402.
④ 魏收. 魏书 [M]. 北京：中华书局，1974：1820.
⑤ 杨衒之. 洛阳伽蓝记校释 [M]. 周祖谟，校释. 北京：中华书局，2010：129.
⑥ 刘昫，等. 旧唐书 [M]. 北京：中华书局，1975：1072－1073.

弄愚痴,《魏书》卷十一载:"太乐奏伎有倡优为愚痴者,帝以非雅戏,诏罢之。"① 任半塘先生认为这属于参军戏,由倡优扮演愚痴者,以逗观众娱乐。据《北史》记载,北齐时期著名的弄痴艺人是石动筩。

角抵戏,《洛阳伽蓝记》卷第五记载了北魏时期角抵戏的精彩演出场景:

> 有羽林马僧相善角抵戏,掷戟与百尺树齐等。虎贲张车渠,掷刀出楼一丈。帝亦观戏在楼,恒令二人对为角戏。②

歌舞戏,在北朝时期的发展尤为突出,其中最有代表性的是《兰陵王入阵曲》,又称《大面》,主要是叙述北齐宗室高长恭的英勇事迹。《通典》载:"大面出于北齐。兰陵王长恭才武而貌美,常著假面以对敌。"③

《乞寒胡戏》,亦称《泼寒胡戏》,来自西域,北周时传入中原,演出时或戴兽面或装鬼神,用卷索搭勾,作捉人之戏。

《踏摇娘》,被任半塘先生誉为"全能"之戏剧,出自北齐,隋唐盛行。描述的是北齐有人姓苏,自号为郎中,嗜饮酿酒,每醉辄殴其妻,妻衔悲,诉于邻里的故事。

《拨头》,根据《通典》记载,该作品出自西域,内容为"胡人为猛兽所噬,其子求兽杀之,为此舞以象也"④。

《傀儡子》,《旧唐书》卷二十九云:"《窟儡子》,亦云《魁儡子》,作偶人以戏。善歌舞,本丧家乐也。汉末始用之于嘉会。齐后主高纬尤所好。"⑤《乐府广题》记载:"北齐后主高纬,雅好傀儡,谓之郭公。时人戏为《郭公歌》。"⑥

---

① 魏收. 魏书 [M]. 北京:中华书局,1974:276.
② 杨衒之. 洛阳伽蓝记校释 [M]. 周祖谟,校释. 北京:中华书局,2010:165-166.
③ 杜佑. 通典 [M]. 王文锦,等,点校. 北京:中华书局,1988:3729.
④ 杜佑. 通典 [M]. 王文锦,等,点校. 北京:中华书局,1988:3730.
⑤ 刘昫,等. 旧唐书 [M]. 北京:中华书局,1975:1074.
⑥ 郭茂倩. 乐府诗集 [M]. 北京:中华书局,1979:1220.

第二节 北朝时期的音乐消费

一、祭祀活动中的音乐消费及其场所

宫廷祭祀活动是北朝政府音乐消费的主要形式之一，主要是帝王在对天神、地祇和宗庙（祖先）行使祭祀之礼时使用。对此，北朝历代政府均制定了祭祀活动中乐舞消费的内容和形式，如北魏制定了各类国家祭祀活动中的用乐内容和程式，包括孟秋祀天于西郊、孟夏有事于东庙、冬至祭天于南郊圆丘、夏至祭地祇于北郊方泽等。① 北魏尚书吏部郎邓渊还制定了祭祀尊皇曾祖、皇祖、皇考诸帝等仪式中的乐舞使用规范和具体作品。

《隋书·音乐志》详细记载了北齐时期的祭祀乐舞消费活动，所谓"齐武成时，始定四郊、宗庙、三朝之乐"。具体如下：

> 大禘圆丘及北郊，夕牲，群臣入门奏《肆夏乐》；迎神奏《高明乐》，登歌辞同；牲出入、荐毛血并奏《昭夏》；群臣出、进熟、群臣入并奏《肆夏》，辞同初入；进熟、皇帝入门奏《皇夏》，升丘奏《皇夏》，坛上登歌辞同；初献奏《高明乐》，莫爵讫奏《高明之乐》《覆焘之舞》，献太祖配飨神座奏《武德之乐》《昭烈之舞》；皇帝小退，当昊天上帝神座前奏《皇夏》，辞同上；饮福酒奏《皇夏》，诣东陛、还便坐奏《皇夏》，辞同初入门；送神降丘南陛奏《高明乐》，之望燎位奏《皇夏》，辞同上；紫坛既燎奏《昭夏乐》，自望燎还本位奏《皇夏》，辞同上；还便殿奏《皇夏》，群臣出奏《肆夏》，辞同上；祠感帝用圆丘乐。②

其他还有北郊迎神祭祀乐舞活动、五郊迎气降神乐舞活动、祭祀五帝于明堂乐舞活动、享庙乐舞活动等，所定仪式严格，所用乐舞繁多。

二、宴飨活动中的音乐消费及其场所

《乐府诗集》卷第十三云："凡正飨，食则在庙，燕则在寝，所以仁宾

---

① 魏收. 魏书 [M]. 北京：中华书局，1974：2827－2828.
② 郭茂倩. 乐府诗集 [M]. 北京：中华书局，1979：36.

客也。"① 因此，这一时期从宴飨的功能与场所来看，既有以礼仪教化为主的宴飨，又有以娱乐为主的宴飨。前者作为政府规定的正飨，其乐舞消费具有严格的规定性。如北魏道武帝拓跋珪专门下诏，殿庭大飨备列太乐、总章、鼓吹，并增修杂伎百戏。② 北魏太宗初年，进一步增加宴飨乐舞消费规模，"撰合大曲，更为钟鼓之节"③。

北齐时期宫廷宴飨乐舞消费规模也极为庞大，《隋书·音乐志》详细记载了这一时期成为定制的元会大飨乐舞消费场景，并强调"礼终三爵，乐奏九成"。具体仪式如下：

> 北齐元会大飨，协律不得升陛，黄门举麾于殿上。宾入门，四厢奏《肆夏》；皇帝出阁奏《皇夏》；皇帝当宸，群臣奉贺，奏《皇夏》；皇帝入宁变服，黄钟、太蔟二厢奏《皇夏》；皇帝变服，移幄坐于西厢，帝出升御坐，沽洗厢奏《皇夏》；王公奠璧奏《肆夏》；上寿，黄钟厢奏上寿曲；皇太子入，至坐位，酒至御，殿上奏登歌，食至御前奏食举乐；文舞将作，先设阶步，次奏文舞；武舞将作，先设阶步，次奏武舞；皇帝入，钟鼓奏《皇夏》。④

娱乐性宴飨主要是指在皇室庆典、内宴、款待臣僚等活动中以欢愉为目的的宴飨活动，也包括皇帝和皇后在掖庭举行的各类宴飨娱乐活动。因此，其乐舞消费，既有仪式性，又兼具娱乐性，所谓"乐以佐食，不可废也"。

贵族、臣僚的宴飨活动虽没有帝王之规模，但用乐之制也极为奢侈。《洛阳伽蓝记》卷第四所记载的太傅清河王元怿家中的宴乐活动就是典型：

> 怿爱宾客，重文藻，海内才子，莫不辐辏，府僚臣佐，并选隽民。至于清晨明景，骋望南台，珍羞具设，琴笙并奏，芳醴盈罍，嘉宾满席。⑤

由此可见，北朝宫廷宴飨乐舞消费与南朝相比，呈现出一些新的特征。

---

① 郭茂倩. 乐府诗集 [M]. 北京：中华书局，1979：181.
② 魏收. 魏书 [M]. 北京：中华书局，1974：2828.
③ 魏收. 魏书 [M]. 北京：中华书局，1974：2828.
④ 郭茂倩. 乐府诗集 [M]. 北京：中华书局，1979：206.
⑤ 杨衒之. 洛阳伽蓝记校释 [M]. 周祖谟，校释. 北京：中华书局，2010：128.

其一，重视舞蹈。北魏宫廷专门设置管理舞蹈的机构，其中设有方舞郎庶长、方舞郎等职。宫廷宴飨活动中，有时酒酣迭舞，有时帝王、太后也与臣僚一起载歌载舞，或"以舞相属"。如前文所述，北魏高祖和文明太后多次在宴飨中亲自舞蹈、和歌；北魏肃宗朝灵太后于西林园宴飨群臣时，酒酣迭舞，次至康生，康生乃为力士舞；北齐帝王宴飨自弹胡琵琶，诏令臣僚跳胡舞；北周高祖宴飨自弹琵琶，诏令臣僚梁主舞蹈；等等。

其二，强调鲜卑民族乐舞的同时注重兼收其他地域民族乐舞。最典型的是将鲜卑民族乐舞《真人代歌》广泛运用到内廷和礼仪宴飨的不同场合，所谓"正月上日，飨群臣，宣布政教，备列宫悬正乐，兼奏燕、赵、秦、吴之音，五方殊俗之曲。四时飨会亦用焉。凡乐者乐其所自生，礼不忘其本，掖庭中歌《真人代歌》，上叙祖宗开基所由，下及君臣废兴之迹，凡一百五十章，昏晨歌之，时与丝竹合奏。郊庙宴飨亦用之"①。

其三，凸显散乐百戏。强调在宴飨之中表演散乐百戏，先有道武帝拓跋珪下诏增修杂伎百戏，造五兵、角抵、麒麟、凤皇、仙人、长蛇、白象、白虎及诸畏兽、鱼龙、辟邪、鹿马仙车、高纟亘百尺、长桥、缘橦、跳丸、五案。② 后有明元帝拓跋嗣又增修之，并撰合大曲，更为钟鼓之节。

三、赐乐活动中的音乐消费及其场所

从历史经验来看，赐乐是帝王巩固皇权、笼络群臣、收买人心的重要手段。北朝历代政府也不例外地通过赐乐活动实现了政治目的，同时也推动了乐舞、乐人的传播和消费。

从文献来看，北朝时期的赐乐内容主要有两类。

一是赐丝竹女乐。如《魏书》卷四十八载，北魏宰相高允年涉危境，家贫养薄，孝文帝诏令乐部丝竹十人，"五日一诣允，以娱其志"③。北齐时期，大臣段韶留守晋阳，世宗"赐女乐十数人，金十斤，缯帛称是，封长乐郡公"；齐武成帝太宁二年（562年），段韶迁任太傅，帝王又赐其"女乐十人"④。北周时期，周高祖赐尉迟运大将军以"田宅、妓乐、金帛、车

---

① 魏收. 魏书 [M]. 北京：中华书局，1974：2828.
② 魏收. 魏书 [M]. 北京：中华书局，1974：2828.
③ 魏收. 魏书 [M]. 北京：中华书局，1974：1088.
④ 李百药. 北齐书 [M]. 北京：中华书局，1972：209-210.

马及什物等，不可胜数"①；高祖还赐大臣达奚武之子震"妾二人、女乐一部及珍玩等，拜大宗伯"②；太祖宇文泰曾到大臣于谨家中做客，欢宴之后，赏赐给于谨"金石丝竹乐一部"③。

二是赐鼓吹乐部。北朝对鼓吹的认同与魏晋南朝基本一致，所谓"诸州镇戍，各给鼓吹乐，多少各以大小等级为差。诸王为州，皆给赤鼓、赤角，皇子则增给吴鼓、长鸣角，上州刺史皆给青鼓、青角，中州刺史以下及诸镇戍皆给黑鼓、黑角"④。因此，赐赠鼓吹就成为帝王重要的政治手段，也是臣僚地位、身份和等级的标志。据吕净植统计，北魏时期获赐鼓吹乐的臣僚有14人，生前接受赐乐的有12人，分别是长孙翰、元天穆、元徽、元飍、王肃、萧宝夤、贺拔胜、元雍、尔朱荣、于烈、元幹、元详；死后获赐鼓吹乐的有2人，分别是元休、元融。获赐羽葆鼓吹乐的臣僚有12人，生前接受帝王赐乐的有8人，分别是尔朱荣、元直、元正、刘昶、冯熙、胡国珍、元怿、元谌；死后被帝王追赐的有5人，分别是元飍、刘昶、尉元、元羽、高树生，刘昶生前与死后均有获赐。⑤

此种情况在北齐时期更为典型。《北齐书》载：

寻除兖州刺史，给后部鼓吹。

（冯）子琮除州……特给后部鼓吹。

时归彦（平秦王）在家纵酒……别赐钱帛、鼓吹。

皇建二年（561年），（源彪）拜泾州刺史。……特给后部鼓吹。

高元海受毕义云宅，用作本州刺史，给后部鼓吹。

天统四年（568年），（徐之才）累迁尚书左仆射，俄除兖州刺史，特给铙吹一部。

封（王琳）会稽郡公，又增兵秩，兼给铙吹。

其他朝代，赏赐臣僚鼓吹也是非常普遍的现象，如《周书》卷三十八载西魏大统十四年（548年），朝廷以苏亮作牧本州，特给路车、鼓吹。⑥

显然，北朝历代帝王频繁将乐人、乐舞、乐器、乐部与田宅、金帛、车马等同，作为赏赐大臣的物品。这一方面反映了当时丝竹乐和鼓吹乐的

---

① 令狐德棻，等. 周书［M］. 北京：中华书局，1971：710.
② 令狐德棻，等. 周书［M］. 北京：中华书局，1971：307.
③ 令狐德棻，等. 周书［M］. 北京：中华书局，1971：248.
④ 杜佑. 通典［M］. 王文锦，等，点校. 北京：中华书局，1988：3616.
⑤ 吕净植. 北魏音乐研究［D］. 长春：吉林大学，2016：82-83，85.
⑥ 令狐德棻，等. 周书［M］. 北京：中华书局，1971：678.

繁荣,以及乐人地位的卑贱;另一方面也说明社会上层对音乐的重视,政府主导下的乐舞生产与消费具有特定的政治意义。

四、游宴、雅集活动中的音乐消费及其场所

北朝时期虽然战乱频繁,但是宗室成员和官宦子弟仍过着奢华的生活,游宴之风依然盛行,所谓:

> 及勾芒御节,姑洗之首,散迟迟于丽日,发依依于弱柳。鸟间关以呼庭,花芬披而落牖。听乃越于笙簧,望有逾于新妇。袭成服以逍遥,愿良辰而聊厚。乃席埌而踞石,遂啸俦而命偶。同浴沂之五六,似禊洛之八九。或促膝以持肩,或援笙而鼓缶。宾奉万年之觞,主报千金之寿。……弋凫雁于清溪,钓鲂鲤于深泉。张广幕,布长筵。酌浊酒,割芳鲜。起《白雪》于促柱,奉《绿水》于危弦。赋《湛露》而不已,歌《骊驹》而未旋。跌荡世俗之外,疏散造化之间。人生行乐,聊用永年。①

受此风气影响,北齐著名诗人、左仆射祖珽不仅自己善弹琵琶,能为新曲,还常招城市年少歌舞为娱,游集诸倡家,并常与友人陈元康、穆子容、任胄、元士亮等为声色之游。②北周著名文人庾信创作的《对酒》,也生动地描绘了文人雅集歌舞娱乐的消费行为:

> 春水望桃花,春洲藉芳杜。
> 琴从绿珠借,酒就文君取。
> 牵马向渭桥,日曝山头脯。
> 山简接䍦倒,王戎如意舞。
> 筝鸣金谷园,笛韵平阳坞。
> 人生一百年,欢笑唯三五。
> 何处觅钱刀,求为洛阳贾。③

这种游宴之风促使在达官贵族之中形成了一种"朝夕宴歌"的现象,这在《北齐书》卷四十七中有着详细描绘:

---

① 魏收.魏书[M].北京:中华书局,1974:839.
② 李百药.北齐书[M].北京:中华书局,1972:514.
③ 郭茂倩.乐府诗集[M].北京:中华书局,1979:404.

后除司州中从事。时将还邺，会霖雨，行旅拥于河桥。游道于幕下朝夕宴歌，行者曰："何时节作此声也，固大痴。"游道应曰："何时节而不作此声也，亦大痴。"①

五、宗教活动中的音乐消费及其场所

北朝时期佛道兴盛，在政府的倡导下，佛教寺院不仅繁多而且极为奢华。《魏书》卷一百一十四载，道武帝天兴元年（398年）下诏曰：

"夫佛法之兴，其来远矣。济益之功，冥及存没，神踪遗轨，信可依凭。其敕有司，于京城建饰容范，修整宫舍，令信向之徒，有所居止。"是岁，始作五级佛图、耆阇崛山及须弥山殿，加以缋饰。别构讲堂、禅堂及沙门座，莫不严具焉。②

鸠摩罗什译著《妙法莲华经》中提到对佛有十种供养，其中第九种供养就是伎乐。因此，北朝丰富的佛教乐舞消费活动，最为主要的是"行象"与"六斋"。③

从史料来看，北朝"行象"活动一般是在浴佛节（佛诞节）隆重举行，《洛阳伽蓝记》就详细记载了浴佛节前后长秋寺、昭仪尼寺、宗圣寺、景兴尼寺、景明寺等进行"行象"的乐舞活动盛况。昭仪尼寺的"行象"活动："寺有一佛二菩萨，塑工精绝，京师所无也。四月七日常出诣景明，景明三像恒出迎之。伎乐之盛，与刘腾相比。"④宗圣寺的"行象"活动："此像一出，市井皆空，炎光辉赫，独绝世表。妙伎杂乐，亚于刘腾。城东士女，多来此寺观看也。"⑤景兴尼寺的"行象"活动："有金像辇，去地三丈，上施宝盖，四面垂金铃、七宝珠，飞天伎乐，望之云表。作工甚精，难可扬榷。像出之日，常诏羽林一百人举此像，丝竹杂伎，皆由旨给。"⑥景明寺的"行象"活动："至八日，以次入宣阳门，向阊阖宫前受皇帝散花。于时金花映日，宝盖浮云，幡幢若林，香烟似雾，梵乐法音，聒动天地。百

---

① 李百药. 北齐书［M］. 北京：中华书局，1972：653.
② 魏收. 魏书［M］. 北京：中华书局，1974：3030.
③ 江王强. 北朝舞蹈文化探究［D］. 西安：陕西师范大学，2019：24.
④ 杨衒之. 洛阳伽蓝记校释［M］. 周祖谟，校释. 北京：中华书局，2010：44.
⑤ 杨衒之. 洛阳伽蓝记校释［M］. 周祖谟，校释. 北京：中华书局，2010：59.
⑥ 杨衒之. 洛阳伽蓝记校释［M］. 周祖谟，校释. 北京：中华书局，2010：64.

戏腾骧，所在骈比。名僧德众，负锡为群，信徒法侣，持花成薮。车骑填咽，繁衍相倾。时有西域胡沙门见此，唱言佛国。"①

而"六斋"则是每月的八日、十四日、十五日、二十三日、二十九日、三十日为斋戒，每次斋戒都有乐舞活动。如景乐寺的"六斋"活动："至于六斋，常设女乐，歌声绕梁，舞袖徐转，丝管廖亮，谐妙入神。以是尼寺，丈夫不得入。得往观者，以为至天堂。"②

显然，重视音声供养是北朝寺院和社会的共同认知。问题是，一寺即如此，而一城尚有数千寺院，一国更有数万寺院，足见其宗教乐舞消费之奢华、成本之高。另外，现存北朝时期的大量石窟艺术，诸多的乐器、乐舞和伎乐飞天等形象，也充分印证了当时佛教乐舞消费的空前盛况。

北朝的道教活动也比较活跃。北魏时期一度把道教立为国教，太武帝在贵族官员崔浩和新道教代表人物寇谦之的影响下皈依道教，后北周武帝也亲道远佛，亲授道教符箓，着道士衣冠。所以，北朝时期的道教音乐与北魏道教改革领袖寇谦之有着巨大关系。学界认为，寇谦之吸收佛教"梵呗"和"菩萨连句梵呗"，并引用于斋醮仪式，同时也吸收中国宫廷雅乐如《太一》《九夏》《大夏》等，从而创造了中国最早的道教音乐。而寇谦之本人制作的道教音乐著作部分存于《道藏》之《太上老君戒经》《老君音颂诫经》中。③

北朝民间的宗教活动也比较频繁，鲜卑等少数民族盛行萨满教，北魏孝文帝在延兴二年（472年）曾下诏曰："遂使女巫妖觋，淫进非礼，杀生鼓舞，倡优媟狎。"④ 说明此时民间宗教乐舞活动过于繁盛且不合礼制，已经成为社会突出的现象，以至政府要出面加以限制和规范。另外，北朝政府常常举行大傩之仪，如北魏高宗和平三年（462年）十二月和北齐冬十二月举行的大傩之仪。这些政府组织、民众广泛参与的民间性宗教活动，乐舞消费内容和形式也比较多样。

值得注意的是，北魏时期的宗教性乐舞演出活动有专业的演出场所——戏场。北魏时期瞿昙般若流支翻译的《正法念处经》中就有一段偈语，明确提出"戏场"一词。其云：

---

① 杨衒之. 洛阳伽蓝记校释[M]. 周祖谟，校释. 北京：中华书局，2010：99.
② 杨衒之. 洛阳伽蓝记校释[M]. 周祖谟，校释. 北京：中华书局，2010：42.
③ 吕净植. 北魏音乐研究[D]. 长春：吉林大学，2016：150.
④ 魏收. 魏书[M]. 北京：中华书局，1974：136.

> 如彼伎儿，取诸乐器，于戏场地，作种种戏。心之伎儿，亦复如是，种种业化，以为衣服。戏场地者，谓五道地，种种装饰，种种因缘，种种乐器，谓自境界。伎儿戏者，生死戏也。心为伎儿，种种戏者，无始无终，长生死也。①

也有学者认为，北魏时期佛教活动中的乐舞表演场所（戏场）均在洛阳各寺庙的回廊殿庭，与北宋开封大相国寺习俗相类，也是以后庙会集市和瓦市勾栏的雏形。②

六、音乐生产与消费的经济基础

北朝时期非商业性的音乐生产与消费也是音乐经济活动的一种形式，它不具有商业性的主要原因是这种活动建立在国家体制的基础上，由政府给予财政支持。在一定程度上，这是以皇室为中心的国家层面和以豪绅贵族为主体的区域范围自给自足的乐舞行为。因此，非商业性的音乐生产与消费的正常运转依赖于国家政治和经济体制的稳定，依赖于贵族本身的政治和经济基础，这必然导致它与国家政治、经济有着唇亡齿寒般的密切关系，一旦国家经济实力衰退或政权发生变化，将对乐舞生产与消费产生影响。如北魏初定中原，兵革并起，民废业荒，魏太祖之所以能够建太乐、总章、鼓吹，增修杂伎，备列宫悬正乐，是基于"破卫辰，收其珍宝、畜产，名马三十余万、牛羊四百余万，渐增国用。既定中山，分徙吏民及徒何种人、工伎巧十万余家以充京都，各给耕牛，计口授田"③。"徙山东六州民吏及徒何、高丽杂夷三十六万，百工伎巧十万余口，以充京师。"④ 是基于一系列政治和经济改革，如"离散诸部，分土定居"政策，实行"计口授田"政策，实行"均田制"，等等，这才使得国库充盈，乐舞升平。

北魏孝文帝之所以能够多次亲自主持修定礼乐，一方面是其推崇汉儒文化，强化中央集权意识，倡导汉族雅乐的结果；另一方面也是由于魏太祖、魏世祖等前代帝王励精图治、稳定政局、扩大版图，推动农业和经济快速发展。对此《魏书》卷一百九有着明确记载："太祖道武皇帝应图受

---

① 黄天骥，康保成. 中国古代戏剧形态研究 [M]. 郑州：河南人民出版社，2009：367.
② 谢涌涛. 汉唐戏场和宗教坛场的文化渊源 [J]. 戏剧艺术，1998（6）：95-107.
③ 魏收. 魏书 [M]. 北京：中华书局，1974：2849-2850.
④ 魏收. 魏书 [M]. 北京：中华书局，1974：32.

命，光宅四海，义合天经，德符地纬，九戎荐举，五礼未详。太宗、世祖重辉累耀，恭宗、显祖诞隆丕基，而犹经营四方，匪遑制作。高祖孝文皇帝承太平之绪，纂无为之运，帝图既远，王度惟新。"① 尤其是孝文帝迁都洛阳之后，"自葱岭已西，至于大秦，百国千城，莫不款附。商胡贩客，日奔塞下，所谓尽天地之区矣。乐中国土风因而宅者，不可胜数。是以附化之民，万有余家"②。

但这种奢侈的乐舞生产消费，一旦失去了稳定的社会政治局面就会遽然衰减，甚至消亡。如在北魏孝庄帝时期，骠骑大将军尔朱兆叛乱，攻陷洛阳，大量军人焚烧乐署，导致宫廷乐舞规模锐减，以致荒废。《魏书》卷一百九载："胡贼入京，燔烧乐库，所有之钟悉毕贼手，其余磬石，咸为灰烬。"③

第三节 北朝时期音乐生产与消费的总体特征

一、社会音乐生产与消费的奢侈性

经济基础决定上层建筑，什么样的经济基础就决定了什么样的音乐生产与消费行为。显然，北朝时期，以帝王为中心的皇室和世族豪绅掌握着社会资源的分配权力，包括音乐资源的分配权力。因此，这种音乐生产与消费不计成本，极为豪奢。如北魏太祖搜寻"百工伎巧十万余口，以充京师"④。而且北魏诸多皇室成员纳室，也使用宫廷乐部以为嬉戏。北齐文宣帝也极为奢靡，"或躬自鼓舞，歌讴不息，从旦通宵，以夜继昼。或袒露形体，涂傅粉黛，散发胡服，杂衣锦彩"⑤。北齐后主"唯赏胡戎乐，耽爱无已。于是繁习淫声，争新哀怨。……使胡儿阉官之辈，齐唱和之，曲终乐阕，莫不殒涕。虽行幸道路，或时马上奏之，乐往哀来，竟以亡国"⑥。北周时期，宣帝宇文贇"好令京城少年为妇人服饰，入殿歌舞，与后宫观之，

---

① 魏收. 魏书[M]. 北京：中华书局，1974：2837.
② 杨衒之. 洛阳伽蓝记校释[M]. 周祖谟，校释. 北京：中华书局，2010：117.
③ 魏收. 魏书[M]. 北京：中华书局，1974：2837.
④ 魏收. 魏书[M]. 北京：中华书局，1974：32.
⑤ 李百药. 北齐书[M]. 北京：中华书局，1972：67-68.
⑥ 杜佑. 通典[M]. 王文锦，等，点校. 北京：中华书局，1988：3617.

以为喜乐"。宣帝又常幸天兴宫，游道会苑，"散乐杂戏鱼龙烂漫之伎，常在目前"，导致陪侍之官皆不堪命。①除此之外，宣帝还常常与宫人夜中连臂蹋蹀而歌，"晨出夜还，恒陈鼓吹"，"自应门至赤岸，数十里间，鼓乐俱作。祈雨仲山还，令京城士女，于衢巷奏乐以迎之。公私顿敝，以至于亡"②。

豪绅官员的乐舞消费也极为奢侈，甚至连皇室成员都自愧不如。如北魏冀州刺史王椿"僮仆千余，园宅华广，声妓自适，无乏于时"③。骁骑将军夏侯道迁"于京城之西，水次兴地，大起园池，殖列蔬果，延致秀彦，时往游适，伎妾十余，常自娱兴，国秩岁入三千余匹，专供酒馔，不营家产"，并以孔融诗"坐上客恒满，樽中酒不空"为标榜。④齐州刺史李元护"妾妓十余，声色自纵"⑤。北魏高阳王"给羽葆鼓吹、虎贲班剑百人，贵极人臣，富兼山海。居止第宅，匹于帝宫。白壁丹楹，窈窕连亘，飞檐反宇，缪辘周通。僮仆六千，妓女五百，隋珠照日，罗衣从风，自汉晋以来，诸王豪侈，未之有也。出则鸣驺御道，文物成行，铙吹响发，笳声哀转。入则歌姬舞女，击筑吹笙，丝管迭奏，连宵尽日。其竹林鱼池，侔于禁苑，芳草如积，珍木连阴。……厚自奉养，一食必以数万钱为限。海陆珍羞，方丈于前"⑥。连陈留侯李崇也自叹不如，说"高阳一食，敌我千日"，所以被认为是"汉晋以来，诸王豪侈，未之有也"。⑦但河间王琛却极力与高阳王争富，"造文柏堂，形如徽音殿，置玉井金罐，以五色缋为绳。妓女三百人，尽皆国色。……造迎风馆于后园，窗户之上，列钱青琐，玉凤衔铃，金龙吐佩。素柰朱李，枝条入檐，伎女楼上，坐而摘食"⑧。

北齐奢侈之风依然盛行，如北齐东莱王韩晋明日常生活是"一席之费，动至万钱，犹恨俭率"⑨。北齐清河王岳"性华侈，尤悦酒色，歌姬舞女，陈鼎击钟，诸王皆不及也"⑩。以此为据，这些豪绅贵族拥有庞大的乐舞生

---

① 令狐德棻，等．周书［M］．北京：中华书局，1971：125．
② 魏徵，等．隋书［M］．北京：中华书局，1973：343．
③ 魏收．魏书［M］．北京：中华书局，1974：1992．
④ 魏收．魏书［M］．北京：中华书局，1974：1583．
⑤ 魏收．魏书［M］．北京：中华书局，1974：1586．
⑥ 杨衒之．洛阳伽蓝记校释［M］．周祖谟，校释．北京：中华书局，2010：122-123．
⑦ 杨衒之．洛阳伽蓝记校释［M］．周祖谟，校释．北京：中华书局，2010：123，122．
⑧ 杨衒之．洛阳伽蓝记校释［M］．周祖谟，校释．北京：中华书局，2010：148-150．
⑨ 李百药．北齐书［M］．北京：中华书局，1972：200．
⑩ 李百药．北齐书［M］．北京：中华书局，1972：176．

产群体。从事乐舞生产，需要耗费大量的资金。所以，为了支撑这种享乐生活，豪绅官员则会倾其所有。当然，从皇室到贵族豪绅的奢靡乐舞消费，背后支撑着的是国家财政和豪绅世族拥有的强大经济特权、大量良田宅邸。

二、宗教音乐生产与消费居于突出地位

北魏是佛法极盛的时期，而僧尼佛寺规模之大亦为前所未有。据《魏书》卷一百一十四记载，"自兴光至此，京城内寺新旧且百所，僧尼两千余人，四方诸寺六千四百七十八，僧尼七万七千二百五十八人"①。而洛阳城外则有寺一千三百六十七所，侵占民居达三分之一以上。由此可见宗教乐舞在整个社会乐舞生产与消费中处于极为突出的地位。

从史料来看，北朝宗教乐舞生产消费的多样性和奢侈性主要体现在以下三个方面。

其一，寺院为了满足各种宗教活动需要，蓄养了大量的佛教音声。根据项阳先生的研究，北朝时期的寺庙音乐活动主要有三种形式：由释教中人演唱的梵呗赞偈、由唱导师所述的变文和俗讲、由"寺属音声人"所承担的供养音乐。② 所以，一旦进行重要的佛教活动，整个寺院、"行象"所经街道便成了音声供养活动的重要场所。

其二，寺院的乐舞活动极为频繁，形式多样。除了"行象""六斋"等重要活动中存在音声供养之外，寺院中也常常进行散乐百戏表演。如《洛阳伽蓝记》卷一载：

> 召诸音乐，逞伎寺内。奇禽怪兽，舞抃殿庭。飞空幻惑，世所未睹。异端奇术，总萃其中。剥驴投井，植枣种瓜，须臾之间，皆得食之。士女观者，目乱精迷。自建义已后，京师频有大兵，此戏遂隐也。③

其三，产生了大量与伎乐供养有关的壁画和雕像，金碧辉煌，成本高昂。如洛阳城内的景兴尼寺，是当时宦官们集资修建的一座寺庙，寺内有

---

① 魏收. 魏书［M］. 北京：中华书局，1974：3039.
② 项阳. "释俗交响"之初阶——中国早期佛教音乐浅识［J］. 文艺研究，2003（5）：76 - 86.
③ 杨衒之. 洛阳伽蓝记校释［M］. 周祖谟，校释. 北京：中华书局，2010：42 - 43.

一驾"金像辇",离地三丈高,上施宝盖,四面垂金铃、七宝珠,装饰着"飞天伎乐",望上去就像在云上翻飞,精美的程度难以形容。因为金像太重,每到抬像出游之日,皇帝便要诏派羽林军一百人专门负责抬这尊金像。同时,皇帝还选派宫廷乐工随游行队伍奏乐、表演。这也说明北魏奢靡的宗教乐舞消费活动背后是政府的支持,是在政府不计成本的参与下而形成的。当然,北朝所呈现的上至帝王下至民众的刻洞造像行为,主要消费者是各层级的"供养者"。乐舞消费出于供养者自身的宗教信仰,包括建功德、祈福愿。

三、音乐生产者对恩主的严重依附性

《魏晋南北朝史》指出:"魏晋南北朝时期,封建土地所有制的形态,是世家大族地主占有了大量土地和不完全占有土地上的耕作者依附农民——部曲、佃客。这种封建关系的形成,隶属性是极度强化的。"① 因此,学界也把这种社会结构、经济结构归纳为"庄园农奴制"。这充分说明北朝时期乐舞生产者(乐人)是音乐资料上的无产者,音乐生产资料、乐人和所有音乐产品都归恩主所有,即以皇权为中心的皇室成员和豪绅贵族是音乐资料和产品的占有者和使用者。正如张振涛先生所说,这一时期专职乐人、私家部伎属于最底层的贱民或奴婢阶级,没有独立地位,完全依附于贵族,这是具有奴隶制特征的隶属关系,恩主可以自由支配乐伎们的生命,尤其是女性乐伎与恩主的另一重依附关系——作为伎妾对主人的依附关系。②

因此,基于这种隶属关系,北朝的乐舞生产与消费对于乐人来说会产生两种不同的结果。

一种是乐人深受帝王、权贵等的恩宠,而获得极高的政治地位和经济回报。如《北史》记载乐人曹僧奴、曹妙达等因技艺高超得到皇室宠幸被封为王侯,一些女乐艺人因得到皇室、贵族的喜欢而被封为昭仪、夫人;《北齐书》也记载了"又有史丑多之徒胡小儿等数十,咸能舞工歌,亦至仪同开府、封王。……其以音乐至大官者:沈过儿官至开府仪同,王长通年

---

① 王仲荦. 魏晋南北朝史:上 [M]. 上海:上海人民出版社,1979:序言2.
② 张振涛. 论恩主——关于中古伎乐发展阶段乐户与庇护者依附关系的初步探讨 [J]. 中国音乐学,1994(3):118-127.

十四五，便假节通州刺史"①。其他还有何朱弱、安未弱、安马驹等，都是因为乐舞技艺表演而被帝王恩主"开府封王"。

另一种则是当时社会的普遍现象，即无论是帝王的"官家部伎"还是豪绅、官宦的"私家部伎"，这些乐人地位低贱，没有人身自由。帝王、贵族可以将所蓄之伎当成普通私产随意处置。在此种状况下，乐人舞者的命运极为悲惨，恩主们一旦出于某种原因不能再继续欣赏歌舞伎乐时，就逼迫这些乐伎中会弹琴者烧毁手指，善歌唱者吞炭哑声，最后出家为尼，或者失去性命。②如北魏高阳王为宰相时，乐伎成群，生活极为奢华，但死后"诸妓悉令入道"，"或有嫁者。美人徐月华，善弹箜篌，能为《明妃出塞》之歌，闻者莫不动容。永安中，与卫将军原士康为侧室，宅近青阳门。徐鼓箜篌而歌，哀声入云，行路听者，俄而成市"③。北齐尚书郎、通直散骑常侍卢宗道曾在晋阳置酒招待宾客，席间，中书舍人马士达看到弹箜篌的女伎，夸赞曰"手甚织素"，卢宗道立即把此乐伎送与士达，士达固辞，但"宗道便命家人将解其腕，士达不得已而受之"④。因此，残酷的现实环境逼迫这些私家乐伎只能为自己的恩主服务，听从于恩主的诏令，以强化这种隶属关系。

四、音乐生产与消费的封闭性

在某种程度上，权贵阶层乐舞消费的封闭性也是由特殊的社会制度所决定的，它体现在三个方面。

其一，政府限定了乐舞生产者的户籍属性，导致乐人社会阶层固化，不能自由地流动和交往。如《魏书》载，北魏政府将乐人界定为乐户，配为贱民，强调"今制皇族、师傅、王公侯伯及士民之家，不得与百工、伎巧、卑姓为婚，犯者加罪"⑤。显然，固化的社会身份严重制约和影响了乐舞的传播和乐人的流动。

其二，政府限定了乐舞生产消费的阶层性，所谓"今诸王纳室，皆乐部给伎以为嬉戏，而独禁细民，不得作乐"⑥。此种制度为北齐、北周沿袭。

---

① 李百药. 北齐书［M］. 北京：中华书局，1972：694.
② 李延寿. 北史［M］. 北京：中华书局，1974：1479.
③ 杨衒之. 洛阳伽蓝记校释［M］. 周祖谟，校释. 北京：中华书局，2010：124.
④ 李百药. 北齐书［M］. 北京：中华书局，1972：322.
⑤ 魏收. 魏书［M］. 北京：中华书局，1974：122.
⑥ 魏收. 魏书［M］. 北京：中华书局，1974：1074.

这显然是继承了西周以来的礼乐等级制度，人为固化了不同阶层的乐舞生产与消费的内容，阻断了乐舞在不同阶层间的流动，更是剥夺了普通民众的乐舞生产与消费权利。

其三，豪绅贵族在"庄园农奴制"基础上的"私家蓄伎"行为天然阻碍了乐舞的流通。它表现在世家大族、豪绅官员等恩主将私家乐伎完全等同于私人器物，所蓄乐人与恩主之间是具有奴隶制特征的隶属关系，这导致所蓄乐伎的音乐生产行为基本局限在恩主的私家厅堂、庄园之内。即便是恩主年老生病或去世，作为私有财产的乐舞生产者也常常会被烧指，或吞炭，或出家为尼，甚至失去性命，以此来阻断私家蓄伎的乐舞外溢传播。这就形成了一种相对封闭、狭隘的音乐生产与消费模式。

五、音乐生产与消费的双主体性

所谓"双主体性"是指北朝时期的音乐消费总体上与魏晋一脉相承，兼具魏晋南朝的典型特征，即整个社会乐舞生产与消费活动存在两个基本并行的主体：以帝王为中心的宫廷和以世家大族为中心的庄园坞壁。它们共同构成社会音乐生产与消费的主流。

这种现象的出现与这一时期的政治和经济结构有着密切的关系，世家大族基本把持着国家的政治权力，并拥有雄厚的经济基础，皇室权力则相对弱化，以致部分世族豪绅在生活上的奢侈程度甚至超过了皇室。社会奢靡的风气导致豪绅贵族竞相蓄伎，规模庞大。另外，北朝豪绅世族在坞壁之中竞相学习魏晋南朝的文化风尚，其音乐活动与江南社会人文思潮、北方宗教文化紧密相连，与世家大族文化精神息息相关，以至音乐产品、消费娱乐都深深带有江南世家大族的审美风尚和文化品格，在很多情况下，"弹琵琶，吹横笛，谣咏，倦极便卧唱挽歌"① 已经成为北朝世族子弟娱乐审美和生命追求的至高境界。

因此，庄园坞壁之内，无论是私家蓄伎的规模还是乐舞产品的种类，总体上都远超帝王宫廷，这实际上已经使得音乐生产与消费的重心从宫廷转移到了世家大族的庄园坞壁之中。

六、音乐生产与消费的商业性勃发

从目前掌握的史料来看，鲜有详细记载北朝商业性的音乐生产与消费，

---

① 李百药. 北齐书 [M]. 北京：中华书局，1972：667.

即文献并没有直接描述艺人从事商业性的音乐活动。但这并不能否认北朝存在类似南朝"江南音,一唱值千金"的音乐商业经济现象,而且其商业性的音乐生产与消费行为更甚于南朝。理由有三。

第一,北朝时期中原地区与四方诸国的交流日益频繁,重要城镇不仅商业发达,而且不同地域、不同国度的商旅多汇聚于此。如《洛阳伽蓝记》卷第三载:

> 永桥以南,圆丘以北,伊洛之间,夹御道,东有四夷馆,一曰金陵,二曰燕然,三曰扶桑,四曰崦嵫。道西有四夷里,一曰归正,二曰归德,三曰慕化,四曰慕义。吴人投国者,处金陵馆。三年已后,赐宅归正里。……东夷来附者,处扶桑馆,赐宅慕化里。西夷来附者,处崦嵫馆,赐宅慕义里。自葱岭已西,至于大秦,百国千城,莫不款附。商胡贩客,日奔塞下。所谓尽天地之区已。乐中国土风因而宅者,不可胜数。是以附化之民,万有余家。门巷修整,阊阖填列。青槐荫陌,绿柳垂庭。天下难得之货,咸悉在焉。①

显然,在此种环境下,四方乐舞艺人也随着贵族、官员、商贾的流动而汇聚一地,贵族、官员、商贾和民众的乐舞需求、艺人的生活需要推动商业性音乐生产的发生。

第二,北魏洛阳城内出现了专业的乐舞艺人居住、从业场所。《洛阳伽蓝记》卷第四记载:"市南有调音、乐律二里。里内之人,丝竹讴歌,天下妙伎出焉。"② 参照此书的前后记载来看,调音、乐律两地不仅是乐人汇聚之地,更是乐人进行商业活动的主要场所。这说明当时的北方城市已经出现了一种以卖艺为生的职业艺人,其音乐生产的目的是商品交换,以获得经济回报。因此,大量擅长器乐演奏、歌舞表演的乐伎云集洛阳城并形成居住点,以满足当时上层统治阶层对歌舞享乐的需要,其核心还是为了生存。显然,这些专职的音乐艺人,在满足贵族音乐享乐的同时,实现了音乐生产的目的,通过贵族的商业化音乐消费,获得了丰厚的经济回报。

第三,《洛阳伽蓝记》卷第四记载:"市北慈孝、奉终二里,里内之人

---

① 杨衒之. 洛阳伽蓝记校释 [M]. 周祖谟,校释. 北京:中华书局,2010:114-117.
② 杨衒之. 洛阳伽蓝记校释 [M]. 周祖谟,校释. 北京:中华书局,2010:142.

以卖棺椁为业，赁辆车为事。"① 紧随其后介绍了从事挽歌表演的孙岩的故事，故事涉及狐仙具有神秘色彩，虽不足为信，但能说明在专业从事棺椁买卖的市场里存在一个专职从事挽歌表演的群体，这显然也是一种专业的音乐商业行为。

① 杨衒之. 洛阳伽蓝记校释［M］. 周祖谟，校释. 北京：中华书局，2010：144.

第三章　隋唐时期的音乐经济（上）

公元581年，北周外戚杨坚称帝，建国号为隋，北周灭亡，开皇三年（583年），定都大兴（今西安）。开皇九年（589年），晋王杨广率军灭陈，俘虏南陈后主，统一江南，结束了南北对峙、中原混战的局面，实现天下一统。历经隋文帝、隋炀帝、隋恭帝三帝，隋义宁二年，即隋大业十四年（618年）隋恭帝被迫退位，李渊称帝，定都长安，建元武德，开启了289年的大唐盛世，史称唐高祖。公元657年唐高宗建都洛阳，故而西京长安和东京洛阳均为都城。

唐朝历代帝王励精图治、开疆拓土，前期整体政权较为稳固，社会安定，先后形成了历史上著名的"贞观之治""开元盛世"，天下之民丰而富足，不仅构建了大唐盛世，也推动了中国古代封建社会走向巅峰。公元755—763年，唐朝将领安禄山和史思明发动战争，史称"安史之乱"，为唐由盛转衰的转折点。后虽经历了元和中兴、会昌中兴、大中之治，依然不能挽回唐朝衰亡的命运，至公元907年，朱温逼迫唐哀帝禅让，建国后梁，唐朝灭亡，五代十国开始。

隋唐时期共历经326年。隋代虽仅存37年，但在政治上沿袭北周，确立了三省六部制。在经济上实行均田制，大力改革赋税制度，实行租庸调制，着力减轻农民负担。在军事上继续推行府兵制。另外重视农田水利建设，兴建了贯通南北的水运大动脉——大运河，并强化与周边国家的经济文化往来。在人才选拔上弱化和废除魏晋南北朝时期的世袭、九品中正制，力图通过考试选拔优秀人才。唐承隋制，进一步完善三省六部制、科举制、均田制等，巩固和强化了国家集权。唐朝疆域空前庞大，极盛时期东到日本海，西到咸海，北抵贝加尔湖，南至安南。经历代统治者的励精图治，唐代政治稳定、国力强盛，经济发达、文化繁荣，生产力发展达到世界领先水平，周边国家纷纷来学习，呈现出了万国来朝的盛况。

政治的稳定、疆域的拓展、生产力的提高，为唐代经济的快速发展提供了基本条件。唐代政府在租庸调制的基础上，又进行改革，实行两税法，并以国家律法的形式保证了各种杂役赋税的征收。这为国家发展和社会消费提供了充沛的经济实力和社会财富，所以，社会各阶层的消费能力普遍增强。据《新唐书》卷五十一载，玄宗时期，"海内富实，斗米之价钱十三，青、齐间斗才三钱，绢一匹钱二百。道路列肆，具酒食以待行人"①。

唐代延续了隋代政府的治国理念，重视农业发展，推行均田制，强调兴修水利，普及新兴农业生产技术，农业从业群体得到大幅扩充，农民富盈、粮食充足。如江南地区随着人口、水利和农田的进一步开发，郡县设置规模也进一步扩大。西汉时期江南仅有 22 个郡，至隋朝已经拓展到 68 个郡，唐代在隋代的基础上又新增 18 个郡（州），116 个县。由此可见其经济之繁荣。

隋唐时期经济的繁荣促使大江南北出现了许多繁华的大都市，最具代表性的是西京长安和东京洛阳，以及太原、凤翔和成都三个陪都。南方商业性城镇更多，据《隋书》卷三十一记载，宣城、毗陵（今常州）、吴郡（今苏州）、会稽（今绍兴）、余杭（今杭州）等地都是"数郡川泽沃衍，有海陆之饶，珍异所聚，故商贾并凑"②。

经济的发达、城市的繁荣以及自南朝而来的丰厚文化底蕴，促使隋唐文士层出不穷，北方的豪绅富商、士人官员、歌伎都纷纷来到江南都城安居乐业，江南士人也纷纷北上出仕，文士的南北流动、城市消费娱乐的崛起，不仅形成了具有较强经济实力和较高文化修养的庞大文士消费群体，也推动了市民消费群体的形成，促使以声色为核心的消费风尚在隋唐社会蔓延。于是，社会纵酒享乐之风盛行，都市乐舞笙歌不断。诗人常常在两

---

① 欧阳修，宋祁. 新唐书［M］. 北京：中华书局，1975：1346.
② 魏徵. 隋书［M］//中华书局编辑部. "二十四史"（简体字本）. 北京：中华书局，2000：603.

京、苏杭、名山大川流连忘返，写下无数与乐舞消费有关的诗作。如李白曾多次写下与乐舞有关的诗：

> 解我紫绮裘，且换金陵酒。酒来笑复歌，兴酣乐事多。（《金陵江上遇蓬池隐者》）
>
> 朝沽金陵酒，歌吹孙楚楼。（《玩月金陵城西孙楚酒楼达曙歌吹日晚乘醉著紫绮裘乌纱巾与酒客数人棹歌秦淮往石头访崔四御郎》）
>
> 清歌弦古曲，美酒沽新丰。（《效古二首（其一）》）
>
> 笙歌杯酒正欢娱，忽忆仙郎望帝都。借问连宵直南省，何如尽日醉西湖？（《湖上醉中代诸妓寄严郎中》）

繁华都市中茶楼酒肆的乐舞娱乐或携伎出游成为当时文人的一种时尚，如大诗人白居易作为杭州刺史、苏州刺史时，曾写下《忆旧游》，诗云：

> 忆旧游，旧游安在哉？旧游之人半白首，旧游之地多苍苔。
>
> 江南旧游凡几处？就中最忆吴江隈。长洲苑绿柳万树，齐云楼春酒一杯。
>
> 阊门晓严旗鼓出，皋桥西闹船舫回。修蛾慢脸灯下醉，急管繁弦头上催。
>
> 六七年前狂烂漫，三千里外思裴回。李娟张态一春梦，周五殷三归夜台。
>
> 虎丘月色为谁好？娃宫花枝应自开。赖得刘郎解吟咏，江山起色合归来。

隋唐时期社会思想文化开放，一方面万国朝中的局面吸引四夷八方的人员蜂拥而至，异国乐舞文化遍布宫廷和民间；另一方面，佛道兴盛，隋文帝立国之初曾下令在诸州县建立僧尼寺各一所。唐代也十分重视佛教，唐太宗曾下诏在全国建立寺刹，唐高宗在都城和各州府设立官寺，武则天也诏令在各州设大云寺。据统计，唐代安史之乱前，江南地区的寺院数量更胜前代，仅在邗沟至江南运河沿线，北起扬州，南至台州就多达140所。而根据李方民先生的考证，江南东道润、苏、杭、湖、越、台六州共有佛教寺院189所，其中润州26所、苏州61所、杭州36所、湖州17所、越州36所、台州14所。即便是经历了安史之乱的冲击，佛教寺院仍有不少留存，其中润州18所、苏州23所、杭州14所、湖州8所、越州23所、台州

7所，足见佛教之繁盛。

　　隋唐时期的道教也得到了大力发展，道教宫观遍布全国名山大川，规模庞大。据杜光庭《历代崇道记》记载，唐代自开国以来所造道教宫观约1 900余座，所度道士计15 000余人，且亲王贵主及公卿士庶或舍宅舍庄为观并不在其数。① 当时影响比较大的道教流派有茅山宗、楼观派、龙虎宗等。

　　与此同时，民间宗教活动也日渐频繁。无论是江南还是中原地区，每年的春社秋社，祭祀乐舞活动都极为壮观，男女老少城内城外踏歌而舞，热闹非凡。诗人李嘉祐就生动地描绘了江南淫祀乐舞表演的场景：

> 南方淫祀古风俗，楚妪解唱迎神曲。
> 枪枪铜鼓芦叶深，寂寂琼筵江水绿。
> 雨过风清洲渚闲，椒浆醉尽迎神还。
> …………
> 听此迎神送神曲，携觞欲吊屈原祠。（《夜闻江南人家赛神因题即事》）

刘禹锡也通过诗文记载了朗州当地的巫觋乐舞活动，以及人们广泛参与的情景：

> 汉家都尉旧征蛮，血食如今配此山。
> 曲盖幽深苍桧下，洞箫愁绝翠屏间。
> 荆巫脉脉传神语，野老婆娑起醉颜。
> 日落风生庙门外，几人连蹋竹歌还。（《阳山庙观赛神》）

　　鉴于隋唐时期音乐经济发展的状况，第三、第四两章将从非商业性行为和商业性行为两个层面去分析。

---

① 杜光庭. 历代崇道记[M]. 北京：中华书局，2013：373.

第一节 隋唐时期非商业性的音乐生产

非商业性的音乐生产是指社会乐舞生产的本质是满足帝王和政府的乐舞娱乐需求，是一种典型的政府指派或委托性质的乐舞生产方式，乐舞生产者隶属政府或由私家蓄养，其生产行为不具有商业性目的，更多的是一种应差式的工作。因此，此类乐舞生产更多的是指以帝王宫廷、各级政府和私家恩主为主导的乐舞行为。

一、非商业性的音乐生产者

（一）隋唐宫廷乐人

1. 太常寺乐人与乐官

（1）太常寺乐人。

隋唐时期政府非常重视太常寺所属乐人规模的建设，据统计，隋朝曾三次扩充乐户，如《隋书》记载大业二年（606年）"括天下周、齐、梁、陈乐家子弟，皆为乐户"①，大业二年以后"异技淫声咸萃乐府，皆置博士弟子，递相教传"②。其中，规模最大的一次是大业六年（610年），太常寺乐人一度扩展至三万人，当然，这一时期太常寺乐人比较宽泛，既有乐工，也有散乐百戏艺人。对此《资治通鉴》卷第一百八十一有明确记载："以所征周、齐、梁、陈散乐悉配太常，皆置博士弟子以相传授，乐工至三万余人。"③

唐承隋制，太常寺所辖乐人数量也更为庞大，《新唐书》卷二十二载："唐之盛时，凡乐人、音声人、太常杂户子弟隶太常及鼓吹署，皆番上，总号音声人，至数万人。"④ 即便是教坊成立后，唐代政府将教坊乐人从太常寺中抽离出来，并将太乐改为乐正，进一步压缩了太常寺所辖乐人的规模，

---

① 魏徵. 隋书 [M] //中华书局编辑部."二十四史"（简体字本）. 北京：中华书局，2000：1059.
② 魏徵. 隋书 [M] //中华书局编辑部."二十四史"（简体字本）. 北京：中华书局，2000：1059.
③ 司马光. 资治通鉴 [M]. 胡三省，音注. 北京：中华书局，1956：5650-5651.
④ 欧阳修，宋祁. 新唐书 [M]. 北京：中华书局，1975：477.

太常寺依然设置有"府三人,史六人,典事八人,掌固六人,文武二舞郎一百四十人,散乐三百八十二人,仗内散乐一千人,音声人一万二十七人"①。据统计,唐代鼎盛时期全国人口有5 000万人,此时太乐中从事乐舞生产的总人数有11 572人(包括乐人和乐官),足见宫廷专业音乐生产者的人数之多。

在唐代成为合格的太常寺乐人或乐官并不容易,需要经历严格的考核和培训。《新唐书》卷四十八载:

> 凡习乐,立师以教,而岁考其师之课业为三等,以上礼部。十年大校,未成,则五年而校,以番上下。有故及不任供奉,则输资钱,以充伎衣乐器之用。散乐,闰月人出资钱百六十,长上者复繇役,音声人纳资者岁钱二千。博士教之,功多者为上第,功少者为中第,不勤者为下第,礼部覆之。十五年有五上考、七中考者,授散官,直本司,年满考少者,不叙。教长上弟子四考,难色二人、次难色二人业成者,进考,得难曲五十以上任供奉者为业成。习难色大部伎三年而成,次部二年而成,易色小部伎一年而成,皆入等第三为业成。业成、行脩谨者,为助教;博士缺,以次补之。长上及别教未得十曲,给资三之一;不成者隶鼓吹署。习大小横吹,难色四番而成,易色三番而成;不成者,博士有谪。内教博士及弟子长教者,给资钱而留之。②

还有"男年十三已上,在外州者十五已上,容貌端正,送太乐;十六已上,送鼓吹及少府教习"③。不仅如此,唐代还针对太常寺乐人制定了严格的等级制度,如《唐会要》卷三十四载:

> 四年九月二十九日。诏太常乐人,本因罪谴,没入官者,艺比伶官。前代以来,转相承袭。或有衣冠继绪、公卿子孙,一沾此色累世不改,婚姻绝于士庶,名籍异于编甿,大耻深疵,良可矜愍。其大乐鼓吹诸旧乐人,年月已久,时代迁移,宜并蠲除,一同民例。但音律之伎,积学所成,传授之人,不可顿阙,仍令依旧本司上下。若已经仕宦,先入班流,勿更追补,各从品秩。自武德元年,配充乐户者,

---

① 欧阳修,宋祁. 新唐书[M]. 北京:中华书局,1975:1244.
② 欧阳修,宋祁. 新唐书[M]. 北京:中华书局,1975:1243.
③ 李林甫,等. 唐六典[M]. 陈仲夫,点校. 北京:中华书局,1992:193.

不在此例。①

当然，这一时期出现了"太常音声人"的概念，如《唐律疏议笺解》卷第三载：

> [疏] 议曰：工、乐者，工属少府，乐属太常，并不贯州县。杂户者，散属诸司上下，前已释讫。"太常音声人"，谓在太常作乐者，元与工、乐不殊，俱是配隶之色，不属州县，唯属太常，义宁以来，得于州县附贯，依旧太常上下，别名"太常音声人"。②

从文献来看，显然"太常音声人"是指专门隶属太常寺的固定乐舞生产者。

（2）太常寺乐官。

隋唐时期太常寺是国家最高音乐管理机构，其职能是"掌邦国礼乐、郊庙、社稷之事"。服务宫廷的太常寺所辖乐人，以及籍属太常，但在各级政府上番的职业乐人，都属于太常寺广义上的乐舞生产者，享受国家俸禄，专职为政府服务，这也是隋唐时期非商业性乐舞生产的主力军。而太常寺内所设置的各层级乐官则是乐舞生产的重要组织者，也是广义上的乐舞生产者，与乐人一起参与乐舞的生产。

从文献来看，太常寺隶属礼部，唐与隋所设置的乐官体系基本上是一脉相承的，但也有一定区别。据《隋书》卷二十七载，隋代太常寺的主要职能是"掌陵庙群祀、礼乐仪制，天文术数衣冠之属"，统诸陵、太庙、太乐、衣冠、鼓吹、太祝、太史、太医、廪牺、太宰等署令、丞。其中，太乐署兼领清商部丞，其职能是"掌诸乐及行礼节奏等事"；清商部丞主要是掌清商音乐等事；鼓吹署主要职能是掌百戏、鼓吹乐人等事，兼领掌供乐人衣服的黄户局丞。③太常寺各个层级管理者的具体情况如下：

> 其属官有博士（四人，掌礼制）、协律郎（二人，掌监调律吕音乐）、八书博士（二人）等员。统诸陵（掌守卫山陵等事）、太庙（掌郊庙社稷等事）、太乐（掌诸乐及行礼节奏等事）、衣冠（掌冠帻、舄

---

① 王溥. 唐会要 [M]. 北京：中华书局，1960：623-624.
② 刘俊文. 唐律疏议笺解 [M]. 北京：中华书局，1996：282.
③ 魏徵. 隋书 [M] //中华书局编辑部."二十四史"（简体字体）. 北京：中华书局，2000：511-512.

履之属等事)、鼓吹(掌百戏、鼓吹乐人等事)、太祝(掌郊庙赞祝、祭社衣服等事)、太史(掌天文地动、风云气色、律历卜筮等事)、太医(掌医药等事)、廪牺(掌养牺牲、供祭群祀等事)、太宰(掌诸神祀烹宰行礼事)等署会丞。而太庙兼领郊祠(掌五郊群神事)、崇虚(掌五岳四渎祀,在京及诸州道士簿帐等事)二局丞,太乐兼领清商部丞(掌清商音乐等事),鼓吹兼领黄户局丞(掌供乐人衣服),太史兼领灵台(掌天文观候)、太卜(掌诸卜筮)二局丞。①

当然,乐舞管理者的主要职能一方面体现在对乐人和乐舞活动的组织上,另一方面也体现在受帝王和政府委托进行乐舞创作上。如《隋书》卷十五记载,隋炀帝曾"令乐正白明达造新声,创《万岁乐》《藏钩乐》《七夕相逢乐》《投壶乐》《舞席同心髻》《玉女行觞》《神仙留客》《掷砖续命》《斗鸡子》《斗百草》《泛龙舟》《还旧宫》《长乐花》《十二时》等曲,掩抑摧藏,哀音断绝"②。

据《新唐书》卷四十八记载,唐代太常寺"掌礼乐、郊庙、社稷之事,总郊社、太乐、鼓吹、太医、太卜、廪牺、诸祠庙等署"③,其名称多有变化,唐高宗于龙朔二年(662年)改太常寺为奉常寺,武后光宅元年(684年)又改太常寺为司常寺。所设置的职官和品级如下:

> 卿一人,正三品;少卿二人,正四品上;
> 丞二人,从五品下;
> 主簿二人,从七品上;
> 博士四人,从七品上;
> 太祝六人,正九品上;
> 奉礼郎二人,从九品上;
> 协律郎二人,正八品上;
> 录事二人,从九品上。④

---

① 魏徵. 隋书[M]//中华书局编辑部."二十四史"(简体字本). 北京:中华书局,2000:511-512.
② 魏徵. 隋书[M]//中华书局编辑部."二十四史"(简体字本). 北京:中华书局,2000:253-254.
③ 欧阳修,宋祁. 新唐书[M]. 北京:中华书局,1975:1241.
④ 欧阳修,宋祁. 新唐书[M]. 北京:中华书局,1975:1241-1242.

唐代太常寺下辖太乐署和鼓吹署两个主要机构。其中太乐署主要职能是"掌调钟律，以供祭飨"，有"令二人，从七品下；丞一人，从八品下；乐正八人，从九品下"①。

鼓吹署主要掌鼓吹之节，下设"令二人，从七品下；丞二人，从八品下；乐正四人，从九品下"。"合朔有变，则帅工人设五鼓于太社，执麾旒于四门之塾，置龙床，有变则举麾击鼓，变复而止。马射，设枑鼓金钲，施龙床。大傩，帅鼓角以助侲子之唱。（有府三人，史六人，典事四人，掌固四人。唐并清商、鼓吹为一署，增令一人。）"②

2. 教坊乐人与乐官

（1）内教坊乐人。

学界一般认为，教坊之制是沿袭隋朝"关中设坊"制度，即隋炀帝于大业六年（610年）"大括魏、齐、周、陈乐人子弟，悉配太常，并于关中为坊置之，其数益多前代"③。这说明隋代虽无教坊之名，但已经具有教坊之实。

唐代教坊有内外之别，据《旧唐书》卷四十三载，内教坊"武德已来，置于禁中，以按习雅乐，以中官人充使。则天改为云韶府，神龙复为教坊"④。这说明唐代内教坊最迟是在武德年间（618—626年）设置的，即唐立国之初就已经在宫廷设置了此机构，这很可能是继承隋代旧制的结果。当然，以上文献也说明，有唐一代内教坊名称并不统一，所在禁中的具体位置也不一样。《新唐书》卷四十八载："武德后，置内教坊于禁中。武后如意元年，改曰云韶府，以中官为使。开元二年，又置内教坊于蓬莱宫侧，有音声博士、第一曹博士、第二曹博士。"⑤

从目前研究成果来看，今人学者对唐代内教坊的内涵理解并不一致。一般认为，武德时期所建内教坊，应该是"内教之坊"，以中官（太监）为主管者，主要是女乐，有学者认为唐高祖建立内教坊主要是为了修订雅乐；唐玄宗时期的内教坊应该是进行了扩充，相对于外教坊而言的，属于内之教坊，不仅包括女乐，还包括男性乐工。这时期内教坊从太常寺中独立出

---

① 欧阳修，宋祁. 新唐书［M］. 北京：中华书局，1975：1243.
② 欧阳修，宋祁. 新唐书［M］. 北京：中华书局，1975：1244.
③ 魏徵. 隋书［M］//中华书局编辑部."二十四史"（简体字本）. 北京：中华书局，2000：250.
④ 刘昫，等. 旧唐书［M］. 北京：中华书局，1975：1854.
⑤ 欧阳修，宋祁. 新唐书［M］. 北京：中华书局，1975：1244.

来而专修俗乐，改变了太常寺雅俗兼管的混乱局面，解放了太常的职能，使其能够专习雅乐，同时提高了教坊专职俗乐的演出质量。

综合来看，唐代内教坊下辖宜春院和云韶院（下文单独叙述），乐人以女性为主，包括内人、宫人、挡弹家、杂妇女等。① 《教坊记》云："平人女以容色选入内者，教习琵琶、三弦、箜篌、筝等者，谓'挡弹家'。"② 李西林先生认为，从水平来看，第一等级是"内人"，第二等级是"宫人"，第三等级是"挡弹家"，第四等级是"杂妇人"。③

《乐府杂录》中记载的唐玄宗时期的永新属于知名教坊乐人，唐僖宗时期的刘真属于宜春院知名乐人。④ 唐代诗人也描写了教坊乐人高超的水平，如李涉《寄荆娘写真》云："章台玉颜年十六，小来能唱西凉曲。教坊大使久知名，郢上词人歌不足。"元稹《五弦弹》云："赵璧五弦弹徵调，徵声巉绝何清峭。……众乐虽同第一部，德宗皇帝长偏召。"

（2）外教坊（左右教坊）乐人。

唐代为了保障帝王的乐舞娱乐需求，在宫外设置了多个教坊，被称为外教坊或左右教坊。如《新唐书》卷四十八载："京都置左右教坊，掌俳优杂技。自是不隶太常，以中官为教坊使。"⑤《教坊记》载："西京：右教坊在光宅坊，左教坊在延政坊。右多善歌，左多工舞，盖相因习。东京：两教坊俱在明义坊。而右在南，左在北也。"⑥ 至于设置左右教坊的目的，马端临《文献通考》云：

> 教坊自唐武德以来置署在禁门内，开元后，其人浸多，凡祭祀、大朝会，则用太常雅乐；岁时宴享，则用教坊诸部乐。前代有宴乐、清乐、散乐隶太常，后稍归教坊。
>
> 旧制：雅俗之乐，皆隶太常。玄宗精晓音律，以太常礼乐之司，不应典倡优杂伎，乃更置左右教坊，以教俗乐，命右骁卫将军范及为之使。⑦

---

① 任飞. 唐代太常、教坊乐官研究［D］. 福州：福建师范大学，2011.
② 崔令钦. 教坊记［M］. 吴企明，点校. 北京：中华书局，2012：12.
③ 李西林. 唐代宫廷音乐管理机构制度述考［J］. 交响（西安音乐学院学报），2012（4）：52-57.
④ 段安节. 乐府杂录［M］. 上海：上海古文学出版社，1957：26，29.
⑤ 欧阳修，宋祁. 新唐书［M］. 北京：中华书局，1975：1244.
⑥ 崔令钦. 教坊记［M］. 吴企明，点校. 北京：中华书局，2012：11.
⑦ 马端临. 文献通考［M］. 北京：中华书局，2011：4399.

从上述文献来看，左右教坊是唐玄宗于开元中期设置的，所辖乐人主要是表演倡优杂技等俗乐。从人员来源来看，外教坊音乐生产者主要是从太常寺的散乐乐人中选拔，也即梨园新院中从事俗乐者，所表演的节目相对固定，且难度不高。① 从数量来看，根据岸边成雄的推测，唐代全盛时期内外教坊乐工人数有三千人左右。②

（3）仗内教坊乐人。

唐代还存在仗内教坊，但文献中的名称并不一致，如《新唐书》卷四十八载："唐改太乐为乐正，……散乐三百八十二人，仗内散乐一千人。"③《唐大诏令集》载："长上飞骑，并仗内杂色人，在斋宫宿卫，及诸色人有资劳人。"④《册府元龟》载："十月十四、十五日，承前诸寺观多动音声，今传有仗内音声，拟相夸斗，官人百姓，或有缚绷。"⑤ 当然，学界一般认为，唐代的仗内教坊实质上是鼓吹署教坊，主要执掌卤簿音乐和散乐。当然，也有学者认为仗内教坊是左右教坊合署的产物，其前身是唐玄宗时期建立在延政坊的左教坊。⑥ 崔令钦在《教坊记》中曾记载："开元中，余为左金吾仓曹，武官十二三是坊中人。每请禄俸，每加访问，尽为余说之。"⑦

至于仗内教坊所辖音乐生产者，主要是仪仗鼓吹乐人。今人学者柏红秀指出，仗内教坊的乐人来源主要有三：一是从北衙禁军中选拔，二是从地方军营中选拔，三是由获罪之人的妻女充任。⑧

（4）宜春院、云韶院乐人。

宜春院和云韶院是内教坊下设的两个机构，岸边成雄先生认为唐代教坊以宜春院为主，光宅、延政两坊（左右教坊）为辅，足见宜春院的地位。宜春院是唐玄宗开元初设立的音乐机构，所谓"又选乐工数百人，……又选伎女，置宜春院，给赐其家"⑨。宜春院乐人技艺超群，常常被称为"前头人"，也因其等级最高而被称为"内人"。如《教坊记》云：

---

① 柏红秀. 唐代宫廷音乐文艺研究 [D]. 扬州：扬州大学，2004.
② 岸边成雄. 唐代音乐史的研究 [M]. 梁在平，黄志炯，译. 北京：中华书局，1973：279.
③ 欧阳修，宋祁. 新唐书 [M]. 北京：中华书局，1975：1244.
④ 宋敏求. 唐大诏令集 [M]. 北京：中华书局，2008：380.
⑤ 王钦若，等. 册府元龟 [M]. 北京：中华书局，2006：3542.
⑥ 孙晓晖. 两唐书乐志研究 [D]. 扬州：扬州大学，2001.
⑦ 崔令钦. 教坊记 [M]. 吴企明，点校. 北京：中华书局，2012：5.
⑧ 柏红秀. 唐代仗内教坊考 [J]. 中国戏曲学院学报，2006（3）：43-46.
⑨ 崔令钦. 教坊记笺订 [M]. 任半塘，笺订. 北京：中华书局，1962：188.

妓女入宜春院，谓之"内人"，亦曰"前头人"，常在上前头也。其家犹在教坊，谓之"内人家"，四季给米。其得幸者，谓之"十家"，给宅第，赐无异等。初，特承恩宠者有十家，后继进者，敕有司：给赐同十家。虽数十家，犹故以"十家"呼之。每月二日，十六日，内人母得以女对，无母，则姊妹若姑一人对。十家就本落，余内人并坐内教坊对。内人生日，则许其母、姑、姊妹皆来对。其对所如式。①

宋代程大昌《雍录》卷第九云："至天宝中即东宫置宜春北苑，命宫女数百为梨园弟子。"②《新唐书》卷二十二亦云："宫女数百，亦为梨园弟子，居宜春北院。"③ 这说明宜春院乐人与梨园乐人一样，深受帝王恩宠。对此，《教坊记》也有明确记载：

> 凡欲出戏，所司先进曲名。上以墨点者，即舞，不点者，即否，谓之"进点"。戏日，内伎出舞，教坊人惟得舞《伊州》《五天》，重来叠去，不离此两曲，余尽让内人也。④

宜春院乐人地位的特殊性，在帝王对其日常表演中的厚爱和其与其他乐人穿戴的差异性上也能看出，如《教坊记》载：

> 上于天津桥南设帐殿，酺三日。教坊一小儿，筋斗绝伦。乃衣以缯彩，梳流，杂于内妓中。少顷，缘长竿上，倒立，寻复去平。久之，垂手抱竿，翻身而下。乐人等皆舍所执，宛转于地，大呼万岁。百官拜庆。中使宣旨云："此技尤难！近方教成。"欲以矜异，其实乃小儿也。⑤

> 开元十一年初，制《圣寿乐》。令诸女衣五方色衣，以歌舞之。宜春院女教一日，便堪上场，惟挡弹家弥月不成。至戏日，上亲加策励，曰："好好作，莫辱没三郎。"令宜春院人为首尾，挡弹家在行间，令学其举手也。⑥

---

① 崔令钦. 教坊记 [M]. 吴企明，点校. 北京：中华书局，2012：11.
② 程大昌. 雍录 [M]. 黄永年，点校. 北京：中华书局，2002：197.
③ 欧阳修，宋祁. 新唐书 [M]. 北京：中华书局，1975：476.
④ 崔令钦. 教坊记 [M]. 吴企明，点校. 北京：中华书局，2012：13.
⑤ 崔令钦. 教坊记 [M]. 吴企明，点校. 北京：中华书局，2012：30.
⑥ 崔令钦. 教坊记 [M]. 吴企明，点校. 北京：中华书局，2012：12-13.

宜春院乐人水平高超，学习音乐一日便可抵云韶院乐人学习数月。也正因为宜春院乐人具有高超的技艺，才深得帝王赏识，并且常常佩戴鱼袋，以显尊贵。所谓"楼下戏出队，宜春院人少，即以云韶添之。云韶谓之'宫人'，盖贱隶也。非直美恶殊貌，佩琚居然易辨，内人带鱼，宫人则否"①。

对于宜春院乐人的来源，今人学者多有不同见解，如任半塘先生认为宜春院的乐人是从内教坊选拔而来，李西林、左汉林等人认为宜春院的乐人是从外教坊中选拔的优秀者。② 除此之外，宜春院乐人也有来自民间的艺人，如《乐府杂录》中所载的张红红就是一例："有才人张红红，本与其父歌于衢路。丐食过将军韦青所居，青于街牖中闻其歌者，喉音寥亮，仍有眉首，即纳为姬。其父舍于后户，优给之。……寻达上听。翊日召入宜春院，宠泽隆异。"③

云韶院的前身是武德时期的内教坊，武则天在其主政的武周如意元年（692年），下诏将其改为"云韶府"，依然令中官为使，其中的乐人也被称为"宫人"。神龙时期又改回教坊。显然，由内教坊改为云韶府独立运行主要集中在武则天统治时期，前后有十余年。从文献来看，云韶府乐人地位较低，"盖贱隶也"，常常作为宜春院乐人的后补或陪衬，协助宜春院进行表演。

《教坊记》还记载了"两院歌人"，所谓：

> 凡楼下两院进杂妇女，上必召内人姊妹入内，赐食。因谓之曰："今日娘子不须唱歌，且饶姊妹，并两院妇女。"于是内妓与两院歌人更代上舞台唱歌。内妓歌，则黄幡绰赞扬之，两院人歌，则幡绰辄訾诟之。有肥大年长者，即呼为"屈突干阿姑"，貌稍胡者，即云"康大宾阿妹"。随类名之，标弄百端。……筋斗裴承恩妹大娘善歌，兄以配竿木侯氏，又与长人赵解愁私通。侯氏有疾，因欲药杀之。④

从上文描述来看，"内妓"应该是指宜春院"内人"。但学者对"两院

---

① 崔令钦. 教坊记 [M]. 吴企明，点校. 北京：中华书局，2012：18.
② 左汉林. 唐代乐府制度与歌诗研究 [M]. 北京：商务印书馆，2010：210. 李西林. 唐代宫廷音乐管理机构制度述考 [J]. 交响（西安音乐学院学报），2012（4）：52－57.
③ 段安节. 乐府杂录 [M]. 吴企明，点校. 北京：中华书局，2012：126.
④ 崔令钦. 教坊记 [M]. 吴企明，点校. 北京：中华书局，2012：14－15.

歌人"的理解不一致，一说是宜春院和云韶院的歌者，所以称之为"两院歌人"，① 这种理解显然与文献本身的表述有矛盾；另一说是宜春院乐人和宜春北苑居住的乐人，或宜春院与内教坊。② 曾智安通过考证，认为"两院歌人"应该是指居于宜春院的太常别教院伎人和居于宜春北苑的梨园弟子。③ 笔者认为此说相对可靠，主要证据有二。

第一，《旧唐书》卷二十八载：

> 太常又有别教院，教供奉新曲。太常每凌晨，鼓笛乱发于太乐署。别教院廪食常千人，宫中居宜春院。④

第二，《新唐书》卷二十二载：

> 玄宗既知音律，又酷爱法曲，选坐部伎子弟三百教于梨园，声有误者，帝必觉而正之，号"皇帝梨园弟子"。宫女数百，亦为梨园弟子，居宜春北院。⑤

（5）教坊乐官。

从文献记载来看，唐代教坊中的乐官主要有教坊使音声博士、第一曹博士、第二曹博士等。⑥ 其中，教坊使由"中官人"担任，主要负责乐人的管理和教习。据《资治通鉴》《教坊记》等文献记载，第一任教坊使是从三品官员右骁卫将军范安及。从四品上文官、内侍护军中尉彭献忠也曾任教坊使，张仲素《内侍护军中尉彭献忠神道碑》载：公讳献忠，字琦夫，……二十年加正议大夫、内侍省内侍，仍赐上柱国，充教坊使。⑦ 正五品下文官、内常侍王日盈也曾任教坊使，对此，《唐故（梁公）太原郡王夫人墓志铭（并序）》载："粤王氏之先祖，太原郡人也。曾、祖，不列于行。父皇任内常侍、赐紫金鱼袋、充教坊使日盈之爱女也。"⑧ 另外，根据《资治通鉴》记载，祝汉贞也曾任教坊使，其文曰："教坊祝汉贞，滑稽敏给，

---

① 岸边成雄. 唐代音乐史的研究 [M]. 梁在平，黄志炯，译. 北京：中华书局，1973：221.
② 崔令钦. 教坊记 [M]. 吴企明，点校. 北京：中华书局，2012：14.
③ 曾智安. 唐玄宗时期宜春院"内人"考论 [J]. 乐府学，2017（2）：29-45.
④ 刘昫，等. 旧唐书 [M]. 北京：中华书局，1975：1051-1052.
⑤ 欧阳修，宋祁. 新唐书 [M]. 北京：中华书局，1975：476.
⑥ 欧阳修，宋祁. 新唐书 [M]. 北京：中华书局，1975：1244.
⑦ 董诰，等. 全唐文 [M]. 北京：中华书局，1983：6523.
⑧ 吴钢. 全唐文补遗：第三辑 [M]. 西安：三秦出版社，1996：229.

上或指物使之口占,摹咏有如宿构,由是崇冠诸优。"① 唐代史料还记载了右领军卫大将军、正三品官员苏日荣为仗内教坊使,如房次卿《唐故特进行虔王傅扶风县开国伯上柱国兼英武军右厢兵马使苏公(日荣)墓志铭》云:

> 公讳日荣,字德昌,京兆武功人也。……至德初,……拜右领军卫将军。……蛮夷乱华,天子巡陕,率纪纲之仆,为腹心之臣。对扶风县开国子,除右千牛卫大将军。主上龙飞,录功班爵。当监抚之日,有调护之勋。改右武卫大将军,充仗内教坊使。六师无阙,八音克谐。②

教坊副使,据《旧唐书》卷一百七十六载,云朝霞曾任教坊副使。所谓:

> 教坊副使云朝霞善吹笛,新声变律,深惬上旨,自左骁卫将军宣授兼扬府司马,宰臣奏曰:"扬府司马品高,郎官刺史迭处,不可授伶官。"上意欲授之,因宰臣对,亟称朝霞之善。璿闻之,累疏陈论,乃改授润州司马。③

教坊都判官,据《全唐文补遗(第三辑)》载苏繁的《唐故桂管监军使太中大夫行内侍省奚官局令员外置同正员上柱国赐绯鱼袋梁公(元翰)墓志铭(并序)》,梁元翰曾于唐文宗太和六年(832年)担任教坊都判官一职,其文曰:

> 公讳元翰,字安定郡人也。……至元和十一年,恩命缀其时才,转充梨园判官。……至二年九月廿九日,圣上以政德吏用,改充教坊都判官。乐府推能,六律和畅。至三年八月十八日,驾幸本司,以文术精通,宫商不失,特宠赐绯,显其嘉绩。至大和六年八月六日,文宗皇帝间命是资,从教坊判官,除西头著番。④

另外,据《大唐故朝议大夫检校国子祭酒侍御史兼福王府传琼渠二州

---

① 司马光. 资治通鉴[M]. 胡三省, 音注. 北京: 中华书局, 1956: 8063.
② 吴钢. 全唐文补遗: 第一辑[M]. 西安: 三秦出版社, 1994: 232.
③ 刘昫, 等. 旧唐书[M]. 北京: 中华书局, 1975: 4568.
④ 吴钢. 全唐文补遗: 第三辑[M]. 西安: 三秦出版社, 1996: 216.

刺史赐紫金鱼袋雁门郡田府君（章）墓志铭（并序）》载，田章也曾任教坊都判官，其文曰："公讳章，字汉风，雁门郡人也。……早年入仕，解褐授宣州宁国县尉，充教坊使判官。"①

教坊判官低于教坊都判官，但也是乐人想积极争取的官职，对此《唐语林》卷一记载，许小客通过乐工唐崇的关系向唐玄宗求教坊判官，后唐玄宗命教坊使范安及将唐崇"递出五百里外"②。

（6）教坊中的知名乐人。

教坊中的乐人很多，但文献史料中提及姓名者相对较少，可喜的是左汉林曾在《唐教坊乐工考》一文中对唐代乐人有着相对详细的考述③。对此，笔者在左文的基础上，结合《教坊记》中的记载，将有唐一代知名乐舞生产者详列于下。

弄参军艺人：

黄幡绰，地位较高，曾被邀请在宫内点评内伎和两院歌者。根据段安节《乐府杂录》记载，黄幡绰应为弄参军艺人，擅长拍板，开元时期颇负盛名，唐玄宗曾让其造拍板谱。

张野狐，据段安节《乐府杂录》载，与黄幡绰一样，属于弄参军艺人，擅长吹筚篥。张祜《雨霖铃》云："雨霖铃夜却归秦，犹见张徽一曲新。长说上皇和泪教，月明南内更无人。"

祝汉贞，唐宣宗时期教坊乐人，善滑稽俳优之戏。

刘真，唐僖宗时期教坊乐人，善弄参军。

石野猪，唐僖宗时期教坊伶人，善俳优之戏。

散乐百戏艺人：

裴承恩，教坊艺人，据崔令钦《教坊记》载，其善筋斗，其妻亦为教坊中人，善竿木。

赵解愁，唐玄宗时期教坊艺人，善竿木，被称为"长人赵解愁"。张祜《千秋乐》诗云："八月平时花萼楼，万方同乐奏千秋，倾城人看长竿出，一伎初成赵解愁。"

范汉女，教坊竿木艺人。

王大娘，教坊艺人，善戴百尺竿。

---

① 吴钢. 全唐文补遗：第三辑［M］. 西安：三秦出版社，1996：237.
② 王谠. 唐语林［M］. 周勋初，整理. 郑州：大象出版社，2019：28.
③ 左汉林. 唐教坊乐工考［J］. 乐府学，2008（0）：33-42.

石火胡，唐敬宗时期教坊百戏艺人，擅长百尺竿，能在竿上踏浑脱，歌呼抑扬如履平地，其五位养女也均擅长竿技。苏鹗《杜阳杂编》云：

> 妓女石火胡养女五人，才八九岁。火胡立于十重朱画床子上，令诸女迭踏至半，手中皆执五彩小帜。俄而，手足齐举，谓之"踏浑脱"。歌呼抑扬，若履平地。①

歌舞艺人：

裴大娘，裴承恩之妹，善歌。

张四娘，唐玄宗时期教坊乐工，善歌舞，能弄《踏摇娘》。

任氏四女，皆善歌，其中二姑子吐纳凄婉，收敛浑沦；三姑子容止闲和；四姑子发声遒润虚静，似从空中来。

庞三娘，善歌舞和化妆，被称为"卖假金贼"。

颜大娘，善歌舞，眼重、脸深有异于众。

魏二，容色粗美，歌舞甚拙。

许和子，宜春院乐人，美丽聪慧，善歌，能变新声，被认为是继韩娥之后的出色歌者，所谓"喉啭一声，响传九陌"，深受唐玄宗喜爱，称其为"歌值千金"。

唐崇，善歌，后因受贿替人求官被逐出教坊，同时受牵连被逐出教坊的还有许小客。

曹自庆，教坊音声人。

张红红，善歌唱和记曲，原为路衢艺人，后入宜春院。

器乐演奏艺人：

吕元真，据《教坊记》载，为唐玄宗时期教坊乐人，擅长打鼓。演奏时，头上置水碗，曲终而水不倾动，唐玄宗曾邀请其入宫演出。

郑中丞，唐文宗时期教坊乐人，善胡琴、琵琶。

王内人，教坊乐工，善琵琶，李群玉《王内人琵琶引》云："三千宫嫔推第一，敛黛倾鬟艳兰室。"

《教坊记》还记载了其他教坊乐人，如杨家生、王辅国、郑衔山、薛忠、王琰等，但不知道其从事哪类乐舞生产。另外，唐诗中也记载了大量的教坊乐人，如曹纲（琵琶）、曹善才（琵琶）、贺怀智（琵琶）、李凭

---

① 何文焕. 历代诗话［M］. 北京：中华书局，2004：810.

(箜篌)、李龟年（歌工）、念奴（歌工）、何满子（歌工）、真娘（歌工）等。

3. 梨园乐人与乐官

唐代设立梨园作为宫廷培训乐舞人员的专职机构可追溯到唐高祖时期，即唐高祖曾设立梨园新院，隶属太常寺。当然，唐代梨园有多处，根据李西林的分析，在长安太常寺有一处太常梨园别教院，其设立时间在贞观十四年（640年）前后，乐工有上千人。在洛阳太常寺内西北处有一处梨园新院，内有乐人1 500人。在骊山华清宫津阳门内东侧也有一处梨园。早期的梨园隶属太常寺，其主要职责是供奉新曲，如《唐会要》卷三十三载：

> 太常梨园别教院。教法曲乐章等。王昭君乐一章，思归乐一章，倾杯乐一章，破阵乐一章，圣明乐一章，五更乐转一章，玉树后庭花乐一章，泛龙舟乐一章，万岁长生乐一章，饮酒乐一章，斗百草乐一章，云韶乐一章，十二章。①

唐玄宗时期设立的梨园与前代有所不同，司马光《资治通鉴》卷第二百一十一记载：

> 旧制，雅俗之乐，皆隶太常。上精晓音律，以太常礼乐之司，不应典倡优杂伎；乃更置左右教坊以教俗乐，命右骁卫将军范及为之使。又选乐工数百人，自教法曲于梨园，谓之"皇帝梨园弟子"。又教宫女使习之。又选伎女，置宜春院，给赐其家。②

这说明这一时期设立梨园的原因是帝王认为太常寺不宜掌管俗乐，而且唐玄宗"酷爱法曲"。因此，开元二年（714年），唐玄宗挑选乐工数百人，亲自教法曲于梨园，并由此形成了一个特殊的音乐机构。李西林认为梨园乐人主要由三部分组成：一为太常寺中的坐部伎乐人，有三百余人；二为宫女，有数百人之多；三为"小部音声"，有三十来人，亦属梨园弟子，当是其中年幼而技艺高超者。除此之外，还可能有一些民间精于音乐者经过严格选拔加入其中。③

---

① 王溥. 唐会要 [M]. 北京：中华书局，1960：614.
② 司马光. 资治通鉴 [M]. 胡三省，音注. 北京：中华书局，1956：6694.
③ 李西林. 唐代宫廷音乐管理机构制度述考 [J]. 交响（西安音乐学院学报），2012（4）：52-57.

从文献来看，唐代宫廷始终存在着一支童乐队伍，唐太宗时期常常被称为"童子伎"或"小儿乐舞队"，唐玄宗时期被称为"小部音声"。如《新唐书》卷二十二云："帝幸骊山，杨贵妃生日，命小部张乐长生殿，因奏新曲，未有名，会南方进荔枝，因名曰《荔枝香》。"① 所以，唐代诗人张祜《大酺乐》云："小儿一伎竿头绝，天下传呼万岁声。"

唐玄宗是梨园的直接领导者，史载他亲自调教乐工、指挥演奏，对梨园的建设有着巨大的推动作用，因此被后世称为"梨园的祖师爷"。梨园中的乐官主要有梨园教坊使、副使、判官、供奉官、都知、都都知等。

梨园教坊使也称梨园使，据《旧唐书》卷十二载，唐德宗继位之初就下诏"停梨园使及伶官之冗食者三百人，留者皆隶太常"②。说明此职位在这之前便存在，但是否由教坊使兼任，目前没有发现可靠证据。

梨园判官，《全唐文补遗（第三辑）》中曾记载教坊都判官梁元翰在唐宪宗元和十一年（816年）转任梨园判官。

梨园供奉官，《新唐书》卷二十二载："代宗繇广平王复二京，梨园供奉官刘日进制《宝应长宁乐》十八曲以献，皆宫调也。"③ 由此可见，梨园供奉官也是梨园乐官之一。

梨园都知，据宋代钱易《南部新书》记载，乐人米嘉荣曾任都知，其云："有米都知者，伶人也。善骚雅，有道之士。……梁补阙亦赠其诗云：'供奉三朝四十年，圣时流落发衰残。贪将乐府歌明代，不把清吟换好官。'"④《太平广记》记载："元和中，国乐有米嘉荣、何戡。……刘尚书禹锡与米嘉荣诗云：'三朝供奉米嘉荣，能变新声作旧声。于今后辈轻前辈，好染髭须事后生。'"⑤ 显然，米都知实为梨园乐官，只是落籍在教坊。

梨园都都知，据《南部新书》载，乐官李可及就担任过都都知一职，其文曰：

咸通中，俳优恃恩，咸为都知。一日乐喧哗，上召都知止之，三十人并进。上曰："止召都知，何为毕至？"梨园使奏曰："三十人皆都

---

① 欧阳修，宋祁. 新唐书［M］. 北京：中华书局，1975：476.
② 刘昫，等. 旧唐书［M］. 北京：中华书局，1975：320.
③ 欧阳修，宋祁. 新唐书［M］. 北京：中华书局，1975：477.
④ 钱易. 南部新书［M］. 黄寿成，点校. 北京：中华书局，2002：176.
⑤ 李昉，等. 太平广记［M］. 北京：中华书局，1961：1551.

知。"乃命李可及为都都知。①

梨园自唐玄宗开元二年（714年）到唐文宗开成三年（838年）一直存在，唐文宗开成三年，梨园被改为仙韶院，对此，《旧唐书》有明确记载，开成三年夏四月乙酉，"改《法曲》为《仙韶曲》，仍以伶官所处为仙韶院"②。作为音乐机构，其职官一直延续。据《旧唐书》卷十八上载："仇士良收捕仙韶院副使尉迟璋杀之，屠其家。"③ 这说明改为仙韶院后，也存在对应的仙韶院使和副使。

4. 宣徽院乐人与乐官

宣徽院是中唐时期设立的宫廷音乐机构，主要执掌内廷供奉事宜，设有"宣徽使"一职，由宦官担任。如《唐语林》卷五载："上使宣徽使就教坊与乐官参议数日。"④ 根据《旧唐书》卷十七下载"宣徽院法曲乐官放归"⑤ 来看，当时宣徽院有可能设有专职的法曲乐官，或者是与梨园有一定关系。也有学者认为中唐时期在上都广化里、太平里设置的"乐官院"是宣徽院的别称。⑥

自唐德宗贞元年间至唐宪宗元和八年（813年），宣徽院的乐人的待遇比较丰厚。《唐会要》卷三十四载：

> 诏除借宣徽院乐人官宅制。自贞元以来，选乐工三十余人，出入禁中。宣徽院长出入供奉，皆假以官第，每奏伎乐称旨，辄厚赐之。及上即位，令分番上下，更无他锡，至是收所借。⑦

5. 后宫乐人与乐官

相对于朝官体系的音乐机构和乐人，隋唐后宫也设立了专门的音乐机构和乐人队伍，这首先得益于隋代对北魏后宫制度的继承，并正式确定了后宫"六尚、六司、六典"的基本定制。对此，《隋书》卷三十六载：

---

① 钱易. 南部新书 [M]. 黄寿成，点校. 北京：中华书局，2002：34-35.
② 刘昫，等. 旧唐书 [M]. 北京：中华书局，1975：573.
③ 刘昫，等. 旧唐书 [M]. 北京：中华书局，1975：584.
④ 王谠. 唐语林 [M]. 周勋初，整理. 郑州：大象出版社，2019：186.
⑤ 刘昫，等. 旧唐书 [M]. 北京：中华书局，1975：568.
⑥ 修海林. 隋唐宫廷音乐机构中的音乐教育活动 [J]. 音乐艺术，1997（1）：41-47.
⑦ 王溥. 唐会要 [M]. 北京：中华书局，1955：630.

> 开皇二年，著内官之式，略依《周礼》，……又采汉、晋旧仪，置六尚、六司、六典，递相统摄，以掌宫掖之政。一曰尚宫，掌导引皇后及闺阁廪赐。……二曰尚仪，掌礼仪教学。管司乐三人，掌音律之事；典赞三人，掌导引内外命妇朝见。三曰尚服，掌服章宝藏。……四曰尚食，掌进膳先尝。……五曰尚寝，掌帏帐床褥。……六曰尚工，掌营造百役。……六尚各三员，视从九品，六司视勋品，六典视流外二品。①

隋炀帝时又增置女官，准尚书省，以六局管二十四司。六局是尚宫局、尚仪局、尚服局、尚食局、尚寝局、尚工局。其中"尚仪局，管司籍，掌经史教学，纸笔几案；司乐，掌音律；司宾，掌宾客；司赞，掌礼仪赞相导引。……六尚二十二司，员各二人，唯司乐、司膳员各四人。每司又置典及掌，以贰其职。六尚十人，品从第五；司二十八人，品从第六；典二十八人，品从第七；掌二十八人，品从第九。女使流外，量局闲剧，多者十人已下，无定员数"②。

显然，在隋代后宫"六尚、六司、六典"的建制中，存在着固定的音乐管理机构，即"司乐—典乐—掌乐—女史"四级管理体系，其上级管理机构是尚仪局。这一固定体制形成于隋文帝开皇二年（582年），隋炀帝又进一步完善，明确了"司、典、掌、史"的垂直管理机制和不同品级的职官人员规模，并大幅提高了"司乐"的品级，即从第十品（视勋品）提高至第六品，这也充分说明隋文帝、隋炀帝对后宫建制的重视。

唐代在沿袭隋代后宫"六尚、六司、六典"之制的同时，也严格继承了"司乐—典乐—掌乐—女史"的管理体系，其人员配备也基本一致。如《旧唐书》卷四十四载：

> 尚仪二人（正五品），司簿二人（正六品），典薄二人（正七品），掌籍二人（正八品），女史十人。司乐四人（正六品），典乐四人（正七品），掌乐二人（正八品），女史二人。……尚仪之职，掌礼仪起居，总司籍、司乐、司宾、司赞四司之官属。司籍掌四部经籍、笔札几案。

---

① 魏徵. 隋书［M］//中华书局编辑部. "二十四史"（简体字本）. 北京：中华书局，2000：738.

② 魏徵. 隋书［M］//中华书局编辑部. "二十四史"（简体字本）. 北京：中华书局，2000：738-739.

司乐掌率乐人习乐，陈悬、拊击、进退。司宾掌宾客朝见、宴会赏赐。司赞掌朝见宴会赞相。①

《新唐书》卷四十七明确将其称为"宫官"，并补充云："司乐、典乐、掌乐，各四人，掌宫县及诸乐陈布之仪，泣其阅习（有女史二人）。"②

唐代还有"内外命妇"之称，如《通典》卷三十四记载唐代后宫设置"内命妇"，并解释云："皇帝妃嫔及太子良娣以下为内命妇，公主及王妃以下为外命妇。今内命妇具《职员令》中。其制大约皆出于汉魏，不复重叙。"③

实际上"内外命妇"的称谓由来已早，据《文献通考》卷二百五十三载，西周官制中已经出现，其云：

《周官》，内宰以阴礼教六宫，……凡丧事，佐后使治外、内命妇，正其服位。④

显然，"内外命妇"与"宫人女官"一样，都是世代沿袭的后宫内官之一。

6. 四夷乐人

隋唐时期，无论是宫廷还是社会，四夷乐舞极为繁盛，其乐人也充斥在各个领域。这首先表现在隋文帝开皇初年（581 年）制定七部乐，在宴飨中进行"分部奉曲"式呈现。七部乐是《国伎》《清商伎》《高丽伎》《天竺伎》《安国伎》《龟兹伎》《文康伎》（《礼毕伎》），至隋大业中期，又增加《康国伎》《疏勒伎》，形成九部。唐太宗在贞观十一年（637 年）取消了《礼毕伎》，贞观十四年（640 年）将《燕乐伎》放在第一部，贞观十七年（643 年）增加《高昌伎》。从内容来看，从隋至唐，在国之宴飨中演奏的燕乐，其中《高丽伎》《天竺伎》《安国伎》《龟兹伎》《康国伎》《疏勒伎》《高昌伎》都是四夷之乐，而隋唐要在宫廷不同场合"分部奉曲"，必然在宫廷蓄养了相当规模的四夷乐人。

当然，这些并非隋唐宫廷四夷乐人的全部，还有很多其他邦国乐人，如《旧唐书》卷十一载唐代宗大历十二年（777 年），"渤海使献日本国舞

---

① 刘昫，等. 旧唐书 [M]. 北京：中华书局，1975：1867–1868.
② 欧阳修，宋祁. 新唐书 [M]. 北京：中华书局，1975：1227.
③ 杜佑. 通典 [M]. 王文锦，等，点校. 北京：中华书局，1988：949.
④ 马端临. 文献通考 [M]. 北京：中华书局，2011：6820–6821.

女十一人"①。《旧唐书》卷十三载，唐德宗贞元十六年（800年），南诏国献《奉圣舞曲》，② 这说明宫廷必然也存在南诏乐人。贞元十八年（802年），骠国国王派大使悉利移朝贡唐德宗，并贡献骠国国乐十二曲与乐工三十五人。③《唐会要》卷三十三条也记载了高丽、百济等四夷乐在宫廷演出的情况：

> 高丽、百济乐，宋朝初得之。至后魏太武灭北燕，亦得之，而未具。周武灭齐，威振海外，二国各献其乐。周人列于乐部，谓之"国伎"。隋文平陈，及文康礼曲，俱得之百济。贞观中灭二国，尽得其乐。至天后时，高丽乐犹二十五曲。贞元末，唯能习一曲，衣服亦渐失其本风矣。其百济至中宗时，工人死散。开元中，岐王范为太常卿，复奏置焉。④

《玉海》卷一零五引刘贶的《太乐令璧记》更是明确记载了隋唐宫廷四夷乐舞生产的全面性和多样性，其文曰：

> 中卷正乐（雅乐六、立部伎七、坐部伎八、清乐九、西凉乐十）
> 下卷四夷乐（东夷十一、南蛮十二、西戎十三、北狄十四、散乐十五、乐量十六、陈议十七、兴废十八）⑤

文献也记载了隋唐时期隶属宫廷音乐机构的胡人乐工，唐太宗时期著名的胡乐人有裴神符、曹妙达、安马驹、安进贵、王长通、白明达等，唐高宗时期有安叱奴，唐玄宗时期有安金藏、裴承恩、裴大娘、范大娘、何满子、悖拏儿、米嘉荣等，唐肃宗时期有阿不思，唐穆宗时期有曹保保、曹善才、曹纲等，唐僖宗时期有石野猪、骆元光。

隋唐时期从宫廷到各级政府从事非商业性乐舞生产的乐人数量极为庞大，仅在册的太常寺乐人就有2万~3万人之巨，再加上教坊、梨园以及隶属各级政府的乐户，总量大概有几万人。如此众多的乐人源自何处？从目前的文献来看，隋唐宫廷乐人主要有以下几种来源。

---

① 刘昫，等．旧唐书［M］．北京：中华书局，1975：310.
② 刘昫，等．旧唐书［M］．北京：中华书局，1975：392.
③ 刘昫，等．旧唐书［M］．北京：中华书局，1975：396.
④ 王溥．唐会要［M］．北京：中华书局，1960：619.
⑤ 王应麟．玉海［M］．江苏：江苏古籍出版社，1987：1921.

第一，前朝的乐户。由于帝王享乐的需要，隋朝曾多次扩充乐户，乐人数量最多时达三万多人。而乐人的来源则是"以所征周、齐、梁、陈散乐悉配太常，皆置博士弟子以相传授"①。隋唐继代，唐朝除了在政治制度上继承了隋朝的体系外，还继承和接收了隋朝宫廷内庞大的乐工队伍。因此，前朝乐工（乐户）是隋唐宫廷乐人的第一大源头。

第二，犯罪配没的乐户。隋唐继承了北魏时期的乐籍制度，强调官员犯罪后，其妻女配为乐户，并经过层层选拔推荐入选宫廷乐人队伍，所谓"男年十三已上，在外州者十五已上，容貌端正，送太乐；十六已上，送鼓吹及少府教习"②。

第三，四夷邦国进贡乐人。隋唐时期中原与四夷邦国交流频繁，隋一统天下之后，不断有四夷邦国来朝圣。尤其是唐代鼎盛时期，更是出现了八方朝贺的局面，对此，唐代诗人王维《和贾舍人早朝大明宫之作》曰："九天阊阖开宫殿，万国衣冠拜冕旒。"在此背景之下，为了迎合帝王对四夷乐人的娱乐需求并实现自身的政治诉求，四夷邦国开始频繁地向唐帝王进贡乐人、乐曲、乐舞、乐器，以彰显其臣服之心。

第四，地方州府进贡的乐人。唐朝地方州县的官员为了讨好皇帝，不时进贡乐舞和乐人，表现最为突出的是江南地域。根据文献记载，隋唐建国之后，江南地域不断向朝廷进贡乐人。《唐会要》卷三十三载：武后大足元年（701年），同州刺史苏瑰向武后进《圣主还京音乐》，被"赐以束帛"，音乐则被"编于乐府"。③ 唐文宗即位时敕："凤翔、淮南先进女乐二十四人，并放归本道。"④ 韦皋"进奉圣乐曲，兼与舞人曲谱同进。到京，于留邸按阅，教坊熟人潜窥，因得先进"⑤。苏鹗《杜阳杂编》曾记载浙东国乐人飞鸾、轻凤二人善歌舞，唐敬宗宝历二年（826年）入宫廷。

当然，唐代也出现了很多地方进献乐人而被宫廷拒收的现象，如唐宪宗元和元年（806年），"韩全义子进女乐八人"，但被宪宗勒令诏还。⑥ 十四年（819年），"韩弘进助平淄青绢二十万匹，女乐十人"⑦，最终二十万

---

① 司马光. 资治通鉴［M］. 胡三省，音注. 北京：中华书局，1956：5650.
② 李林甫，等. 唐六典［M］. 陈仲夫，点校. 北京：中华书局，1992：193.
③ 王溥. 唐会要［M］. 北京：中华书局，1960：615.
④ 刘昫，等. 旧唐书［M］. 北京：中华书局，1975：523.
⑤ 李昉，等. 太平广记［M］. 北京：中华书局，1961：1545.
⑥ 刘昫，等. 旧唐书［M］. 北京：中华书局，1975：418.
⑦ 刘昫，等. 旧唐书［M］. 北京：中华书局，1975：468.

匹绢被留下，女乐却被退还回去。唐僖宗光启三年（887年）曾专门下诏曰："自此，诸道更不用进声乐及女弟子。"① 这说明地方官署向宫廷进贡乐人在唐代是一种普遍现象。

第五，平民被选入宫者。隋唐宫廷音乐机构中有乐人本是平民，凭借容色被选入宫。《教坊记》记载："平人女以容色选入内者，教习琵琶、三弦、箜篌、筝者，谓'挡弹家'。"②《新唐书》载："教坊使称密诏阅良家子及别宅妇人内禁中，京师嚣然。"③ 说明教坊使遵循帝王密诏，在社会上挑选乐人进宫。

隋唐时期帝王非常重视江南乐舞，隋朝时《清商乐》被称为《清乐》，作为国家乐舞七部伎中的首部。唐朝依然强调《清商乐》的重要性和正统地位，将其作为九、十部伎中仅次于《国伎》的一部乐舞。武太后时，江南乐舞在宫廷已经渐趋消亡，所以，政府不得不重新去江南招募乐人，如《旧唐书》卷二十九载"《明君》尚能四十言，今所传二十六言，就之讹失，与吴音转远"。当时的太乐令刘贶就建议重新招募江南乐人加以恢复，云"以为宜取吴人使之传习"④。

（二）隶属地方州府的在籍乐人

《唐律疏议》卷三记载，隋义宁以来，有些隶属宫廷的太常音声人也被划归为地方州府。⑤ 当然，这种宫廷乐人归属地方的现象与当时的社会状况有关，抑或说是历史原因造就的。义宁年间是隋唐政权更替的时期，前朝宫廷乐人因新旧政权的更迭而四散逃逸，在地方州县安家落户。初唐帝王并没有把这些四散的乐人收回宫廷，而是默认了这一现象，并在武德四年（621年）下令赦免前朝的乐户，改籍为民，只是强调他们可以继续为各级政府服务、应差。⑥

随着乐籍制度的完善，唐代地方政府也存在所谓的"地方教坊"，管辖着大量的州府在籍乐人。据《明皇杂录》和《新唐书》记载，陕尉崔成甫带"倡人数百"，"河内郡守令乐工数百人"。唐玄宗在洛阳时，还曾诏令

---

① 宋敏求. 唐大诏令集 [M]. 北京：中华书局，2008：494.
② 崔令钦. 教坊记 [M]. 吴企明，点校. 北京：中华书局，2012：12.
③ 欧阳修，宋祁. 新唐书 [M]. 北京：中华书局，1975：4842.
④ 刘昫，等. 旧唐书 [M]. 北京：中华书局，1975：1068.
⑤ 长孙无忌，等. 唐律疏议 [M]. 北京：中华书局，1983：74.
⑥ 长孙无忌，等. 唐律疏议 [M]. 北京：中华书局，1983：57.

"三百里内县令、刺史率其声乐来赴阙",这说明唐代地方州府存在乐人是一种定制。当然,隋唐文献常常以"府县散乐"来指代这一现象,如《旧唐书》卷二十八载:"每初年望夜,又御勤政楼,观灯作乐,……太常乐府县散乐毕,即遣宫女于楼前缚架出眺歌舞以娱之。"①《唐会要》卷三十三亦载:"贞观二十三年十二月,诏诸州散乐,太常上者,留二百人,余并放还。"②

唐代在地方州府保持大量的乐人队伍,是有着客观需求的,所谓"诸道方镇,下至州县军镇,皆置音乐,以为欢娱。岂惟夸盛军戎,实因接待宾旅"③。根据郭威《地方官属音乐机构三题》一文考证,唐代也将"乐营"作为地方官署音乐机构及相关内容的常见称谓,地方官署乐人也常被称为"乐营子女""营妓"等。④如《云溪友议》载:"乐营子女席上戏宾客,量情三木,乃书牓子示诸妓云,岭南掌书记张保胤:'绿罗裙上标三棒,红粉腮边泪两行。叉手向前咨大使,遮回不敢恼儿郎。'"⑤

按照唐朝制度,乐人和音声人都须接受音乐教习,并且"核其名数而分番上下"。至于如何上番,《唐六典》卷第六载:

> 番户一年三番,杂户二年五番,番皆一月。十六已上当番请纳资者,亦听之。其官奴婢长役无番也。⑥

《唐六典》卷第十四也进一步明确了短番、长番及州内、关外乐人上番的规定:

> 短番散乐一千人,诸州有定额。长上散乐一百人,太常自访召。关外诸州者分为六番,关内五番,京兆府四番,并一月上;一千五百里外,两番并上。六番者,上日教至申时;四番者,上日教至午时。⑦

当然,也有地方乐人因故而推辞入宫应差的,如《乐府杂录》记载:"太和中,有季齐皋者,亦为上手,曾为某门中乐史。后有女亦善此伎,为

---

① 刘昫,等. 旧唐书 [M]. 北京:中华书局,1975:1052.
② 王溥. 唐会要 [M]. 北京:中华书局,1960:612.
③ 王溥. 唐会要 [M]. 北京:中华书局,1960:631.
④ 郭威. 地方官属音乐机构三题 [J]. 中国音乐,2012(3):57-65.
⑤ 范摅. 云溪友议校笺 [M]. 唐雯,校笺. 北京:中华书局,2017:193.
⑥ 李林甫,等. 唐六典 [M]. 陈仲夫,点校. 北京:中华书局,1992:193.
⑦ 李林甫,等. 唐六典 [M]. 陈仲夫,点校. 北京:中华书局,1992:406.

先徐相姬。大中末，齐皋尚在，有内官拟引入教坊，辞以衰老，乃止。"①

除了为地方州府上番应差的在籍乐人外，东京洛阳、西京长安，以及繁华的江南城市中也都涌现了大量的专职乐舞生产者，他们以各种各样的技能从事非商业性的乐舞生产。诗人张祜曾在《观杭州柘枝》中描述了在杭州城内看到的官伎们进行乐舞表演的精彩场面：

> 舞停歌罢鼓连催，软骨仙蛾暂起来。
> 红罨画衫缠腕出，碧排方胯背腰来。
> 旁收拍拍金铃摆，却踏声声锦䄢摧。
> 看著遍头香袖褶，粉屏香帕又重隈。

白居易《看常州柘枝赠贾使君》一诗描绘了在常州看到的《柘枝舞》情景：

> 莫惜新衣舞柘枝，也从尘污汗沾垂。
> 料君即却归朝去，不见银泥衫故时。

《唐语林》记载了唐穆宗长庆年间（821—824 年）杭州官伎商玲珑、谢好好二人善歌舞，以至时任杭州刺史的白居易和远居越州的元稹常常与其诗酒歌舞。

这些城市中闪现的歌伎们是江南文士酒宴上的重要乐舞生产者。若是节日时刻，城市歌伎的乐舞生产更是频繁，如白居易在《九日宴集醉题郡楼兼呈周殷二判官》诗中就详细描绘了在苏州欢度重阳节时的宴飨歌舞场景：

> 江南九月未摇落，柳青蒲绿稻穟香。
> 姑苏台榭倚苍霭，太湖山水含清光。
> 可怜假日好天色，公门吏静风景凉。
> 榜舟鞭马取宾客，扫楼拂席排壶觞。
> 胡琴铮鈬指拨刺，吴娃美丽眉眼长。
> 笙歌一曲思凝绝，金钿再拜光低昂。
> 日脚欲落备灯烛，风头渐高加酒浆。
> 觥盏艳翻菡萏叶，舞鬟摆落茱萸房。

---

① 段安节. 乐府杂录 [M]. 吴企明，点校. 北京：中华书局，2012：134.

（三）私家蓄伎

六朝时期是私家乐伎时代，社会乐舞生产的主力是士族及商贾们所蓄的私家乐人，进入隋唐时期，由于封建帝王对于世家大族的种种限制以及中央集权的加强，传统的世家大族渐趋消亡，遗存的士族和商贾私家所蓄乐伎在规模上急剧缩小，而且朝廷明确规定五品以上官员才允许有女乐，人数不超过三人，不得有钟磬。然而，这种政令并没有得到真正的贯彻，因其难以控制官员们对私家乐舞的欲望。至唐玄宗时干脆取消了有关的限定，"并听当家畜丝竹，以展欢娱"。因之"行乐盛时，覃及中外"，私家妓乐得以重新兴盛，一般中下层官吏和富有的文士都广蓄声伎，纵情享乐。所以，这一时期私家所蓄乐伎规模上虽难以比肩魏晋南北朝，却依然是社会乐舞生产的重要力量之一。

从文献来看，隋唐时期的文人大多蓄有乐伎。如大诗人白居易任杭州、苏州刺史时，均有官私乐伎供其府中享用。不仅如此，白居易更喜欢携所蓄私家歌伎四处游走，正如他在《醉吟先生传》中所写：

> 每良辰美景，或雪朝月夕，好事者相过，必为之先拂酒罍，次开诗箧。酒既酣，乃自援琴，操宫声，弄《秋思》一遍。若兴发，命家僮调法部丝竹，合奏《霓裳羽衣》一曲。若欢甚，又命小妓歌《杨柳枝》新词十数章。①

开成四年（839年）十月，白居易突患风痹之疾，无法喝酒写诗，不得已只好丢弃歌伎，卖掉马匹，并写诗劝慰世人道："莫养瘦马驹，莫教小妓女。"一诗不足以充分表达他的情感，白居易又写了《不能忘情吟（并序）》来表达对所蓄伎乐人员的难舍之情：

> 妓有樊素者，年二十余，绰绰有歌舞态，善唱《杨枝》，人多以曲名名之，由是名闻洛下。籍在经费中，将放之。……噫！予非圣达，不能忘情，又不至于不及情者。事来撬情，情动不可枢……②

做了高官的文人更是家伎成群，如白居易《题周皓大夫新亭子二十二韵》自注便说："周兼光禄卿，有家妓数十人。"韩维《又和杨之美家琵琶

---

① 白居易．白居易集［M］．顾学颉，校点．北京：中华书局，1979：1485．
② 白居易．白居易集［M］．顾学颉，校点．北京：中华书局，1979：1501．

妓》则道出了文人蓄伎的原因是"官卑俸薄不自结,买童教乐收图书。客来呼童理弦索,满面狼藉施铅朱。樽前一听啄木奏,能使四坐改观为欢娱"①。

大诗人韩愈虽以"道统"自居,又号超脱,但与白居易一样,也不能免俗,以蓄伎为乐,为声色所累。据《唐语林》卷六记载,韩愈有二妾,一曰绛桃,一曰柳枝,"皆能歌舞"。柳枝后来逾墙逃走,被韩愈家人追回。韩愈作诗称:"别来杨柳街头树,摆弄春风只欲飞。还有小园桃李在,留花不放待郎归。"从此专宠绛桃。② 后韩愈病重,张籍前去探视,韩愈则命伎乐舞娱乐,"乃出二侍女,合弹琵琶筝。临风听繁丝,忽遽闻再更"(张籍《祭退之》)。

携伎出游是唐代文人生活的一大风尚,许多文人常以东晋"每游东山常以妓女自随"的谢安自比,如李白在《出妓金陵子呈卢六四首(其四)》中道出自己有私家乐伎:"小妓金陵歌楚声,家僮丹砂学凤鸣。"

关于携伎出游的盛景,李白写了大量的诗篇,如《携妓登梁王栖霞山孟氏桃园中》云:

> 碧草已满地,柳与梅争春。
> 谢公自有东山妓,金屏笑坐如花人。
> 今日非昨日,明日还复来。
> 白发对绿酒,强歌心已摧。
> 君不见梁王池上月,昔照梁王樽酒中。
> 梁王已去明月在,黄鹂愁醉啼春风。
> 分明感激眼前事,莫惜醉卧桃园东。

他早年游江夏时写的《江上吟》也有对携伎出游情景的描绘:

> 木兰之枻沙棠舟,玉箫金管坐两头。
> 美酒尊中置千斛,载妓随波任去留。
> 仙人有待乘黄鹤,海客无心随白鸥。
> 屈平辞赋悬日月,楚王台榭空山丘。
> 兴酣落笔摇五岳,诗成笑傲凌沧洲。

---

① 吴之振,等. 宋诗钞[M]. 管庭芬,蒋光煦,补. 北京:中华书局,1986:545.
② 王谠. 唐语林[M]. 周勋初,整理. 郑州:大象出版社,2019:230-231.

晚年则依然如此,"间携昭阳、金陵之妓,迹类谢康乐,世号为李东山。骏马美妾,所适二千石郊迎,饮数斗,醉则奴丹砂抚青海波"①。《东山吟》就是其生活写照:

> 携妓东土山,怅然悲谢安。
> 我妓今朝如花月,他妓古坟荒草寒。
> 白鸡梦后三百岁,洒酒浇君同所欢。
> 酣来自作青海舞,秋风吹落紫绮冠。
> 彼亦一时,此亦一时,浩浩洪流之咏何必奇。

(四)帝王、官员与文人

隋唐时期的帝王、官员与文人具有较高的音乐素养,歌舞技能是他们的标配。因此,这一群体也是重要的乐舞生产者。

《新唐书》卷二十一载,唐太宗曾创作一部作品,吕才被之管弦,名曰《功成庆善乐》,这也是与《神功破阵乐》《上元乐》齐名的唐代三大乐舞之一。表演时"以童儿六十四人,冠进德冠,紫裤褶,长袖,漆髻,屣履而舞"②。

唐高宗也擅长音乐,据《乐府诗集》载,"高宗晓声律,闻风叶鸟声,皆蹈以应节"。所以,唐高宗多次亲自参与宫廷雅乐修订工作,并创作了《上元舞》。《新唐书》卷二十一载:"《上元舞》者,高宗所作也。舞者百八十人,衣画云五色衣,以象元气。其乐有《上元》《二仪》《三才》《四时》《五行》《六律》《七政》《八风》《九宫》《十洲》《得一》《庆云》之曲,大祠享皆用之。"③

武则天也先后创作了五组郊庙歌辞:《则天大圣皇后大享昊天乐章十二首》《则天大圣皇后享明堂乐章十二首》《则天皇后永昌元年大享拜洛乐章十五首》《则天皇后享清庙乐章十首》《则天大圣皇后崇先庙乐章一首》。《全唐诗》收录了武则天创作的雅乐《曳鼎歌》,词曰:"羲农首出,轩昊膺期。唐虞继踵,汤禹乘时。天下光宅,海内雍熙。上玄降鉴,方建隆基。"创作雅乐舞《神宫大乐》用于郊庙、宴飨,《旧唐书》卷二十八载:"长寿二年正月,则天亲享万象神宫。先是,上自制《神宫大乐》,舞用九百人,

---

① 董诰,等. 全唐文[M]. 北京:中华书局,1983:3798.
② 欧阳修,宋祁. 新唐书[M]. 北京:中华书局,1975:468.
③ 欧阳修,宋祁. 新唐书[M]. 北京:中华书局,1975:468.

至是舞于神宫之庭。"①

从文献来看，隋唐时期参与音乐生产的帝王很多，其中最具代表性的是唐玄宗李隆基。据说，唐玄宗6岁时就可以表演舞蹈《长命女》，曾创作著名的法曲《霓裳羽衣曲》，以及《圣寿乐》《倾杯乐》《破阵乐》《文城曲》《光圣乐》《龙池乐》等。曾创立梨园，置乐人亲自教习。正如《旧唐书》卷二十八载："玄宗又于听政之暇，教太常乐工子弟三百人为丝竹之戏，音响齐发，有一声误，玄宗必觉而正之。"②《太平广记》卷第二百五记载："唐玄宗洞晓音律，由之天纵，凡是管弦，必造其妙。若制作调曲，随意即成，不立章度，取适短长，应指散声，皆中点指。至于清浊变转，律吕呼召，君臣事物，迭相制使，虽古之夔旷，不能过也。"还说他"尤爱羯鼓"。③曾创作《春光好》《秋风高》《太簇曲》《色俱腾》《乞婆娑》等九十二曲。

唐代擅长羯鼓的臣僚也很多。《太平广记》卷第二百五记载，汝阳王李琎常戴砑帽打曲，因为"妙达其旨"且精通羯鼓而深受唐玄宗喜爱。有一次唐玄宗摘红槿花一朵，置于李琎帽上笪处，"二物皆极滑，久之方安，遂奏舞山香一曲，而花不坠"④，足见其音乐水平之高超。

另外唐代著名宰相宋璟"亦深好声乐，尤善羯鼓"，其孙宋沇"有音律之学"，曾撰乐书三卷。还有荆南节度使王皋、前双流县县丞李琬、代宗朝宰相杜鸿建、洛阳令南卓等。唐高祖时，其第十二女淮南大长公主李澄霞（621—689年），自幼在宫中生活，五岁时，"遂弹得《达摩□》《无秋》等曲。……又七月十四日，宫内欲迎佛盆。十三日敕令长通入内，教公主□□佛曲。十四日，迎佛盆处公主即弹，大蒙赏异，特赐紫檀槽金钿琵琶一并锦彩等"⑤。

文人倡导琴棋书画，琴在文人艺术素养中位列第一。事实也是如此，唐代诗人对琴乐有着特殊的爱好和兴趣，尤其是粗犷豪放、长河落日、大漠孤烟的塞北风情，以及桃红柳绿、莺歌燕舞、湖光山色的江南盛景，更加促进了诗人的琴乐情怀。《全唐诗》记载了诸多善弹琴、吹笛的诗人，如

---

① 刘昫，等. 旧唐书 [M]. 北京：中华书局，1975：1050.
② 刘昫，等. 旧唐书 [M]. 北京：中华书局，1975：1051.
③ 李昉，等. 太平广记 [M]. 北京：中华书局，1961：1559.
④ 李昉，等. 太平广记 [M]. 北京：中华书局，1961：1560.
⑤ 刘兰芳，刘秉阳. 富平碑刻 [M]. 西安：三秦出版社，2013：131.

王维、李白、顾况、温庭筠、白居易、元稹、韩愈、杜山人、姜宣、董庭兰等。很多诗人也纷纷以演奏乐器、聆听乐器为题作诗，如戎昱有诗《听杜山人弹胡笳》，李颀有《听董大弹胡笳声兼语弄寄房给事》等。大诗人白居易在杭州、苏州任职期间，"每良辰美景，或雪朝月夕，……乃自援琴，操宫声，弄《秋思》一遍"。王维常常是"独坐幽篁里，弹琴复长啸"（《竹里馆》），"松风吹解带，山月照弹琴"（《酬张少府》）。贞元年间（785—805年）大诗人陈存的日常生活也是"暂入新丰市，犹闻旧酒香。抱琴沽一醉，尽日卧垂杨"（《丹阳作》）。

除了古琴奏乐之外，很多文人、官员到处游走，良辰美景，对酒当歌。如李白在南京时，常常"酒来笑复歌，兴酣乐事多"（《金陵江上遇蓬池隐者》），"朝沽金陵酒，歌吹孙楚楼"（《玩月金陵城西孙楚酒楼达曙歌吹日晚乘醉著紫绮裘乌纱巾与酒客数人棹歌秦淮往石头访崔四侍御》），"清歌弦古曲，美酒沽新丰"（《效古二首（其一）》）。

友人相聚更是宴饮欢歌，如宝历二年（826年）刘禹锡与白居易两人相约在扬州相聚，酒宴之上白居易说"为我引杯添酒饮，与君把箸击盘歌"（《醉赠刘二十八使君》），刘禹锡则说"今日听君歌一曲，暂凭杯酒长精神"（《酬乐天扬州初逢席上见赠》）。

除了清歌长啸，文士们在酒的催化下还手舞足蹈、载歌载舞，所谓"柳枝谩踏试双袖，桑落初香尝一杯。金屑醅浓吴米酿，银泥衫稳越娃裁。舞时已觉愁眉展，醉后仍教笑口开"（《刘苏州寄酿酒糯米李浙东寄杨柳枝舞衫偶因尝酒试衫辄成长句寄谢之》），就是乐舞生产的生动写照。

（五）僧尼、巫觋等从事宗教活动者

隋唐时期宗教盛行，佛寺林立，教派众多，有净土宗、三论宗、三阶宗、天台宗、华严宗、法相宗、禅宗、密宗等。为了传播教义，各个佛寺十分重视宗教音乐的作用，如唐贞元时期，著名僧人少康为了能够将佛经教义传播到普通民众中，让民众听得懂，于是借鉴民间喜闻乐唱的曲调来唱述偈赞，并在民间音乐基础上创作出新的佛曲，广受欢迎。赞宁在《宋高僧传》卷第二五中曾评价其曰："康所述偈赞，皆附会郑卫之声，变体而作，非哀非乐，不怨不怒，得处中曲韵。譬犹善医以饧蜜涂逆口之药，诱婴儿之入口耳。"[1]

---

[1] 赞宁. 宋高僧传［M］. 北京：中华书局，1987：632.

禅宗的道吾和尚亲自在厅堂之中传授乐舞技艺，所谓"凡上堂示徒，戴莲花笠，披襴执简，击鼓吹笛，口称'鲁三郎'。有时云：'打动关南鼓，唱起德山歌。'"①《景德传灯录》记载晚唐时期杭州龙华寺真觉大师灵照在讲经过程中，曾下座作舞，并问众僧是否会踏曲子、跳舞、唱歌等音乐技艺。② 此类案例多不胜数，足见隋唐时期寺院僧人对宗教活动中乐舞生产的重视。

也正因如此，这一时期涌现了一大批著名的僧人乐师，如都城长安庄严寺僧人段善本，精于琵琶，名扬天下，被誉为"唐代琵琶第一艺"，曾是宫廷乐人"琵琶第一手"康昆仑的老师，培养了李管儿等数十名琵琶弟子。唐德宗贞元年间，段善本在长安东西市天门街祈雨活动中，化妆成女郎与康昆仑比试《绿腰》乐曲，最终以高超的琵琶技艺获胜并受到唐德宗的召见与嘉奖。

寺院中还有一些琴技高超的僧侣，如韩愈《听颖师弹琴》、李贺《听颖师弹琴歌》二诗中都曾赞颂过的唐宪宗元和年间（806—820 年）以弹琴著名的颖师，就是一位从天竺来到长安的僧人；李白曾写诗高度评价以琴乐著称的蜀僧浚；还有善于表演说唱、其音调为教坊艺人模仿的僧人文溆等。唐代道宣的《续高僧传》和宋代赞宁的《宋高僧传》也记录了部分佛教音乐家的事迹。

为了进一步强化寺院中的乐舞生产，不少寺庙开始培养、组建音声（蓄养歌伎），形成"种种音乐，尽来供养"③ 的局面。如大孚灵鹫寺有"乐音一部，工技百人，箫笛箜篌，琵琶筝瑟，吹螺振鼓，百戏喧阗，舞袖云飞，歌梁尘起"④。佛寺中的音乐也有由僧人表演的，他们是以奏乐歌舞为业的僧众，如道宣《续高僧传》卷三九载："寺足净人，无可役者，乃选取二十头令学鼓舞，每至节日，设乐像前，四远同观，以为欣庆。……声伎之最，高于俗里。"⑤

隋唐时期政府也积极参与寺院乐舞活动，如唐代慧立、彦悰《大慈恩寺三藏法师传》记载了朝廷送大慈恩寺碑入寺并陈九部乐等事。唐高宗显

---

① 道元. 景德传灯录：上（点校本）[M]. 朱俊红, 点校. 海口：海南出版社, 2011：304.
② 道元. 景德传灯录：下（点校本）[M]. 朱俊红, 点校. 海口：海南出版社, 2011：584.
③ 严可均. 全上古三代秦汉三国六朝文 [M]. 北京：中华书局, 1958：8279.
④ 释延一. 广清凉传 [M]. 夏广兴, 整理. 郑州：大象出版社, 2019：217.
⑤ 道宣. 续高僧传 [M]. 郭绍林, 点校. 北京：中华书局, 2014：1224.

庆元年（656年）"夏四月八日，帝书碑并匠镌讫，……敕又遣太常九部乐，长安、万年二县音声共送。幢最卑者上出云霓，幡极短者犹摩霄汉，凡三百余事，音声车千余乘"，后因雨暂停，"十四日旦，方乃引发，……至十五日，度僧七人，设二千僧斋，陈九部乐等于佛殿前，日晚方散"。① 唐代宗也极为崇佛，"宫中造盂兰盆，缀饰镠琲，设高祖以下七圣位，幡节、衣冠皆具，各以帝号识其幡，自禁内分诣道佛祠，铙吹鼓舞，奔走相属"②。唐懿宗于佛诞之日，在"宫中结彩为寺"，音乐家李可及则"尝教数百人作四方菩萨蛮队"③，"尝于安国寺作菩萨蛮舞，如佛降生"④。咸通十四年（873年），唐懿宗在迎请佛骨活动中，"间之歌舞管弦，杂以禁军兵仗。缁徒梵诵之声，沸聒天地"⑤。

隋唐时期，俗讲盛行于寺院，其讲稿也称"变文"，这是后世说唱音乐的主要源头。早期变文以讲唱佛经故事为主，后逐渐演化为以讲唱历史故事、民间传说为主，如《大目乾连冥间救母变文》《伍子胥变文》等。宋人钱易在《南部新书》中记载了当时长安内各大寺院俗讲盛行的情况："长安戏场多集于慈恩，小者在青龙，其次荐福、永寿。尼讲盛于保唐，名德聚之安国，士大夫之家入道尽在咸宜。"⑥ 中晚唐著名诗人姚合《赠常州院僧》也生动描绘了普通民众期盼去寺院聆听俗讲的情形："古磬声难尽，秋灯色更鲜。仍闻开讲日，湖上少渔船。"

这一时期也涌现了大量的从事俗讲的僧人，其中最著名的是文溆和尚。对此，《因话录》卷四有明确的记载：

> 有文溆僧者，公为聚众谭说，假托经论，所言无非淫秽鄙亵之事。不逞之徒，转相鼓扇扶树。愚夫冶妇，乐闻其说。听者填咽寺舍，瞻礼崇拜，呼为和尚，教坊效其声调，以为歌曲。⑦

由于文溆俗讲声音婉转、极为动人，在社会上引起了巨大反响。史载，

---

① 慧立，彦悰. 大慈恩寺三藏法师传 [M]. 孙毓棠，谢方，点校. 北京：中华书局，1983：189.
② 欧阳修，宋祁. 新唐书 [M]. 北京：中华书局，2000：4717.
③ 温庭筠. 温庭筠全集校注 [M]. 刘学锴，校注. 北京：中华书局，2007：889.
④ 刘昫，等. 旧唐书 [M]. 北京：中华书局，1975：4608.
⑤ 舒其绅，等. 西安府志 [M]. 西安：三秦出版社，2011：1135.
⑥ 钱易. 南部新书 [M]. 北京：中华书局，2002：67.
⑦ 李剑国. 唐五代志怪传奇叙录 [M]. 北京：中华书局，2017：20.

宝历二年（826年）六月，唐敬宗曾亲临幸福寺，观看文溆俗讲。唐武宗时期，曾敕于左右街七寺开俗讲。其中，文溆法师讲《法华经》为第一。乐工黄米饭念其四声"观世音菩萨"，撰为乐曲。唐文宗也采其声制曲，曰《文溆子》。

唐代道教也极为盛行，因帝王与老子同姓，故常常推崇老子和道教，尤其是在天宝年间。天宝十三载（754年），唐玄宗命将诸乐名改为具有道教意味的汉名，并刻石于太常寺。其中，有直接将佛曲改为道曲的，如《龟兹佛曲》改为《金华洞真》，《舍佛儿胡歌》改为《钦明引》，《急龟兹佛曲》改为《急金华洞真》，《婆罗门》改为《霓裳羽衣》，《思归达菩提儿》改为《洞灵章》，《俱摩尼佛》改为《紫府洞真》，等等。

唐代基督教传入中土后被称为景教。据《大秦景教流行中国碑赞》记载，贞观九年（635年）大秦（今罗马）景教高僧阿罗本率领宣教团来到长安，并获得官方认可。至贞观十二年（638年）七月，由朝廷出资建立了长安第一座教堂——大秦寺，置僧21人。唐高宗时期，景教佛寺及僧侣遍布全国，"于诸州各置景寺，……法流十道，国富元休，寺满百城，家殷景富"①。甚至在边陲之地也有景教僧侣出现，如方国瑜等认为，"自（唐文宗）太和三年南诏掠得大秦僧人，基督教（景教、大秦教）也就传入云南了"②。杨民康在《中国古代基督教（景教）音乐传入史纲》一文中，详细考证了唐代景教的仪式音乐活动，具体包括：斋戒及节庆仪式、日常课诵仪式、弥撒仪式。③

巫觋也是乐舞生产者之一。江南吴楚旧地，历来多"淫祠"。元稹曾在诗中描写了江南民众的尚巫传统："间阎随地盛，风俗与华殊。……雕题虽少有，鸡卜尚多巫。乡味尤珍蛤，家神爱事乌。"李嘉祐的诗中也说道："南方淫祠古风俗，楚媪解唱迎神曲。"陆龟蒙《野庙碑》亦云："瓯越间好事鬼，山椒水滨多淫祀。"

正因江南淫祀盛行，导致唐代政府一度通过行政手段去干预民间的这种风尚，如封演《封氏闻见记》说唐武后时河南道巡抚大使狄仁杰，曾上奏武后说焚江南淫祀1 700余所，独留夏禹、吴太伯、季札、伍员四祠。后

---

① 董诰，等. 全唐文 [M]. 北京：中华书局，1983：9546.
② 方国瑜. 云南史料丛刊：第三卷 [M]. 徐文德，木芹，纂录校订. 昆明：云南大学出版社，1998：247.
③ 杨民康. 中国古代基督教（景教）音乐传入史纲 [J]. 大音，2009，1（1）：14-44.

来李德裕为浙西观察使时，又除淫祠1 100所。

当然，江南民间的淫祀之风与地域风俗早已融为一体，巫觋乐舞则成为江南民众的日常生活内容之一。许多诗人还仿屈原为民间祭祀乐舞《九歌》等写歌词，如王维的《鱼山神女祠歌》二首（《迎神》《送神》），沈亚之的《文祝延》二首（《祈神》《酬神》）等。

腊月击鼓驱逐疫鬼的"大傩"，也是隋唐社会自上古延续下来的民间古老祭祀仪式。孟郊《弦歌行》对此有生动描绘："驱傩击鼓吹长笛，瘦鬼染面唯齿白。暗中窣窣拽茅鞭，裸足朱裈行戚戚。相顾笑声冲庭燎，桃弧棘矢时独叫。"

二、非商业性的音乐生产方式与目的

（一）乐籍制度制约下的音乐生产行为

隋唐时期政府对乐人的管理极为严格和系统，建立了相对完善的乐籍制度，强调乐人的身份归属和所属职能、应差对象及内容。在这一管理制度制约下，从宫廷到州、府、县一定数量的在籍乐人按照政府的需求，根据乐籍制度的条文，定期为各级政府提供乐舞服务，完成应差职责。因此，在乐籍制度制约下的乐人，其生产内容主要是由政府主导，为政府所需，表演的场所则集中在宫廷内苑、皇室活动之地，王府，地方州、府和县的行政管理之地，以及政府官员指定的宴飨娱乐场所。

为了保证乐舞生产的顺利进行，唐代制定了明确的"上番"制度，强调"核其名数而分番上下"。《唐六典》卷第六载："番户一年三番，杂户二年五番，番皆一月。十六已上当番请纳资者，亦听之。其官奴婢长役无番也。"[①]《唐六典》卷第十四载：

> 短番散乐一千人，诸州有定额。长上散乐一百人，太常自访召。关外诸州者分为六番，关内五番，京兆府四番，并一月上；一千五百里外，两番并上。六番者，上日教至申时；四番者，上日教至午时。皆教习检察，以供其事。若有故及不任供奉，则输资钱以充伎衣、乐器之用。[②]

---

① 李林甫，等. 唐六典[M]. 陈仲夫，点校. 北京：中华书局，1992：193.
② 李林甫，等. 唐六典[M]. 陈仲夫，点校. 北京：中华书局，1992：406.

针对有实际困难不能上番的乐人，唐代也制定了相应的制度，如《唐会要》卷三十四记载唐高宗乾封元年（666年）的敕文曰：

> 乾封元年（666年）五月敕。音声人及乐户祖母老病应侍者，取家内中男及丁壮好手者充。若无所取中丁，其本司乐署博士及别教子弟应充侍者，先取户内人及近新充。①

或者如上文所述，对乐人进行一定程度的处罚，主要是罚款，即"有故及不任供奉，则输资钱以充伎衣乐器之用"②。

唐代政府为了加强对在籍乐人的管理，提高乐人乐舞表演的积极性，也强调对赋税制度的运用，即允许应差乐人通过应差减免赋税，这进一步增强了政府组织的非营利乐舞生产的特征。从文献来看，针对乐人从事非商业性的乐舞生产，为其减免的赋税内容包括隶属中央财政的租、庸、调三项以及隶属地方政府掌管的杂徭一项，具体减免的额度则因人、因事、因时而化。如《唐律疏议笺解》卷二十八记载："丁谓正役，夫谓杂徭，及杂色工匠，诸司工、乐、杂户，太常音声人亦同。"③ 唐中宗神龙三年（707年），为了体恤太常乐、鼓吹、散乐音声人，就免除了杂徭科。不仅如此，从唐中宗到唐武宗会昌二年（842年）之前，免除杂徭的音声人的家人也可以享受这种待遇。而在唐玄宗开元二十三年（735年）时，只有内教坊博士和曹第一、第二博士房的音声人才能获得免杂徭的福利。唐武宗会昌二年（842年）规定，只有京畿各院太常乐人与金吾角手能享受这种福利。由此可见，针对乐舞生产者而免除赋税、杂役的政策并不固定，它只是一种局部的、小范围的管理手段。④

当然，在中晚唐时期，随着政治经济的动荡，乐籍制度有所松动，应差乐人从政府手中获得的物质回报普遍较低，这导致个别隶属政府的乐人为了生存而冒险，出现了不遵从政府规定擅自改变乐舞生产的形式，从非商业行为转变为商业行为，如《全唐文》卷七百三十六条载：

> 至唐贞元元年，洛阳金谷里有女子叶，学歌于柳巷之下。初与其

---

① 王溥. 唐会要[M]. 北京：中华书局，1960：628.
② 李林甫，等. 唐六典[M]. 陈仲夫，点校. 北京：中华书局，1992：406.
③ 刘俊文. 唐律疏议笺解[M]. 北京：中华书局，1996：1981.
④ 倪高峰. 艺术经济研究：唐代宫廷乐舞生产、消费的经济基础[D]. 北京：中国艺术研究院，2012.

曹十馀人居，独叶歌无等。后为成都率家妓，及率死，复来长安中。而縠下声家闻其能，咸与会唱。次至叶当引弄，及举音，则弦工吹师皆失职自废。既罢，声党相谓约慎语，无令人得闻知。是时博陵大家子崔莒，贤而自患其室饶，乃曰："吾绿组初秩，宁宜厚畜以自封耶。"遂大置宾客，门下纵乐，与之遨游，极费无有所惜。他日，莒宴宾堂上，乐属因言曰："有新声叶者，歌无伦，请延之。"即乘小车诣莒，莒且酣，为一掷目作乐，乃合韵奏《绿腰》，俱瞩叶曰："幸终声。"叶起与歌一解，一坐尽眙。是日归莒。莒沉浮长安数十年，叶之价益露。然以莒能善人，而优曹亦归之，故卒得不贡声禁中。①

（二）私家蓄伎活动中的音乐生产行为

隋唐时期，社会上蓄伎之风依然盛行，尤其是继承魏晋南朝蓄伎之遗风的唐代更是如此。一些传统的世家大族、富商还保留着祖辈风尚，竞相蓄伎，新兴的土著文人和官员也竞相蓄伎，导致整个社会中的乐舞生产呈现出一种新的方式，即以文人私家所蓄乐伎为主体进行的乐舞生产，它与隶属官籍的专业乐舞生产者的应差式生产有着显著不同，主要是通过轻歌曼舞、雅集助兴、酒宴欢颜来服务于自己的恩主及其宾客。诗人张祜曾连续写了8首诗，分别是《观宋州于使君家乐·琵琶》《观宋州于使君家乐·筝》《观宋州于使君家乐·笙》《观宋州于使君家乐·五弦》《观宋州于使君家乐·筚篥》《观宋州于使君家乐·笛》《观宋州于使君家乐·箜篌》《观宋州于使君家乐·箫》，以描绘诗人在宋州于使君家观看私家乐伎精彩演奏的情形，这也充分说明了当时文人士大夫对私家蓄伎的重视。其他直接以家伎命名的诗还有张祜的《王家琵琶》《王家五弦》，李商隐的《和郑愚赠汝阳王孙家筝妓二十韵》，方干的《新安殷明府家乐方响》，等等。

由于私家乐伎深得恩主的宠幸，艺人的专业能力往往是恩主长期调教的结果。白居易在《有感三首》中深刻描写了唐人的蓄伎行为及其乐舞生产目的：

  莫养瘦马驹，莫教小妓女。
  后事在目前，不信君看取。
  马肥快行走，妓长能歌舞。

---

① 董诰，等. 全唐文［M］. 北京：中华书局，1983：7606.

> 三年五岁间，已闻换一主。
> 借问新旧主，谁乐谁辛苦。
> 请君大带上，把笔书此语。

隋唐时期崛起的文人群体则是此类乐舞行为的主要推动者和组织者，也是最根本的消费者，相比魏晋时期世家大族和商贾的蓄伎行为和消费力度，隋唐时期文人的蓄伎乐舞生产规模相对较小，表演内容比较单一，一般是蓄养两三个歌伎作为自己随身携带的乐舞生产者，内容主要是轻歌曼舞。而且，这些歌伎与文人之间有着密切的关系，往往是文人酒宴欢颜中的知己，撰文写诗的灵感源泉，自我诗作的歌唱者、传播者。

（三）宗教需求中的音乐生产行为

隋唐时期佛寺众多，乐舞活动已经成为寺院宣传佛经教义、吸引善男信女的一种主要手段。因此，在宗教传播的需求之下、在宗教教义的约束之下，通过政府派遣的专职乐人，雇佣民间乐人或自己培养的具有乐舞、说唱技能的僧人群体以及寺院蓄养的歌舞伎乐人员，从事以宣传佛教教义为主要内容的乐舞生产，这就构成了隋唐时期一种典型的乐舞生产方式，广泛存在于隋唐时期的整个社会之中。这是隋唐时期宗教活动频繁，尤其是佛教、道教繁盛的显著标志和必然结果。

国家制度管理下的京都和各地州府县的官方祭祀乐舞行为也属于此类生产方式。从文献来看，隋唐的皇权政府十分重视国家祭祀行为，不仅明确规定了以帝王为首的各种祭祀行为，同时也以制度的形式规定了地方的祭祀行为、仪式和内容。如《新唐书》卷十一记载，除了国家的大祀、中祀、小祀之外，还要有州县的社稷，以及一些日常的祭祀，如隋唐时期的二十二种日常祭祀仪式。从音乐生产水平来看，祭祀用乐对音乐技艺和乐舞表演者的水平要求相对而言虽然不是很高，但是演奏祭祀音乐的乐人应是良家子弟且容貌端正，贱民身份的乐人不可以演奏祭祀雅乐。

因此，在这种生产方式之中，乐舞生产的目的是满足宗教活动需要，以传播宗教道义为核心，以吸引善男信女、将乐舞娱神与娱人相结合为目标。乐舞生产的场所主要集中在佛教寺院、道观之内，以及政府规定的、公开的宗教活动场所。

从消费的角度来看，寺院、道观中的宗教音乐活动的消费主体主要是走进宗教活动场所的普通民众，以及参与乐舞活动的各类宗教从业者。政府组织的各种国家祭祀行为中的乐舞消费主体则是各州府县的政府组织人员、参与的各阶层的观众。乐舞生产的内容是政府规定的、具有强烈仪式性的雅乐作品，根据州府级别的差异，乐舞内容则具有严格的等级差异和地域特征。

（四）民间风俗活动中的乐舞生产行为

民间风俗活动中的乐舞生产行为相对复杂，既有商业性的行为，又有非商业性的行为。如踏歌是江南地域的一种典型的非商业性乐舞生产行为，具体表演时舞者列队成行，手牵着手，双臂相连，边歌唱边双脚踏拍。从文献来看，江南地域有中秋之夜妇人群体结伴相持踏歌的习俗。对此，诗人也多有描绘，如李白《赠汪伦》"李白乘舟将欲行，忽闻岸上踏歌声。桃花潭水深千尺，不及汪伦送我情"，刘禹锡《竹枝词》"杨柳青青江水平，闻郎江上踏歌声。东边日出西边雨，道是无晴却有晴"，顾况《听山鹧鸪》"夜宿桃花村，踏歌接天晓"，徐铉《寒食成判官垂访因赠》"远巷蹋歌深夜月，隔墙吹管数枝花"，等等，都反映了隋唐民间踏歌习俗的盛行。

三、非商业性的主要音乐产品类型

（一）祭祀乐舞

《新唐书》卷十一将宫廷仪式用乐归为五礼，第一是吉礼，分为大祀、中祀、小祀。大祀：祭天、地、宗庙、五帝及追尊之帝、后。中祀：祭社、稷、日、月、星、辰、岳、镇、海、渎、帝社、先蚕、七祀、文宣、武成王及古帝王、赠太子。小祀：祭司中、司命、司人、司禄、风伯、雨师、灵星、山林、川泽、司寒、马祖、先牧、马社、马步、州县之社稷、释奠。

另外还有"岁之常祀"，共有二十二类：冬至、正月上辛，祈谷；孟夏，雩祀昊天上帝于圆丘；季秋，大享于明堂；腊，蜡百神于南郊；春分，朝日于东郊；秋分，夕月于西郊；夏至，祭地祇于方丘；孟冬，祭神州、地祇于北郊；仲春、仲秋上戊，祭于太社；立春、立夏、季夏之土王、立秋、立冬，祀五帝于四郊；孟春、孟夏、孟秋、孟冬、腊，享于太庙；孟春吉亥，享先农，遂以耕籍。并规定了祭祀之节，有六：一曰卜日，二曰斋戒，三曰陈设，四曰省牲器，五曰奠玉帛、宗庙之晨祼，六曰进熟、馈食。

由此可见，隋唐时期祭祀乐舞生产之繁盛。根据《隋书》记载，隋代早期以叔孙通之法制定宫廷礼仪中的迎神送神之曲、郊庙之曲，如《嘉至》

《皇夏》《肆夏》《需夏》《昭夏》《诚夏》等。高祖时遣内史侍郎李元操、直内史省卢思道等，列清庙歌辞十二曲。隋炀帝初为皇太子时就修改、创制雅乐登歌。总体来看，隋代祠圆丘时所用乐舞有《昭夏》《皇夏》《诚夏》《需夏》《肆夏》之乐，另作文舞和武舞。五郊迎送神、登歌与圆丘相同，有青帝歌、赤帝歌、黄帝歌、白帝歌、黑帝歌等。另外，感帝、雩祭、夕月、蜡祭、朝日、春祈秋报奏、先农、先圣先师活动都演奏《诚夏》，方丘迎神奏《昭夏》，等等。

从史料记载来看，唐代祭祀乐舞生产种类多样，如宗庙活动中，皇祖弘农府君、宣简公、懿王三庙乐奏《长发之舞》，太祖景皇帝庙乐奏《大基之舞》，世祖元皇帝庙乐奏《大成之舞》，高祖大武皇帝庙乐奏《大明之舞》，文德皇后庙乐奏《光大之舞》（后改为《崇德之舞》），高宗庙乐奏《钧天之舞》，中宗庙乐奏《太和之舞》，睿宗庙乐奏《景云之舞》，玄宗庙乐奏《大运之舞》，肃宗庙乐奏《惟新之舞》，代宗庙乐奏《保大之舞》，德宗庙乐奏《文明之舞》，顺宗庙乐奏《大顺之舞》，宪宗庙乐奏《象德之舞》，穆宗庙乐奏《和宁之舞》，敬宗庙乐奏《大钧之舞》，文宗庙乐奏《文成之舞》，武宗庙乐奏《大定之舞》，昭宗庙乐奏《咸宁之舞》，等等。而著名的三大曲《神功破阵乐》《功成庆善乐》《上元乐》也常常用于圆丘、方泽、太庙祠享中。

贞观二年（628年），祖孝孙定雅乐，冬至祀昊天于圆丘乐章有《豫和》《太和》《肃和》《雍和》《寿和》《舒和》《凯安》《豫和》八首。玄宗开元十一年（723年）祭皇地祇于汾阴乐章十一首大部分与祭天相同，包括《顺和》《太和》《肃和》《寿和》《舒和》《凯安》《雍和》《福和》《灵具醉》等。其他如北郊用乐八首，祭神州乐章二首，太社乐章二首，享先农乐章，孔庙乐章二首，享龙池乐章十首，享太庙乐章十三首，乐曲名多有重复。

（二）宴飨乐舞

《新唐书》载，隋唐五礼之宾礼和嘉礼均设置礼仪性宴飨，均有着严格的用乐程式。其中宾礼以待四夷之君长与其使者；嘉礼包括皇帝加元服，皇太子加元服，皇子冠，皇帝纳皇后、侧后，皇太子纳妃，亲王纳妃，皇帝元正、冬至受群臣朝贺而会，临轩册皇太子，皇帝御明堂读时令，皇帝亲养三老五更于太学等活动。

据《隋书》记载，隋代开皇初年制定了宫廷重大宴飨仪式用乐规范：

置《七部乐》：一曰《国伎》，二曰《清商伎》，三曰《高丽伎》，四曰《天竺伎》，五曰《安国伎》，六曰《龟兹伎》，七曰《文康伎》。又杂有疏勒、扶南、康国、百济、突厥、新罗、倭国等伎。其后牛弘请存《鞞》《铎》《巾》《拂》等四舞，与新伎并陈。①

大业中，隋炀帝诏定九部乐适用于宴飨，即《清乐》《西凉》《龟兹》《天竺》《康国》《疏勒》《安国》《高丽》《礼毕》。唐高祖登基之后，享宴因隋旧制，用九部之乐，第一部为《燕乐》，包括《景云舞》《庆善舞》《破阵舞》《承天舞》四部分。

根据郭茂倩《乐府诗集》记载，其中《清乐》有歌曲《杨伴》，舞曲《明君》《并契》，乐器有钟、磬、琴、瑟、击琴、琵琶、箜篌、筑、筝、节鼓、笙、笛、箫、篪、埙等十五种，为一部。工二十五人。唐代改为《清乐》，武太后之时还有六十三曲，包括《白雪》《公莫》《巴渝》《明君》《凤将雏》《明之君》《铎舞》《白鸠》《白纻》《子夜吴声四时歌》《前溪》《阿子及欢闻》《团扇》《懊恼》《长史变》《丁督护》《读曲》《乌夜啼》《石城》《莫愁》《襄阳》《栖乌夜飞》《估客》《杨伴》《雅歌骁壶》《常林欢》《三洲》《采桑》《春江花月夜》《玉树后庭花》《堂堂》《泛龙舟》《明之君》《雅歌》《四时歌》《上林》《凤雏》《平调》《清调》《瑟调》《平折》《命啸》等。

《西凉伎》亦称《国伎》，有歌曲《永世乐》，解曲《万世丰》舞，曲有《于阗佛曲》等。其乐器有钟、磬、弹筝、挡筝、卧箜篌、竖箜篌、琵琶、五弦、笙、箫、大筚篥、长笛、小筚篥、横笛、腰鼓、齐鼓、担鼓、铜拔、贝等十九种，为一部。工二十七人。

《龟兹伎》有《西国龟兹》《齐朝龟兹》《土龟兹》等，凡三部。乐正白明达创有《万岁乐》《藏钩乐》《七夕相逢乐》《投壶乐》《舞席同心髻》《玉女行觞》《神仙留客》《掷砖续命》《斗鸡子》《斗百草》《泛龙舟》《还旧宫》《长乐花》《十二时》等曲，还有歌曲《善善摩尼》，解曲《婆伽儿》，舞曲《小天》，又有《疏勒监》等。其乐器有竖箜篌、琵琶、五弦、笙、笛、箫、筚篥、毛员鼓、都昙鼓、答腊鼓、腰鼓、羯鼓、鸡娄鼓、铜拔、贝等十五种，为一部。工二十人。

---

① 魏徵. 隋书［M］//中华书局编辑部. "二十四史"（简体字本）. 北京：中华书局，2000：252.

《天竺伎》，其歌曲有《沙石疆》，舞曲有《天曲》。乐器有凤首箜篌、琵琶、五弦、笛、铜鼓、毛员鼓、都昙鼓、铜拔、贝等九种，为一部。工十二人。

《康国伎》，歌曲有《戢殿农和正》，舞曲有《贺兰钵鼻始》《末奚波地》《农惠钵鼻始》《前拔地惠地》等四曲。乐器有笛、正鼓、加鼓、铜拔等四种，为一部。工七人。

《疏勒伎》，歌曲有《亢利死让乐》，舞曲有《远服》，解曲有《监曲》。乐器有竖箜篌、琵琶、五弦、笛、箫、笙篥、答腊鼓、腰鼓、羯鼓、鸡娄鼓等十种，为一部。工十二人。

《安国伎》，歌曲有《附萨单时》，舞曲有《末奚》，解曲有《居和祇》。乐器有箜篌、琵琶、五弦、笛、箫、笙篥、双笙篥、正鼓、和鼓、铜拔等十种，为一部。工十二人。

《高丽伎》，歌曲有《芝栖》，舞曲有《歌芝栖》。乐器有弹筝、卧箜篌、竖箜篌、琵琶、五弦、笛、笙、箫、小笙篥、桃皮笙篥、腰鼓、齐鼓、担鼓、贝等十四种，为一部。工十八人。

《礼毕》，也称《文康伎》，其行曲有《单交路》，舞曲有《散花》。乐器有笛、笙、箫、簴、铃槃、鞞、腰鼓等七种，三悬为一部。工二十二人。

除上文所说乐舞之外，还有《扶南乐》《天竺乐》《骠国乐》《高昌乐》《北狄乐》等。其后分为立坐二部，立部伎有《安乐》《太平乐》《破阵乐》《庆善乐》《大定乐》《上元乐》《圣寿乐》《乐圣乐》八部。坐部伎有《宴乐》《长寿乐》《天授乐》《鸟歌万寿乐》《龙池乐》《破阵乐》六部。

（三）鼓吹乐

《新唐书》载，隋唐五礼之三是军礼，主要包括皇帝亲征、凯旋、贼平而宣露布、讲武、狩田、射、合朔伐鼓、大傩等重要活动。所用乐舞多为鼓吹。

据《隋书》记载，大业中，炀帝在宴飨中设鼓吹，并依梁为十二案。案别有錞于、钲、铎、军乐鼓吹等一部。案下皆熊罴貅豹，腾倚承之，以象百兽之舞。其大驾鼓吹，并朱漆画。大驾鼓吹、小鼓加金镯、羽葆鼓、铙鼓、节鼓，皆五采重盖，其羽葆鼓，仍饰以羽葆。长鸣、中鸣、大小横吹，五采衣幡，绯掌，画交龙，五采脚。大角幡亦如之。大鼓、长鸣、大横吹、节鼓及横吹后笛、箫、笙篥、筑、桃皮笙篥等工人服，皆绯地苣文为袍袴及帽。金钲、枫鼓，其钲鼓皆加八角紫伞。小鼓、中鸣、小横吹及横吹后笛、箫、筚篥、笳、桃皮筚篥等工人服,并青地苣文袍袴及帽。羽葆鼓、铙及歌、箫、笳工人服,并武弁,朱褠衣,革带。大角工人,平巾帻,绯衫,白布大口袴。其鼓吹督帅服,与大角同。

枹鼓一曲,十二变,(与金钲同)。夜警用一曲俱尽。次奏大鼓。大鼓,一十五曲供大驾,一十二曲供皇太子,一十曲供王公等。小鼓,九曲供大驾,三曲供皇太子及王公等。

长鸣色角,一百二十具供大驾,三十六具供皇太子,十八具供王公等。

次鸣色角,一百二十具供大驾,十二具供皇太子,一十具供王公等。

大角,第一曲起捉马,第二曲被马,第三曲骑马,第四曲行,第五曲入阵,第六曲收军,第七曲下营。皆以三通为一曲。其辞并本之鲜卑。

铙鼓,十二曲供大驾,六曲供皇太子,三曲供王公等。其乐器有鼓,并歌箫、笳。

大横吹,二十九曲供大驾,九曲供皇太子,七曲供王公。其乐器有角、节鼓、笛、箫、筚篥、笳、桃皮筚篥。

小横吹,十二曲供大驾,夜警则十二曲俱用。其乐器有角、笛、箫、筚篥、笳、桃皮筚篥。

《旧唐书》记载,唐代"凡命将征讨,有大功献俘馘者"均用鼓吹,其凯乐用铙吹二部,笛、筚篥、箫、笳、铙、鼓,每色二人,歌工二十四人。乐工等乘马执乐器,次第陈列,如卤簿之式。鼓吹令丞前导,分行于兵马俘馘之前。将入都门,鼓吹振作,迭奏《破阵乐》《应圣期》《贺朝欢》《君臣同庆乐》四曲。

(四)宗教乐舞

隋唐时期伴随着佛教的盛行,佛教音乐也开始诞生并形成体系。所以,宗教音乐作品尤其是寺院中盛行的佛教音乐作品也是这一时期重要的乐舞产品之一。具体来看,隋唐时期的佛教音乐主要有四类。

其一是用于佛经课诵和经文宣讲的呗赞音乐,仪式性较强。从文献来看,寺院中的呗赞音乐已经具有典型的地域特征,并著称于世,如《续高僧传》说:"吴越志扬,俗好浮绮,致使音颂所尚,唯以纤婉为工;秦壤雍冀,音词雄远,至于咏歌所被,皆用深高为胜。"不仅如此,隋代江南的佛经呗赞在国内影响极大,以致当时有"海内包括言辞之最,无出江南"的评价。唐代江南的呗赞音乐进一步俗化,融入了大量的民歌乡曲,甚至是酒令歌曲,形式也较为自由,如《景德传灯录》卷十一载关南道吾和尚宣讲佛经教义时的乐舞表演：

> 凡上堂示徒，戴莲花笠，披襕执简，击鼓吹笛，口称"鲁三郎"。有时云："打动关南鼓，唱起德山歌。"①

《大正藏·法演禅师语录》卷上载，当时的呗赞音乐中有《下水船》一曲，其唱词还依然保留民歌中的衬词"啰逻里，啰逻里"。根据王梓盾的研究，现存唐五代禅宗偈赞辞中，已有近百首作品用上了《十二时》《五更转》《行路难》《渔父拨棹子》等曲调。这表明禅师们的佛曲音乐具有较纯正的汉族成分，是一种富于娱乐性的艺术歌曲。②

其二是用于宣讲教义的唱导音乐，即俗讲，极为盛行。隋唐时期形成的"变文"是俗讲的一种新形式，形式灵活、生动形象、故事通俗易懂，所以在听众之中非常受欢迎。如姚合《赠常州院僧》"古磬声难尽，秋灯色更鲜。仍闻开讲日，湖上少渔船"，《听僧云瑞讲经》"无上深旨诚难解，唯是师言得其真。远近持斋来谛听。酒坊鱼市尽无人"，就描绘了俗讲的艺术魅力以及僧人俗讲时万人空巷的场景。

其三是用于佛教庆典的乐曲。《羯鼓录》、《唐会要》及陈旸《乐书》等记载了隋唐时期的佛教曲目70余个。③它们多以佛曲为名，多用胡语音译的译名。以南卓《羯鼓录》为例，书中明确记载了诸佛曲词：《九仙道曲》、《卢舍那仙曲》、《御制三元道曲》、《四天王》、《半阁么那》、《失波罗辞见柞》、《草堂富罗》（二曲）、《于门烧香宝头伽》、《菩萨阿罗地舞曲》、《阿陀弥大师曲》。而且，在记载的其他乐曲中，从曲名来看，大量乐曲都与宗教有关，如《大钵乐背》《婆罗门》《禅曲》《飞仙》《云居曲》《九巴鹿》《阿弥罗众僧曲》《无量寿》《真安曲》《云星曲》《罗利儿》《芥老鸡》《散花》《大燃灯》《多罗头尼摩诃钵》《婆娑阿弥陀》《悉驮低》《大统》《蔓度大利香积》《佛帝利》《龟兹大武》《僧个支婆罗树》《观世音》《居么尼》《真陀利》《大与》《永宁贤者》《恒河沙》《江盘无始》《具作》《悉家牟尼》《大乘》《毗沙门》《渴农之文德》《菩萨缑利陀》《圣主与》《地婆拔罗伽》。

其四是流布于宫廷宴飨的宗教音乐。隋唐九、十部伎中有大量的宗教

---

① 道元. 景德传灯录：上（点校本）[M]. 朱俊红，点校. 海口：海南出版社，2011：304.
② 王梓盾. 五台山与唐代佛教音乐（续完）[J]. 五台山研究，1987（5）：20-24，19.
③ 向达. 论唐代佛曲 [M] //唐代长安与西域文明. 重庆：重庆出版社，2009：217-230.

音乐，如《天竺伎》的《天曲》，《龟兹伎》中的歌曲《善善摩尼》、解曲《婆伽儿》、舞曲《小天》等，西凉伎中的《于阗佛曲》，最具代表性的歌舞大曲《霓裳羽衣曲》本身就是道调法曲。

（五）词曲音乐

隋唐时期曲子盛行，宋人王灼曾云："唐中叶渐有今体慢曲子。"南宋胡仔《苕溪渔隐丛话》云："唐初歌辞多是五言诗，或七言诗，初无长短句。自中叶以后，至五代，渐变成长短句。"①因此，词曲音乐也是这一时期非商业性的主要音乐产品类型之一，从生产机制来看，主要分为文人创作、改编的曲子和民间口耳相传的民歌。史载，唐代著名诗人李益每篇一成，乐工争以贿求，取之被歌声。故宋人计有功《唐诗纪事校笺》卷第三十云，李益《夜上受降城闻笛》诗，"教坊乐人取为声度曲"②。明人胡震亨《唐音癸签》卷十三亦记载："唐人乐曲多名子，后遂名曲子，教坊俗语然。"③根据崔令钦《教坊记》记载，隋唐以"子"为后缀的曲子有六十九个，如《吴吟子》《生查子》《醉胡子》《山花子》《水仙子》《金钱子》《竹枝子》《天仙子》《赤枣子》《千秋子》《胡蝶子》《酒泉子》《得蓬子》《麻婆子》《甘州子》《剌历子》《镇西子》《北庭子》《采莲子》《破阵子》《剑器子》等。

当然，也有学者认为唐代早期李白的《清平调》《菩萨蛮》《忆秦娥》已经开创了词曲音乐的先声，被誉为"词中鼻祖""百代词曲之祖"。中唐时期曲子音乐已经盛行于市井街头、巷陌乡间，最具代表性的如《竹枝》《柳枝》。白居易《杨柳枝词》就描绘了此种盛况："六幺水调家家唱，白雪梅花处处吹。古歌旧曲君休听，听取新翻《杨柳枝》。"晚唐时期最负盛名的是"花间鼻祖"温庭筠的《花间集》，文集中的诸多作品都极为盛行，诸如《菩萨蛮》《竹枝》《杨柳枝》《河传》等。

这一时期敦煌曲子辞也十分盛行，《全唐五代词》曾收录有敦煌曲子辞三百多首，内容极为丰富，涉及游子抒情、忠臣壮语、隐士怡情、闺门之乐等。从现有研究成果来看，如今可见的隋唐五代杂言曲子辞共计2 216

---

① 唐圭璋. 词话丛编［M］. 北京：中华书局，2005：177.
② 计有功. 唐诗纪事校笺［M］. 北京：中华书局，2007：1017.
③ 胡震亨. 唐音癸签［M］. 上海：上海古籍出版社，1981：133.

首，其中配合教坊曲及太乐供奉曲的总计1 872首，①足见其丰富和繁杂。

尤其是在江南文化繁盛之地，这些曲子词调在文士雅集和宴飨中的表演种类繁多，有来自魏晋南朝的清商乐、相和歌、吴歌、西曲等；也有江南民间世代流传的民歌，诸如盛行于耕田之地的《田中歌》，激荡于江中的《欸乃曲》，流布于井水之处的《杨柳枝》，流传于民众结队出行的《踏歌》，还有《挽舟者歌》《神鸡音调》《望江南》《酒泉子》，等等。而文人也竞相将民间旋律加以重新填词、改编，诸如《何满子》《望江南》《绝那曲》《渔歌子》等。

（六）散乐百戏

隋代宫廷的散乐百戏极为庞大，《隋书》卷十五载：

> 大业二年，突厥染干来朝，炀帝欲夸之，总追四方散乐，大集东都。初于芳华苑积翠池侧，帝帷宫女观之。有舍利先来，戏于场内，须臾跳跃，激水满衢，鼋鼍龟鳖，水人虫鱼，遍覆于地。又有大鲸鱼，喷雾翳日，倏忽化成黄龙，长七八丈，耸踊而出，名曰《黄龙变》。又以绳系两柱，相去十丈，遣二倡女，对舞绳上，相逢切肩而过，歌舞不辍。又为夏育扛鼎，取车轮石臼大瓮器等，各于掌上而跳弄之。并二人戴竿，其上有舞，忽然腾透而换易之。又有神鳌负山，幻人吐火，千变万化，旷古莫俦。染干大骇之。自是皆于太常教习。每岁正月，万国来朝，留至十五日，于端门外，建国门内，绵亘八里，列为戏场。百官起棚夹路，从昏达旦，以纵观之。至晦而罢。伎人皆衣锦绣缯彩。其歌舞者，多为妇人服，鸣环佩，饰以花毦者，殆三万人。初课京兆、河南制此衣服，而两京缯锦，为之中虚。三年，驾幸榆林，突厥启民，朝于行宫，帝又设以示之。六年，诸夷大献方物。突厥启民以下，皆国主亲来朝贺。乃于天津街盛陈百戏，自海内凡有奇伎，无不总萃。崇侈器玩，盛饰衣服，皆用珠翠金银，锦罽缔绣。其营费钜亿万。关西以安德王雄总之，东都以齐王暕总之，金石匏革之声，闻数十里外。弹弦抚管以上，一万八千人。大列炬火，光烛天地，百戏之盛，振古无

---

① 邓乔彬，周韬. 唐宋词乐的发展变化与柳永苏轼词［J］. 东南大学学报（哲学社会科学版），2007（4）：78-85.

比。自是每年以为常焉。①

显然，唐代散乐沿袭前代，常常演出的有《长跷伎》《掷倒伎》《跳剑伎》《吞剑伎》《舞轮伎》《透三峡伎》《高絙伎》《缘竿》《弄碗珠伎》《丹珠伎》等，涉及戏车轮、戏绳、跳竿等。

前代盛行的歌舞戏《大面》《拨头》《踏摇娘》《窟〈石垒〉子》在唐代依然盛行，唐玄宗以其非正声，置教坊于禁中以处之。

第二节 隋唐时期非商业性的音乐消费

一、非商业性的音乐消费形式、场所与目的

（一）吉礼活动中的乐舞消费

吉礼，隋唐五礼之一，即祭祀天神、地祇、人鬼等的礼仪活动。据《新唐书》卷十一载，大祀主要有：祭天、地、宗庙、五帝以及追尊之帝、后。中祀主要有：祭社、稷、日、月、星、辰、岳、镇、海、渎、帝社、先蚕、七祀、文宣、武成王及古帝王、赠太子。小祀主要有：祭司中、司命、司人、司禄、风伯、雨师、灵星、山林、川泽、司寒、马祖、先牧、马社、马步，州县之社稷、释奠。②

除了上述祭祀活动之外，每年还有一些日常的祭祀，根据时令的不同大概可分为二十二种。祭祀的节目可分为六种：卜日，斋戒，陈设，省牲器，奠玉帛、宗庙之晨祼和进熟、馈食。③

显然，在吉礼活动中，国家制定了严格的用乐规范和程式，并明确了所用乐舞的内容，乐舞消费是为了实现吉礼之祭祀天神、地祇、人鬼的宗教性目的，从而实现国家统治、教化之目标。即乐舞的消费成为主持和参与祭祀活动的人与祭祀对象沟通的媒介，成为规范、教化参与祭祀活动群体的媒介。

---

① 魏徵. 隋书 [M] // 中华书局编辑部. "二十四史"（简体字本）. 北京：中华书局，2000：255.
② 欧阳修，宋祁. 新唐书 [M]. 北京：中华书局，2000：199.
③ 欧阳修，宋祁. 新唐书 [M]. 北京：中华书局，2000：199.

《新唐书》记载了大量的吉礼用乐消费行为，如卷十一记载了奠玉帛活动中的乐舞消费行为：

> 祀日，未明三刻，郊社令、良酝令各帅其属入实尊、罍，……太乐令帅工人、二舞以次入，文舞陈于县内，武舞立于县南。……行乐县于下。谒者、赞引各引群臣入就位。……太常博士引太常卿立于大次外，当门北向。……协律郎跪，俯伏，举麾，乐舞六成。偃麾，戛敔，乐止。①

《新唐书》卷十一还记载了唐代宗庙活动中的乐舞消费，具体如下：

> 享日，未明四刻，太庙令、良酝令各帅其属入实尊、罍，……大乐令帅工人、二舞入。……司空再拜，升自东阶，行扫除于上，降，行乐县于下。初，司空行乐县，谒者、赞引各引享官，……协律郎举麾，鼓柷，乐舞九成。偃麾，戛敔，乐止。②

以皇后为主体的祭祀活动中也有频繁的乐舞消费，如《新唐书》卷十五对此有明确记载：

> 皇后岁祀一。季春吉巳享先蚕，遂以亲桑。……前享二日，太乐令设宫县之乐于坛南内壝之内，诸女工各位于县后。……前享一日，……典乐举麾位于坛上南陛之西，东向；司乐位于北县之间，当坛北向。……其日三刻，……司乐帅女工人入，典赞引亚献、终献，女相者引执事者、司宾引内命妇、内典引引外命妇入，就位。……乐三成。③

（二）宾礼活动中的乐舞消费

宾礼也是五礼之一，主要目的是"以待四夷之君长与其使者"。隋唐时期，由于国力强盛、政治稳定、经济发达，四夷邦国纷纷臣服，因此前来称臣朝贡的四夷邦国极为繁多。尤其是在历经北魏至隋的数代发展中，丝绸之路商贸兴盛，来自中亚等地的商人、政客熙熙攘攘，大聚长安，在长

---

① 欧阳修，宋祁. 新唐书［M］. 北京：中华书局，1975：316-317.
② 欧阳修，宋祁. 新唐书［M］. 北京：中华书局，1975：318-319.
③ 欧阳修，宋祁. 新唐书［M］. 北京：中华书局，1975：367-370.

安为官者、定居者不计其数,长安城也专设了外国人居住区、外国来使居住区。帝王也频繁地召见四夷邦国来使,因此,宾礼成为国家重要的外交礼仪,各级政府极为重视,制定了详细的仪制和用乐规范。如在宾礼活动中,蕃国主来朝,遣使者迎劳,都有固定的仪式。蕃国主奉见皇帝时,则在前一日令太乐令展宫县,设举麾位于上下。鼓吹令设十二案,乘黄令陈车辂,尚辇奉御陈舆辇。舍人引蕃国主入门,作《舒和》之乐。

《新唐书》卷十六明确记载了唐代帝王接待蕃国主的仪式宴飨中进行的乐舞消费情况:

> 太乐令引歌者及琴瑟至阶,脱履,升坐,其笙管者,就阶间北面立。……皇帝初举酒,登歌作《昭和》三终。尚食奉御受虚爵,奠于坫。酒三行,尚食奉御进食,……彻案,又行酒,遂设庶羞。二舞以次入,作。①

而实际上,隋唐在宴享之中,列九、十部伎和坐、立二部伎于庭,实行"分部奏曲"的演出形式,就是这种宾礼活动乐舞消费的典型模式。

(三) 嘉礼活动中的乐舞消费

嘉礼是隋唐五礼仪式之一,包括皇帝加元服、立太子、册后、皇帝元正、冬至受群臣朝贺等宫廷重大活动。嘉礼用乐也有着严格的规定。《旧唐书》卷五载:唐高宗"乾封元年(666年)正月五日已前,大赦天下,赐酺七日。癸酉,宴群臣,陈九部乐,赐物有差,日昃而罢"②。如遇皇帝生日,则"天下诸州咸令谯乐,休暇三日"③。

据《新唐书》卷十七载,皇帝加元服仪式活动中,太乐令、鼓吹令帅乐工奏乐。皇帝纳皇后、册后及皇太子纳妃等活动中,鼓吹备而不作。而在皇帝元正、冬至受群臣朝贺的宴会活动中,其乐舞消费规模庞大、内容丰富:

> 其会,则太乐令设登歌于殿上,二舞入,立于县南。……初,殿中监受虚爵,殿上典仪唱:"再拜。"阶下赞者承传,在位者皆再拜。上公就座后立,殿上典仪唱:"就座。"阶下赞者承传,俱就座。歌者

---

① 欧阳修,宋祁. 新唐书[M]. 北京:中华书局,1975:383.
② 刘昫,等. 旧唐书[M]. 北京:中华书局,1975:89.
③ 刘昫,等. 旧唐书[M]. 北京:中华书局,1975:193.

琴瑟升坐，笙管立阶间。尚食进酒至阶，殿上典仪唱："酒至，兴。"……御食毕，仍行酒，遂设庶羞，二舞作。……酒行十二遍。……皇帝若服翼善冠、袴褶，则京官袴褶，朝集使公服。设九部乐，则去乐县，无警跸。太乐令帅九部伎立于左、右延明门外，群官初唱万岁，太乐令即引九部伎声作而入，各就座，以次作。①

皇帝亲养三老五更于太学活动也属于嘉礼范畴，用乐也极为丰富。如《新唐书》卷十九记载："前一日，……太乐令展宫县于庭，设登歌于堂上，如元会。……其日，……太乐令、工人、二舞入，群官、客使以次入。"② 在乡饮酒活动中，"设工人席于堂廉西阶之东，北面东上。工四人，先二瑟，后二歌。工持瑟升自阶，就位坐。工鼓《鹿鸣》，卒歌。笙入，立于堂下，北面，奏《南陔》。乃间歌，歌《南有嘉鱼》，笙《崇丘》；乃合乐《周南》《关雎》《召南》《鹊巢》"③。

（四）军礼活动中的乐舞消费

军礼主要是指军队的重要仪式活动，具体包括皇帝亲征、凯旋、贼平而宣露布、讲武、狩田、射、合朔伐鼓、大傩之仪等重要活动。《唐六典》卷十四载："鼓吹令掌鼓吹施用调习之节，以备卤簿之仪。"④ 因此，军礼活动的乐舞生产者主要是鼓吹署乐人，消费者是帝王以及参与军礼活动的各类官员、军士，消费的目的是彰显威仪、鼓舞士气、庆祝胜利、通告天下、鼓动民众。

据《新唐书》卷十六记载，军礼中的乐舞消费形式多样且用乐规模庞大。如皇帝讲武之日：

讲武之日，……六军各鼓十二、钲一、大角四。未明七刻，鼓一严，侍中奏"开宫殿门及城门"。五刻，再严，侍中版奏"请中严"。……皇帝入次，谒者引诸州使人，鸿胪引蕃客，东方、南方立于大次东北，西方、北方立于西北，观者立于都堋骑士仗外四周，然后讲武。吹大角三通，中军将各以鞞令鼓，二军俱击鼓。三鼓，有司偃旗，步士皆跪。……遂声鼓，有司举旗，士众皆起行，及表，击钲，乃止。

---

① 欧阳修，宋祁. 新唐书 [M]. 北京：中华书局，1975：427-430.
② 欧阳修，宋祁. 新唐书 [M]. 北京：中华书局，1975：433.
③ 欧阳修，宋祁. 新唐书 [M]. 北京：中华书局，1975：438.
④ 李林甫，等. 唐六典 [M]. 陈仲夫，点校. 北京：中华书局，1992：407.

又击三鼓，有司偃旗，士众皆跪。又击鼓，有司举旗，士众皆起，骤及表，乃止。东军一鼓，举青旗为直阵；西军亦鼓，举白旗为方阵以应。次西军鼓，举赤旗为锐阵；东军亦鼓，举黑旗为曲阵以应。次东军鼓，举黄旗为圆阵；西军亦鼓，举青旗为直阵以应。次西军鼓，举白旗为方阵；东军亦鼓，举赤旗为锐阵以应。次东军鼓，举黑旗为曲阵；西军亦鼓，举黄旗为圆阵以应。①

皇帝仲冬行狩田之礼时，"鼓吹令以鼓六十陈于皇帝东南，西向；六十陈于西南，东向。皆乘马，各备箫角"。在皇帝合朔伐鼓活动中，"鼓吹令平巾帻、袴褶，帅工人以方色执麾旒，分置四门屋下，设龙蛇鼓于右"。在皇帝亲自主持的大傩之礼活动中，"（乐）工人二十二人，其一人方相氏，假面，黄金四目，蒙熊皮，黑衣、朱裳，右执楯；其一人为唱帅，假面，皮衣，执棒；鼓、角各十，合为一队。队别鼓吹令一人、太卜令一人，各监所部"。②在射礼活动中，乐舞消费更为庞大。《新唐书》卷十六载：

> 前一日，太乐令设宫县之乐，鼓吹令设十二案于射殿之庭，东面县在东阶东，西面县在西阶西。南北二县及登歌广开中央，避射位。……其日质明，皇帝服武弁，文武官俱公服，典谒引入见，乐作，如元会之仪。……西面，左执弣、右执箫以进。千牛郎将以巾拂矢进，一一供御。欲射，协律郎举麾，先奏鼓吹，及奏乐《驺虞》五节，御及射，第一矢与第六节相应，第二矢与第七节相应，以至九节。协律郎偃麾，乐止。……侍射者进，升射席北面立，左旋，东面张弓，南面挟矢。协律郎举麾，乃作乐，不作鼓吹。乐奏《狸首》三节，然后发矢。若侍射者多，则齐发。第一发与第四节相应，第二发与第五节相应，以至七节。协律郎偃麾，乐止。……皇帝入，奏乐，警跸。③

二、非商业性音乐消费的经济基础与成本

隋唐非商业性乐舞生产与消费的成本主要体现在以下几个方面。

1. 专职乐人和管理者的俸禄成本

唐代专职乐人和管理者的俸禄主要有三种形式：土地、粮食和货币。

---

① 欧阳修，宋祁. 新唐书［M］. 北京：中华书局，1975：386-388.
② 欧阳修，宋祁. 新唐书［M］. 北京：中华书局，1975：388，391-392.
③ 欧阳修，宋祁. 新唐书［M］. 北京：中华书局，1975：389-391.

土地主要是指永业田和职分田，粮食是指禄米，货币是指俸料。整个唐代俸禄制度的演变基本上是从初期的授田、粮食、货币等多样性转化为中后期逐步成熟的授予货币的统一性，即"月俸"。①《新唐书》卷五十五记载了唐代按等级授田和分田制度：

> 亲王以下又有永业田百顷，职事官一品六十顷，郡王、职事官从一品五十顷，国公、职事官从二品三十五顷，县公、职事官三品二十五顷，职事官从三品二十顷，侯、职事官四品十二顷，子、职事官五品八顷，男、职事官从五品五顷，六品、七品二顷五十亩，八品、九品二顷。上柱国三十顷，柱国二十五顷，上护军二十顷，护军十五顷，上轻车都尉十顷，轻车都尉七顷，上骑都尉六顷，骑都尉四顷，骁骑、飞骑尉八十亩，云骑、武骑尉六十亩。散官五品以上给同职事官。五品以上受田宽乡，六品以下受于本乡。②

> 一品有职分田十二顷，二品十顷，三品九顷，四品七顷，五品六顷，六品四顷，七品三顷五十亩，八品二顷五十亩，九品二顷，皆给百里内之地。诸州都督、都护、亲王府官二品十二顷，三品十顷，四品八顷，五品七顷，六品五顷，七品四顷，八品三顷，九品二顷五十亩。镇戍、关津、岳渎官五品五顷，六品三顷五十亩，七品三顷，八品二顷，九品一顷五十亩。③

唐代太常、教坊诸乐官俸禄中的禄米是按照官员的散官本品支付的，不同的官品所食俸禄不同。如《教坊记》载："内人其家犹在教坊，谓之内人家，四季给米。"从文献来看，早期地方乐官并不享受禄米，直到贞观之后，无论是地方还是京官，只要是带有散阶的官员皆有禄米。具体制度在《唐六典》卷三中有明确的记载：

> 凡京官每年禄：正一品七百石，从一品六百石，正二品五百石，从二品四百六十石，正三品四百石，从三品三百六十石，正四品三百石，从四品二百六十石，正五品二百石，从五品一百六十石，正六品一百石，下以十石为差，至从七品七十石，正八品六十七石，下以五

---

① 任飞．唐代太常、教坊乐官研究［D］．福州：福建师范大学，2011．
② 欧阳修．新唐书［M］．北京：中华书局，1975：1394．
③ 欧阳修，宋祁．新唐书［M］．北京：中华书局，1975：1393．

石为差,至从九品五十二石。外官降一等。(应降等者,正、从一品各以五十石为一等,二品、三品皆以三十石为一等,四品、五品皆以二十石为一等,六品、七品皆以五石为一等,八品、九品皆以二石五斗为一等。)春、夏二季则春给之,秋、冬二季则秋给之。(有闰者不别给。)①

从文献来看,唐代乐官还享受俸料,如食料、杂用等物,有时也会直接发放料钱。《乐府杂录》载:"古乐工都计五千余人,内一千五百人俗乐,系梨园新院于此旋抽入教坊。计司每月之精料,于乐寺给散。"②

任飞博士以安史之乱为分界,详细统计了安史之乱前和安史之乱后唐代太常、教坊诸乐官的月俸情况。③ 具体情况如表1、表2所示。

表1 唐代中前期太常、教坊诸乐官俸料

单位:文

官品	官名	时间	月俸(食料、杂用)
三品	太常卿(教坊使等)	贞观年间	5 100
		乾封年间	6 000
		开元年间	170 000
四品	太常少卿(教坊使等)	贞观年间	4 200
		乾封年间	4 200
		开元年间	11 867
五品	太常丞(教坊使等)	贞观年间	3 600
		乾封年间	3 600
		开元年间	9 200
六品	典乐	贞观年间	2 400
		乾封年间	2 400
		开元年间	5 300
七品	太乐、鼓吹令	贞观年间	2 100
		乾封年间	2 100
		开元年间	4 050

---

① 李林甫,等.唐六典[M].陈仲夫,点校.北京:中华书局,1992:83.
② 段安杰.乐府杂录[M].吴企明,点校.北京:中华书局,2012:140.
③ 任飞.唐代太常、教坊乐官研究[D].福州:福建师范大学,2011.

续表

官品	官名	时间	月俸（食料、杂用）
八品	协律郎、太乐、鼓吹丞	贞观年间	1 600
		乾封年间	1 850
		开元年间	2 475
九品	太乐、鼓吹乐正	贞观年间	1 300
		乾封年间	1 500
		开元年间	1 817

表2　唐代后期太常、教坊诸乐官俸料

单位：文

官品	官名	时间		月俸（食料、杂用）
三品	太常卿（教坊使等）	大历年间		60 000
		贞元年间		90 000
		会昌年间		80 000
四品	太常少卿（教坊使等）	大历年间		40 000
		贞元年间		70 000
		会昌年间		70 000
五品	太常丞（教坊使等）	大历年间		2 000
		贞元年间		4 000
		会昌年间		4 000
七品	太乐、鼓吹令	大历年间		4 116
		贞元年间		6 000
		会昌年间		16 000
八品	协律郎、太乐、鼓吹丞	大历年间	协律郎	4 175
			太乐、鼓吹丞	4 175
		贞元年间	协律郎	16 000
			太乐、鼓吹丞	4 000
		会昌年间	协律郎	20 000
			太乐、鼓吹丞	3 000
九品	太乐、鼓吹乐正	大历年间		1 917
		贞元年间		1 000
		会昌年间		3 000

地方州府也承担了在籍乐人购买乐器、服装、用具等相关费用，以及为艺人提供基本的生活资料。《唐六典》卷第六就记载了唐代宫廷及地方州府为在籍乐人发放衣粮和其他福利的情况：

> （男年十三已上，在外州者十五已上，容貌端正，送太乐；十六已上，送鼓吹及少府教习。……春衣每岁一给，冬衣二岁一给，其粮则季一给。丁奴春头巾一，布衫、袴各一，牛皮靴一量并毡。……十岁已下男春给布衫一、鞋一量，女给布衫一、布裙一、鞋一量……官户长上者准此。其粮：丁口日给二升，中口一升五合，小口六合；诸户留长上者，丁口给三升五合，中男给三升。）凡元、冬、寒食、丧、婚、乳免咸与其假焉。（官户、奴婢，元日、冬至、寒食放三日假，产后及父母丧、婚放一月，闻亲丧放七日。）有疾，太常给其医药。①

2. 乐人的教习与排练成本

隋唐时期的乐人数量极为庞大，《新唐书》卷二十二载："唐之盛时，凡乐人、音声人、太常杂户子弟隶太常及鼓吹署，皆番上，总号音声人，至数万人。"②《新唐书》卷四十八则记载了在籍的乐人数目："文武二舞郎一百四十人，散乐三百八十二人，仗内散乐一千人，音声人一万二十七人。"③

据李西林先生的初步统计，初唐太常寺管理的音声人有1万余人，天宝年间太常寺乐人达2万~3万人，教坊2 000多人，梨园弟子300多人。而据陈旸《乐书》中的说法，仅长安教坊就有乐工11 409人。即便是社会动乱不已的中晚唐，太常寺乐工也达5 000多人。如此庞大的乐人队伍，开展系统化的教习，其成本之高，难以想象。

另外，唐代对乐工的教育极为重视，并以国家政令的形式详细制定了乐人的教育和考核、晋升制度。因此，音乐的教习视难易程度和规模的不同，所需要的时间也不同。据《唐六典》卷第十四记载，太乐署教乐所需时间分别是：

> 雅乐大曲，三十日成；小曲，二十日。清乐大曲，六十日；文曲，

---

① 李林甫，等. 唐六典［M］. 陈仲夫，点校. 北京：中华书局，1992：193-194.
② 欧阳修，宋祁. 新唐书［M］. 北京：中华书局，1975：477.
③ 欧阳修，宋祁. 新唐书［M］. 北京：中华书局，1975：1244.

三十日；小曲，十日。燕乐、西凉、龟兹、疏勒、安国、天竺、高昌大曲，各三十日；次曲，各二十日；小曲，各十日。高丽、康国一曲。①

鼓吹署教习音乐所需时间分别是：

> 棡鼓一曲十二变三十日；大鼓一曲十日；长鸣三声十日；铙鼓一曲五十日，歌、箫、笳一曲各三十日；大横吹一曲六十日，节鼓一曲二十日，笛、箫、觱篥、笳、桃皮觱篥一曲各二十日；小鼓一曲十日；中鸣三声十日；羽葆鼓一曲三十日，錞于一曲五日，歌、箫、笳一曲各三十日；小横吹一曲六十日，箫、笛、觱篥、笳、桃皮觱篥一曲各三十日成。②

另外，隋唐政府除了固定的轮值轮训制度外，还规定正式演出前至少一个月时间，地方乐人须到宫廷进行排练，这又涉及乐人的住宿问题。参与演出的乐人规模越大，其基本的衣食住行成本越高，这些显然都是由政府来支出。

3. 帝王的赐赠

从文献来看，隋唐时期帝王喜好音乐，对乐人的赐赠有多种方式，总体分为：赐赠钱财、赐赠佩戴、赐赠官职和赐赠布帛四类。如《唐会要》卷三十四记载了帝王赐赠钱财、布帛的事情："长庆四年三月赐教坊乐官绫绢三千五百匹，又赐钱一万贯，以备行幸。"③ 唐敬宗不仅赐教坊乐官，还连带乐人亲属一同赏赐。如宝历二年（826年），赏赐内人亲属一千二百人，并在教坊赐食，各颁锦彩。④ 乐人受赏赐最多的要数唐僖宗在位时，"与内园小儿尤昵狎，倚宠暴横……发左藏、齐天诸库金币，赐伎子歌儿者日巨万，国用耗尽"⑤，"甲第名园之赐，莫匪伶官；朱袍紫绶之荣，无非巷伯"⑥。

唐代规定五品以上的官员可以佩银鱼袋，三品以上的官员佩金鱼袋。所

---

① 李林甫，等. 唐六典 [M]. 陈仲夫，点校. 北京：中华书局，1992：399.
② 李林甫，等. 唐六典 [M]. 陈仲夫，点校. 北京：中华书局，1992：399.
③ 王溥. 唐会要 [M]. 北京：中华书局，1960：631.
④ 刘昫，等. 旧唐书 [M]. 北京：中华书局，1975：519.
⑤ 欧阳修，宋祁. 新唐书 [M]. 北京：中华书局，1975：5884.
⑥ 刘昫，等. 旧唐书 [M]. 北京：中华书局，1975：4754.

以，鱼袋在这一时期成为乐人身份和地位的标志，成为乐人是否获得帝王恩宠的象征。如《教坊记》载："内人带鱼，宫人则否。"①《唐会要》卷三十四载：唐敬宗赐乐官十三人紫衣鱼袋。

赏赐乐人职官在隋唐时期也极为常见，如唐玄宗时，李龟年兄弟三人之所以能够在洛阳"大起第宅，僭侈之制，逾于公侯"②，是基于帝王的喜爱和恩赐。《唐会要》卷三十四载："太常卿窦诞，又奏用音声博士，皆为大乐鼓吹官僚。于后筝簧琵琶人白明达，术逾等夷，积劳计考，并至大官。自是声伎入流品者，盖以百数。"③此种现象引起诸多大臣的不满，如中书舍人马周上谏帝王说，乐人只可"厚赐钱帛，以富其家"，不能"列预士流，超授高爵"。④唐宪宗为了避免这一奢靡现象，一即位就颁布了"罢教坊乐人授正员官之制"⑤，但赏赐乐人官职这一现象在后代依然被帝王延续，如唐文宗曾赐仙韶乐工尉迟璋王府率一职，后因左拾遗窦洵直极力反对，才改授光州长史一职。唐懿宗也想任命伶官李可及为威卫将军，但遭到大臣曹确等人的极力反对，不得不收回成命。

4. 乐人的赦免

隋唐时期政府对乐人的赦免活动也体现了乐舞消费的成本之高。因为这种赦免活动与经济密不可分，这首先表现在为保障乐人专心从事乐舞生产，而对乐人或其家属采取赦免徭役的行为。从文献来看，唐代徭役种类繁多，如杂徭，"丁谓正役，夫谓杂徭，及杂色工匠，诸司工、乐、杂户，太常音声人亦同"⑥。历朝均有赦免乐人杂徭的现象，如唐中宗"神龙三年（707年）八月敕，太常乐鼓吹散乐音声人，并是诸色供奉。乃祭祀、陈设、严警、卤簿等用，须有矜恤，宜免征徭杂科"⑦。唐玄宗开元二十三年（735年），内教坊博士和曹第一、第二博士房的音声人被准许免杂徭。唐武宗会昌二年（842年），京畿各院太常乐人与金吾角手能享受这种福利：

二十三年敕，内教坊博士及弟子，须留长教者，听用资钱。陪其

---

① 崔令钦. 教坊记 [M]. 吴企明, 点校. 北京：中华书局，2012：12.
② 郑处诲. 明皇杂录 [M]. 北京：中华书局，1994：27.
③ 王溥. 唐会要 [M]. 北京：中华书局，1960：624.
④ 刘昫, 等. 旧唐书 [M]. 北京：中华书局，1975：2615.
⑤ 刘昫, 等. 旧唐书 [M]. 北京：中华书局，1975：412.
⑥ 刘俊文. 唐律疏议笺解 [M]. 北京：中华书局，1996：1981.
⑦ 王溥. 唐会要 [M]. 北京：中华书局，1960：612.

所留人数，本司量定申者为簿。音声内教坊博士，及曹第一、第二博士房，悉免杂徭，本司不得驱使。又音声人得五品已上勋，依令应除簿者，非因征讨得勋，不在除簿之列。①

唐中宗到唐武宗会昌二年（842年）之前，免除杂徭的音声人的家人也可以享受这种待遇，但是，到唐武宗会昌二年之后，就不能再享受这种待遇了。如《全唐文》卷七十八载："京畿诸县太常乐人及金吾角子，皆是富饶之户，其数至多。今一身属太常金吾，一门尽免杂差役。今日已后，只放正身一人差使，其家下并不在影庇限。"② 由于乐人职业的特殊性，唐律中规定，对于犯徒刑的乐人，如果能"习业已成，能专其事"③，本应该配没的，都不用配没。

倪高峰通过对《新唐书》《唐会要》等史料的梳理，将唐代帝王对音乐生产的投资或减资情况进行了汇总，这生动地反映了隋唐非商业性乐舞生产消费的成本问题（表3）。④

表3　唐代帝王对音乐生产的投资或减资情况

皇帝年号	赏罚对象	赏罚项目、金额	人数	文献出处
唐高祖武德四年（621年）	太乐鼓吹、前朝乐户	乐人身份	前朝乐户，至多三万人	《唐会要》卷三十四
唐高祖武德九年（626年）	掖庭宫女	放出	三千人	《旧唐书》卷二
唐中宗神龙元年（705年）	宫女	放出	三千人	《旧唐书》卷七
唐中宗神龙二年（706年）	乐户	还籍	不详	《新唐书》卷一二三
唐中宗神龙三年（707年）	太常乐鼓吹散乐音声人	免徭杂科	不详	《唐会要》卷三十三
唐睿宗景云元年（710年）	百姓子女入宫者	放还其家	不详	《旧唐书》卷七

---

① 王溥. 唐会要 [M]. 北京：中华书局，1955：629-630.
② 董诰，等. 全唐文 [M]. 北京：中华书局，1983：814.
③ 刘俊文. 唐律疏议笺解 [M]. 北京：中华书局，1996：283.
④ 倪高峰. 艺术经济研究：唐代宫廷乐舞生产、消费的经济基础 [D]. 北京：中国艺术研究院，2012.

续表

皇帝年号	赏罚对象	赏罚项目、金额	人数	文献出处
唐玄宗开元二十三年（735年）	内教坊博士及弟子、音声内教坊博士及曹第一、第二博士房	免杂徭	不详	《唐会要》卷二十四
唐玄宗天宝元年（742年）	宴毗伽可汗妻等	出宫	不可胜纪	《旧唐书》卷九
唐肃宗至德三年（758年）	宫女	出宫	三千人	《旧唐书》卷十
唐代宗永泰元年（765年）	宫女	出宫	一千人	《旧唐书》卷十一
唐德宗建中元年（780年）	梨园使及伶官、宫女	停职，放出	三百人，五百余人	《旧唐书》卷十二
唐德宗贞元二十一年（805年）	后宫及教坊女妓	放出	六百人	《新唐书》卷七
唐顺宗永贞元年（805年）	宫女、掖庭教坊女乐	出家或出宫	三百，六百	《旧唐书》卷十四
唐宪宗元和元年（806年）	教坊乐官	不得受正官之制	不详	《旧唐书》卷十四
唐宪宗元和六年（811年）	教坊乐人	减衣粮	不详	《旧唐书》卷十四
唐宪宗元和八年（813年）	宣徽院乐人	分番上下	三十余人	《唐会要》卷三十四
唐穆宗长庆元年（821年）	教坊	赐钱，充息利本钱	钱五千贯，充息利本钱	《旧唐书》卷十六
唐穆宗长庆四年（824年）	教坊乐官	绫绢三千五百匹；又赐钱一万贯；赐紫衣鱼袋	乐官十三人	《唐会要》卷三十四
	内教坊乐官	赐钱	万缗	《资治通鉴》卷二四三
唐敬宗宝历元年（825年）	掖庭宫人、先配内园宫人	放出	不详	《旧唐书》卷十七
	教坊乐官、伶官	赐绫绢	三千五百匹	《旧唐书》卷十七

续表

皇帝年号	赏罚对象	赏罚项目、金额	人数	文献出处
唐敬宗宝历二年（826年）	教坊日直乐工	罢免	不详	《新唐书》卷八
	内人亲属	教坊赐食、各颁锦彩	一千二百人	《旧唐书》卷十七
唐文宗即位（826年）	凤翔、淮南先进女乐；教坊乐官、翰林待诏、伎术官并总监诸色职掌内冗员者	放归本道；停废	二十四人；一千二百七十人	《旧唐书》卷十七
唐文宗大和七年（833年）	教坊乐；宫女	停教坊乐；出宫女	一千人	《旧唐书》卷十七
唐文宗开成二年（837年）	音声女妓	放出	四十八人	《旧唐书》卷十七
唐文宗开成四年（839年）	仙韶院乐官	停官料钱	停三百贯文	《唐会要》卷三十四
唐武宗会昌二年（842年）	京畿诸院太常乐及金吾角手，家丁	今后只免正身一人差使，其家丁并不在影庇限	不详	《唐会要》卷三十四
唐宣宗大中元年（847年）	罢太常教坊习乐	放出宫女	五百人	《新唐书》卷八

5. 乐器及乐器管理

隋唐文献多次提到政府设置乐具库，如《乐府杂录》记载："乐具库在望仙门内之东壁。"① 显然，乐器的生产制作、乐库的存放管理等环节，均体现了这一时期乐舞生产的宏大成本，这从下面文献的描述中可以看出端倪：

> 太真妃最善于击磬拊抌之音，泠泠然新声，虽太常梨园之能人，莫加（如）也。上令采蓝田绿玉琢为器，上造簨簴流苏之属，皆以金钿珠翠珍怪之物杂饰之。又铸二金狮子，作拿攫腾奋之状，各重二百

---

① 段安节.乐府杂录[M].北京：中华书局，2012：121.

余斤,以扶。其他彩绘缚丽,制作神妙,一时无比也。上幸蜀回京师,乐器多亡失,独玉磬偶在。上顾之凄然,不忍置于前,促令送太常,至今藏于太常正乐库。①

6. 乐人服饰

隋唐时期,帝王对音乐生产消费的重视也体现在乐人的服饰方面。无论是单个乐曲表演者还是太常、教坊数万人之巨,"伎人皆衣锦绣缯彩"。《朝野佥载》卷三就记载了唐玄宗先天二年(713年)元宵节乐舞演出中乐人的服饰、装饰的消费成本:

> 先天二年正月十五、十六夜,于京师安福门外作灯轮,高二十丈,衣以锦绮,饰以金玉,燃五万盏灯,簇之如花树。宫女千数,衣罗绮,曳锦绣,耀珠翠,施香粉。一花冠、一巾帔皆万钱,装束一妓女皆至三百贯。妙简长安、万年少女妇千余人,衣服、花钗、媚子亦称是,于灯轮下踏歌三日夜,欢乐之极,未始有之。②

如前文所述,参与演出的乐伎"一花冠、一巾帔皆万钱,装束一妓女皆至三百贯",据此推算,每个节目少则10余人,多则上百人,整个宫廷动辄数万人,足见其服饰、装饰成本之高。

综上,隋唐政府所辖乐人的粮食、医药、衣料、工资、食宿等经济支出都需要政府承担,其中以皇室为中心的中央政府承担了大部分的消费成本。当然,地方州府也承担了一定的支出,尤其表现在为进行轮值轮训的在籍乐人提供基本的居住场所。项阳先生认为:"就乐人的户籍是否在宫廷与地方官府者,也是相对的。作为轮值者,是在'依旧太常上下'之时才住,其余时间则返回州县。换言之,宫中有名籍的数万乐人,并非同时在宫中应差,多数属于轮番者。"③因此,为了维持国家的乐舞需要,各个州府必然为本州府乐人提供基本的居住之所。

不仅如此,为了保证国家乐舞生产的顺利进行,地方政府还承担着外派到京城乐人的各类消费支出。据《隋书》记载,每年正月外国来朝时,隋炀帝都要留外宾居住半个月,这期间音乐表演的人数大概有三万人,"伎

---

① 郑綮. 开天传信记 [M]. 吴企明,点校. 北京:中华书局,2012:97.
② 张鷟. 朝野佥载 [M]. 北京:中华书局,1979:69.
③ 项阳. 轮值轮训制——中国传统音乐主脉传承之所在 [J]. 中国音乐学,2001 (2):11-20.

人皆衣锦绣缯彩"。唐代的音乐消费更是惊人，如前文所述，元宵节乐舞表演时乐人的"一花冠、一巾帔皆万钱，装束一妓女皆至三百贯"。显然，这些来自地方州府轮值的乐人所产生的消费支出，很多是由地方政府来承担的。因为，这些由地方州府外派入宫的乐籍人员，既然其身份隶属地方，参与国家的轮值轮训显然是一种职责和义务，因此，其耗费的一切经济成本应该是由地方政府来承担。而皇室更多的是承担宫廷音乐机构诸如教坊、梨园、太常寺常驻乐人的支出。

由于非商业性乐舞生产与消费的成本都由政府承担，一旦政府无力承担财政支出时，首要的举措就是裁减乐人，缩减乐舞消费规模。据《旧唐书》《新唐书》《唐会要》记载，中唐以来乐工裁减现象极为频繁：

大历十四年（779年）五月，"癸未，罢梨园乐工三百人"。

贞元二十一年（805年）三月，"又出后宫及教坊女妓六百人，听其亲戚迎于九仙门，百姓莫不叫呼大喜"。

贞元二十一年（805年），"三月庚午，出宫女三百人于安国寺，又出掖庭教坊女乐六百人于九仙门，召其亲族归之"。

贞元二十一年（805年），"己酉，放凤翔、淮南先进女乐二十四人，并放还本道"。庚申，又诏："教坊乐官、翰林待诏、伎术官并总监诸色职掌内冗员者共一千二百七十人，并宜停废。……今年已来诸道所进音声女人，各赐束帛放还。"

永贞元年（805年）八月，"顺宗诏立为皇帝……九月己巳，罢教坊乐工正员官"。

宝历二年（826年）十二月，"庚申，出宫人三千，省教坊乐工、翰林伎术冗员千二百七十人"。

大和三年（829年）三月乙酉，"罢教坊日直乐工"。

开成二年（837年）三月甲子朔，"内出音声女妓四十人，令归家"。

广明初（880），"巢贼干纪，舆驾播迁，两都覆圮，宗庙悉为煨烬，乐工沦散，金奏几亡。及僖宗还宫，购募钟县之器，一无存者"。

昭宗时期（889—904年），帝问游幸所耗费用，臣僚回答说："闻懿宗以来，每行幸无虑用钱十万，金帛五车，十部乐工五百，犊车、红网殊网画香车百乘，诸卫士三千。凡曲江、温汤若畋猎曰大行从，宫中、苑中曰小行从。"于是，昭宗不得不"诏类减半"。

显然，中唐之后，历经安史之乱的大唐盛世已经不复存在，政治经济实力日渐衰落，这导致国家已经无力承担大规模的蓄养乐人行为，甚至连内廷乐人也不能幸免。

除了政府行为中的乐舞生产消费须耗费巨大的经济成本之外，文人贵族私家所蓄乐伎虽然能够满足自己日常娱乐所需，但其背后依然是恩主要支付高额的经济成本。唐代文人的诗作就反映了此种状况，如诗人司空曙《病中嫁女妓》云：

> 万事伤心在目前，一身垂泪对花筵。
> 黄金用尽教歌舞，留与他人乐少年。

所以，白居易在晚年时写《有感三首》劝诫世人不要蓄养歌伎，更充分说明了文人蓄伎背后的成本付出之艰辛，所谓：

> 莫养瘦马驹，莫教小妓女。
> 后事在目前，不信君看取。
> 马肥快行走，妓长能歌舞。
> 三年五岁间，已闻换一主。
> 借问新旧主，谁乐谁辛苦。
> 请君大带上，把笔书此语。

第三节　隋唐时期非商业性音乐生产与消费的总体特征

一、国家乐籍制度在社会音乐生产与消费的过程中具有重要作用

从乐籍管理制度上来说，隋唐时期的在籍乐人分为宫廷、地方政府、军营、挂靠宫廷的民间乐伎、寺庙乐人、民间乐工几种。以宫廷五礼用乐为核心的非商业性乐舞生产与消费，其正常运转都与国家层面制定并实施的乐籍制度有着密切的关系。可以说国家制定、实施，地方严格执行的乐籍制度有效地保证了非商业性乐舞生产与消费的顺利进行。

非商业性乐舞生产与消费的主体是政府主导下的乐舞生产，乐舞的生产者是隶属政府的在籍乐人，消费者则是各级政府官员。因此，有了乐籍

制度的制约，各类在籍乐人才能以应差的形式为国家服务，为各级政府服务，国家和地方政府则通过制度、国家支付俸禄、基本物质生活条件、减免赋税杂役等形式，调控和推动在籍乐人积极为政府进行乐舞生产，以满足各级政府的各类消费活动。当然，这本质上也是国家和地方州府的蓄伎行为，是一种内在循环的非商业性乐舞生产消费过程。在这一过程中，国家的乐籍制度保证了从国家到地方能够长期集中全国最优秀的职业乐人，或者通过国家的形式，不计成本地进行乐人的培训、考核、排练，并提供各种表演工具、设施等。

唐代实施的对乐人的严格考核制度，更充分地保障了乐舞生产者高超的乐舞技艺，确保了乐舞产品的高质化水平。所谓：

> 凡习乐立师以教，每岁考其师之课业，为上、中、下三等，申礼部；十年大校之，若未成，则又五年而校之，量其优劣而黜陟焉。（诸无品博士随番少者，为中笔；经十五年，有五上考者，授散官，直本司。）若职事之为师者，则进退其考。习业者亦为之限，既成，得进为师。①

这种严格的考核和晋升制度，还包括"难色大部伎三年而成，次部二年而成，易色小部伎一年而成，皆入等第三为业成"，"隶鼓吹署。习大小横吹，难色四番而成，易色三番而成；不成者，博士有谪。内教博士及弟子长教者，给资钱而留之"。② 而且，这种考核制度在社会上广为流传，白居易《立部伎》也有明确记载："立部贱，坐部贵。坐部退为立部伎，击鼓吹笙和杂戏。立部又退何所任？始就乐悬操雅音。"

在籍乐人属于国家体制内职业生产者，有着充分的物质生活保障，无须担心流浪卖艺、衣不果腹的生活，长时间以户籍的形式固定下来也利于乐人传承技艺并专心进行乐舞生产。即便是宗教风俗需求中的乐舞生产与消费行为、民间风俗引导下的乐舞生产与消费，其乐舞生产的主体依然是隶属州府的在籍乐人，受制于国家乐籍制度的管理。

当然，乐籍制度在有效保证非商业性乐舞生产与消费顺利进行的同时，也在一定程度上制约了乐人的创新，因为在籍乐人必须按照政府的意志与需求进行乐舞生产，很难有自己的独创性。政府行为必然强调礼仪性、程序化和规范性，长此以往也必然消弭职业艺人固有的即兴性、创造性。

---

① 李林甫，等. 唐六典 [M]. 陈仲夫，点校. 北京：中华书局 1992：406.
② 欧阳修，宋祁. 新唐书 [M]. 北京：中华书局，1975：1243.

二、私家蓄伎的音乐生产规模渐趋缩小

私家蓄伎是隋唐时期非商业性乐舞生产的一支重要力量，也是贵族、文人、官员进行乐舞消费的主要对象。从文献来看，蓄伎之风在文人贵族中极为盛行，如白居易即便在杭州任职，也依然蓄有私家乐伎，常常携伎游走于湖泊山林之中。白居易的好友元稹任职越州时也是如此。刘禹锡《洛中逢韩七中丞之吴兴口号五首》云"何处人间似仙境，春山携妓采茶时"，表现了其携伎采茶之事。显然，在隋唐文人看来蓄伎已经成为文人诗酒生活中不可或缺的一部分，连穷困潦倒的大诗人杜甫也曾受别人馈赠，时刻在身边蓄养一个乐伎。因此，文人蓄伎乐舞行为是隋唐时期的重要音乐经济现象之一。

当然，隋唐文人的蓄伎之风主要源自魏晋南朝时期江南世家大族的私家蓄伎风尚。但是隋唐文人、贵族的蓄伎规模以及通过所蓄乐伎进行的乐舞消费，相比魏晋南朝江南世家大族要逊色很多。也可以说，相比前代蓄伎规模堪比帝王的盛况，隋唐文人的蓄伎规模是极大地缩小了。虽然隋唐文献中也记载了中唐之前部分贵族存在大量蓄伎的情况，如初唐时期的进士王瀚曾"恃才不羁，喜纵酒，枥多名马，家蓄伎乐"[1]，中唐时期洛阳柳当将军也是家甚富，伎乐极多，但这也仅仅是少数现象。整体来看，隋唐文人的蓄伎规模一般是两三人，如酷爱蓄伎的白居易就曾蓄有两个乐伎，即樊素与杨柳，并写诗云"樱桃樊素口，杨柳小蛮腰"。隋唐文人蓄伎进行乐舞生产往往是在朋友宴飨或游宴之中，以歌舞助兴，而前代动辄是"恒舞"或夜以继日的"酣歌"。

究其原因，一方面与隋唐时皇室对前朝遗存世族的限制有着密切关系，通过国家行政的方式，抑制了南北朝时期世族所拥有的政治经济特权，进一步压缩了其社会生存的空间，导致其没有过多的钱财与权力从事蓄伎奢乐的生活；另一方面是唐代政府对蓄伎行为有着明确的规定，如《唐六典》卷四记载当时政府规定：三品以上得备女乐五人，五品以上女乐不得过三人。由此，地方官员或文人所蓄乐伎必然不能超越朝廷的定制。

三、音乐竞技之风盛行

隋唐时期无论是民间还是宫廷，非商业性的乐舞生产消费中普遍存在

---

[1] 辛文房. 唐才子传[M]. 北京：中华书局，2020：57.

竞技之风。崔令钦《教坊记》中将此种现象称为"热戏",其云:"凡戏辄分两朋,以判优劣,则人心竞勇,谓之'热戏'。"①

从文献来看,隋唐宫廷中盛行竞技之风,如《教坊记》中多次记载了宜春院"内人"与其他机构乐人的竞争演出。《唐会要》卷三十四记载了唐高宗时期将太常音乐分为东西两棚进行对垒竞技:

> 上元元年九月,高宗御含元殿东翔鸾阁,大酺。当时京城四县,及太常音乐,分为东西朋。雍王贤为东朋,周王显为西朋,务以角胜为乐。②

《旧唐书》卷七载:

> (景龙三年)二月己丑,幸玄武门,与近臣观宫女大酺,既而左右分曹,共争胜负。③

《教坊记》载:

> 玄宗之在藩邸,有散乐一部,戡定妖氛,颇藉其力;及膺大位,且羁縻之。常于九曲阅太常乐。卿姜晦,嬖人楚公皎之弟也,押乐以进。……于是诏宁王主藩邸之乐以敌之。……太常群乐鼓噪,自负其胜。上不悦……翌日,诏曰:"不宜典俳优杂伎。"乃置教坊,分为左右而隶焉。左骁卫将军范安及为之使。④

《明皇杂录》载:

> 唐玄宗在东洛,大酺于五凤楼下,命三百里内县令、刺史率其声乐来赴阙者,或请令较其胜负而赏罚焉。⑤

民间层面更是风靡,如《乐府杂录》记载唐代两位著名琵琶演奏家康昆仑与段善本在闹市之中决胜琵琶的趣事:

> 贞元中有康昆仑,第一手。始遇长安大旱,诏移两市祈雨。及至天门,街市人广,较胜负,斗声乐。即街东有康昆仑,琵琶最上,必

---

① 崔令钦. 教坊记 [M],北京:中华书局,2012:9.
② 王溥. 唐会要 [M]. 北京:中华书局,1960:624.
③ 刘昫,等. 旧唐书 [M]. 北京:中华书局,1975:147.
④ 崔令钦. 教坊记 [M]. 北京:中华书局,2012:9-10.
⑤ 郑处诲. 明皇杂录 [M]. 北京:中华书局,1994:26.

谓街西无以敌也。遂请昆仑登彩楼，弹一曲新翻羽调《绿腰》。其街西亦建一楼，东市大诮之。及昆仑度曲，西市楼上出一女郎，抱乐器，先云："我亦弹此曲，兼移在枫香调中。"及下拨，声如雷，其妙入神。昆仑即惊骇，乃拜请为师。女郎遂更衣出见，乃僧也。盖西市豪族厚赂庄严寺僧善本，姓段，以定东鄽之胜。翊日，德宗召入，令陈本艺，异常嘉奖，乃令教授昆仑。段奏曰："且请昆仑弹一调。"及弹，师曰："本领何杂，兼带邪声。"昆仑惊曰："段师，神人也。臣少年初学艺时，偶于邻舍女巫授一品弦调，后乃易数师。段师精鉴如此玄妙也！"段奏曰："且遣昆仑不近乐器十年，使忘其本领，然后可教。"诏许之。后果尽段之艺。①

《李娃传》亦记载了荥阳生落魄时代表东肆与西肆之人竞赛挽歌的事迹，其歌唱水平让人拍案叫绝。

---

① 段安杰. 乐府杂录［M］. 北京：中华书局，2012：130-131.

第四章　隋唐时期的音乐经济（下）

第一节　隋唐时期商业性的音乐生产

一、隋唐时期商业性的音乐生产者

在经济繁荣的隋唐社会，城镇的消费需求以及大量文人墨客的娱乐需求极大地促进了社会上商业性乐舞的生产与消费。从事商业性乐舞生产的群体也极为庞大，归纳起来，主要有以下几种类型。

（一）娼妓

娼妓是隋唐时期社会从事商业性乐舞生产的主要群体之一，时人也常常用"优伶""优""伶人""妓人"来指代，从业者主要是女性，以歌舞表演为主，常通过色艺娱人的形式来获取商业回报。这是一个相对复杂的社会群体，又可以分为以下两种类型。

一种类似于在籍乐人或等同于民间卖艺之人，以音乐表演为专长，有一定的人身自由，有自己的家室，以卖唱谋生，既出入于城市、农村的街头巷尾，也常常游走于文人、贵族或富贾之家，受雇于官方、军队进行商业化的乐舞生产。对于商业性的乐舞表演，他们具有定价权和决定权。白居易在《与元九书》中记载了军队雇佣社会上的专职乐舞表演者——娼妓进行乐舞生产，两个娼妓对自己的表演内容、演出价格具有极大的自主性：

"又闻有军使高霞寓者,欲聘娟妓。妓大夸曰:'我诵得白学士《长恨歌》,岂同他妓哉?'由是增价。"①

另一种是分布在各个妓馆中的歌舞艺人,他们与专职的乐人一样以乐舞娱人,但更强调以色娱人。从文献来看,隋唐时期城镇妓馆中的乐舞生产者大多经过严格的训练,从属于严格的管理体系。他们具有较高的文学修养和音乐技艺,隶属娼妓,但具有一定的自由性,大多是良家子弟,因生活贫困卖身,或被歹徒诱拐贩卖沦落为娼籍。很多乐舞生产者都是从小进入妓馆,在鸨母的严格管理下,进行艰苦的技艺学习,对此,孙棨《北里志》中有着详细的记载,其序云:

> 平康里入北门,东回三曲,即诸妓所居之聚也。……其中诸妓,多能谈吐,颇有知书言语者,自公卿以降,皆以表德呼之。其分别品流,衡尺人物,应对非次,良不可及。

天水仙哥、郑举举、俞洛真、王苏苏、张住住等,都是一时名动京师的艺妓。他们有明确的等级之分,妓馆集中坊内"北曲",又分北曲(前曲)、中曲、南曲三曲,"妓中铮铮者多在南曲、中曲。其循墙一曲(北曲),卑屑妓所居,颇为二曲轻斥之"②。

北里之内的乐妓有着严格的管理体系,所谓:

> 诸女自幼丐育,或佣其下里。贫家常有无无之赖,潜为鱼猎。亦有良家子,为其家聘之,后以转求厚赂,误缠其中,则无以自脱。且教之歌,久而卖之。其日赋甚急,微涉退怠,鞭扑备至……皆用假母姓,从便呼,以女弟、女兄为之行第。③

虽然名义为义女,实际上受制于鸨母的苛刻驱使和严酷榨取,很难脱离约束成为自由身,很多人晚年命运极为悲惨。因为社会观念的制约、身份地位的低贱以及从事职业的性质,他们形成了一种与外部世界相对隔绝的生活状态,成为一个独特的生活群体。所谓"诸妓,以其出里艰难,每遇南街保唐寺有讲经之便,多以旬之八日相率听讲。贤者皆纳其假母一缗,

---

① 白居易. 白居易集[M]. 北京:中华书局,1979:963.
② 徐松. 增订唐两京城坊考[M]. 西安:三秦出版社,2006:88.
③ 金盈之. 新编醉翁谈录[M]. 郑州:大象出版社,2019:254.

然后得出"①。

但这些乐舞生产者的收入相对较高,深受社会名流、贵族的追捧。如《北里志》载:"亦有乐工聚居其侧,呼召之立至,每饮率以三镮,继烛即倍之","曲中常价,一席四镮,见烛即倍。新郎君更倍其数,故云复分钱也。"② 元稹《赠吕三校书》云:"共占花园争赵辟,竞添钱贯定秋娘。"

(二) 参军、优戏、杂剧艺人

隋唐时期散乐百戏盛行,帝王曾在宫廷专门设置音乐机构蓄养百戏艺人,每逢重要场合,百戏艺人的演出是其中非常重要的内容之一。受这一时代风气的影响,唐代长安城内已有专门的百戏班子,面向城镇居民和各类消费者收费演出。如唐玄宗天宝五载(746年)七月,将因妒悍忤旨的杨贵妃从杨铦宅召回,并"召两市杂戏以娱贵妃"③。乾符元年(874年),唐僖宗将因谏懿宗滥杀御医被贬的宰相刘瞻召为刑部尚书,"长安两市人率钱雇百戏迎之"④。

随着隋唐时期参军戏、歌舞戏的兴盛,社会上出现了专职表演参军戏和歌舞戏的艺人。唐代范摅《云溪友议校笺》记载了贞元、元和年间(785—820年),江南籍乐人周季南、刘采春的家庭戏班到处演出参军戏的情况:

> 乃廉问浙东……有俳优周季南、季崇及妻刘采春,自淮甸而来,善弄陆参军,歌声彻云。篇韵虽不及涛,容华莫之比也。元公似忘薛涛,而赠采春诗曰:"新妆巧样画双蛾,幔裹恒州透额罗。正面偷轮光滑笏,缓行轻踏皱纹靴。言词雅措风流足,举止低徊秀媚多。更有恼人肠断处,选词能唱《望夫歌》。"《望夫歌》者,即罗唝之曲也。采春所唱一百二十首,皆当代才子所作。其词五六七言,皆可和矣。词云:"不喜秦淮水,生憎江上船。载儿夫婿去,经岁又经年。"……采春一

---

① 金盈之. 新编醉翁谈录[M]. 郑州:大象出版社,2019:254.
② 王仲荦. 金泥玉屑丛考[M]. 郑宜秀,整理. 北京:中华书局,1998:144.
③ 程毅中,等. 古体小说钞[M]. 北京:中华书局,2021:20.
④ 司马光. 资治通鉴[M]. 胡三省,音注. 北京:中华书局,1956:8170.

唱是曲，闺妇行人莫不涟泣。①

《云溪友议校笺》还记载了刘采春戏班到处游走卖艺的情况：

> 崔朗中刍言，初为越副戎，宴席中有周德华。德华春，乃刘采春女也。虽罗唝之歌不及其母，而《杨柳枝》词采春难及。崔副车宠爱之异，将至京洛，后豪门女弟子从其学者众矣。②

显然，上述两条文献同时说明了隋唐时期民间商业性演出的繁盛。在商业演出时，乐舞表演者一般是以家庭为单位，或母女或父女口耳相传、相依为命，或行乡入里，或往来都市，或应筵宴之召，以歌舞技艺换取经济回报来维持生计。为了获取更大的商业利益，这些艺人往往都有自己所擅长之处，如刘采春善滑稽戏《陆参军》，而其女却更擅长《杨柳枝》词，这种品牌效应进一步提升了乐舞生产的商业回报。

产生于北齐的歌舞戏《踏摇娘》在唐代进一步发展，增加了伴奏，角色也由两个增加到三个，因此被誉为"全能之戏剧"，极为盛行。唐代天宝年间（742—756年）常非月的《咏谈容娘》一诗，就描写了这一歌舞戏的演出场景及其受人们欢迎的盛况：

> 举手整花钿，翻身舞锦筵。
> 马围行处匝，人簇看场圆。
> 歌要齐声和，情教细语传。
> 不知心大小，容得许多怜。

隶属教坊乐籍的百戏艺人公孙大娘早年也是一名民间艺人，她曾在河南郾城街头卖艺，杜甫幼时曾在郾城观看到公孙大娘舞剑器浑脱的绝技，五十年后在夔州见李十二娘舞剑器而写下了《观公孙大娘弟子舞剑器行》一诗，诗中可见他对幼时见到的情景仍记忆犹新。诗曰：

> 大历二年十月十九日，夔府别驾元持宅，见临颍李十二娘舞剑器，壮其蔚跂，问其所师，曰："余公孙大娘弟子也。"开元三载，余尚童稚，记于郾城观公孙氏，舞剑器浑脱，浏漓顿挫，独出冠时，自高头宜春梨园二伎坊内人泊外供奉，晓是舞者，圣文神武皇帝初，公孙一

---

① 范摅. 云溪友议校笺［M］. 唐雯，校笺. 北京：中华书局，2017：164-165.
② 范摅. 云溪友议校笺［M］. 唐雯，校笺. 北京：中华书局，2017：169.

人而已。玉貌锦衣,况余白首,今兹弟子,亦非盛颜。既辨其由来,知波澜莫二,抚事慷慨,聊为《剑器行》。昔者吴人张旭,善草书帖,数常于邺县见公孙大娘舞西河剑器,自此草书长进,豪荡感激,即公孙可知矣。

昔有佳人公孙氏,一舞剑器动四方。
观者如山色沮丧,天地为之久低昂。
霍如羿射九日落,矫如群帝骖龙翔。
来如雷霆收震怒,罢如江海凝清光。
绛唇珠袖两寂寞,晚有弟子传芬芳。
临颍美人在白帝,妙舞此曲神扬扬。
与余问答既有以,感时抚事增惋伤。
先帝侍女八千人,公孙剑器初第一。
五十年间似反掌,风尘澒洞昏王室。
梨园弟子散如烟,女乐馀姿映寒日。
金粟堆南木已拱,瞿塘石城草萧瑟。
玳筵急管曲复终,乐极哀来月东出。
老夫不知其所往,足茧荒山转愁疾。

(三) 宫廷乐人

1. 流落民间的宫廷乐人

隋唐时期宫廷蓄养的乐人最多时人数高达3万名,由于乐人年老色衰不受君王恩宠,或由于战乱、政府主动削减乐人数量等,大量技艺高超的宫廷乐人流落到民间。为了养家糊口,他们主要从事商业性的乐舞生产。安史之乱后,北方因战乱一片萧瑟,而南方相对富庶。因此,大批宫廷乐人伶工流落江南,这极大地促进了江南乐舞经济的繁荣。

陈旸《乐书》卷一八八描述了当时宫廷教坊机构的衰败困境:

洎于离乱,礼寺隳颓;簨簴既移,鼖鼓莫辨。梨园弟子半已沦亡,乐府歌章咸悉丧坠,教坊之记虽存,亦未为周备尔。①

---

① 陈旸. 乐书 [M]. 张国强,点校. 郑州: 中州古籍出版社,2019: 980.

因此，这一时期流落各地的乐人极多，尤其是富庶的江南之地更是乐人首选之处。代表性人物有许和子（又名永新），五代王仁裕《开元天宝遗事》卷下云：

> 宫妓永新者善歌，最受明皇宠爱。每对御奏歌，丝竹之声莫能遏。帝尝谓左右曰："此女歌值千金。"①

安史之乱后这位著名歌伎流落江南，颠沛流离，以卖艺为生。唐段安节《乐府杂录》记载：

> 自渔阳之乱，六宫星散，永新为一士人所得。韦青避地广陵，月夜凭栏于上河之上，忽闻舟中奏水调者，曰："此永新歌也。"乃登舟与永新对泣久之。②

宫廷知名乐人李龟年也流落江南，以乐舞养家糊口。据说杜甫曾与之相会并写下了名诗《江南逢李龟年》：

> 岐王宅里寻常见，崔九堂前几度闻。
> 正是江南好风景，落花时节又逢君。

盛唐时期著名的宫廷乐人李谟善吹笛，安史之乱后流落江东，曾在越州刺史皇甫政的宴飨中表演笛乐以获取生存所需。李谟外孙许云封也是梨园小部音声乐僮，安史之乱后亦漂流南海近四十年，直到贞元初才由韦应物举荐入和州乐府（今安徽省马鞍山和县）。③

白居易诗《江南遇天宝乐叟》也记载了善琵琶、法曲且常陪侍玄宗左右的梨园乐人飘落江南、以技谋生的凄惨晚景：

> 白头病叟泣且言，禄山未乱入梨园。
> 能弹琵琶和法曲，多在华清随至尊。
> 是时天下太平久，年年十月坐朝元。
> 千官起居环珮合，万国会同车马奔。
> 金钿照耀石瓮寺，兰麝熏煮温汤源。

---

① 王仁裕. 开元天宝遗事 [M]. 曾怡芬, 点校. 北京：中华书局，2006：52.
② 段安节. 乐府杂录 [M]. 吴企明, 点校. 北京：中华书局，2012：125.
③ 李昌集. 唐代宫廷乐人考略——唐代宫廷华乐、胡乐状况一个角度的考察 [J]. 中国韵文学刊，2004（3）：1-17.

贵妃宛转侍君侧，体弱不胜珠翠繁。
冬雪飘飖锦袍暖，春风荡漾霓裳翻。

白居易诗中描绘的乐人并无准确姓名，而同为宫廷乐人且有名有姓者杜秋娘也有着同样的遭遇。据杜牧《杜秋娘诗并序》记载，宫廷乐人杜秋娘原籍金陵，善歌曲和演奏笛、箫，曾是浙西节度使李锜的妾，因丈夫叛乱而充入宫中作为乐人，在宫廷服役三十年，后被赐还金陵，但此时已是年老且贫，很难再以歌舞色艺来赢取丰厚的金钱，杜牧与其重逢时诗云其"寒衣一匹素，夜借邻人机"，令人痛惜。

2. 纯粹为获利的宫廷乐人

上述流落民间的宫廷乐人进行商业演出是出于生存所需，而这一时期还出现了单纯为获取高额的收入而专门从宫廷到地方进行商业演出的宫廷乐人。即虽然这一时期国家实施了严格的乐籍制度、轮值轮训制度，宫廷及州府都有专门供乐人住宿的场所，但并没有严格限制乐人的流动。一些隶属宫廷的教坊乐人、太常音声人，隶属地方州府的在籍乐人、乐户也常常为了商业利益而四处流动卖艺。尤其是中唐以来，教坊乐伎常常被京城士人邀请，作为"饮妓"为宾客酒筵服务，如《全唐文》卷八百二十七云："京中饮妓籍属教坊，凡朝士宴聚，须假诸曹署行牒，然后能致于他处。惟新进士设筵，顾吏故便可行牒，追其所赠之资，则倍于赏数。"[1] "其动因与目则皆在生活困苦，求缠头之赠，以资挹注耳。"[2]

其中比较具有代表性的如被誉为开元时期"吹笛为第一部"的宫廷教坊乐人李谟，曾因故请假去越州（今绍兴），地方人士"公私更醮，以观其妙"[3]。因其名气太大，越州的进士们集资了两千文邀请其在镜湖宴飨聚会之时吹笛。显然，这充分说明了乐人的品牌效应，以及南方士人对宫廷知名音乐家的追捧。而且这种私自演出所获得的酬金极为可观，远远高于其进行轮值轮训时的俸禄或补贴，这也正是在籍乐人竞相私自从事商业演出的根本原因。

另一教坊艺人庞三娘也曾到地方州府进行商业演出。史载，其善化妆，人称"卖假金贼"，汴州（今河南开封）大醮时曾请她去表演。对此，《教

---

[1] 董诰, 等. 全唐文 [M]. 北京：中华书局, 1983：8715.
[2] 崔令钦. 教坊记笺订 [M]. 任半塘, 笺订. 北京：中华书局, 1962：279.
[3] 李昉, 等. 太平广记 [M]. 北京：中华书局, 1961：1553.

坊记笺订》"卖假金贼"条有明确记载：

> 庞三娘善歌舞，其舞颇脚重，然特工装束。又有年，面多皱，帖以轻纱，杂用云母和粉蜜涂之，遂若少容。尝大酺汴州，以名字求雇。使者造门，既见，呼为"恶婆"！问庞三娘子所在。庞绐之曰："庞三是我外甥，今暂不在，明日来书奉留之。"使者如言而至。庞乃盛饰，顾客不之识也，因曰："昨日已参见娘子阿姨。"其变状如此，故坊中呼为"卖假金贼"。①

（四）胡姬

因隋唐时期中西方交流的繁荣，以及胡乐在中华大地的流行，来自中亚一带的胡姬在中原地带极为繁多，因常常流落在地方州府的酒馆之中，以歌舞娱人劝酒，也被时人称为"酒家胡"。胡姬身份特殊、乐舞技艺高超，且具有独特的异域风情，深受隋唐文人墨客的喜爱，成为文人宴飨中的主要消费对象。因此，很多文人写下了大量的有关胡姬的诗作，描述了胡姬们在酒肆之中及文人贵族家宴、游宴之中进行商业性乐舞生产的情景。

张祜《白鼻䯄》云：

> 为底胡姬酒，长来白鼻䯄。
> 摘莲抛水上，郎意在浮花。

李白诗中道及胡姬者尤多，如《白鼻䯄》云：

> 银鞍白鼻䯄，绿地障泥锦。
> 细雨春风花落时，挥鞭直就胡姬饮。

《前有樽酒行（其二）》云：

> 琴奏龙门之绿桐，玉壶美酒清若空。
> 催弦拂柱与君饮，看朱成碧颜怡红。
> 胡姬貌如花，当垆笑春风。
> 笑春风，舞罗衣，君今不醉将安归。

《送裴十八图南归嵩山（其一）》云：

---

① 崔令钦. 教坊记笺订［M］. 任半塘，笺订. 北京：中华书局，1962：36.

何处可为别？长安青绮门。
胡姬招素手，延客醉金樽。

《少年行（其二）》云：

五陵年少金市东，银鞍白马度春风。
落花踏尽游何处，笑入胡姬酒肆中。

这充分说明隋唐时期胡姬在地方州府的盛行，尤其是经济繁华、风景旖旎的江南之地。如白居易《九日宴集醉题郡楼兼呈周殷二判官》，诗中描绘了胡姬在苏州欢度重阳节的宴飨之上进行乐舞生产的情况：

江南九月未摇落，柳青蒲绿稻穟香。
姑苏台榭倚苍霭，太湖山水含清光。
可怜假日好天色，公门吏静风景凉。
榜舟鞭马取宾客，扫楼拂席排壶觞。
胡琴铮钑指拨刺，吴娃美丽眉眼长。
笙歌一曲思凝绝，金钿再拜光低昂。
日脚欲落备灯烛，风头渐高加酒浆。
觥盏艳翻菡萏叶，舞鬟摆落茱萸房。

从文献来看，隋唐时期胡姬在酒肆中的演出形式多样，有歌舞、乐器独奏、小乐队合奏等。最典型的就是极具地域色彩的"胡舞"。诸如《胡旋》《胡腾》《柘枝舞》《凉州》《绿腰》等，风靡一时。诗人张祜曾在《观杭州柘枝》诗中描述了在杭州城内看到胡姬表演《柘枝舞》的精彩场面：

舞停歌罢鼓连催，软骨仙蛾暂起来。
红罨画衫缠腕出，碧排方胯背腰来。
旁收拍拍金铃摆，却踏声声锦䩺摧。
看著遍头香袖褶，粉屏香帕又重隈。

杨巨源《胡姬词》诗中也有关于胡姬乐舞生产的描绘：

妍艳照江头，春风好客留。
当垆知妾惯，送酒为郎羞。
香渡传蕉扇，妆成上竹楼。

>数钱怜皓腕，非是不能留。

当然，胡姬乐舞生产的主要目的是劝酒，从而使酒肆实现营利的目的。对此，岑参《送宇文南金放后归太原寓居因呈太原郝主簿》有着明确描述：

>送君系马青门口，胡姬垆头劝君酒。

贺朝《赠酒店胡姬》云：

>胡姬春酒店，弦管夜锵锵。
>红氍铺新月，貂裘坐薄霜。
>玉盘初鲙鲤，金鼎正烹羊。
>上客无劳散，听歌乐世娘。

王绩《过酒家》更直白地描述了胡姬酒肆的营利性特点：

>有客须教饮，无钱可别沽。
>来时长道贳，惭愧酒家胡。

二、隋唐时期商业性音乐生产方式与目的

曹丽娜曾在其硕士学位论文《唐代民间营利性乐舞的生产与流通》中将唐代民间营利性乐舞的生产归纳为街头卖艺和上堂卖艺两种，具有一定的合理性，但并不完善。从文献来看，隋唐商业性乐舞生产方式可以归纳为四种：厅堂雇佣式商业性乐舞生产、街头流动式商业性乐舞生产、酒楼茶肆驻场式商业性乐舞生产、民间风俗与宗教需求式商业性乐舞生产。

（一）厅堂雇佣式商业性乐舞生产

厅堂雇佣式商业性乐舞生产是指社会上的在籍或非在籍乐人被当时的官员、贵族、文人、富商豪绅等雇佣，并随之到雇佣者的府邸或其他指定地点进行乐舞生产表演。因此，此类商业性乐舞生产方式在本质上就是艺人的上堂卖艺商业行为。

从雇佣者的角度来看，官员和富商雇佣艺人主要是在府邸官宴和私家宴飨中进行乐舞表演，而贵族文人除了让雇佣艺人在私家宴飨进行表演之外，还常常让其在游宴之中从事表演生产。雇佣者往往会提前支付艺人定金或酬劳，表演之后也会额外馈赠物品或金钱，以作为奖赏。对此，《太平

广记》中有明确记载，唐代营丘富豪陈癞子，"每年五月，值生辰，颇有破费，召僧道启斋筵，伶伦百戏毕备，斋罢，伶伦赠钱数万"①。

从表演者来说，这些受雇的艺人来源比较复杂，归纳起来主要有以下几种情况。

第一，来源于民间流动的卖艺乐人。他们往往是非在籍人员，常常从事街头卖艺的商业活动。如唐代著名民间乐人刘采春，其在浙东一带卖艺时，她的歌喉和美貌深得越州刺史、浙东观察使元稹的赏识，元稹便邀请她和她的团队（戏班）到越州府上进行演出。另外，表演"说话"的艺人复本也曾被白居易邀请到府中进行演出。

军营中雇请民间艺人也比较普遍，如白居易《与元九书》云：

> 又闻有军使高霞寓者，欲聘娼妓。妓大夸曰："我诵得白学士《长恨歌》，岂同他妓哉？"由是增价。②

显然，白居易在诗中描述的现象已经成为社会的普遍现象，这也充分说明此类艺人进行乐舞经济生产的回报之高，艺人的商业行为深受社会追捧。

第二，来源于政府管辖的在籍乐人。隋唐时期政府有着严格的乐籍制度，从宫廷到地方政府所辖有各类在籍乐人，他们是政府应差的主要群体。但在唐宪宗以后，由于宫廷乐人过多，教坊经费减少，管理松散，部分闲置的教坊乐工为了获取额外收入或明或暗地受雇于各地州府或军队，以满足其宴飨之需，通过乐舞生产获取商业回报。如唐敬宗宝历二年（826年）九月，京兆府刘栖楚上奏云：

> 伏见诸道方镇。下至州县军镇。皆置音乐。以为欢娱。岂惟夸盛军戎。实因接待宾旅。伏以府司每年重阳上巳两度宴游，及大臣出领藩镇，皆须求雇教坊音声，以申宴饯。今请自于当已钱中，每年方图三二十千，以充前件乐人衣粮。伏请不令教坊收管，所冀公私永便。从之。③

京兆府刘栖楚的奏折中所言情景属于政府认同的商业演出行为，而更

---

① 李昉，等. 太平广记 [M]. 北京：中华书局，1991：2006.
② 白居易. 白居易集 [M]. 北京：中华书局，1979：963.
③ 王溥. 唐会要 [M]. 北京：中华书局，1960：631.

多的商业演出行为则是一种私自行为，诸如前文所述教坊乐人李谟受雇于越州文士，从京城到越州镜湖进行商业演出，一次获得酬金两千文。《通典》卷第七载："绢一匹二百一十文。"① 越州进士集资凑的两千文在当时约相当于 10 匹绢的价格，而当时和雇工匠报酬大体"（雇者）日为绢三尺"②。由此信息可推知，两千文约为 10 匹绢，相当于和雇工匠工作 133 天的报酬。③ 可见李谟在社会上一次性商业演出的报酬之高。

从文献来看，这种在籍乐人受雇于贵族文人的商业演出已经成为一种常态社会化现象，尤其是一些知名宫廷乐人更深受贵族文人的追捧，所谓"王侯将相立马迎，巧声一日变一回变。实可重，不惜千金买一弄"。据《教坊记》载，教坊艺人苏五奴之妻张少娘（或作张四娘），善歌舞，尤善歌舞戏《踏摇娘》，所以常有"邀迓者"请她前往表演。

> 苏五奴妻张四娘善歌舞，亦姿色，能弄《踏摇娘》。有邀迓者，五奴辄随之前。人欲得其速醉，多劝酒。五奴曰："但多与我钱，虽吃䭔子亦醉，不烦酒也。"今呼鸨妻者为"五奴"，自苏始。④

受此风影响，一些身居太常的乐师也常常被官宦、商贾外聘进行商业演出，如顾况在《李供奉弹箜篌歌》诗中描述了太常乐师李凭"白日为官家演奏，夜晚则与士流共娱乐"，其经济收入则是"银器胡瓶马上驮，瑞锦轻罗满车送"。

地方州府管辖的在籍乐人相对自由和灵活，受雇于地方权贵、文士，进行商业性乐舞生产更是一种普遍现象。比较典型的案例是唐长庆年间（821—824 年），杭州官伎商玲珑、谢好好二人善歌舞，先是被时任杭州刺史的白居易邀请到府上以及跟随白居易在各种游宴中演出，后又被远居越州的元稹邀请到府上演出，歌舞助兴。

顾况在《李供奉弹箜篌歌》诗中也详细描绘了政府乐籍人员的商业演出盛况，诗云：

> 国府乐手弹箜篌，赤黄絛索金镂头。
> 早晨有敕鸳鸯殿，夜静遂歌明月楼。

---

① 杜佑. 通典 [M]. 王文锦，等，点校. 北京：中华书局，1988：152.
② 欧阳修，宋祁. 新唐书 [M]. 北京：中华书局，1975：1201.
③ 曹丽娜. 唐代民间营利性乐舞的生产与流通 [M]. 北京：中国艺术研究院，2008.
④ 崔令钦. 教坊记笺订 [M]. 任半塘，笺订. 北京：中华书局，1962：45.

……
李供奉，仪容质，身才稍稍六尺一。
在外不曾辄教人，内里声声不遣出。
指剥葱，腕削玉，饶盐饶酱五味足。
弄调人间不识名，弹尽天下崛奇曲。
胡曲汉曲声皆好，弹著曲髓曲肝脑。
……
驰凤阙，拜鸾殿，天子一日一回见。
王侯将相立马迎，巧声一日变一回变。
买叮重，不惜千金买一弄。
银器胡瓶马上驮，瑞锦轻罗满车送。
此州好手非一国，一国东西尽南北。
除却天上化下来，若向人间实难得。

第三，来源于从宫廷逃逸或被赦免的乐人。有时这类乐人也会上堂表演，如安史之乱后，宫廷音乐机构遭到极大破坏，从宫廷逃逸出来的知名乐人失去了政府的庇护，甚至脱离了乐籍，四处流浪，常常以被雇佣的形式游走于富商、官员和贵族之家，进行商业性的演出，诸如梨园弟子李龟年流落江南，杜甫曾与之相会，并写下"岐王宅里寻常见，崔九堂前几度闻。正是江南好风景，落花时节又逢君"的名诗（《江南逢李龟年》）。此诗虽然写的是安史之乱后的境况，但却是对之前见闻的回忆。可见，像李龟年这样的宫廷乐人也会被王侯、贵胄请到家中上堂表演。

赦免的乐人主要是指宫廷在籍乐人因在宫廷服役时间较长，年老色衰之际，被帝王赦免，脱离乐籍，返还家乡养老，但这类群体并没有生活保障，只能通过乐舞生产来换取生活资料，频繁地受雇于雇主，并在雇主的各种宴飨中演出，这是他们获取经济收入的主要方式。

第四，来源于城镇的职业乐人。他们未必列属州府乐籍，具有较大的人身自由、较高的艺术水准和文学素养，常常以酒楼茶肆、妓院作为固定的活动场所，是文人墨客竞相邀请娱乐宴饮的对象，也是茶楼酒肆、歌舞妓院经营招揽顾客的招牌。如李白《在水军宴韦司马楼船观妓》诗描绘了此类乐伎，诗云：

摇曳帆在空，清流顺归风。

> 诗因鼓吹发，酒为剑歌雄。
> 对舞青楼妓，双鬟白玉童。
> 行云且莫去，留醉楚王宫。

总的来说，受雇佣到顾客指定地点进行商业乐舞生产的艺人普遍具有较高的音乐水平，表演内容相对丰富和多样，声色娱人是主要活动内容，而且往往会借此获取极高的经济收入，远高于街头卖艺。

（二）街头流动式商业性乐舞生产

街头流动式商业性乐舞生产是指乐舞生产者主要在州县城镇的街市上进行商业性的乐舞生产行为，它是一种街头卖艺式音乐生产，具有极大的流动性。生产者往往是社会底层的职业、半职业艺人，乐舞技能水平相对不高，但因生活所迫而在闹市区、人群聚集之地从事乐舞生产行为。此类乐舞经济活动方式为宋元时期艺人的冲州撞府卖艺行为奠定了基础。

根据生产者的规模来看，此类乐舞生产方式有两种基本类型。

其一是个体性的商业性乐舞生产。表演者往往孤单一人，四处流浪漂泊，常常在人群集聚之地通过自己的乐舞表演来换取基本的生活资料。因此，演出的内容和形式相对单一，观众群体也比较杂乱。

其二是以班社为核心的团体性商业性乐舞生产。表演者往往是一个班社，拥有多个乐舞艺人，每个班社成员都拥有不同的乐舞技艺，相互组合成为一个团队，以表演一些难度较大或需要人数较多的艺术形式，诸如参军戏、歌舞戏等。此类班社成员的构成以及管理主要以血缘关系为纽带，即典型的家庭式或师徒式演出团体，前者是由家庭成员组成，往往会有一到两个名角作为演出的核心。具有代表性的如经常在江南演出的刘采春班社，一个典型的家庭演出团体，由俳优艺人刘采春及其丈夫周季崇、夫兄周季南、女儿为主要成员，每个人都有自己独特的技艺，刘采春善歌唱，代表作品有歌舞戏《踏摇娘》、歌曲《望夫歌》，其丈夫和夫兄善参军戏，女儿也善歌唱与舞蹈。

总的来说，街头流动式乐舞生产的特点是艺人们到处流动，常常就地选取场所，以自行营业的方式，用精彩的、大众化的、小型的、流行的乐舞产品来获取生存资料，即便是多人组合的班社，也都是组织灵活、形式丰富的，其消费对象主要是社会地位、经济收入和审美趣味相对较低的城镇市民。

(三）酒楼茶肆驻场式商业性乐舞生产

酒楼茶肆驻场式商业性乐舞生产是指音乐的生产者相对固定，主要的活动场所是江南都市中的酒楼、茶肆、妓院等商业性的娱乐燕饮场所，乐人的乐舞技艺比较高超，常常与酒楼茶肆形成一种共生的雇佣关系，艺人所服务的场所一般比较固定，很少会更换表演场所，由此构成的一种常规的、固定的、驻场式的乐舞生产行为。

在固定场所进行乐舞生产的艺人社会阶层相对较低，属于典型的贱民阶层，有乐籍和非乐籍之分，在籍人员往往是隶属地方州府的官伎，有时此类乐人与娼妓等同，乐舞娱人和色艺娱人同等重要。乐舞生产的目的除了使艺人能够获取经济回报之外，更重要的是成为酒楼茶肆或妓院主体营业的重要手段和工具。

(四）民间风俗与宗教需求式商业性乐舞生产

民间风俗与宗教需求式商业性乐舞生产是指在江南广大的民间乡村、寺院道观等宗教活动场所进行的商业性乐舞生产行为。

遵照乡村风俗进行的乐舞生产，其生产者往往是底层的流动艺人或乡村中兼职的农民，他们往往具有一定的乐舞表演能力，通过在固定风俗中，诸如婚丧嫁娶、祭社赛神、节庆日等进行乐舞的商业性表演，以换取一定的经济回报。如合州石镜人赵燕奴，以捕鱼杀猪为业，常常在驱傩活动中从事乐舞生产。

在民俗乐舞活动中，斗乐成为一种风尚，也加剧了民俗乐舞活动的激烈紧张氛围，提高了观众的参与热情。如杜光庭《录异记》卷二云，赵燕奴"每斗船、驱傩及歌《竹枝词》较胜，必为首冠"。刘禹锡在《竹枝词》序中也说"里中儿联歌《竹枝》，吹短笛，击鼓以赴节。歌者扬袂睢舞，以曲多为贤"。

婚丧嫁娶作为普通民众最重要的风俗活动，其中的商业性乐舞的生产极为频繁。据《唐会要》卷八十三记载，隋唐民间婚俗中有"下婿""撒障"等重要的活动仪式，活动中，邻里街坊以音乐歌舞围挡逗乐，借此邀乞酒食，有时"邀致财物，动逾万计"。当然，此类活动的从乐者并不是专职艺人，而是乡邻，主要目的是获得婚礼主家的赏钱。但此类活动中主家的乐舞资费消耗极为庞大，即便是富庶商贾、王公之家也很难承受。如唐睿宗太极原年（712年），左司郎中唐绍就针对此种风俗上奏帝王，请求禁断：

> 往者下俚庸鄙，时有障车，邀其酒食，以为戏乐。近日此风转盛，上及王公，乃广奏音乐，多集徒侣，遮拥道路，留滞淹时，邀致财物，动逾万计。遂使障车礼贶，过于聘财；歌舞喧哗，殊非助感。既亏名教，又蠹风猷，违紊礼经，须加节制。望请敕令禁断。①

显然，无论是雇佣职业艺人进行乐舞生产还是邻里主动参与，都呈现出了婚宴"广奏音乐""杂奏丝竹，以穷宴欢"的盛况，这充分说明乐舞生产者成分之复杂及乐舞生产形式之多样。

在宗教活动场所中进行乐舞经济行为，是隋唐时期的一个典型现象，它主要表现在寺院为了弘扬佛法，吸引善男信女，获得更多的供养，从社会上雇佣职业艺人进行乐舞表演，表演内容与宗教密切相关，表演的对象则是宗教的信众。

三、隋唐时期商业性音乐生产成本

由于商业性乐舞生产的主体是民间歌舞伎乐人员，社会地位相对较低，他们并非像在籍乐人一样享受政府的各项俸禄，其音乐生产成本主要体现在以下两个方面。

（一）音乐技能学习、培训的费用支出

音乐生产者的乐舞表演技能非一日之功，音乐生产者往往是需要长期的学习、训练，方能在不同的场所进行乐舞表演。因此，很多艺人都是从小就接受严格的乐舞技能训练，无论是向其他艺人学习还是向自己的父母学习，都需要耗费大量的经济成本。尤其是成长在妓馆中的乐人，很多都是从小进入妓馆，鸨母为了获得丰厚的商业利益，往往严格管理这些乐人，并花费重金聘请艺人对其进行艰苦的训练，正如《新编醉翁谈录》卷七所载："且教之歌，久而卖之。其日赋甚急。微涉退息，鞭扑备至。"②

有时候，艺人为了能够获得更高的表演报酬而学习更为高深的技艺或内容时，就需要投入更多的成本。白居易所记载的乐人因为表演的内容是篇幅庞大的《长恨歌》，便认为不能与其他乐伎等同价位，从而提高自己的表演价格的案例就说明了此种现象。

---

① 王溥. 唐会要［M］. 北京：中华书局，1960：1529.
② 金盈之. 新编醉翁谈录［M］. 郑州：大象出版社，2019：254.

（二）艺人的日常生活支出

无论是单个流浪的艺人还是家庭戏班，保证或维持日常生活的支出成本是其进行乐舞生产的主要目的之一。诸如流落江南的教坊乐工李龟年、李谟、永新、杜秋娘等，无论是游走于商贾、文人、贵族之家，还是在街头巷尾卖艺，其根本目的是获取基本的生活资料。家庭戏班也是如此，诸如刘采春家班，由直系亲属构成，不同的家庭成员分别担任不同的表演角色，这种角色职能的分工本身，就说明了家庭戏班是为了减少日常生活支出成本而组建起来的。

第二节 隋唐时期商业性的音乐消费

一、隋唐时期商业性音乐消费的方式

（一）酒肆中的音乐消费

隋唐时期社会生产力持续发展，大江南北形成了数个经济发达、人口众多、商业繁华的中心城镇。据《隋书》卷三十一载，除了北方的长安、洛阳等都城外，江南的宣城、毗陵（常州）、吴郡（苏州）、会稽（绍兴）、余杭（杭州）等也是"数郡川泽沃衍，有海陆之饶，珍异所聚，故商贾并凑"[①]。至唐代，从贞观之治到开元盛世，城镇的经济功能进一步得到强化，不少南方城市的经济功能超过其政治功能。[②] 这使得以传统文化氛围浓郁为特色的城镇居民的社会生活方式发生了重要变化，社会娱乐之风，文人墨客、达官贵族的饮酒之风日益炽盛，各州府县镇，酒肆旗亭星罗棋布。所以，唐诗中存在大量的文人墨客在城镇酒肆中饮酒作乐的记载。

如李白在南京、扬州游览时写下了很多诗篇，描绘了他与朋友在酒肆中把酒言欢、乐舞娱乐消费的场景。

《金陵江上遇蓬池隐者》诗云：

　　心爱名山游，身随名山远。

---

① 魏徵. 隋书 [M]. 北京：中华书局，1973：887.
② 汪惠民，查清华. 唐代江南的都市醉歌 [J]. 江南大学学报（人文社会科学版），2009（3）：10-15.

罗浮麻姑台，此去或未返。
　　遇君蓬池隐，就我石上饭。
　　空言不成欢，强笑惜日晚。
　　绿水向雁门，黄云蔽龙山。
　　叹息两客鸟，裴回吴越间。
　　共语一执手，留连夜将久。
　　解我紫绮裘，且换金陵酒。
　　酒来笑复歌，兴酣乐事多。
　　水影弄月色，清光奈愁何。
　　明晨挂帆席，离恨满沧波。

《玩月金陵城西孙楚酒楼达曙歌吹日晚乘醉著紫绮裘乌纱巾与酒客数人棹歌秦淮往石头访崔四侍御》诗云：

　　昨玩西城月，青天垂玉钩。
　　朝沽金陵酒，歌吹孙楚楼。
　　忽忆绣衣人，乘船往石头。
　　草裹乌纱巾，倒被紫绮裘。
　　两岸拍手笑，疑是王子猷。
　　酒客十数公，崩腾醉中流。
　　谑浪棹海客，喧呼傲阳侯。
　　半道逢吴姬，卷帘出揶揄。
　　我忆君到此，不知狂与羞。
　　一月一见君，三杯便回桡。
　　舍舟共连袂，行上南渡桥。
　　兴发歌绿水，秦客为之摇。
　　鸡鸣复相招，清宴逸云霄。
　　赠我数百字，字字凌风飙。
　　系之衣裘上，相忆每长谣。

《金陵酒肆留别》诗云：

　　风吹柳花满店香，吴姬压酒唤客尝。
　　金陵子弟来相送，欲行不行各尽觞。

请君试问东流水，别意与之谁短长。

白居易曾写《和梦得夏至忆苏州呈卢宾客》，描述其在酒肆茶楼中宴饮娱乐消费的场景：

忆在苏州日，常谙夏至筵。粽香筒竹嫩，炙脆子鹅鲜。
水国多台榭，吴风尚管弦。每家皆有酒，无处不过船。
交印君相次，褰帷我在前。

诗人丁仙芝也在《余杭醉歌赠吴山人》中描绘了此种状况：

晓幕红襟燕，春城白项乌。只来梁上语，不向府中趋。
城头坎坎鼓声曙，满庭新种樱桃树。
桃花昨夜撩乱开，当轩发色映楼台。
十千兑得余杭酒，二月春城长命杯。
酒后留君待明月，还将明月送君回。

当然，隋唐文人雅士热衷于在茶楼酒肆中进行宴飨娱乐、雅集酣歌，与魏晋南朝时期世家大族的奢靡享乐之风、名士宴饮清谈之风、歌舞娱乐之风有着密切的联系。诸如东晋时期将饮酒娱乐作为生活基本内容之一的王羲之和名士孙统、孙绰、谢安、支遁等人的兰亭集会，以及其留下的无数诗篇都成为后世文人雅士竞相模仿、神往的一种人生追求。

总的来看，茶楼酒肆中的音乐消费者主要是文人、贵族、商贾，表演者多为民间歌伎。伴随着胡姬在中原的盛行，城镇中的很多酒家也出现了大量的胡姬，她们以独具特色的胡歌、胡舞来招揽顾客。对此，李白曾在《少年行（其二）》中这样描绘：

五陵年少金市东，银鞍白马度春风。
落花踏尽游何处，笑入胡姬酒肆中。

胡姬所指人员甚广，此处主要是说酒馆中的胡姬，也被称为"酒家胡"，便是当坊沽酒的酒家胡。酒家胡的来源，与北朝以来中原王朝和西域的政治以及商贸往来密切相关。北齐和北周都有大量的九姓胡进入中原地区，他们之中有很多人最终定居下来，娶妻生子，从而诞生了更多的土生胡人。隋唐中西交通繁荣，胡人经由通商、入仕、从军等形式进入唐朝腹地，这些胡商奔走逐利，在商路沿途形成许多胡人聚居区。

据日本学者石田干之助的考证，长安西市及城东至曲江一带，皆有胡姬侍酒的酒肆。唐诗中描写胡姬生存的大环境都是城市及其周边的交通要道，这当然与她们的身份——酒家胡有关。张广达根据吐鲁番文书中反映出来的幼儿户口大量漏报的事实推测，有些胡人幼女本身就是丝绸之路上的特殊商品（有高额利润），她们在长成后被贩运到长安，成为长安酒肆里俏酒的胡姬。芮传明在《唐代"酒家胡"述考》一文中通过对胡姬诗的数量统计，指出唐代中原地区的酒家胡鲜见于唐初，多见于盛唐时期，更盛于中唐后期和晚唐初期，逐步衰落于晚唐后期。

此外，酒令艺术也是在酒肆中产生的一种商业性音乐产品类型，它最初源自酒肆中的酒令，包括律令、骰盘令、抛打令等，后逐渐艺术化、歌舞化，形成了送酒歌舞、著辞歌舞、抛打歌舞三种类型，甚至又加入歌舞大曲、曲子、唱和、胡乐等形式，是歌舞艺人即兴酒宴营销的主要手段，也是酒肆通过艺人进行歌舞劝酒营利的重要途径。①

(二) 妓馆中的音乐消费

隋唐时期在繁盛的都市之中出现了许多商业性的私营娼楼、妓馆，亦称青楼，尤其是在长安、洛阳、扬州、益州、杭州、越州等经济繁荣的大城市，娼楼、妓馆更为繁多、庞大和发达。仅在都城长安就有大量的妓馆，最具代表性的是平康坊，王仁裕《开元天宝遗事》卷上载："长安有平康坊，妓女所居之地。京都侠少萃集于此，兼每年新进士以红笺名纸游谒其中。时人谓此坊为'风流薮泽'。"② 根据《北里志》记载，平康坊位于长安市中央东北部，属于市内繁华地带。它的东南是万商聚集的东市，占长安一半繁华。北侧崇仁坊，车马辐辏，昼夜喧嚷，灯火不绝，也是乐器商聚集之地。其西务本坊有国子监、孔子庙。南为宣阳坊，有杨贵妃兄杨国忠及贵妃姐妹虢国夫人、韩国夫人、秦国夫人等的豪华官舍。坊北的横街是京城交通要道，人马往来频繁，旅馆甚多，是著名闹区。坊内有名士邸宅、佛寺、道观等，名刹菩提寺（后改保唐寺）即在坊南门内东侧，该门西侧有同州、华州、河中、河阳等十余州、府、方镇的"进奏院"。妓馆多设于此，因为城市要闹、繁华之处，贵族豪富较多，熙来攘往的人群给妓馆带来了繁盛的生意。

---

① 曹丽娜. 唐代民间营利性乐舞的生产与流通 [D]. 北京：中国艺术研究院，2008.
② 王仁裕. 开元天宝遗事 [M]. 曾怡芬，点校. 北京：中华书局，2006：25.

其他诸坊也有妓馆,如日本学者足立喜六研究认为,"长安除平康坊外,东西两市与道观寺附近,城门附近,酒楼、旗亭与妓馆亦参差林立"①。另一日本学者那波利贞也认为:"东、西两市与晋昌坊、新昌坊、开化坊、永安坊、光宅坊、延政坊、崇仁坊,洛阳南北两市与修善坊、明义坊、殖业坊等酒楼妓馆林立。"② 除此之外,长安其他坊里也有妓馆和名妓,如居住于胜业坊的霍小玉,靖恭坊娼妓夜来"稚齿巧笑,歌舞绝伦"。

安史之乱后,城镇中的青楼妓馆渐趋奢华,知名的妓馆有扬州的赏心亭,润州(镇江)的千岩楼,成都府的散花楼,河中府的熏风楼、绿莎厅,郑州的夕阳楼,等等。

从文献来看,隋唐时期的妓馆没有明确的消费局限性,上至王公贵族、官吏、举人,下至商人、市民均可入内消费。如《全唐文》卷八百七十二云:"诸妓皆居平康里,举子新及第进士,三司幕府但未通朝籍未直馆殿者,咸可就诣。如不吝所费,则下车水陆备矣。"③ 骆宾王《帝京篇》亦云:"王侯贵人多近臣,朝游北里暮南邻。陆贾分金将宴喜,陈遵投辖正留宾。……侠客珠弹垂杨道,倡妇银钩采桑路。倡家桃李自芳菲,京华游侠盛轻肥。"唐代诗人杜牧《遣怀》曾感慨:"十年一觉扬州梦,赢得青楼薄幸名。"

消费者在娼楼、妓馆的乐舞消费极为奢侈,消费形式主要集中在宴飨饮酒、乐舞娱乐(欣赏歌唱、舞蹈、器乐等)、游戏、侍寝等几方面。中唐以后社会娱乐宴飨之风促使青楼、妓馆的消费者群体日益壮大,这种消费需求的扩大也推动了乐舞产品和表现形式的多样化发展。

娼楼、妓馆内的乐人表演明码标价,顾客则挥金如土。如《北里志》载:"亦有乐工聚居其侧,呼召之立至,每饮率以三镮,继烛即倍之","曲中常价,一席四镮,见烛即倍。新郎君更倍其数,故云复分钱也"。④ 此种奢靡现象,一方面说明隋唐妓馆乐舞消费是典型的高消费,针对特定的群体;另一方面也说明在妓馆中从事乐舞生产的娼妓营业收入非常高,乐人的经济地位特殊。

---

① 足立喜六. 长安史迹之研究[M]//岸边成雄. 唐代音乐史的研究. 梁在平,黄志炯,译. 北京:中华书局,1973:375.

② 那波利贞. 唐宋时代之酒楼旗亭[M]//岸边成雄. 唐代音乐史的研究. 梁在平,黄志炯,译. 北京:中华书局,1973:375.

③ 董浩,等. 全唐文[M]. 北京:中华书局,1983:8715.

④ 王仲荦. 金泥玉屑丛考[M]. 郑宜秀,整理. 北京:中华书局,1998:144.

当然，妓馆作为乐舞消费的主要场所和消费形式与文人的生活方式以及社会的奢侈享乐之风有着密切关系。隋唐时期的文人深受魏晋名士风流的影响，倡导"对酒当歌，人生几何"的生命追求，热衷于娼门之乐、酒令之术。安史之乱的政治变革导致大量的文人找不到仕途进阶之路，只能隐居桃红柳绿之中，流连娼楼妓馆之内，抒情达意，这进一步加剧了社会颓废奢乐风气。

文人对宴飨娱乐的追求，对歌舞伎乐人员的追捧，以及在诗酒之中与民间歌伎的密切关系，进一步推动了市井歌伎的身价和乐舞消费成本的提高。与此同时，无数青楼歌伎也凭借文人的诗作提升了自己的地位，尤其是经济地位。如《云溪友议校笺》卷中记载吴楚之地的狂士崔涯，与大诗人张祜齐名，常常流连于妓馆，"每题一诗于倡肆，无不诵之于衢路，誉之则车马继来，毁之则杯盘失错"。扬州名妓李端端曾被他作诗嘲讽，诗云："黄昏不语不知行，鼻似烟窗耳似铛。独把象牙梳插髻，昆仑山上月初生。"李端端得知后忧心如病，因为这导致她门客稀少，鲜有问津。于是李端端伏于道旁乞望得到诗人的哀怜。崔涯重新写了一首赞美的诗，诗云："觅得黄骝被绣鞍，善和坊里取端端。扬州近日浑成差，一朵能行自牡丹。"自此之后，一时富豪之士复臻其门。①

综上，妓馆中的乐舞生产与消费对隋唐音乐文化的繁荣具有重要的意义，对此，日本学者岸边成雄认为"唐末之新俗乐，系融合胡乐、俗乐而成，其在形式上，亦由壮丽之大乐伎而变为精练优美之小曲。传至宋代，成为燕乐，继又成为一种杂伎。故在唐末至宋代舞乐平民化之最初重要转换期间，妓馆之贡献，实不可忽视"②。

（三）宗教场所中的营利性音乐消费

前文已述，隋唐时期宗教场所乐舞活动频繁，尤其是中晚唐之后，为宣扬教义，吸引百姓，寺院、道观等一般都有较固定的演艺游乐场所，甚至专门设立戏场。各个宗教场所因其建筑寺院的资金和日常开支都由外部施舍供养，所以极为重视组织和资助以弘法为核心的音乐活动，并积极为各种民间艺术提供演出场地。因此，寺院、道观等宗教场所就成了市民游览观光、集市贸易及文化娱乐的活动中心，成为市民乐舞消费的重要之地，

---

① 范摅. 云溪友议校笺 [M]. 唐雯，校笺. 北京：中华书局，2017：93-94.
② 岸边成雄. 唐代音乐史的研究 [M]. 梁在平，黄志炯，译. 北京：中华书局，1973：363.

也是艺人营利性乐舞生产的主要场所之一。

宋钱易在《南部新书》中提到，唐大中年间（847—859年），"长安戏场多集于慈恩，小者在青龙，其次荐福、永寿"。此类戏场虽多为露天广场，但比较固定。中唐以后寺院里已开始建造永久性的舞台，这种舞台一般被称为"舞榭"。唐赵璘《因话录》卷四就描述了僧人在寺院讲唱现场的表演场景：

> 有文溆僧者，公为聚众谭说，假托经论，所言无非淫秽鄙亵之事。不逞之徒，转相鼓扇扶树。愚夫冶妇，乐闻其说。听者填咽寺舍，瞻礼崇奉，呼为和尚，教坊效其声调，以为歌曲。①

《太平广记》卷第二百四亦云：

> 文宗善吹小管，时法师文溆为入内大德，一日得罪流之。弟子入内，收拾院中籍入家具背，犹作法师讲声。上采其声为曲子，号《文溆子》。②

由于宗教场所对歌舞演艺的重视，每每有歌舞演出时消费者众多，可谓"观者如堵"，如《太平广记》卷第三百九十四载："寺前素为郡之戏场，每日中，聚观之徒，通计不下三万人"，"寺前负贩戏弄，观看人数万众"③。

韩愈在《华山女》中也描绘了寺院演出的盛况，诗云：

> 街东街西讲佛经，撞钟吹螺闹宫庭。
> 广张罪福资诱胁，听众狎恰排浮萍。
> 黄衣道士亦讲说，座下寥落如明星。
> 华山女儿家奉道，欲驱异教归仙灵。
> 洗妆拭面著冠帔，白咽红颊长眉青。
> 遂来升座演真诀，龙门不许人开扃。
> 不知谁人暗相报，訇然振动如雷霆。
> 扫除众寺人迹绝，骅骝塞路连辎軿。
> 观中人满坐观外，后至无地无由听。

---

① 李剑国. 唐五代志怪传奇叙录 [M]. 北京：中华书局，2017：20.
② 李昉，等. 太平广记 [M]. 北京：中华书局，1961：1546.
③ 李昉，等. 太平广记 [M]. 北京：中华书局，1961：3148.

> 抽簪脱钏解环佩，堆金叠玉光青荧。
> 天门贵人传诏召，六宫愿识师颜形。
> 玉皇颔首许归去，乘龙驾鹤去青冥。
> 豪家少年岂知道，来绕百匝脚不停。
> 云窗雾阁事恍惚，重重翠幕深金屏。
> 仙梯难攀俗缘重，浪凭青鸟通丁宁。

姚合《赠常州院僧》也描绘了江南地域民众竞相到寺院聆听俗讲的现象：

> 一住毗陵寺，师应只信缘。
> 院贫人施食，窗静鸟窥禅。
> 古磬声难尽，秋灯色更鲜。
> 仍闻开讲日，湖上少渔船。

姚合在另一首诗《听僧云端讲经》中也进行了生动刻画：

> 无生深旨诚难解，唯是师言得正真。
> 远近持斋来谛听，酒坊鱼市尽无人。

显然，宗教场所的乐舞消费者主要是普通民众，但与其他场所的乐舞消费不同的是，这些普通民众作为最主要的消费群体，并不需要为乐舞消费支付相应的经济成本，很多情况下乐舞艺人的酬劳是由寺院或供养者支付的。如在佛诞日和成道日前后，或"六斋"期间，佛教徒为了纪念佛祖、宣扬佛法，常雇佣各种艺人来寺院戏场为善男信女进行演出。

当然，一些官员、贵族也流连忘返于寺院戏场，如《资治通鉴》卷第二百四十八记载，唐宣宗时，万寿公主常常流连于戏场，甚至在家人生病时还在慈恩寺观戏场，以致皇帝很生气，并责备曰："岂有小郎病，不往省视，乃观戏乎！"① 唐孙棨《北里志》亦记载娼馆中的乐伎常常受到老鸨的严格管理，没有行动的自由，但每当南街保唐寺有讲席的时候，乐伎们宁愿"纳其假母一缗"也要出于里，相牵率听焉。

寺院、道观之所以会积极组织各种形式的表演，除了要弘扬佛法之外，还一个重要目的就是获得善男信女的供养。因此，以乐舞表演为手段，吸

---

① 司马光. 资治通鉴［M］. 胡三省，音注. 北京：中华书局，1956：8036.

引普通民众为寺院、道观提供大量的经济收入（香火费）。如果按照《集异记》中所说，"每日中，聚观之徒，通计不下三万人"，这些数量众多的民众给寺院上供的金钱数量之多，极为壮观。从这个角度来说，普通观众在乐舞消费的同时也付出了一定的经济成本，只不过是以一种间接的形式体现的。

当然，隋唐时期寺院的乐舞演出也存在明确的收费现象，如任半塘在《唐戏弄》中就考证了唐代寺院伎艺表演的商业性质以及民众入场须缴纳一定费用的状况："慈恩青龙诸戏场，露天居多，设备简单，乃卖艺性质，凡入场者须纳赀。"

由于善男信女众多，有些僧侣干脆把寺院内的演出变成一种获取利润的重要途径，常常根据观众的多少来改变价格。如《庐山远公话》就记载了此种现象：

> 不知道安是何似生，敢（感）得[听]众如云，施利若雨。时愚（遇）晋文皇帝王化东都，道安开讲，敢（感）得天花乱坠，乐味花香。敢（感）得五色云现，人更转多，无数听众，踏破讲筵，开启不得。道安遂写远（表）奏上晋文皇帝："臣奉勅旨，于福光寺内讲涅盘经。听人转多，有乱法筵，开启不得，伏启敕旨，别赐指挥。"是时有勅："若要听道安讲者，每人纳绢一匹，方得听一日。"当时缘愚（遇）清平，百物时贱，每日纳绢一匹，约有三二万人。寺院狭小，无处安排。又写远（表）奏闻皇帝："臣奉勅旨，于福光寺内开讲切（筵）。唯前勅令交纳绢一匹，听众转多，难为制约，伏乞重赐指挥。"当时有敕："要听道安讲者，每人纳钱一百贯文，方得听讲一日。"如此隔勒，逐日不破三五千人，来听道安于东都开讲。①

基于此种现象，任半塘在《唐戏弄》中对这一时期宗教场所的营利性音乐消费做了精准的评述：

> 其聚敛钱帛之用途，容稍别于民间卖艺之人，但在一般趁逐道场、留连寺院者之用，则大抵娱遣，或别图方便；必指谓"不逞之徒"，亦狭隘之见耳。故谓唐代道场所为，有一部分直等于卖艺，供人寻乐而

---

① 王重民，王庆菽，向达，等. 敦煌变文集（上集）[M]. 北京：人民文学出版社，1957：174.

已,以与歌场、变场、戏场同列,并不枉也。佛寺俗讲已近乎民间卖艺性质,只是其收入用于传教罢了。①

(四) 非寺院的戏场、歌场等专门搭建演出场所中的音乐消费

隋唐时期,随着城市经济的繁荣,市民娱乐也渐趋兴盛,尤其是寺院等宗教场所的道场、戏场的兴起,在很多城市中出现了专门的演出场所,诸如戏场、歌场、乐棚等,这些场所的乐舞演出主要以商业营利为目的,遍布南北都市,并由此构建了以商贸为主体的市民活动中心,一旦戏场进行演出,广大普通的消费者就需要缴纳一定的费用作为观看演出的成本。

乐棚也是隋唐常见的固定演出场所之一,元稹在《哭女樊》中云:"腾踏游江舫,攀援看乐棚。"显然,元稹所看到的乐棚已经非常普遍,深受民众的欢迎。乐棚的出现也是露天戏场、高台的进一步发展,内部可设有舞台、舞阁、舞筵、锦筵等设施,观众能够风雨无阻地进行乐舞消费。

任半塘在《唐戏弄》中也提到唐代已经普遍存在着歌场、变场、戏场,所谓"故谓唐代道场所为,有一部分直等于卖艺,供人寻乐而已,以与歌场、变场、戏场同列,并不枉也"②。

显然,戏场、歌场等专业演出场所的存在是隋唐时期民间商业性乐舞生产繁盛的一个表征,在此地进行消费的群体相对较为广泛和杂乱,各个层级均有,但主要以普通民众为主。

(五) 民俗市场中的营利性音乐消费

隋唐社会民众尚巫重祀,频繁的民间祭祀、婚丧嫁娶和节庆日等重要风俗活动中存在着大量的歌舞活动,由此构建了民俗市场中的营利性音乐消费。在此类场所中的乐舞消费者来自各个阶层,如裴铏《传奇》中记载了南京中秋节的风俗乐舞活动以及民众广泛参与的热烈场面:

> 钟陵有西山,山有游帷观,即许仙君逊上升地也。每岁至中秋上升日,吴、越、蜀人,不远千里,而携挈名香、珍果、绘绣、金钱,设斋醮求福佑。时钟陵人万数,车马喧阗,士女栉比,数十里若阛阓。③

---

① 任半塘. 唐戏弄 [M]. 上海:上海古籍出版社,1984:963.
② 任半塘. 唐戏弄 [M]. 上海:上海古籍出版社,1984:963.
③ 裴铏. 传奇 [M]. 上海:上海古籍出版社,1980:88.

当然，吴、越、蜀地民众不远千里而来，除了参加节庆风俗活动祈求福报之外，还有一个重要的目的——观看乐舞表演。因为在此种场合常常会有豪绅富商"多以金召名姝善讴者，夜与丈夫间立，握臂连踏而唱。其调清，其词绝，推对答敏捷者胜"。更多的场景也如刘禹锡诗中所描写的"歌者扬袂睢舞，以曲多为贤"，或者如杜光庭《录异记》卷二所说"每斗船、驱傩及歌《竹枝词》较胜，必为首冠"。

婚丧嫁娶中历来就有用音乐的习俗。隋唐时期社会安定，百姓富裕，此风俗更是盛行。无论是普通民众还是豪绅富商、贵族王公之家，婚娶之时必然要雇佣乐人"广奏音乐""杂奏丝竹"，或者邻里乡民主动以歌舞来参与其间，讨要赏钱。诸如重要的"下婿"和"撒障"等程仪费用不菲，所谓"往者下俚庸鄙，时有障车，邀其酒食，以为戏乐。近日此风转盛，上及王公，乃广奏音乐，多集徒侣，遮拥道路，留滞淹时，邀致财物，动逾万计"①。所以，五代时期高鸿渐奏称："伏睹近年以来，士庶之家，死丧之苦，当殡葬之日，被诸色音乐伎艺人等作乐，求觅钱物。伏乞显降敕文，特行止绝。或所在官吏等通容，不与觉察，请行朝典。"②

显然，无论是雇佣职业艺人进行乐舞生产还是邻里主动参与，都呈现出了婚宴"广奏音乐"的盛况，承办婚宴的主家都要支出一定数量的金钱作为消费成本。

同样，在民间丧葬活动中也存在大量的乐舞消费，从文献记载来看，汉魏时期已经产生了大量的挽歌，并由此形成了专职演唱挽歌的乐人，隋唐社会依然延续并发展这一传统。由于社会存在厚葬风俗，民众为了满足攀比富贵的心理，竞相高价聘请乐人，所以挽歌表演者的收入相对较高。如唐代传奇《李娃传》记载了荥阳公子郑生落难之际，学习挽歌，并成为凶肆歌者，借此养活自己的故事，其表演水平则是"曲尽其妙，虽长安无有伦比"。宋钱易《南部新书》记载，山东李佐在安史乱中与父亲失散，后得知父亲已经沦为"殡葬徒"，即迎回奉养。一日，佐父宴客："市善《薤》歌者百人至。初则列堂中，久乃杂讴。及暮皆醉，众扶佐父登榻，而《薤露》一声，凡百皆和。"③ 这说明，其父"殡葬徒"的身份实为社会职业挽歌表演者。

---

① 王溥. 唐会要[M]. 北京：中华书局，1960：1529.
② 董诰，等. 全唐文[M]. 北京：中华书局，1983：8949.
③ 钱易. 南部新书[M]. 黄寿成，点校. 北京：中华书局，2002：171.

除了挽歌之外，鼓吹乐、傀儡戏也是丧礼中的重要乐舞消费内容。表演时表演者常常设置祭盘帷帐，有的高达九十尺，用床三四百张，雕饰穷极技巧，并在帷帐中大演傀儡戏，导致"大者费千余贯，小者三四百贯，互相窥觎，竞为新奇"①。

当然，隋唐时期兴起的"斗乐"活动，也构成了一种独特的民俗乐舞消费形式。所谓"斗乐"，主要是指在婚丧嫁娶活动中，雇主往往会聘请多个乐人或乐班进行乐舞表演，不同乐人或乐班之间为了获得更高的地位或经济报酬，竞相挑战、比赛，从而以激烈的斗乐场面来吸引观众。有时候斗乐是乐人之间的有意为之，由行会出面，双方相约在固定场所，进行乐舞比赛，优胜者则可以获得奖励或赌资。如白行简的《李娃传》记载了一场唐代挽歌的斗乐活动：

> 初，二肆之佣凶器者，互争胜负。其东肆，车舆皆奇丽，殆不敌，唯哀挽劣矣。其东肆长知生妙绝，乃醵钱二万索顾焉。其党耆旧，共较其所能者，阴教生新声，而相赞和。累旬，人莫知之。其二肆长相谓曰："我欲各阅所佣之器于天门街，以较优劣。不胜者罚直五万，以备酒馔之用，可乎？"二肆许诺。乃邀立符契，署以保证，然后阅之。……四方之士，尽赴趋焉，巷无居人。自旦阅之，及亭午，历举舆威仪之具，西市皆不胜，师有惭色。乃置层榻于南隅，有长髯者，拥铎而进，翊卫数人。于是奋髯扬眉，扼腕顿颡而登，乃歌《白马》之词。恃其豪胜，顾眄左右，旁若无人。齐声赞扬之，自以为独步一时，不可得而屈也。有倾，东肆长于北隅上设连榻，有乌巾少年，左右五六人，乘肆而至，即生也。整衣服，俯仰甚徐，申喉发调，容若不胜。乃歌《薤露》之章，举声清越，响振林木。曲度未终，闻者歔欷掩泣。西市长为众所诮，益惭耻，密置所输之直于前，乃潜遁焉。四坐愕眙，莫之测也。②

综上，民间风俗活动中的营利性乐舞消费成本巨大，尤其是安史之乱后，社会奢靡之风盛行，严重地影响了民众婚丧嫁娶等风俗活动的正常进行，导致人们在婚礼、丧礼用乐上耗资巨大，生活难以为继。如长庆三年（823年），浙西观察使李德裕上奏称当地百姓厚葬之风盛行，常常于道途盛

---

① 王谠. 唐语林［M］. 周勋初，整理. 郑州：大象出版社，2019：280.
② 李剑国. 唐五代传奇集［M］. 北京：中华书局，2015：901–902.

设祭奠、兼设音乐等,并以音乐荣其送终,或结社相资,或息利自办,生产储蓄,为之皆空,习以为常,不敢自废,人户贫破,抑此之由。于是,希望朝廷下令"百姓等丧葬祭,并不许以金银锦绣为饰,及陈设音乐"①。

二、隋唐时期商业性音乐消费的成本

从消费者的角度来看,隋唐商业性乐舞消费的成本更高,所谓"王侯将相立马迎,巧声一日变一回变。实可重,不惜千金买一弄",或者是"十千兑得余杭酒,二月春城长命杯"。

当然,艺人的商业收入或者演出价码则是消费者消费成本的直接体现。从前文论述来看,隋唐时期乐人的商业乐舞生产收入如果以金钱来衡量的话是非常高的。如《北里志》记载,当时乐工商业演出一般是"曲中常价,一席四镮,见烛即倍。新郎君更倍其数,故云复分钱也"②。按照唐代的计量标准,1镮是6两银或2 400文,显然艺人的一次宴飨演出常规的费用是24两银子,这还不包括酬劳加倍等特殊情况。如被誉为"吹笛为第一部"的宫廷教坊乐人李谟,越州进士邀请其演出价格是两千文。③ 如果是碰到名流商贾邀请其去演出,价格更贵,"每饮率以三镮,继烛即倍之"。知名乐工的价格会更高,如曾为宫廷乐工的歌唱者永新,连皇帝都评价其歌唱值千金。

如果与当时的米价挂钩,这种消费成本更显奢靡。据史料记载,贞观时每斗米仅需4~5文,玄宗时期1斗米的价格是13钱,《北里志》成书于唐中和四年(884年),此时米价是1升米10文。据此推算,宾客在娼馆中白天一席的消费金额就足够买9.6石米(96斗,约等于7 614千克),相当于普通百姓一年的口粮,关键是晚上的消费成本还要翻倍,特殊情况再翻倍,这还不计算顾客给娼妓的小费,如"祝仪"等。

文人、商贾竞相追捧的风尚导致乐人的演出价格飙升,如元稹《赠吕三校书》云:"共占花园争赵辟,竞添钱贯定秋娘。"就说明此种现象普遍存在。很显然,消费者之间的激烈竞争进一步导致消费成本的增加。如当时的太常乐师李凭通过"白日为官家演奏,夜晚则与士流共娱乐"的商演模式,获得的经济回报是"银器胡瓶马上驮,瑞锦轻罗满车送"。

---

① 王溥. 唐会要 [M]. 北京:中华书局,1960:697.
② 王仲荦. 金泥玉屑丛考 [M]. 郑宜秀,整理. 北京:中华书局,1998:144.
③ 李昉,等. 太平广记 [M]. 北京:中华书局,1961:1553.

不仅如此，消费者在一些日常的风俗乐舞消费中也存在着超高的经济支出，如唐睿宗时期受奢侈婚俗的影响，上至王公大臣，下至普通民众，都广奏音乐，这导致耗费的财物，"动逾万计"。而普通民众为了能够参与地方知名的节庆风俗，则是不远千里"携挈名香、珍果、绘绣、金钱，设斋醮求福佑"。

即便是政府雇佣的在籍乐人，也需要免除乐人赋税、支付乐人俸禄，"于当已钱中，每年方图三二十千，以充前件乐人衣粮"①。在寺院等宗教场合进行乐舞消费时，民众则是"每日纳绢一匹，约有三二万人"，"要听道安讲者，每人纳钱一百贯文，方得听讲一日"。②

因此，能支撑昂贵商业性乐舞消费的必然是特定的群体，即王公大臣、官宦子弟、文人贵族，他们常常拥有雄厚的经济基础、显著的政治资本、特殊的社会地位。而普通民众能在一定程度上享受特定的商业性乐舞消费，主要是基于隋唐时期社会政治环境的稳定和经济的高速发展，大部分民众拥有稳定的生活来源、土地资源和富庶的生活积蓄，这也是大唐盛世的一个集中体现。

第三节　隋唐时期音乐生产与消费的产品类型

隋唐时期营利性乐舞生产消费的产品，根据生产者的特点及其生产场所，消费者的审美需求以及消费场所、消费目的来看，主要有以下几种。

一、曲子、文人歌诗、民歌等歌舞音乐

隋唐时期大江南北盛行曲子，这是一种由民间乐工、歌手利用现有曲调填词，或改编旧有曲调而形成的一种新的歌曲形式，所谓"盖隋以来，今之所谓曲子者渐兴，至唐稍盛"③。歌词形式有齐言（五言、七言）和长短句之分，曲式有只曲、多节歌等形式，也有用帮腔，前面加引子等。根据《敦煌歌词总编》统计，该书共收录隋唐五代的曲子词1 300余首，其中

---

① 王溥. 唐会要［M］. 北京：中华书局，1960：631.
② 王重民，王庆菽，向达，等. 敦煌变文集（上集）［M］. 北京：人民文学出版社，1957：174.
③ 王灼. 碧鸡漫志［M］. 郑州：大象出版社，2019：7.

较具代表性的有《乌衣巷》《竹枝词》《春词》《竹枝》《忆江南》等。

由于唐诗的盛行，很多名人诗句也大多入乐，成为各类歌伎竞相传唱、表演的内容。如白居易《与元九书》中记载，曾有娼妓为了提高自己的演出价格，自夸说："我诵得白学士《长恨歌》，岂同他妓哉？"①

从社会娱乐消费的方式来看，酒楼茶市、娼馆、文人宴飨等场合，常常是文人曲子、诗乐盛行的地方，歌伎们以演唱著名诗人创作的词曲、盛行的曲子为自豪，文人阶层的消费者以欣赏歌伎的词曲表演为风尚，这种双向的需求必然催生了隋唐曲子、诗乐、民歌的繁荣。

二、俗讲、变文、说话等说唱音乐

说唱音乐在隋唐时期已经产生，以俗讲、变文、说话最为流行。俗讲，源自佛家讲经，以能说会道的僧人为主，主要讲解佛经，诸如《八相变文》《金刚般若波罗蜜经讲经文》《佛说阿弥陀经讲经文》等，后演变为讲说世俗故事，表演形式是散韵结合、说唱相兼。变文简称"变"，是寺院用于宗教宣传的一种散文和韵文交替出现的说唱形式，名称来源于佛教语汇，后演变成以民间故事、传说和历史故事为题材的世俗性说唱形式，诸如《孟姜女变文》《董永变文》《秋胡变文》《王昭君变文》《伍子胥变文》《汉将王陵变文》等。

俗讲、变文在隋唐时期极为盛行，很多寺院甚至出现了专门的"变场"，一旦开场，"湖上少渔船"或"酒坊鱼市尽无人"。吉师老《看蜀女转昭君变》诗也描述了市井歌伎表演变文的情况：

妖姬未著石榴裙，自道家连锦水渍。
檀口解知千载事，清词堪叹九秋文。
翠眉颦处楚边月，画卷开时塞外云。
说尽绮罗当日恨，昭君传意向文君。

说话也是一种民间说唱艺术，深受变文影响，以说故事为"话"。在隋代已经产生，如隋代文人候白在《启颜录》中记载了他本人多次进行说话表演，所谓"尝与仆射越国公杨素并马言话"，"才出省门，即逢素子玄感，乃云：'侯秀才，可为玄感说一个好话'"，等等。② 唐郭湜《高力士外传》

---

① 白居易. 白居易集 [M]. 北京：中华书局，1979：959.
② 李昉，等. 太平广记 [M]. 北京：中华书局，1961：2016.

记载民间说话艺术已经盛行于宫廷,其云:

> 太上皇移仗西内安置……每日上皇与高公亲看扫除庭院,艾薙草木,或讲经论议,转变说话,虽不近文律,终冀悦圣情。①

不仅如此,一些文士贵族也酷爱说话艺术,如《唐会要》载元和十年(815年)"(韦)绶好谐戏,兼通人间小说"②。唐代诗人的一些诗作也反映了说话盛行的情况,如元稹《酬翰林白学士代书一百韵》描述了诗人享受说话艺术的生活状态:

> 密携长上乐,偷宿静坊姬。
> 僻性慵朝起,新晴助晚嬉。
> 相欢常满目,别处鲜开眉。
> 翰墨题名尽,光阴听话移。

诗人在注中提到话本《一枝花》,并云:"乐天每与予游从,无不书名屋壁。又尝于新昌宅,说《一枝花》话,自寅至巳,犹未毕词也。"《一枝花》即《李娃传》,记述的是汧国夫人的故事,原本只有三千六百字篇幅,但复本说此故事,却可以敷衍发展为长达七八个小时。现见于文献记载的隋唐说话还有《秋胡小说》《韩擒虎话本》《庐山远公话》《叶净能诗话》等。

以说话为职业的艺人,多在闹市表演,故被称为"市人"。说话的场所,有"斋会",也有"杂戏"戏场,还有私家府第。段成式《酉阳杂俎校笺》续集卷四就记载了唐代说话的表演情况:"予太和末,因弟生日观杂戏。有市人小说,呼扁鹊作'褊鹊',字上声。"③诗人王建《观蛮妓》亦云:"欲说昭君敛翠蛾,清声委曲怨于歌。谁家年少春风里,抛与金钱唱好多。"这充分说明了民间说话表演已经成为典型的商业化行为。

三、参军戏、歌舞戏、傀儡戏等散乐百戏

参军戏是一种以讽刺和滑稽为主的戏剧形式,源自南北朝时期,主要有两个角色,参军与苍鹘,表现内容最初是讽刺贪官污吏,后发展为其他

---

① 李剑国. 唐五代志怪传奇叙录 [M]. 北京:中华书局,2017:20.
② 王溥. 唐会要 [M]. 北京:中华书局,1960:47.
③ 段成式. 酉阳杂俎校笺 [M]. 许逸民,校笺. 北京:中华书局,2015:1725.

轻松、滑稽的内容，以及扮女人或假扮其他形象，隋唐时期不仅有舞蹈和对白，还增加了歌唱。唐代诗人李商隐在《骄儿诗》中有"忽复学参军，按声唤苍鹘"之句，说明其在唐代的兴盛状况。唐范摅《云溪友议校笺》卷下也记载了参军戏在江南盛行的现象，其云：

> 乃廉问浙东。……有俳优周季南、季崇及妻刘采春，自淮甸而来，善弄陆参军，歌声彻云。①

歌舞戏，渊源颇早，学者一般将其追溯到春秋战国之际的《优孟衣冠》，或《诗经》《楚辞》，汉魏以来主要有《东海黄公》《钵头》《踏摇娘》等作品。前文已述，《踏摇娘》在唐代已经发展为三个角色，并有丝竹管弦伴奏，很多文献都记载了该作品随着艺人的流动在各地传演。段安节《乐府杂录》、崔令钦《教坊记》对此都有详细记载，其表演内容如下：

> 北齐有人姓苏，鲍鼻。实不仕，而自号为"郎中"。嗜饮，酗酒，每醉，辄殴其妻。妻衔悲，诉于邻里。时人弄之：丈夫著妇人衣，徐步入场行歌。每一叠，旁人齐声和之云："踏谣，和来！踏摇娘苦！和来！"……今则妇人为之，遂不呼"郎中"，但云"阿叔子"。调弄又加典库，全失旧旨。或呼为《谈容娘》，又非。②

傀儡戏在经历了两汉时期的孕育之后，在隋唐时期得到了极大的发展，不仅在北方盛行，也遍布江南一带，深得各个阶层的欢迎。如大司徒杜佑曾向自己的宾客幕僚吐露心迹曰：

> 我致政之后，必买一小驷八九千者，饱食讫而跨之，著一粗布襦衫，入市看盘铃傀儡，足矣。③

隋唐时期的傀儡戏有提线、杖头、布袋、盘铃傀儡等不同的类型，表演内容丰富，表演形式生动。唐玄宗曾写《傀儡吟》一诗，传神地刻画了提线木偶的表演状况：

> 刻木牵丝作老翁，鸡皮鹤发与真同。

---

① 范摅. 云溪友议校笺［M］. 唐雯，校笺. 北京：中华书局，2017：164.
② 崔令钦. 教坊记［M］. 北京：中华书局，2012：24.
③ 韦绚. 刘宾客嘉话录［M］. 北京：中华书局，2019：26.

须臾弄罢寂无事，还似人生一梦中。

隋唐百戏盛行于宫廷和民间，城镇民众在重要活动中花钱雇佣百戏艺人进行表演，已经成为社会普遍现象。如《资治通鉴》载，唐乾符元年（874年）二月，唐僖宗召回被贬的宰相刘瞻，长安两市人率钱雇百戏迎之。这一方面说明宰相深受民众爱戴，另一方面也指出了民众花钱雇佣百戏艺人进行表演的事实。

四、器乐演奏

在隋唐时期商业性音乐生产与消费的过程中，器乐演奏也是重要的一个产品类型。从现有文献来看，器乐演奏包括多种形式，涉及吹管乐器笛、箫，弹拨乐器琵琶、琴、瑟，拉弦乐器胡琴，等等，演出场所主要集中在茶楼、酒肆、娼馆以及文人酒宴之中。如诗人李贺《将进酒》描绘了宾客酒筵中的乐舞消费，笛乐演奏尤为突出：

> 琉璃钟，琥珀浓，小槽酒滴真珠红。
> 烹龙炮凤玉脂泣，罗屏绣幕围香风。
> 吹龙笛，击鼍鼓，皓齿歌，细腰舞。
> 况是青春日将暮，桃花乱落如红雨。
> 劝君终日酩酊醉，酒不到刘伶坟上土！

王维《凉州赛神》也描绘了民众在迎神赛会的风俗庆典中欣赏笛乐演奏的情景：

> 凉州城外少行人，百尺峰头望虏尘。
> 健儿击鼓吹羌笛，共赛城东越骑神。

与此相似的还有唐代诗人李建勋《迎神》诗：

> 攂蛮鼉，吟塞笛，女巫结束分行立。
> 空中再拜神且来，满奠椒浆齐献揖。
> 阴风窣窣吹纸钱，妖巫瞑目传神言。
> 与君降福为丰年，莫教赛祀亏常筵。

琵琶是隋唐时期商业性乐舞消费中最为常见的乐器演奏形式，对此唐诗多有描绘，如徐铉《月真歌（月真，广陵妓女，翰林殷舍人所录。携之垂访。筵上赠此)》诗云：

> 扬州胜地多丽人，其间丽者名月真。
> 月真初年十四五，能弹琵琶善歌舞。

李群玉《索曲送酒》诗云：

> 烦君玉指轻拢捻，慢拨鸳鸯送一杯。

白居易《琵琶行》更是详细刻画了一个琵琶女艺人的人生经历：

> 自言本是京城女，家在虾蟆陵下住。
> 十三学得琵琶成，名属教坊第一部。
> 曲罢曾教善才伏，妆成每被秋娘妒。
> 五陵年少争缠头，一曲红绡不知数。
> 钿头银篦击节碎，血色罗裙翻酒污。

古筝演奏也是酒筵消费的重要内容之一，王諲《夜坐看挡筝》诗云：

> 调筝夜坐灯光里，却挂罗帷露纤指。
> 朱弦一一声不同，玉柱连连影相似。
> 不知何处学新声，曲曲弹来未睹名。
> 应是石家金谷里，流传未满洛阳城。

李远《赠筝妓伍卿》诗云：

> 轻轻没后更无筝，玉腕红纱到伍卿。
> 座客满筵都不语，一行哀雁十三声。

卢纶《宴席赋得姚美人拍筝歌（美人曾在禁中）》诗亦云：

> 出帘仍有钿筝随，见罢翻令恨识迟。
> 微收皓腕缠红袖，深遏朱弦低翠眉。
> 忽然高张应繁节，玉指回旋若飞雪。
> 凤箫韶管寂不喧，绣幕纱窗俨秋月。
> 有时轻弄和郎歌，慢处声迟情更多。
> 已愁红脸能伴醉，又恐朱门难再过。
> 昭阳伴里最聪明，出到人间才长成。

遥知禁曲难翻处，犹是君王说小名。

筚篥在隋唐时期也极为盛行，一些教坊乐人善吹筚篥，流落民间后常以演奏筚篥为生，李颀《听安万善吹筚篥歌》就描述了教坊乐人流落民间为宾客宴飨演奏的现象，诗云：

南山截竹为筚篥，此乐本自龟兹出。
流传汉地曲转奇，凉州胡人为我吹。
傍邻闻者多叹息，远客思乡皆泪垂。
世人解听不解赏，长飙风中自来往。
枯桑老柏寒飕飗，九雏鸣凤乱啾啾。
龙吟虎啸一时发，万籁百泉相与秋。
忽然更作渔阳掺，黄云萧条白日暗。
变调如闻杨柳春，上林繁花照眼新。
岁夜高堂列明烛，美酒一杯声一曲。

综上，器乐演奏已经成为隋唐时期一种重要的乐舞消费形式和消费对象。除上文所举文献外，《全唐诗》中还有大量的以宴飨器乐演奏为标题的诗，涉及各类乐器，如刘禹锡《和令狐相公南斋小宴听阮咸》，白居易《和灵狐仆射小饮听阮咸》，苏东坡《宋叔达家听琵琶》，杨师道《侍宴赋得起坐弹鸣琴二首》，李白《酬裴侍御留岫师弹琴见寄》，顾况《王郎中妓席五咏》，刘禹锡《冬夜宴河中李相公中堂命筝歌送酒》，殷尧潘《席上听琴》，等等。

第四节 隋唐时期商业性音乐经济的总体特征

隋唐时期商业性乐舞生产与消费相比汉魏南朝时期得到了进一步发展，出现了繁盛的局面。归纳起来，其繁盛现象集中表现在以下四个方面。

一、商业性音乐生产与消费的场所多样化

随着隋唐经济的繁荣以及城镇格局的扩大，商业性乐舞生产与消费的场所随处可见。如前文所述，在州府的城镇之中，尤其是城镇经济繁荣的长安、洛阳、杭州、绍兴、苏州、南京等地，茶楼、酒肆、妓馆之中遍布

商业性乐舞生产与消费，乐舞艺人充斥店厅，文人、贵族、官员甚至普通民众络绎不绝。

不仅如此，一些城镇的街头巷尾、无数寺院道观、民众的婚丧嫁娶等风俗场合都是商业性乐舞生产消费的场所。在这一过程中，还出现了大量依附于寺院、城镇的专业性音乐表演场所，诸如专门建设的高台、戏场、歌场等。这些多样化的、全方位的乐舞生产、消费场所充分体现了当时乐舞经济的繁荣景象。

二、商业性音乐生产从业者规模庞大

隋唐商业性乐舞生产者规模相对庞大，遍布城镇、乡村的各个角落，充斥了文人、贵族、普通民众的日常娱乐生活。如城镇的酒肆中必须有歌伎进行劝酒歌舞，妓馆中充斥着大量的色艺俱佳的歌舞艺人，寺院等宗教场所或以租雇形式或以自己培养的形式固定拥有大批乐舞说唱人员，民众的婚丧嫁娶更是存在着大量的歌舞生产者。这些从事商业性演出的乐伎来源多样，不仅有来自宫廷的教坊乐人、地方州府的在籍乐户，还有来自青楼的娼妓、茶楼酒肆的酒妓、异域的胡姬，民间的参军艺人、说唱艺人，等等。因此，即便文献并没有明确地指出这一时期从事商业性乐舞生产的人的数量，但从乐伎活动的事项及唐诗中大量有关乐伎的诗文，就可以判断出这一时期的商业乐舞从业者人数之多，远超前代。

三、乐人普遍具有商业意识和品牌意识

与前代相比，隋唐时期的乐舞生产者普遍具有了商业意识和品牌意识。当然，广义上的品牌意识实际上是艺人在商业生产中，强调乐舞技能的特色性和唯一性。即为了获得更好的经济回报，艺人通过刻苦的训练提升自己某一项专长能力，强化个人的艺术特色。如曾为教坊乐工的李谟，因笛艺高超，被誉为"吹笛为第一部"，故而吸引远在越州的士人联合集资，慕名聘请其进行演出，并给予极高的酬劳。而当其流落在江南之际，也因为"吹笛为第一部"的品牌，在江南民间的乐舞卖艺生涯中获得不菲的经济回报。

再如歌舞戏艺人刘采春一家，作为家庭乐班，为了打造品牌效应，实现经济利益的最大化，乐班中的每个人都各具专长、各具特色。文献记载，刘采春作为戏班的头牌，以歌唱著称，其嗓音魅力令"闺妇、行人莫不涟

泣";刘采春丈夫善于戏弄,其女儿则擅长歌舞。因为有品牌意识、有擅长技艺,很多艺人可以在雇佣关系中具有较大的自由性和话语权,可以时刻根据自己的水平、演唱内容进行价格调整,甚至提价。如当时有军队想聘请娼妓艺人进行乐舞表演时,娼妓自夸道:"我诵得白学士《长恨歌》,岂同他妓哉?"由是增价。① 此案例就充分说明了此种现象。

四、商业性音乐生产与消费的产品类型多元化

商业性音乐生产类型与消费者需求、消费场所、生产者水平之间有着密切的共生关系。消费场所的多样化、音乐生产者层次的非均衡性,以及消费者审美需求的多元化导致商业性音乐生产与消费产品类型的多元化。因此,这一时期城镇中的商业性音乐生产与消费的产品主要以轻歌曼舞的曲子、民歌为主;酒肆中则存在着大量的酒令乐舞作品,还有胡姬表演的异族歌舞;文人举办的宴飨之中除了轻柔高雅的诗乐作品外,还有笛、琵琶、古琴等器乐演奏;民间风俗场所中则出现了大量的鼓吹乐、民歌、祭祀乐舞。即便是寺院、道观等宗教场合也出现了专门的戏场,用来表演与宗教及世俗相关的艺术作品,其形式包括变文、说话、俗讲、歌舞、器乐等。因此,丰富的商业性音乐产品极大程度地满足了各级社会群体的多元化需求,迎合了民众多元化的审美口味。

---

① 白居易. 白居易集 [M]. 北京:中华书局,1979:963.

第五章　五代十国时期的音乐经济

　　五代十国是一个比较特殊的时期，从大的历史发展来看，它是唐宋继代变革的中间时期，正如史学家强调的，从唐朝衰亡经五代十国至宋朝建立，中国社会发生了具有决定意义的变化，"在表面的兵荒马乱与战火连年的背后，社会的变迁与制度的更新在悄然进行"①。这充分说明五代十国时期在唐宋变革中的重要地位，它结束了唐末以来藩镇的混乱，实现了局部的统一，从而为北宋统一全国奠定了基础。② 所以，五代十国史是晚唐史的继承，是宋史的开始，是唐宋变革的过渡期和转型期。

　　从音乐发展史的维度来说，五代十国也是从隋唐以歌舞为中心的中古伎乐时代到以戏曲为代表的近世俗乐时代的过渡时期。隋唐时期宫廷歌舞大曲，九部伎、十部伎，曲子词、俳优百戏等，都可以在五代十国时期寻觅踪迹，宋元时期的戏曲、歌舞、说唱也能够在这一时期找到源头。因此，这也是音乐发展史上的一个极为重要的阶段。

　　从社会发展来看，这一时期很短暂，朝代更替频繁，时间跨度从公元907年朱温建立后梁，到公元960年后周灭亡，赵匡胤黄袍加身，北宋立国，共计53年，即便是延续到公元979年北汉政权灭亡，也只有72年。具

---

① 何灿浩.唐末政治变化研究［M］.北京：中国文联出版社，2001：序1.
② 王丽梅.论五代十国的历史地位——以唐宋变革论为中心［D］.西安：陕西师范大学，2016.

体来说，这一时期包括基本平行发展的五代（907—960年）和十国（902—979年），其中，"五代"是指自天祐四年（907年）唐王朝灭亡后，在中原地区先后出现的五个地域政权，分别是后梁（907—923年）、后唐（923—936年）、后晋（936—947年）、后汉（947—950年）、后周（951—960年）。"十国"是指在唐末、五代及宋初，中原地区之外存在的多个地方政权，主要有前蜀（907—925年）、后蜀（934—966年）、吴（亦称"杨吴"，902—937年）、闽（909—945年）、吴越（907—978年）、南楚（亦称"马楚"，907—951年）、南汉（917—971年）、南平（亦称"荆南"，907—963年）、南唐（937—975年）、北汉（951—979年）。

五代十国时期，由于长期战乱、政权频繁更迭，属于典型的乱世，因此常被认为是中国历史上的一个大分裂、大动荡时期。正如欧阳修所说："五代之际，君君臣臣父父子子之道乖，而宗庙、朝廷、人鬼皆失其序，斯可谓乱世者欤。"① 从政治结构来看，历代政府相继变革了隋唐以来的三省六部制，进一步完善了中央职官制度，建构和丰富了枢密院管理机制，强化了枢密使的职权，使权力高度集中于枢密使。所谓"枢密使皆天子腹心之臣，日与议军国大事"②。完善了贡举制度，"五代五十二年，其间惟梁与晋各停贡举者二年，则降敕以举子学业未精之故。至于朝代更易，干戈攘抢之岁，贡举固未尝废也"③。建立了以三司使为核心的财政系统，这为两宋的文官治国奠定了政治基础。所以，有学者认为五代十国"就唐宋宪章制度的差异而言，实为唐宋制度转型之枢纽"④。

从经济发展来看，社会总体经济发展水平虽与隋唐相距甚远，但也存在显著的新特点，江浙、西蜀、闽广、两湖和中原地区具有典型的不平衡性，局部地区、个别阶段，经济的发展相对繁荣。正如杜文玉先生在《五代十国经济史》中所说："在五代十国时期，中原王朝占据的地域最大，但是其社会经济的发展步伐却不如南方诸国快，基本上处于唐末战乱后农业经济的恢复时期。"⑤ 总体上这一时期社会经济的重心南移至蜀地和江南地域，北方农业经济则呈现缓慢恢复状态。南方政权和地域民众相对富庶，

---

① 欧阳修. 新五代史 [M]. 北京：中华书局，1974：173.
② 马端临. 文献通考 [M]. 北京：中华书局，2011：1423.
③ 马端临. 文献通考 [M]. 北京：中华书局，2011：282.
④ 盛险峰. 五代典章制度研究 [D]. 长春：东北师范大学，2003.
⑤ 杜文玉. 五代十国经济史 [M]. 北京：学苑出版社，2011：286.

南唐、吴越、前蜀、闽等国统治者普遍采取了减轻赋税、促进农民耕作和休养生息的政策，同时广修水利，兴建"圩田"，治理洪涝，极大地推动了江浙和川蜀之地经济的快速发展，以至出现了"仓库充溢""耒耜接肘，薹笠摩肩，闾阎风靡，稼穑云连"①"吴越地方千里，带甲十万，铸山煮海，象犀珠玉之富，甲于天下"②的现象和"苏湖熟，天下足"的民谚。

另外，这一时期频繁的政权更迭导致传统士族与新兴寒门之间的政治壁垒和固化阶层开始瓦解，宋人郑樵云："自五季以来，取士不问家世，婚姻不问阀阅。"③政治权力和物质经济成为新兴贵族的追逐对象，统治阶层传统的重农轻商观念也在发生改变，积极推动商业活动，社会经济呈现出新的特点，国家重商，贵族官员也竞相逐利经商，实现以权谋商，以商获利，如南唐时期"伪侍中周宗既阜于家财而贩易，每自淮上通商，以市中国羊马。及世宗将谋渡淮，乃使军中人蒙一羊皮，人执一马，伪为商旅，以渡浮桥而守，继以兵甲，遂人临淮"④。后唐节度使赵在礼"两京及所莅藩镇，皆邸店罗列"⑤。吴国润州团练使徐知谔"作列肆于牙城西，躬自贸易"⑥。南唐寿春军政长官李彦真"惟务聚敛，不知纪极，列肆百业，尽收其利"⑦。因此，这一时期江南商业相对发达，出现了大量的商人群体。手工业、铸造业、制盐业、造船业、印刷业等也日渐繁盛。商业的发展，推动了南北、内外贸易的往来，涌现了一批繁华的商业都市和港口城市，诸如扬州、金陵、杭州、温州、洪州、剑南、成都、汴州、荆州、福州、泉州等。正如杜文玉所说，北宋时期的垦田面积、粮食、丝织品、盐、茶叶等产量以及政府的财政收入、水利工程都比唐代多，其主要原因之一是五代十国承上启下的经济贡献。⑧

从文化发展和社会思想意识来看，这一时期的战争硝烟对社会文化和社会思想产生了重要影响，所谓"五代，干戈贼乱之世也，礼乐崩坏，三纲五常之道绝，而先王之制度文章扫地而尽于是矣！"⑨文化转型是学者们

---

① 吴任臣. 十国春秋 [M]. 徐敏霞，周莹，点校. 北京：中华书局，2010：650.
② 祝穆. 方舆览胜 [M]. 北京：中华书局，2003：20.
③ 郑樵. 通志二十略 [M]. 北京：中华书局，1995：1.
④ 佚名. 五国故事 [M]. 郑州：大象出版社，2019：87.
⑤ 薛居正，等. 旧五代史 [M]. 北京：中华书局，1976：1178.
⑥ 司马光. 资治通鉴 [M]. 胡三省，音注. 北京：中华书局，1956：9132.
⑦ 文莹. 玉壶清话 [M]. 北京：中华书局，1984：101.
⑧ 杜文玉. 五代十国经济史 [M]. 北京：学苑出版社，2011：314.
⑨ 欧阳修. 新五代史 [M]. 北京：中华书局，1974：188.

的共同认知,所谓"唐、宋各代表两种不同的文化类型,前者兼容并蓄,外来文化激荡较多,文化精神较为开放活泼;但在安史之乱后,逐渐回归中国文化本位,儒学复兴。因此,宋代可称为中国近世本位化之建立期"①。因此,表面混乱的五代十国,实际上是一个社会文化、思想变革的时期,是宋代文化思想的孕育期。总体来看,在乱世治国的过程中,儒学深受重视,无论南方十国还是北方五国,都纷纷把兴盛儒学、推动儒学教育作为重要的国家政策,以兴儒来维护皇室正统地位,保证国家的稳定和长治久安。其中重要的兴儒事件有:重新印刷推行九经,创建白鹿洞书院,开设弘文馆、国子监等。

五代十国时期,词的创作开始繁盛,花间派、南唐词派涌现,文人竞相创作新词,并渐趋取代诗的地位,这为两宋词的勃兴奠定了扎实的基础。在艺术领域,山水画与花鸟画成为主流,出现了董源、李升、黄筌、徐熙等著名画家。但连年的战争和频繁的政权更迭导致社会动荡不安,政治腐败、民生困顿,这在一定程度上消解了权贵阶层的正统观念,隐居避祸、及时行乐的社会风气兴盛,重视乐舞娱乐,重视伶人蓄养,竞相追求奢靡生活成为社会的普遍现象。

频繁的战争也导致人口流动加快,社会上佛教、道教此消彼长,民众信仰复杂多样,正如《五代会要》所云:"州城之内,村落之中,或有多慕邪宗,妄称圣教,或僧尼不辨,或男女混居,合党连群,夜聚明散,托宣传于法会,潜纵恣于淫风。若不祛除,实为弊恶。此后委所在州府县镇及地界所由巡司节级,严加惩刺。有此色人,便仰收捉勘寻,关连徒党,并决重杖处死。"② 因此,思想领域的变化也深刻影响了社会群体对音乐艺术的审美志趣,促使这一时期的音乐经济发展呈现出鲜明的时代特征。

---

① 傅乐成. 唐型文化与宋型文化 [J]. 国立编译馆刊,1972,1 (4).
② 王溥. 五代会要 [M]. 北京:中华书局,1998:152.

第一节 五代十国时期的音乐生产

一、五代十国时期的音乐生产者

(一) 宫廷的乐官与音乐机构

从经济学的维度来说,生产决定消费,而生产又是以人为主体,因此,分析五代十国的音乐经济发展,首要的是分析这一时期从事乐舞生产的生产者,分析提供和组织乐人进行乐舞生产的机构和管理者,即乐官与音乐机构。

从文献来看,五代十国战乱频发,隋唐时期的音乐机构和庞大的乐官体系早已不复存在,频繁的政权更迭导致各朝乐官制度并不完善,音乐机构也时立时废。当然,历代帝王依然在短暂的休养生息中制礼作乐,尽力恢复和建设乐官制度和机构。清吴任臣在《十国春秋》卷第一百十四中,详细考证了这一时期的官职,其中与乐舞管理有关的极少:吴设置有太常卿,南唐设置有太常寺卿、少卿、丞、博士、奉礼郎,前蜀设置有教坊使,后蜀设置有太常卿、少卿,南汉设置有太常卿,其余诸国皆无记录。

当然,综合这一时期的文献来看,五代十国时期乐舞生产的组织者和管理机构相对比较清晰。其朝官体系的乐官主要包括太常乐官和教坊乐官两类,太常乐官包括太乐乐官与鼓吹乐官。因此,对应的音乐管理机构主要是太常寺、教坊和鼓吹署。具体如下。

后梁立国之初就开始建设国家礼乐,设置乐官。《旧五代史》卷五载:"开平四年正月壬辰朔,帝御朝元殿,受百官称贺,用礼乐也。"[1] 梁太祖任命裴迪为太常卿,但此时裴迪已经"属年已耆耄,视听昏塞,不任朝谒"[2]。后陆续又有赵光逢为太常卿,韦象任太常少卿。陈俊,曾担任后梁教坊使、后唐教坊使,在后唐庄宗时期,还曾出任景州刺史、内园史。

后唐音乐机构相对完善,《旧五代史》卷二十七载,后唐庄宗"洞晓音律,常令歌舞于前"或"因奉觞作乐而罢",[3] 说明后唐庄宗非常重视宫廷

---

[1] 薛居正,等. 旧五代史 [M]. 北京:中华书局,1976:81.
[2] 薛居正,等. 旧五代史 [M]. 北京:中华书局,1976:61.
[3] 薛居正,等. 旧五代史 [M]. 北京:中华书局,1976:366.

乐舞的建设，并蓄养大批职业乐人以满足其乐舞消费需求。在音乐职官的建设上，即便是没有条件保留完整建制，后唐庄宗也要求设置重要的乐官，所谓"唯太常寺事关大礼，大理寺事关刑法，除太常博士外，许更置丞一员，其王府及东宫官、司天五官正、奉御之属，凡关不急司存，并请未议除授"①。这一时期李燕、张廷范曾任太常卿，陈俊、王承颜曾任教坊使。如《旧五代史》卷三十二载："庚子，太常卿李燕卒。壬寅，以教坊使陈俊为景州刺史，内园使储德源为宪州刺史，皆梁之伶人也。……壬申，以教坊使王承颜为兴州刺史。"②《新五代史》卷五载："夏五月壬寅，教坊使陈俊为景州刺史，内园栽接使储德源为宪州刺史。"③ 后唐明宗时期段顒曾任太常博士、太常丞，敬新磨为教坊伶官。

后晋时期，乐官制度初具规模，如晋天福五年（940年）秋，太常卿崔棁等具述制度上奏云："鼓吹十二按。"④《旧五代史》卷七十七载："辛丑，镇、邢、定三州奏，奉诏共差乐官六十七人往契丹。"⑤从文献来看，后晋宫廷也设置有"东西班"，如《旧五代史》卷八十五载：

> 汉乾祐元年四月，永康王至辽阳，帝与太后并诣帐中，帝御白衣纱帽，永康止之，以常服谒见。……及永康发离辽阳，取内官十五人、东西班十五人及皇子延煦，并令随帐上陉，陉即蕃王避暑之地也。有禅奴舍利者，即永康之妻兄也，知帝有小公主在室，诣帝求之，帝辞以年幼不可。又有东西班数辈善于歌唱，禅奴又请之，帝乃与之。⑥

后周时期社会经济一度得到大力发展，国家乐舞制度和乐官体系基本建立，设置有太乐令等乐官，如后周太祖时设置有教坊使及各伶官，在一次宴飨中还赐"教坊使玉带，诸伶官锦袍"⑦。世宗显德六年（959年），兵部尚书张昭等议曰："臣等今月十九日于太常寺集，命太乐令贾峻奏王朴新法黄钟调七均，音律和谐，不相凌越。其余十一管诸调，望依新法教习，以备礼寺施用。其五郊天地、宗庙、社稷、三朝大礼，合用十二管诸调，

---

① 薛居正，等. 旧五代史 [M]. 北京：中华书局，1976：418.
② 薛居正，等. 旧五代史 [M]. 北京：中华书局，1976：435.
③ 欧阳修. 新五代史 [M]. 北京：中华书局，1974：47.
④ 薛居正，等. 旧五代史 [M]. 北京：中华书局，1976：1930.
⑤ 薛居正，等. 旧五代史 [M]. 北京：中华书局，1976：1018.
⑥ 薛居正，等. 旧五代史 [M]. 北京：中华书局，1976：1127–1128.
⑦ 薛居正，等. 旧五代史 [M]. 北京：中华书局，1976：1405.

并载唐史《开元礼》，近代常行。广顺中，太常卿边蔚奉敕定前件祠祭朝会舞名、乐曲、歌词，寺司合有薄籍，伏恐所定与新法曲调声韵不协，请下太常寺检详校试。如或乖舛，请本寺依新法声调，别撰乐章舞曲，令歌者诵习，永为一代之法，以光六乐之书。"① "时有太常博士商盈孙，按《周官·考工记》之文，铸镈钟十二，编钟二百四十。处士萧承训校定石磬，今之在悬者是也。"②《旧五代史》卷一百一十八载："辛亥，李景遣所署临汝郡公徐辽进买宴钱二百万，并遣伶官五十人与辽俱来献寿觞。"③

前蜀、后蜀国家机构基本相似，均设立了太常乐官与教坊乐官。张唐英《蜀梼杌》曾记载，王建建立前蜀政权后，曾下诏改乐营为教坊。④《十国春秋》卷第四十九记载了后蜀广政三年（940年），孙延应、王彦洪为教坊部头，因谋逆，伏诛。⑤

据清吴任臣《十国春秋》卷第一百十四考证，吴与南唐均有太常和教坊，尤其是南唐后主喜好音乐，宫廷音乐机构和乐官体系相对完备，其教坊色长、部长之制已开两宋音乐制度先河。如《陆游全集校注》卷十七载："申渐高，优人，昇元中，为教坊部长。"⑥ 马令《南唐书》载："王感化善讴歌，声韵悠扬，清振林木，击乐部为歌板色。"⑦ 一些诗文和史料也记载了南唐灭国时期的乐官生存状态，如南唐后主李煜《破阵子》词曾云："最是仓皇辞庙日，教坊犹奏离别歌。"《十国春秋》卷第十六载："十一月丁未，宋平扬州，国主遣右仆射严续犒军。蒋国公从鉴朝行在所，又遣户部侍郎冯延鲁贡金买宴，并伶官五十人作乐上寿，又贡金玉、鞍勒、银装、兵器。"⑧《十国春秋》卷第三十二还记载了南唐乐官所葬处——乐官山，云："宋初下南唐，诸将置酒作乐，乐人大恸，杀之，聚瘗此山，因名。"⑨ 这一方面说明南唐宫廷乐舞生产以教坊为主体；另一方面也说明南唐乐官体系相对稳定，一直保持到宋初，随着战争而走向衰亡，后大部分乐官、乐人落入北宋宫廷。

---

① 薛居正，等. 旧五代史 [M]. 北京：中华书局，1976：1941.
② 薛居正，等. 旧五代史 [M]. 北京：中华书局，1976：1938.
③ 薛居正，等. 旧五代史 [M]. 北京：中华书局，1976：1571.
④ 张唐英. 蜀梼杌 [M]. 郑州：大象出版社，2019：103.
⑤ 吴任臣. 十国春秋 [M]. 徐敏霞，周莹，点校. 北京：中华书局，2010：710.
⑥ 陆游. 陆游全集校注 [M]. 钱仲联，马亚中，主编. 杭州：浙江古籍出版社，2015：119.
⑦ 沈辰垣，王奕清. 历代词语 [M]. 南京：凤凰出版社，2019：36.
⑧ 吴任臣. 十国春秋 [M]. 徐敏霞，周莹，点校. 北京：中华书局，2010：234.
⑨ 吴任臣. 十国春秋 [M]. 徐敏霞，周莹，点校. 北京：中华书局，2010：461.

需要注意的是，五代十国时期历代君主非常重视教坊的建设，教坊内置的专职乐官——教坊使、仗内教坊使的权力较大，不仅从事乐舞的组织活动，有时候还参与国家政务。有些教坊使深受帝王恩宠，常常会转任其他行政高官，因此，在一定程度上也扩大了教坊的职能。当然，无论是哪一级别的乐官，其主要职能还是组织乐工进行乐舞生产，以满足帝王之需。如《旧五代史》卷三十一载："同光二年……南郊礼仪使、太常卿李燕进太庙登歌酌献乐舞名，懿祖室曰《昭德之舞》，献祖室曰《文明之舞》，太祖室曰《应天之舞》，昭宗室曰《永平之舞》。"①

(二) 职业乐舞生产者

五代十国时期虽然战争频繁，但历代主政的帝王都极力推崇乐舞生产和消费。为了满足帝王的乐舞娱乐需求，政府除了建立音乐机构、设置乐官之外，还蓄养了大量的职业乐人，受宫廷管辖和调配。如《旧五代史》卷三十三载："己丑，礼仪使奏：'贞简皇太后升祔礼毕，一应宗庙伎乐及诸祀并请仍旧。'"②

1. 太常乐人

五代十国时期，太常寺是历代宫廷常设乐舞管理机构，所辖乐人，即太常乐人，规模相对庞大。如《旧五代史》卷八十四记载："八月甲子朔，日有蚀之。中书舍人陶穀奏，请权废太常寺二舞郎。从之。"③"舞郎"是专职从事雅乐舞表演的乐人，具有不同的等级，前代有"方舞郎"之职，是指组织地方舞蹈或四夷舞蹈生产的乐官，这一时期的"二舞郎"，是指从事宫廷雅乐舞之文舞和武舞表演的职业乐人。

根据《旧五代史》《新五代史》的记载，五代时期隶属太常寺的文舞郎人数基本固定，即文舞郎六十四人、武舞郎六十四人。具体表演时"文舞郎六十四人，分为八佾，每佾八人。左手执籥。……武舞郎六十四人，分为八佾。左手执干"④。在重要演出中，太常乐人规模更为庞大，有二三百人之多。如朝会大享时：

> 今请制大床十二，床容九人，振作歌乐，其床为熊罴貔豹腾倚之状

---

① 薛居正，等. 旧五代史 [M]. 北京：中华书局，1976：425.
② 薛居正，等. 旧五代史 [M]. 北京：中华书局，1976：460.
③ 薛居正，等. 旧五代史 [M]. 北京：中华书局，1976：1109.
④ 薛居正，等. 旧五代史 [M]. 北京：中华书局，1976：1928-1929.

以承之，象百兽率舞之意。分置于建鼓之外，各三案，每案羽葆鼓一、大鼓一、金錞一、歌二人、箫二人、笳二人。十二案，乐工百有八人，舞郎一百三十有二人，取年十五已上，弱冠已下，容止端正者。其歌曲名号、乐章词句，中书条奏，差官修撰。①

2. 教坊乐人

五代十国时期教坊作为宫廷乐舞生产的重要机构，得到了大力发展，所辖乐人规模也非常庞大。在国家困顿时期，太常礼乐制度不完备、太常乐人流落民间的情况极为严重，为了国家礼乐的正常运作，不得不利用具有俗乐性质的教坊乐人来顶替太常乐人。如《旧五代史》卷一百四十四记载后晋时期的宫廷礼乐建设时，云："又继以龟兹部《霓裳法曲》，参乱雅音。其乐工舞郎，多教坊伶人、百工商贾、州县避役之人，又无老师良工教习。"② 后晋天福四年（939 年）十一月，重定正冬朝会礼仪奏，礼官云："二舞鼓吹熊羆之案，工师乐器等事，由久废，无次颇甚，岁月之间，未可补修。且请设九部之乐，权用教坊伶人。"③

因此，这一时期教坊乐人规模较为庞大。其具体数量可以从宋人陈旸所撰《乐书》中窥知一二，其云：

> 圣朝循用唐制，分教坊为四部。取荆南得工三十二人，破蜀得工一百三十九人，平江南得工十六人，始废坐部。定河东得工十九人，藩臣所献八十三人及太宗在藩邸有七千［十］余员，皆籍而内之。繇是精工能手大集矣。④

当然，宋初通过战争所获得的教坊乐工荆南 32 人、蜀地 139 人、江南 16 人、河东 19 人仅是五代十国宫廷教坊乐工的局部缩影。从文献来看，即便是在后唐中后期国家经济不振、明宗皇帝大力削减宫廷机构的背景下，教坊乐人还有百余人，对此，《旧五代史》卷三十六有明确记载："甲寅，帝御文明殿受朝。制改同光四年为天成元年，大赦天下。后宫内职量留一百人，内官三十人，教坊一百人，鹰坊二十人，御厨五十人，其余任从

---

① 薛居正，等. 旧五代史 [M]. 北京：中华书局，1976：1930.
② 薛居正，等. 旧五代史 [M]. 北京：中华书局，1976：1930.
③ 王钦若. 册府元龟 [M]. 南京：凤凰出版社，2006：6818.
④ 陈旸. 乐书 [M]. 张国强，点校. 郑州：中州古籍出版社，2019：983.

所适。"①

教坊乐人中，也有一类被称为"教坊内人"，如《旧五代史》卷八十五载：

> 汉乾祐元年四月，永康王至辽阳，帝与太后并诣帐中，帝御白衣纱帽，永康止之，以常服谒见。帝伏地雨泣，自陈过咎，永康使左右扶帝上殿，慰劳久之，因命设乐行酒，从容而罢。永康帐下从官及教坊内人望见故主，不胜悲咽，内人皆以衣帛药饵献遗于帝。②

从史料来看，这一时期出现了很多有名的教坊乐人和乐官，如后唐庄宗时期，备受帝王恩宠的有曾救过帝王之命的教坊伶人周匝，以及伶人景进。后蜀节度使赵廷隐的家乐孙延应"以技选入教坊"。《十国春秋》中记载的教坊乐人颇多：

> 王感化，建州人。善讴歌，声韵悠扬，清振林木。初隶光山乐籍，后入金陵，击乐部为歌板色。保大中绝有宠。元宗暑月曲宴相臣严续等于北苑，有老牛息大树之阴，命乐工咏之，感化遽进曰："困卧斜阳噍枯草，近来问喘更无人。"续等有惭色。③

> 李冠者，散乐也。善吹洞箫，悲壮入云。元宗将召隶教坊，会军旅事兴，不暇。未几，元宗殂，国家多故，音乐之事遂成衰减。初，司徒李建勋号知音，遇冠，绝叹赏之。建勋死，冠无所依，因渡北游，流落梁、宋间。每醉，辄登市楼作数曲，听者惨沮，人以比李龟年丁天宝之末云。冠一作冠子。④

> 杨千度，本优也。善戏猴于阛阓中，常饱养十余头，习人言语。一日，内厩猢狲维绝，走殿上阁，后主令人射之，不中，乃命千度执之。千度谢恩讫，猴十余头皆向殿上叉手拜揖，后主大悦，赐千度绯衫钱帛，收入教坊。有内臣问猢狲何以能人言语，对曰："猴乃兽，实不解人言。千度时时饵以灵砂，变其兽心，然后可教。"内臣深讶其说。⑤

---

① 薛居正，等. 旧五代史［M］. 北京：中华书局，1976：495.
② 薛居正，等. 旧五代史［M］. 北京：中华书局，1976：1127-1128.
③ 吴任臣. 十国春秋［M］. 徐敏霞，周莹，点校. 北京：中华书局，2010：461.
④ 吴任臣. 十国春秋［M］. 徐敏霞，周莹，点校. 北京：中华书局，2010：461-462.
⑤ 吴任臣. 十国春秋［M］. 徐敏霞，周莹，点校. 北京：中华书局，2010：826-827.

3. 内廷乐人

中国古代社会乐官体系分朝官和宫官两大类,内廷乐人属于宫官体系,包括以皇后为主体的后宫乐人,以及介于朝官与宫官之间的皇帝内廷所用乐人。广义上来说,后宫也属于内廷范畴。后宫乐官和乐人体系滥觞于北魏,在南朝宋形成定制,五代十国时期虽不突出,但从文献中依然能够寻其踪迹。如《旧五代史》卷五载:"乙丑,宴崇政院。帝在藩及践阼,励精求理,深戒逸乐,未尝命堂上歌舞。是日止令内妓升阶,击鼓弄曲甚欢,至午而罢。"①

《旧五代史》卷四十九载:"乾宁二年,武皇奉诏讨王行瑜,驻军于渭北,昭宗降朱书御札,出陈氏及内妓四人以赐武皇。"②从文献来看,陈氏作为魏国夫人,昭宗的嫔妃,所享有的内妓乐人,显然不是指朝官体系下的太常乐人和教坊乐人,而是隶属后宫太后职官体系的内廷乐人。

当然,后晋时期盛行于宫廷的"细声女乐"也应属于内廷乐人范畴,如《旧五代史》卷八十二载:"庚申,宰臣冯道等再上表请听乐,皆不允。时帝自期年之后,于宫中间举细声女乐,及亲征以来,日于左右召浅蕃军校,奏三弦胡琴,和以羌笛,击节鸣鼓,更舞迭歌,以为娱乐。常谓侍臣曰:'此非音乐也。'故冯道等奏请举乐,诏旨未允而止。"③后周时期宫廷也存在大量女乐,如《旧五代史》卷一百三十载:"将发之前,召宴于滋德殿,太祖出女乐以宠之。"④

内廷乐人中也存在有名有姓者:

> 杨花飞者,保大初居乐部。元宗初嗣位,春秋鼎盛,留心内宠,宴私击鞠,略无虚日。常乘醉命花飞奏水调词进酒,花飞惟歌"南朝天子爱风流"一句,如是者数四。元宗悟,覆杯大怿,厚赐金帛,以旌敢言,且曰:"使孙、陈二主得此一语,则不当有衔璧之辱也。"⑤

> 种氏名时光,江西良家女。性警悟,通书计。常靓妆去饰,而态度闲雅,宛若神仙。年十六,入宫,隶乐部。(《江表志》曰:乐部中

---

① 薛居正,等. 旧五代史 [M]. 北京:中华书局,1976:83.
② 薛居正,等. 旧五代史 [M]. 北京:中华书局,1976:673.
③ 薛居正,等. 旧五代史 [M]. 北京:中华书局,1976:1087.
④ 薛居正,等. 旧五代史 [M]. 北京:中华书局,1976:1712.
⑤ 吴任臣. 十国春秋 [M]. 徐敏霞,周莹,点校. 北京:中华书局,2010:459.

之宫伎也。)①

4. 东西班乐人

一般提到东西班乐人，学界自然会想到两宋，实际上五代十国时期宫廷已经有东西班音乐机构，设置有专门的乐人，从事乐舞生产。对此，史料记载颇多，如《旧五代史》卷八十五载：

> 癸卯，帝与皇太后李氏、皇太妃安氏、皇后冯氏、皇弟重睿、皇子延煦延宝俱北行，以宫嫔五十人、内官三十人、东西班五十人、医官一人、控鹤官四人、御厨七人、茶酒三人、仪鸾司三人、军健二十人从行。……汉乾祐元年四月，……及永康发离辽阳，取内官十五人、东西班十五人及皇子延煦，并令随帐上陉，陉即蕃王避暑之地也。……又有东西班数辈善于歌唱，禅奴又请之，帝乃与之。②

这说明东西班乐人有两类，一类是从事军乐（鼓吹乐）演奏的，一类是从事歌唱表演的，两者常常在帝王出行过程中进行演出，而非局限于宫廷。

5. 宫廷优人

五代十国时期的散乐百戏、诙谐之戏深受帝王和臣僚的欢迎，因此，为了满足娱乐需求，历代宫廷也蓄养了大量的俳优艺人。由于知名艺人众多，深受帝王恩宠，《新五代史》专列"伶官传"以记之。当然，这些俳优艺人大多归属教坊管理，但鉴于其在五代十国发展的特殊性，将其单独列出。从文献来看，这一时期比较知名的俳优艺人有以下几位。

敬新磨，唐庄宗时期著名伶人，"尤善俳，其语最著"。《新五代史》卷三十七记载了其以俳优讽谏的故事：

> 庄宗好畋猎，猎于中牟，践民田。中牟县令当马切谏，为民请，庄宗怒，叱县令去，将杀之。伶人敬新磨知其不可，乃率诸伶走追县令，擒至马前责之曰："汝为县令，独不知吾天子好猎邪？奈何纵民稼穑以供税赋！何不饥汝县民而空此地，以备吾天子之驰骋？汝罪当死！"因前请亟行刑，诸伶共唱和之。庄宗大笑，县令乃得免去。庄宗尝与群优戏于庭，四顾而呼曰："李天下，李天下何在？"新磨遽前以

---

① 吴任臣. 十国春秋[M]. 徐敏霞，周莹，点校. 北京：中华书局，2010：262.
② 薛居正，等. 旧五代史[M]. 北京：中华书局，1976：1126-1128.

手批其颊。庄宗失色，左右皆恐，群伶亦大惊骇，共持新磨诘曰："汝奈何批天子颊？"新磨对曰："李天下者，一人而已，复谁呼邪！"于是左右皆笑，庄宗大喜，赐与新磨甚厚。新磨尝奏事殿中，殿中多恶犬，新磨去，一犬起逐之，新磨倚柱而呼曰："陛下毋纵儿女啮人！"庄宗家世夷狄，夷狄之人讳狗，故新磨以此讥之。庄宗大怒，弯弓注矢将射之，新磨急呼曰："陛下无杀臣！臣与陛下为一体，杀之不祥！"庄宗大惊，问其故，对曰："陛下开国，改元同光，天下皆谓陛下同光帝。且同，铜也，若杀敬新磨，则同无光矣。"庄宗大笑，乃释之。①

景进、史彦琼、郭门高，也是后唐庄宗时期的著名伶人，但被认为是"败政乱国者"为最，《新五代史》卷三十七对他们的事迹有详细记载，具体如下：

是时，诸伶人出入宫掖，侮弄缙绅，群臣愤嫉，莫敢出气，或反相附托，以希恩幸，四方藩镇，货赂交行，而景进最居中用事。庄宗遣进等出访民间，事无大小皆以闻。每进奏事殿中，左右皆屏退，军机国政皆与参决，三司使孔谦兄事之，呼为"八哥"。庄宗初入洛，居唐故宫室，而嫔御未备。阉宦希旨，多言宫中夜见鬼物，相惊恐，庄宗问所以禳之者，因曰："故唐时，后宫万人，今空宫多怪，当实以人乃息。"庄宗欣然。其后幸邺，乃遣进等采邺美女千人，以充后宫。而进等缘以为奸，军士妻女因而逃逸者数千人。庄宗还洛，进载邺女千人以从，道路相属，男女无别。魏王继岌已破蜀，刘皇后听宦者谗言，遣继岌贼杀郭崇韬。崇韬素嫉伶人，常裁抑之，伶人由此皆乐其死。皇弟存乂，崇韬之婿也，进谗于庄宗曰："存乂且反，为妇翁报仇。"乃囚而杀之。朱友谦，以梁河中降晋者，及庄宗入洛，伶人皆求赂于友谦，友谦不能给而辞焉。进乃谗友谦曰："崇韬且诛，友谦不自安，必反，宜并诛之。"于是及其将五六人皆族灭之，天下不胜其冤。进，官至银青光禄大夫、检校左散骑常侍兼御史大夫，上柱国。②

史彦琼者，为武德使，居邺都，而魏博六州之政皆决彦琼，自留守王正言而下，皆俯首承事之。是时，郭崇韬以无罪见杀于蜀，天下未知其死也，第见京师杀其诸子，因相传曰："崇韬杀魏王继岌而自王

---

① 欧阳修．新五代史［M］．北京：中华书局，1974：399．
② 欧阳修．新五代史［M］．北京：中华书局，1974：400．

于蜀矣，以故族其家。"邺人闻之，方疑惑。已而朱友谦又见杀。友谦子廷徽为澶州刺史，有诏彦琼使杀之，彦琼秘其事，夜半驰出城。邺人见彦琼无故夜驰出，因惊传曰："刘皇后怒崇韬之杀继岌也，已弑帝而自立，急召彦琼计事。"邺都大恐。贝州人有来邺者，传此语以归。戍卒皇甫晖闻之，由此劫赵在礼作乱。在礼已至馆陶，邺都巡检使孙铎，见彦琼求兵御贼，彦琼不肯与，曰："贼未至，至而给兵岂晚邪？"已而贼至，彦琼以兵登北门，闻贼呼声，大恐，弃其兵而走，单骑归于京师。在礼由是得入于邺以成其叛乱者，由彦琼启而纵之也。①

郭门高者，名从谦，门高其优名也。虽以优进，而尝有军功，故以为从马直指挥使。从马直，盖亲军也。从谦以姓郭，拜崇韬为叔父，而皇弟存乂又以从谦为养子。崇韬死，存乂见囚，从谦置酒军中，愤然流涕，称此二人之冤。是时，从马直军士王温宿卫禁中，夜谋乱，事觉被诛。庄宗戏从谦曰："汝党存乂、崇韬负我，又教王温反。复欲何为乎？"从谦恐，退而激其军士曰："罄尔之资，食肉而饮酒，无为后日计也。"军士问其故，从谦因曰："上以王温故，俟破邺，尽坑尔曹。"军士信之，皆欲为乱。李嗣源兵反，向京师，庄宗东幸汴州，而嗣源先入。庄宗至万胜，不得进而还，军士离散，尚有二万余人。居数日，庄宗复东幸汜水，谋扼关以为拒。四月丁亥朔，朝群臣于中兴殿，宰相对三刻罢。从驾黄甲马军阵于宣仁门、步军阵于五凤门以俟。庄宗入食内殿，从谦自营中露刃注矢，驰攻兴教门，与黄甲军相射。庄宗闻乱，率诸王卫士击乱兵出门。乱兵纵火焚门，缘城而入，庄宗击杀数十百人。乱兵从楼上射帝，帝伤重，踣于绛霄殿廊下，自皇后、诸王左右皆奔走。至午时，帝崩，五坊人善友，聚乐器而焚之。嗣源入洛，得其骨，葬新安之雍陵。以从谦为景州刺史，已而杀之。

《传》曰："君以此始，必以此终。"庄宗好伶，而弑于门高，焚以乐器。可不信哉！可不戒哉！②

杨名高、李家明等，也是十国时期著名的优人。杨名高本名复，名高是其优名，其技艺之高常被寓为"黄幡绰"，著有《笑林》，颇行于时。③

---

① 欧阳修. 新五代史［M］. 北京：中华书局，1974：400-401.
② 欧阳修. 新五代史［M］. 北京：中华书局，1974：401-402.
③ 吴任臣. 十国春秋［M］. 徐敏霞，周莹，点校. 北京：中华书局，2010：459.

李家明，南唐庐州人，善诙谐滑稽。

（三）营妓及地方州府乐人

五代十国时期，除了宫廷乐人之外，一些隶属军队的营妓、隶属地方州府的乐人也是社会乐舞生产的主力军。文献虽然对此记载较少，但依然能够看出端倪，如《旧五代史》卷三十九载："乙丑，……诏：'在京遇行极法日，宜不举乐，兼减常膳。诸州遇行极法日，禁声乐。'"① 后唐明宗的诏文虽然是对国家用乐的严格规定以及禁乐的条件，却也明确指出，从皇室到地方政府都是一脉相承的，地方也进行着乐舞生产与消费，从而充分说明地方州府也蓄养专职的乐人。《五代会要》卷七条明确记载了正冬朝会、郊庙行礼用乐，但当时太常寺乐工较少，旋差京府衙门首乐官权充，共召集"西京雅乐节级乐工共四十人外，受添六十人"②。由于地方州府乐人水平较低，又改用胡部音声，胡部音声不熟悉太常歌曲，也未曾教习，所以让其在太常寺习乐，并令太常寺加以管理。

营妓出自乐营，五代十国时期设置有乐营使进行专门组织，营妓规模不详，一般是在军队宴飨（曲宴）中应召演出。如《北梦琐言》卷第十六条载，后唐明宗时，董璋占据东川，将有跋扈之心，于是派遣李仁矩出使梓潼，当地官员元戎张宴接待，但李仁矩拒不参加，以致董璋大怒。后查明原因是李仁矩"性好狎邪，与营妓曲宴"③。这足以说明营妓的乐舞表演魅力。

《北梦琐言》逸文卷第一条也记载了当时著名营妓玉儿的故事：

> 陈太师敬瑄，虽滥升重位，而颇有伟量。自镇西川日，乃委政事于幕客，委军旅于互戎。日食蒸犬一头，酒一壶，一月六设曲宴，即自有平生酒徒五人狎昵，焦菜一碗，破三十千。……营妓玉儿者，太师赐之卮酒，拒而不饮。乃误倾泼于太师，污头面，遽起更衣，左右惊忧，立候玉儿为斋粉，更衣出，却坐，又以酒赐之。玉儿请罪，笑而恕之。④

---

① 薛居正，等. 旧五代史 [M]. 北京：中华书局，1976：541-542.
② 王溥. 五代会要 [M]. 北京：中华书局，1998：94.
③ 孙光宪. 北梦琐言 [M]. 贾二强，点校. 北京：中华书局，2002：301.
④ 孙光宪. 北梦琐言 [M]. 贾二强，点校. 北京：中华书局，2002：392.

《旧五代史》卷一百三十也记载了父子两代乐营工作者的命运轨迹：

> 王峻，字秀峰，相州安阳人也。父丰，本郡乐营使。峻幼慧黠善歌，梁贞明初，张筠镇相州，怜峻敏惠，遂畜之。及庄宗入魏州，筠弃镇南渡，以峻自随。时租庸使赵岩访筠于其第，筠召峻声歌以侑酒，岩悦，筠因以赠之，颇得亲爱。梁亡，赵氏族灭，峻流落无依，寄食于符离陈氏之家，久之弥窘，乃事三司使张延朗，所给甚薄。清泰末，延朗诛，汉祖尽得延朗之资产仆从，而峻在籍中，从历数镇，常为典客。汉祖践阼，授客省使，奉使荆南，留于襄、汉为监军，入为内客省使。及赵思绾作乱于永兴，汉隐帝命郭从义讨之，以峻为兵马都监。从义与峻不协，甚如水火。未几，改宣徽北院使。贼平，加检校太傅，转南院使。①

综上，这类乐人具有双重乐舞生产属性，一方面承担自己的本职工作，为军队和地方州府用乐服务；另一方面也随时被抽调进宫，和太常乐人、教坊乐人一起从事宫廷乐舞生产活动。

（四）帝王、臣僚

1. 帝王从事乐舞生产

五代十国时期，很多帝王擅长乐舞，喜好俳优，常常在不同场合进行乐舞生产。其中首推后唐庄宗。如《旧五代史》卷三十四云："初，庄宗为公子，雅好音律，又能自撰曲子词。其后凡用军，前后队伍皆以所撰词授之，使揭声而唱，谓之'御制'。至于入阵，不论胜负，马头才转，则众歌齐作。"②庄宗知音度曲，在当时极负盛名，以至"至今汾、晋之俗，往往能歌其声，谓之'御制'者皆是也"③。有时庄宗也会在招待臣僚的宴会上为臣僚歌唱，所谓"会庄宗于承天军，奉觞为寿，庄宗以镕父友，尊礼之，酒酣为镕歌，拔佩刀断衣而盟，许以女妻镕子昭诲"④。音律创作之外，后唐庄宗还非常喜好俳优之戏，常常亲自傅粉登台演出，如《旧五代史》卷四十九载："先是，庄宗自为俳优，名曰李天下，杂于涂粉优杂之间，时为

---

① 薛居正，等. 旧五代史 [M]. 北京：中华书局，1976：1711.
② 薛居正，等. 旧五代史 [M]. 北京：中华书局，1976：478.
③ 欧阳修. 新五代史 [M]. 北京：中华书局，1974：398.
④ 欧阳修. 新五代史 [M]. 北京：中华书局，1974：414.

诸优扑扶捆搭，竟为嚚妇恶伶之倾玷，有国者得不以为前鉴！"①继任者末帝也常常在宴飨之中"酣饮悲歌，形神惨沮"②。昭宗入川后，登齐云楼回望京师，作《菩萨蛮辞》三章以思归，"酒酣，与从臣悲歌泣下，建与诸王皆属和之"③。

后周恭帝也善音乐，史载其年轻的时候"会笙镛之变响，听讴歌之所属"④。前蜀皇帝王衍创作了《水调银汉》之曲，命乐工歌之。还曾在与太后、太妃游览青城山时，创作《甘州曲》，令宫人唱之。⑤

2. 臣僚从事乐舞生产

五代十国时期，频繁的战争使很多寒门出身的官员崇尚武力。但也有一些官员文化艺术素养较高，崇尚诗文，懂音知乐，相关文献记载，后梁节度使罗绍威"工笔札，晓音律"⑥；后梁官员张策曾经制歌诗二十卷，常常"图书琴酒，以自适焉"⑦；后唐牙校宪沈静"善弹琴"⑧；后唐李存瑁"尤喜音声歌舞俳优之戏"⑨；后唐检校太保李从昶"音律图画无不通之"⑩；后唐节度使王仁裕"性晓音律"⑪；后梁浙右小校薛阳陶"（其管绝微，每于一竽篥管中，常容三管也。）声如天际自然而来，情思宽闲"⑫；南唐状元卢郢，"能文章，有勇力，好吹铁笛"⑬；前蜀高祖王建的养子王宗阮，文武双全，"善舞剑器，时号为文大剑"⑭。

从乐舞生产的形式来看，臣僚的乐舞生产主要有以下几种类型。

第一，宴飨中为宾客弹奏乐器助兴。如《旧五代史》卷二记载，后唐丞相崔胤曾拜谒后梁太祖，太祖盛情款待，酒宴之中，"胤情激于衷，因自

---

① 薛居正，等. 旧五代史 [M]. 北京：中华书局，1976：674.
② 薛居正，等. 旧五代史 [M]. 北京：中华书局，1976：665.
③ 欧阳修. 新五代史 [M]. 北京：中华书局，1974：435.
④ 薛居正，等. 旧五代史 [M]. 北京：中华书局，1976：1597.
⑤ 吴任臣. 十国春秋 [M]. 徐敏霞，周莹，点校. 北京：中华书局，2010：535，544.
⑥ 薛居正，等. 旧五代史 [M]. 北京：中华书局，1976：191.
⑦ 薛居正，等. 旧五代史 [M]. 北京：中华书局，1976：245.
⑧ 薛居正，等. 旧五代史 [M]. 北京：中华书局，1976：914.
⑨ 欧阳修. 新五代史 [M]. 北京：中华书局，1974：41.
⑩ 薛居正，等. 旧五代史 [M]. 北京：中华书局，1976：1743.
⑪ 欧阳修. 新五代史 [M]. 北京：中华书局，1974：662.
⑫ 李昉，等. 太平广记 [M]. 北京：中华书局，1961：1557.
⑬ 吴任臣. 十国春秋 [M]. 徐敏霞，周莹，点校. 北京：中华书局，2010：409.
⑭ 吴任臣. 十国春秋 [M]. 徐敏霞，周莹，点校. 北京：中华书局，2010：577.

持乐板,声曲以侑酒"①。《十国春秋》卷第一百八记载历经后晋、后汉、北汉的权臣赵宏"雅善音律,常与同州节度使宋□会饮,命乐官吹采莲、送盏,皆他工所不知,已又索笛自吹,声调清越,听者惊服"②。

第二,受帝王召唤,在宫廷宴飨中奏乐,以娱宾客。如《旧五代史》卷一百二十六记载了瀛王道之子冯吉酷爱弹琵琶的故事:

> (冯吉)能弹琵琶,以皮为弦,世宗尝令弹于御前,深欣善之,因号其琵琶曰"绕殿雷"也。道以其惰业,每加谴责,而吉攻之愈精,道益怒,凡与客饮,必使廷立而弹之,曲罢或赐以束帛,命背负之,然后致谢。道自以为戒勖极矣,吉未能悛改,既而益自若。道度无可奈何,叹曰:"百工之司艺而身贱,理使然也。此子不过太常少卿耳。"其后果终于此。③

第三,挽歌表演。汉魏隋唐至五代十国时期,丧葬奢靡之风盛行,挽歌不仅是丧葬中的重要表演内容,甚至成为文人雅士的一种艺术爱好,很多文人雅士也以善挽歌而闻名于世。如《新五代史》卷四十四载:"丁会,字道隐,寿州寿春人也。少工挽丧之歌,尤能凄怆其声以自喜。"④

第四,进行参军戏表演。五代十国时期,参军戏盛行,帝王、臣僚极为喜欢,甚至亲自参与表演以自娱。如《新五代史》卷六十一记载,徐知训位高权重,独断专行,曾在酒宴之上演参军,年幼的帝王隆则演苍鹘,知训借此辱骂帝王。这一故事虽然说明了徐知训的专政,但同时也说明了参军戏的盛行,帝王、臣僚经常进行相关表演。

第五,创作乐曲、撰写乐书。如这一时期的陈用拙,少习礼乐,工诗歌,尤精音律,曾撰写《大唐正声琴籍》十卷,书中记载了诸多琴家论操名及古帝王名士善琴者,又补新徵音谱若干卷。⑤ 一些落魄的文人雅士生活无所依时,常常与歌伎相依为命,为歌伎创作作品。如五代时期衡山人欧阳彬,工于辞赋,曾落魄于街市,"有歌人瑞卿者,慕其才,遂延于家","彬作《九州歌》以授瑞卿,至时使歌之,实欲感动武穆"。⑥ 也有些经商

---

① 薛居正,等. 旧五代史[M]. 北京:中华书局,1976:30.
② 吴任臣. 十国春秋[M]. 徐敏霞,周莹,点校. 北京:中华书局,2010:1531.
③ 薛居正,等. 旧五代史[M]. 北京:中华书局,1976:1666.
④ 欧阳修. 新五代史[M]. 北京:中华书局,1974:481.
⑤ 吴任臣. 十国春秋[M]. 徐敏霞,周莹,点校. 北京:中华书局,2010:891.
⑥ 薛居正,等. 旧五代史[M]. 北京:中华书局,1976:1760-1761.

之人酷爱音乐，如《十国春秋》卷第九十九记载福州永贞人虞皋，以鬻黄精为业，富甲一方之后，常常"坦腹卧溪上，吹芦笛自乐"①。

（五）嫔妃、妻女

帝王的嫔妃和官员妻女也是这一时期乐舞生产者之一。文献也记载了她们从事乐舞生产的案例，如《新五代史》卷四十五载，后唐庄宗灭梁之后，非常不重视大臣朱汉宾，并罢其为右龙武统军，但有一次庄宗出游到汉宾家中，汉宾盛情款待，令妻子侍其左右，进酒食，奏歌舞，以至庄宗非常高兴，又再次恩宠汉宾。

《十国春秋》卷第十八记载了善歌舞、工琵琶的后周司徒宗之女为两代帝王从事乐舞生产的案例：

> 尝为寿元宗前，元宗叹其工，以烧槽琵琶赐之，盖元宗宝惜之器也。后于采戏、弈棋，靡不妙绝。元宗幸南都，诏音存问，以令妇称。后主嗣位，册立为国后，宠嬖专房。创为高髻纤裳及首翘鬓朵之妆，人皆效之。常雪夜酣燕，举杯请后主起舞，后主曰："汝能创为新声，则可矣。"后即命笺缀谱，喉无滞音，笔无停思。俄顷谱成，所谓：《邀醉舞破》也。又有《恨来迟破》，亦后所制。故唐盛时，《霓裳羽衣》最为大曲，乱离之后，绝不复传；后得残谱，以琵琶奏之，于是开元、天宝之遗音，复传于世。内史舍人徐铉闻之于国工曹生，铉亦知音，问曰："法曲终则缓，此声乃反急，何也？"曹生曰："旧谱实缓，宫中有人易之，非吉徵也。"后主以后好音律，因亦耽嗜，废政事。监察御史张宪切谏，赐帛三十匹，以旌敢言，然不为辍也。未几，后卧疾，后主朝暮视食，药非亲尝不进，服不解体者累夕。后疾已革，犹不乱，谓后主曰："婢子多幸，托质君门，窃冒华宠十载矣。女子之荣，莫过于此，所不足者，子殇身殁，无以报德。"亲取元宗所赐琵琶及平时约臂玉环，为后主别，又作书请薄葬。……后主哀苦伤神，扶杖而起，自制诔，刻之石，与后所爱金屑檀槽琵琶同葬。②

帝王的嫔妃和臣僚的妻女从事乐舞生产的原因主要有以下几种。

其一，这些女性自幼习歌舞，拥有极高的歌舞素养，能够随时根据帝

---

① 吴任臣. 十国春秋 [M]. 徐敏霞，周莹，点校. 北京：中华书局，2010：1425.
② 吴任臣. 十国春秋 [M]. 徐敏霞，周莹，点校. 北京：中华书局，2010：264-265.

王、夫君的需要，在不同的场合进行乐舞表演，如《新五代史》卷十四载，庄宗神闵敬皇后刘氏，虽家世寒微，但在五六岁的时候，作为贞简太后的侍者，被教以吹笙歌舞。成年后不仅姿色绝众，声伎亦所长。常常在太后和庄宗的酒宴之上，自起歌舞或吹笙佐酒，以娱帝王。①《新五代史》卷十九载，德妃董氏，镇州灵寿人也，"幼颖悟，始能言，闻乐声知其律吕"②。

其二，出身娼妓，后成为嫔妃或臣僚家属。由于这一时期社会等级观念相对混乱，历代帝王也大多是底层出身，因此，从帝王到臣僚，常常娶娼妓为妻。如《旧五代史》卷七载，左右控鹤都指挥使王友珪，"其母亳州营倡也"③。《旧五代史》卷一百七载，后晋中书令史弘肇"妻阎氏，本酒妓也"④；后汉时期，飞龙使后赞"母本倡家也，与父同郡，往来其家，生赞"⑤。《十国春秋》卷第十八记载，南唐元宗母亲种氏原为江西良家女，后入宫，隶乐部，"俄得幸，生景遂"⑥。

《北梦琐言》逸文记载了西蜀黔南节度使王宝义之女精通乐舞，曾创作大量乐曲的故事：

> 王蜀黔南节度使王保义，有女适荆南高从诲之子保节。未行前，暂寄羽服。性聪敏，善弹琵琶。因梦异人，频授乐曲。所授之人，其形或道或俗，其衣或紫或黄。有一夕而传数曲，有一听而便记者。其声清越，与常异，类于仙家《紫云》之亚也。乃曰："此曲谱请元昆制序，刊石于甲寅之方。"其兄即荆南推官王少监贞范也，为制序刊石。所传曲，有《道调宫》《玉宸宫》《夷则宫》《神林宫》《蕤宾宫》《无射宫》《玄宗宫》《黄钟宫》《散水宫》《仲吕宫》；商调，独指《泛清商》《好仙商》《侧商》《红绡商》《凤抹商》《玉仙商》；角调，《双调角》《醉吟角》《大吕角》《南吕角》《中吕角》《高大殖角》《蕤宾角》；羽调，《凤吟羽》《背风香》《背南羽》《背平羽》《应圣羽》《玉宫羽》《玉宸羽》《凤香调》《大吕调》。其曲名一同人世，有《凉州》《伊州》《胡渭州》《甘州》《绿腰》《莫靼》《项（明抄本作"顼"。疑

---

① 欧阳修. 新五代史［M］. 北京：中华书局，1974：143.
② 欧阳修. 新五代史［M］. 北京：中华书局，1974：199.
③ 薛居正，等. 旧五代史［M］. 北京：中华书局，1976：108.
④ 薛居正，等. 旧五代史［M］. 北京：中华书局，1976：1406.
⑤ 薛居正，等. 旧五代史［M］. 北京：中华书局，1976：1413.
⑥ 吴任臣. 十国春秋［M］. 徐敏霞，周莹，点校. 北京：中华书局，2010：262.

当作"倾")盆乐》《安公子》《水牯子》《阿滥泛》之属,凡二百以上曲。所异者,徵调中有《湘妃怨》《哭颜回》,当时胡琴不弹徵调也。王适高氏,数年而亡,得非谪坠之人乎?孙光宪子妇即王氏之侄也,记得一两曲,尝闻弹之,亦异事也。①

(六) 私家乐人

私家乐人是五代十国时期社会乐舞生产的主力,从历史发展来看,私家蓄伎的繁荣时代是魏晋南北朝时期。随着世家大族在隋唐的衰落,以及隋唐政府对门阀阶层和士族官僚蓄养乐伎规模的限制,至五代时期,私家蓄伎现象已经不可能再现魏晋之盛世。但战乱纷繁的五代十国,随着底层群体的崛起,并把持朝政、割据一方,社会蓄伎之风又开始勃兴,各类史料文献也详细记载了这一时期豪绅、官吏、商贾等竞相蓄伎的现象。

当然,这一时期豪绅贵族官员的私家乐人主要来源于战争掠夺,对此文献记载颇多,如《旧五代史》卷五十七载,前蜀大将郭廷海通过战争"自有金银十万两,犀玉带五十,艺色绝妓七十,乐工七十"②;前蜀灭亡之际,后唐大将郭崇韬曾将前蜀王衍六十余名爱伎、上百名乐工收入囊中,并获金万两、银四十万、名马千匹。③ 同样,后唐大将毛璋也在攻打西蜀的过程中,虏获了大量的川货伎乐,以至"家富于财,有蜀之妓乐,骄僭自大","每拥川妓于山亭院,服赭黄,纵酒,令为王衍在蜀之戏"。④ 京兆尹张筠奉诏杀伪蜀主王衍,"衍之妓乐宝货,悉私藏于家。及罢归之后,第宅宏敞,花竹深邃,声乐饮膳,恣其所欲,十年之内,人谓'地仙'"⑤。足见所蓄私家乐伎之多,乐舞生活之奢靡。《旧五代史》卷九十载,后唐庄宗尽戮王衍之族,获得奇货珍宝,声色女伎。而等到庄宗遇难,其子李继岌逃难,张篯"乃断咸阳浮桥,继岌浮渡至渭南死之,一行金宝妓乐,篯悉获之"⑥。《旧五代史》卷九十七载:"李金全,本唐明宗之小竖也。……淮人遣伪将李承裕以代金全,金全即日南窜,其妓乐、车马、珍奇、帑藏,皆

---

① 孙光宪. 北梦琐言[M]. 贾二强,点校. 北京:中华书局,2002:453.
② 薛居正,等. 旧五代史[M]. 北京:中华书局,1976:770-771.
③ 薛居正,等. 旧五代史[M]. 北京:中华书局,1976:770.
④ 薛居正,等. 旧五代史[M]. 北京:中华书局,1976:960.
⑤ 薛居正,等. 旧五代史[M]. 北京:中华书局,1976:1182.
⑥ 薛居正,等. 旧五代史[M]. 北京:中华书局,1976:1183.

为承裕所夺。"①

  正因为是战争掠夺所得，这些私家乐伎就成为私有财产，可以随意处置，并作为礼物赠送他人，以获取某种回报，如《旧五代史》卷五十七载："宗弼选王衍之妓妾珍玩以奉崇韬，求为蜀帅，崇韬许之。"②《旧五代史》卷三十六载："初，庄宗遣中官向延嗣就长安之杀王衍也，旋属萧墙之祸，延嗣藏窜，不知所之，而衍之资装妓乐并为篯所有，复惧事泄，故聊有此献。"③

  这一时期私家蓄伎中也有很多知名者，如后梁朱瑾"爱妓桃氏，有绝色，善歌舞"④；后唐大将军王思同有伶安十十，尤善五弦⑤。湘东王李密的爱伎雪儿，"能歌舞，每见宾僚文章有奇丽入意者，即付雪儿叶音律以歌之"⑥。也有些私家乐伎跟恩主关系极为密切，常常代表恩主出席各种宴飨场合，甚至替恩主表达一些恩主不方便言说的话语，如《金华子杂编》卷上曾记载，五代时期宁俨曾列宴迎接镇守广陵的赵国公（赵国公已经在朝堂纵横四十余载），宴飨之中让家乐侑之，伶人赵万金则通过敬献"口号"来讥讽之，曰"相公经文复经武，常侍好今兼好古。昔日曾闻阿舞婆，如今亲见阿婆舞"⑦。

  当然，私家所蓄乐伎过于优秀者，也会招致祸端，如《旧五代史》卷六十七载："（任圜）尝与重诲会于私第，有妓善歌，重诲求之不得，嫌隙自兹而深矣。"⑧《旧五代史》卷一百二十三载："子勋，累历内职，早卒，绝嗣。初，广顺末，王殷受诏赴阙，太祖遣仁诲赴邺都巡检，及殷得罪，仁诲不奉诏即杀其子，盖利其家财妓乐也。"⑨

  除了畜养乐伎之外，一些豪绅也竞相采购、收藏乐器，如《旧五代史》卷五十四载，后唐军阀王都令人广将金帛收市，以致"名画乐器各数百，皆四方之精妙者，萃于其府"⑩。《旧五代史》卷一百二十三载，宋彦筠，入

---

① 薛居正，等. 旧五代史［M］. 北京：中华书局，1976：1296，1298.
② 薛居正，等. 旧五代史［M］. 北京：中华书局，1976：770.
③ 薛居正，等. 旧五代史［M］. 北京：中华书局，1976：498.
④ 薛居正，等. 旧五代史［M］. 北京：中华书局，1976：173.
⑤ 欧阳修. 新五代史［M］. 北京：中华书局，1974：358.
⑥ 李昉，等. 太平广记［M］. 北京：中华书局，1961：1501.
⑦ 刘崇远. 金华子杂编［M］. 北京：中华书局，2014：272.
⑧ 薛居正，等. 旧五代史［M］. 北京：中华书局，1976：895.
⑨ 薛居正，等. 旧五代史［M］. 北京：中华书局，1976：1621.
⑩ 薛居正，等. 旧五代史［M］. 北京：中华书局，1976：733.

成都,"据一甲第,第中资货钜万,妓女数十辈,尽为其所有"①。《新五代史》卷六十四载,后蜀名将孟玄喆奉父命行军打仗,但其携带大量乐器、伶人数十以从,以致蜀人见者皆窃笑。②

（七）社会职业乐人

五代十国时期,由于朝代更迭频繁,北方社会总体处于战乱之中,国家制度稳定性相对较差,因此作为专职的乐舞生产者,其身份的归属相对复杂,常常会出现在朝堂作为宫廷乐人为帝王服务,转瞬就流落街头,成为无身份归属的流浪艺人,或者被贵族豪绅看中收为私家乐人,抑或成为地方州府乐人。因此,根据文献判断,相对于身份固定的宫廷乐人来说,这一时期的社会职业乐人更多的是在社会上从事乐舞生产的群体。比较典型的如十国时期的乐人石潀,原为唐乐工,别号石司马,亦云"琵琶石潀"。少时为宰相令狐绹所赏,战乱后到蜀地,以在显官之家演出为生。"一夕与军将数人饮酒,潀以琵琶擅场,在坐非审音者,殊不倾听,潀乃扑槽而诟曰:'潀曾为中朝相国供奉,今日与健儿弹,而不蒙我听,何其酷也!'于时识者皆叹讶之。"③

从社会职业乐人的表演内容来看,主要有"歌者"和"散乐人"两种。前者从《旧五代史》卷一百三十三所载内容可以窥知一二,文曰:

> 欧阳彬,衡山人。世为县吏,至彬特好学,工于词赋。……因而落魄街市,歌姬酒徒,无所不狎。有歌人瑞卿者,慕其才,遂延于家。瑞卿能歌,每岁武穆王生辰,必歌于筵上。时湖南自旧管七郡外,又加武陵、岳阳,是九州,彬作《九州歌》以授瑞卿,至时使歌之,实欲感动武穆。④

从文献来看,一名县吏落魄街市,所接触到的歌伎显然都是以酒楼为主要栖息地和表演场所的职业乐舞生产者。而歌人瑞卿自有家室,能够出入豪绅贵族之家进行乐舞表演,并没有显著的身份隶属,显然也应该是社会职业乐人群体的一分子。

散乐人也是这一时期社会上比较盛行的职业乐人群体之一,《旧五代

---

① 薛居正,等. 旧五代史 [M]. 北京:中华书局,1976:1623.
② 欧阳修. 新五代史 [M]. 北京:中华书局,1974:806.
③ 吴任臣. 十国春秋 [M]. 徐敏霞,周莹,点校. 北京:中华书局,2010:657.
④ 薛居正,等. 旧五代史 [M]. 北京:中华书局,1976:1760-1761.

史》卷一百三十四载：

> 齐丘素落魄，父卒，家计荡尽，已在穷悴，朝夕不能度。时姚洞天为淮南骑将，素好士，齐丘欲谒之，且囊空无备纸笔之费，计无所出，但于逆旅杜门而坐，如此殆数日。邻房有散乐女尚幼，问齐丘曰："秀才何以数日不出？"齐丘以实告，女叹曰："此甚小事，秀才何吝一言相示耶！"乃惠以数缗。……及昇之有江南也，齐丘以佐命功，遂至将相，乃上表以散乐女为妻，以报宿惠，许之。①

二、五代十国时期的音乐生产者来源

从文献来看，这一时期的乐舞生产者来源相对复杂，归纳起来主要有以下几种情况。

（一）战争

战争是五代十国的突出政治表现，也是乐人流动的重要原因。因此，通过战争获取乐人是这一时期的典型现象，具体表现有二。

一是帝王、官僚通过战争进行乐人掠夺，实现乐舞生产者的资源再分配。如"芳仪者，亦元宗女也。失其行次、封号。后主失国，随族北迁，寓汴京，嫁为宋供奉官孙某妻。孙出任武疆都监，挈之行。宋太宗下太原，遂欲乘胜取幽州，已而契丹兵大至，宋师溃归，河北郡县被兵，武疆失守，芳仪为所卤。辽圣宗得之，悦其都美，且询知家世，遂纳之宫中，俾隶乐部，封芳仪，盖辽人内职名也"②。实际上，由于战乱频发，朝代更迭频繁，政府中的乐伎大多是通过战争而获得的，《旧五代史》卷三十四载："西川行营都监李廷安进西川乐官二百九十八人……又奏，准宣进花果树栽及抽乐人梅审铎赴京。"③ 唐天祐年间朱温大将成汭与杨行密作战，梁军战败后，成汭随军的伶官等便被吴军虏获全部送回长沙。④

二是通过战争实现乐人的空间流动。战争导致政权不稳，恩主们到处逃亡，乐人也不得不跟随恩主进行迁徙。典型的案例如后蜀太子元喆素不

---

① 薛居正，等. 旧五代史 [M]. 北京：中华书局，1976：1789-1790.
② 吴任臣. 十国春秋 [M]. 徐敏霞，周莹，点校. 北京：中华书局，2010：286.
③ 薛居正，等. 旧五代史 [M]. 北京：中华书局，1976：468.
④ 孙光宪. 北梦琐言 [M]. 贾二强，点校. 北京：中华书局，2002：107.

习武，父亲去世后，不得不"辇爱姬，携乐器、伶人数十辈"①，到处逃亡。

（二）籍没

所谓"籍没"，即官员犯罪后，按照法令，犯罪人的所有财产被没收，包括其妻女、伶人等。如《新五代史》卷二十八载："庄宗及刘皇后幸河南尹张全义第，酒酣，命皇后拜全义为父。明日，遣宦者命学士作笺上全义，以父事之，凤上书极言其不可。全义养子郝继孙犯法死，宦官、伶人冀其赀财，固请籍没。"②

（三）馈赠

乐人是奴婢阶层，是恩主的私人财产，尤其是在社会腐败、混乱的五代十国时期，用乐人行贿是一个极为普遍的现象。如《十国春秋》卷五十五载："'王公志在声色，苟得其所欲，则置而不问矣。'廷珪素俭约，不畜伎乐，遂求于姻戚家，得女伎四人，复假贷金帛直数百万以遗仁赡，由是获免。"③《十国春秋》卷八十二亦载，太平兴国三年（978年）八月，宋帝以杭州伶人马迎恩等四十五人赐淮海王俶，以备旦夕宴乐。对此，《宋史》则云："诏以……四十五人赐俶。"④ 乐营使出身的王峻在梁贞明初，被相州主管张筠畜养，后随筠南渡，租庸使赵岩访筠于其第，"筠召峻声歌以侑酒，岩悦，筠因以赠之"⑤。

（四）抢夺

君子爱财取之有道，但在五代十国时期，很多官员都是底层武官出身，一旦拥有权力或被帝王恩宠，就横行朝野，夺人所爱。《十国春秋》卷第十三载吴国将领李德诚有女乐，权臣徐知训得知后想求之，被李德诚婉拒，徐知训对李德诚的使者说："吾杀德诚，并取其妻，亦易尔。"⑥ 足见在当时，豪横抢夺乐人的现象也比较普遍。

（五）流落

五代十国时期因各种原因，乐人常常因失去宫廷的供给而四处流浪，

---

① 吴任臣. 十国春秋 [M]. 徐敏霞，周莹，点校. 北京：中华书局，2010：734.
② 欧阳修. 新五代史 [M]. 北京：中华书局，1974：308.
③ 吴任臣. 十国春秋 [M]. 徐敏霞，周莹，点校. 北京：中华书局，2010：805.
④ 吴任臣. 十国春秋 [M]. 徐敏霞，周莹，点校. 北京：中华书局，2010：1178.
⑤ 薛居正，等. 旧五代史 [M]. 北京：中华书局，1976：1711.
⑥ 吴任臣. 十国春秋 [M]. 徐敏霞，周莹，点校. 北京：中华书局，2010：173.

往返于贵族、商贾之家，比较典型的如晚唐乐人石潨，少时为后唐宰相令狐绹所蓄养，后因社会战乱，到蜀地诸多显官之家谋生。①《北梦琐言》卷第六记载了五代初期乐工关小红和石潨四处流浪从事乐舞生产的故事：

> 唐昭宗劫迁，百官荡析，名娼伎儿，皆为强诸侯有之。供奉弹琵琶乐工号"关别驾"，小红者，小名也。梁太祖求之，既至，谓曰："尔解弹《羊不采桑》乎？"关伶俯而奏之，及出，又为亲近者俾其弹而送酒，由是失意，不久而殂。复有琵琶石潨者，号"石司马"，自言早为相国令狐公见赏，俾与诸子渶、瀍连水边作名也。乱后入蜀，不隶乐籍，多游诸大官家，皆以宾客待之。一日，会军校数员饮酒作欢，石潨以胡琴擅场，在坐非知音者，喧哗语笑，殊不倾听。潨乃扑槽而诟曰："某曾为中朝宰相供奉，今日与健儿弹而不蒙我听，何其苦哉！"于时识者亦叹讶之。丧乱以来，冠履颠倒，不幸之事，何可胜道，岂独贱伶云乎哉！②

（六）因役"投名"

五代时期出现了普通民众因为想享受国家和地方的免役政策，而自愿投身乐人行列从事乐舞生产的现象。对此，《五代会要》曾有记载："教坊二舞，本户州县居民，若不尽免差徭，无缘投名鼓舞。况正殿会朝，已久停废，其见管人数等每有沦亡，皆拟填补，既不曾教习，但虚免差徭，伏乞且议停废。"③

《旧五代史》卷一百四十四也明确记载了这一时期很多州县避役之人被选入宫中进行雅乐舞生产的情况，其云：

> 又继以龟兹部《霓裳法曲》，参乱雅音。其乐工舞郎，多教坊伶人、百工商贾、州县避役之人，又无老师良工教习。明年正旦，复奏于庭，而登歌发声，悲离烦懑，如《薤露》《虞殡》之音，舞者行列进退，皆不应节，闻者皆悲愤。④

---

① 吴任臣. 十国春秋 [M]. 徐敏霞，周莹，点校. 北京：中华书局，2010：657.
② 孙光宪. 北梦琐言 [M]. 贾二强，点校. 北京：中华书局，2002：144-145.
③ 王溥. 五代会要 [M]. 北京：中华书局，1998：94.
④ 薛居正，等. 旧五代史 [M]. 北京：中华书局，1976：1930.

(七) 选拔

五代十国时期，由于帝王的奢侈乐舞需求，宫廷乐人供不应求，以致政府常常会从地方或社会选拔、征召技艺较高者，入宫作为教坊乐人。如《十国春秋》卷第四十九载："六月，教坊部头孙延应、王彦洪等谋逆，伏诛。延应，故赵廷隐伶人，以技选入教坊。"①《十国春秋》卷第五十七亦载："杨千度，本优也。善戏猴于阛阓中，常饱养十余头，习人言语。一日，内厩猢狲维绝，走殿上阁，后主令人射之，不中，乃命千度执之。千度谢恩讫，猴十余头皆向殿上叉手拜揖，后主大悦，赐千度绯衫钱帛，收入教坊。"②《十国春秋》卷第三十二载："李冠者，散乐也。善吹洞箫，悲壮入云。元宗将召隶教坊，会军旅事兴，不暇。"③

三、五代十国时期音乐的生产方式与目的

(一) 国家行为的音乐生产

国家行为的音乐生产方式主要体现在以下几个层面。

一是以帝王为中心的乐舞生产，主要目的是满足帝王及其后宫嫔妃的乐舞娱乐需求，生产的场所主要局限于宫廷内苑，以及帝王出行途中的设宴场所。其最小的消耗成本是沿用前代礼乐，这也是五代时期各帝王的常用方式。如《旧五代史》卷七十六载："甲申，车驾入内，御文明殿受朝贺，用唐礼乐。"④ 当然，在沿用前代礼乐的同时，更多的是采用改制的方法。如《旧五代史》卷一百四十五载："周广顺元年，太祖初即大位，惟新庶政，时太常卿边蔚上疏请改舞名，其略云：'前朝改祖孝孙所定十二和之名，文舞曰《治安之舞》，武舞曰《振德之舞》，今请改《治安》为《政和之舞》，《振德》为《善胜之舞》。'"⑤

当前代礼乐亡失，或新朝帝王想展示新气象时，都需要重新建设国家礼乐，包括诏令群臣制定不同的朝会之礼和所用乐章。如《旧五代史》卷一百四十四云："高祖诏太常复文武二舞，详定正冬朝会礼及乐章。自唐末之乱，礼乐制度亡失已久，税与御史中丞窦贞固、刑部侍郎吕琦、礼部侍

---

① 吴任臣. 十国春秋 [M]. 徐敏霞，周莹，点校. 北京：中华书局，2010：710.
② 吴任臣. 十国春秋 [M]. 徐敏霞，周莹，点校. 北京：中华书局，2010：826-827.
③ 吴任臣. 十国春秋 [M]. 徐敏霞，周莹，点校. 北京：中华书局，2010：461.
④ 薛居正，等. 旧五代史 [M]. 北京：中华书局，1976：993.
⑤ 薛居正，等. 旧五代史 [M]. 北京：中华书局，1976：1935.

郎张允等草定之。"①《旧五代史》卷一百四十五则对国家重建礼乐的意义有着更为明确的阐释：

> （世宗）乃下诏曰："礼乐之重，国家所先。近朝以来，雅音废坠，虽时运之多故，亦官守之因循。遂使击拊之音，空留梗概；旋相之法，莫究指归。枢密使王朴，博识古今，悬通律吕，讨寻旧典，撰集新声，定六代之正音，成一朝之盛事。其王朴所奏旋宫之法，宜依张昭等议状行。仍令有司依调制曲，其间或有疑滞，更委王朴裁酌施行。"②

以全新重建为目标的国家行为乐舞生产，成本极高，它涉及国家礼乐表演的方方面面，诸如乐工队伍建设、乐曲的创设、表演场所的修建、乐人服饰购买、乐器购买等。《旧五代史》卷一百四十四记载了这一时期礼乐建设的基本规模：

> 今请制大床十二，床容九人，振作歌乐，其床为熊罴貔豹腾倚之状以承之，象百兽率舞之意。分置于建鼓之外，各三案，每案羽葆鼓一，大鼓一，金錞一，歌二人，箫二人，笳二人。十二案，乐工百有八人，舞郎一百三十有二人，取年十五已上，弱冠已下，容止端正者。其歌曲名号、乐章词句，中书条奏，差官修撰。③

《旧五代史》卷一百四十四进一步描绘了冬至国家用乐的仪式、规模和具体内容：

> 其年冬至，高祖会朝崇元殿，廷设宫悬，二舞在北，登歌在上。文舞郎八佾六十有四人，冠进贤，黄纱袍，白中单，白练襂裆，白布大口袴，革带履，左执籥，右秉翟，执纛引者二人。武舞郎八佾六十有四人，服平巾帻，绯丝布大袖绣裆，甲金饰，白练襂裆，锦腾蛇起梁带，豹文大口袴，乌皮靴，左执干，右执戚，执旌引者二人。加鼓吹十二案，负以熊豹，以象百兽率舞。案设羽葆鼓一，大鼓一，金錞一，歌箫、笳各二人。王公上寿，天子举爵，奏《玄同》；二举，登歌奏《文同》；举食，文舞《昭德》，武舞《成功》之曲。礼毕，高祖大悦，

---

① 薛居正，等. 旧五代史 [M]. 北京：中华书局，1976：1930.
② 薛居正，等. 旧五代史 [M]. 北京：中华书局，1976：1941–1942.
③ 薛居正，等. 旧五代史 [M]. 北京：中华书局，1976：1930.

赐栰金帛，群臣左右睹者皆赞叹之。然礼乐废久，而制作简缪，又继以龟兹部《霓裳法曲》，参乱雅音。其乐工舞郎，多教坊伶人、百工商贾、州县避役之人，又无老师良工教习。明年正旦，复奏于庭，而登歌发声，悲离烦悷，如《薤露》《虞殡》之音，舞者行列进退，皆不应节，闻者皆悲愤。①

由于礼乐生产是国家政治活动中的重要行为，所以，历代政府均重视乐人的排练，帝王常常亲自下诏要求各级主管部门在礼乐演出之前，务必进行教习活动，以保障乐舞演出的质量，如《旧五代史》卷一百一十五记载："乙丑，诏曰：'今后诸处祠祭，应有牲牢、香币、馔料、供具等，仰委本司官吏躬亲检校，务在精至。行事仪式，依附《礼经》，大祠祭合用乐者，仍须祀前教习。凡关祀事，宜令太常博士及监察御史用心点检，稍或因循，必行朝典。'"② 这必然增加了国家乐舞生产的成本。

二是军中宴飨的乐舞生产。五代十国时期是战乱频发的时代，军中用乐的形式和目的呈现出多元化特征。在常规的乐舞娱乐、鼓舞士气的基础上，文献多次记载了军队主将通过乐舞生产而实现军事战略意图之事。如《十国春秋》卷第五载："抚州危全讽帅兵十万来攻洪州，时守兵裁千人，将吏闻之多失色，威密遣使告急于广陵，而日召僚佐奏乐宴饮，神气闲暇，旁若无人。全讽怀疑不敢进。"③《十国春秋》卷第七也有类似记载："闽、楚、吴越将兵二万来攻信州，信州兵不满数百，逆战不利。吴越兵围之数匝，本命启关，张虚幕于门内，召僚佐登城，数作乐宴饮。飞矢雨集，略不为动。吴越疑有伏兵，解围去。"④

三是以地方政府长官为核心的乐舞生产，其目的是满足地方政务活动和行政长官的宴飨、祭祀、娱乐等需要，生产主要集中在地方政府宅邸，以及举行政务性、祭祀性活动的场所。因此，在日常管理中，各级地方政府也会有组织地运用所管理的专职乐人进行乐舞的生产活动。《旧五代史》卷三十九所记载的内容一定程度上反映了此种现象："乙丑，……诏：'在京遇行极法日，宜不举乐，兼减常膳。诸州遇行极法日，禁声乐。'"⑤ 后唐

---

① 薛居正，等. 旧五代史［M］. 北京：中华书局，1976：1930.
② 薛居正，等. 旧五代史［M］. 北京：中华书局，1976：1532.
③ 吴任臣. 十国春秋［M］. 徐敏霞，周莹，点校. 北京：中华书局，2010：92.
④ 吴任臣. 十国春秋［M］. 徐敏霞，周莹，点校. 北京：中华书局，2010：111-112.
⑤ 薛居正，等. 旧五代史［M］. 北京：中华书局，1976：541-542.

明宗的诏文虽然是对国家用乐的严格规定以及禁乐的条件，却也明确指出，从皇室到地方政府都是一脉相承的，地方也进行着乐舞生产与消费，从而说明地方州府也蓄养专职的乐人，从事着国家行为的乐舞生产。

（二）个体自发性的音乐生产

个体自发性的音乐生产有三种类型。一是帝王、贵族在酒宴酬歌、情动于衷之际，进行乐舞创作、表演，从而通过个体性的乐舞生产行为，彰显个人的情感表达。如《旧五代史》卷四十八载："帝自是酣饮悲歌，形神惨沮。"①《十国春秋》卷第二载："'三世将家，不可保富贵'，每恣为杯酌，醉必起舞，或击节狂歌。"②《十国春秋》卷第三十二亦载：

> 李冠者，散乐也。善吹洞箫，悲壮入云。元宗将召隶教坊，会军旅事兴，不暇。未几，元宗殂，国家多故，音乐之事遂成衰减。初，司徒李建勋号知音，遇冠，绝叹赏之。建勋死，冠无所依，因渡北游，流落梁、宋间。每醉，辄登市楼作数曲，听者惨沮，人以比李龟年于天宝之末云。③

二是乐人自发的逐利行为，即通过主动性的乐舞生产来获得物质或钱财上的满足。如《旧五代史》卷七十六载："将作少监高鸿渐上言：'伏睹近年已来，士庶之家死丧之苦。当殡葬之日，被诸色音声伎艺人等作乐搅扰，求觅钱物，请行止绝。'从之。"④

三是为了个人的商业目的，将音乐演奏作为销售的宣传手段。如《十国春秋》卷第二十载："申渐高，不知何地人。事睿帝为乐工，常吹三孔笛，卖药于广陵市。乾贞时，按籍编括，而关司敛率尤繁，商人苦之。"⑤这也说明当时乐舞经济之繁盛。

（三）私家蓄伎行为的音乐生产

所谓私家蓄伎行为的乐舞生产方式，是指这一时期诸多商贾、官员常常在宴飨之中组织自己的私家乐人进行乐舞生产，从而满足自己和宾客的娱乐需要。因此，此种生产方式的主要组织者是生产者的恩主，主要生产

---

① 薛居正，等. 旧五代史 [M]. 北京：中华书局，1976：665.
② 吴任臣. 十国春秋 [M]. 徐敏霞，周莹，点校. 北京：中华书局，2010：33.
③ 吴任臣. 十国春秋 [M]. 徐敏霞，周莹，点校. 北京：中华书局，2010：461-462.
④ 薛居正，等. 旧五代史 [M]. 北京：中华书局，1976：1007.
⑤ 吴任臣. 十国春秋 [M]. 徐敏霞，周莹，点校. 北京：中华书局，2010：161-162.

者是恩主所畜养的私家乐人。对此，文献记载颇丰，如《旧五代史》卷六十四载后唐权贵朱汉宾畜养有私家乐人，常常在家以歌舞自娱，所谓"庄宗尝幸汉宾之第，汉宾妻进酒上食，奏家乐以娱之，自是汉宾颇蒙宠待"，"（汉宾）寻还洛阳，有第在怀仁里，北限洛水，南枕通衢，层屋连甍，修木交干，笙歌罗绮，日以自娱"。① 显然，除了自我享用之外，朱汉宾还将自家乐人用来招待帝王，足见其私家乐伎水平之高超。

《旧五代史》卷六十五载："乃令小伶女十人以五弦技见思同，因欢讽动。"②

《旧五代史》卷六十九载："刘延皓，应州浑元人。……及出镇大名，而所执一变，掠人财贿，纳人园宅，聚歌僮为长夜之饮，而三军所给不时，内外怨之，因为令昭所逐。"③

《旧五代史》卷九十七载："时延光有牙校孙锐者……时锐以女妓十余辈从之，拥盖操扇，必歌吹而后食，将士烦热，睹之解体，寻为王师所败，贼众退还邺城。"④

《十国春秋》卷第六载："又常按家乐于后苑，有人窃于门隙窥之。"⑤

《十国春秋》卷第二十八载："熙载才气逸发，……蓄妓四十辈，纵其出入，与客杂居，帷簿不修，物议哄然。"⑥

私家蓄妓行为的乐舞生产有时也会产生负面作用，导致恩主的个人前途受到牵连。如《新五代史》卷二十八载："重海尝过圜，圜出妓，善歌而有色，重海欲之，圜不与，由是二人益相恶。而圜遽求罢职，乃罢为太子少保。圜不自安，因请致仕，退居于磁州。"⑦ 这也反映了当时私家蓄伎乐舞生产之繁盛，导致贵族官员竞相追逐乐人，甚至不惜任何代价。

四、五代十国音乐生产的主要产品类型

（一）鼓吹乐

鼓吹乐是五代十国时期国家乐舞生产的重要内容，无论是帝王出行、

---

① 薛居正，等. 旧五代史［M］. 北京：中华书局，1976：856-857.
② 薛居正，等. 旧五代史［M］. 北京：中华书局，1976：869.
③ 薛居正，等. 旧五代史［M］. 北京：中华书局，1976：921-922.
④ 薛居正，等. 旧五代史［M］. 北京：中华书局，1976：1287.
⑤ 吴任臣. 十国春秋［M］. 徐敏霞，周莹，点校. 北京：中华书局，2010：98.
⑥ 吴任臣. 十国春秋［M］. 徐敏霞，周莹，点校. 北京：中华书局，2010：399.
⑦ 欧阳修. 新五代史［M］. 北京：中华书局，1974：307.

受册、典礼等重要政治活动，还是官员出行，都有鼓吹乐的存在。如《五代会要》载，太常礼院奏："秦王受册，自备革辂一乘，载册犊车一乘，并本品卤簿鼓吹如仪。"①《旧五代史》卷七十七载："戊寅，契丹命使以宝册上帝徽号曰'英武明义皇帝'。是日，左右金吾、六军仪仗、太常鼓吹等并出城迎引至崇元殿前，陈列如仪。"②《旧五代史》卷一百四十四载，后晋天福五年（940年）秋国家重要仪式中，需要在殿庭中增加鼓吹十二按，其中乐工百有八人，舞郎一百三十有二人。③

在一些祭祀活动中，鼓吹乐也是重要的内容之一，如《十国春秋》卷第四十三载："是时立高祖原庙于万岁桥，后主帅后妃百官往祭之，祭用鼓吹及褻味。"④

（二）雅乐登歌

五代十国时期的宫廷雅乐构成相对复杂，一部分是沿袭前代之乐，诸如隋唐礼乐和九、十部伎。如《旧五代史》卷七十八载："壬戌，礼官奏：'正旦上寿，宫悬歌舞未全，且请杂用九部雅乐，歌教坊法曲。'从之。"⑤

一部分是不同时期政府新创作的作品，如《旧五代史》卷七十九载："八月丁酉，帝观稼于西郊。己亥，详定院以先奉诏详定冬正朝会礼节、乐章、二舞行列等事上之，事具《乐志》。丙子，冬至，帝御崇元殿受朝贺，始用二舞。帝举觞，奏《玄同之乐》；登歌，奏《文同之乐》；举食，文舞歌《昭德之舞》，武舞歌《成功之舞》。典礼久废，至是复兴，观者悦之。"⑥后晋时期正旦庆典时所奏之乐有《玄同之乐》《文同之乐》等。

综合文献来看，不同历史阶段的雅乐曲目不同。如后梁开平二年（908年）制定的郊庙乐舞有《庆和之乐》《崇德之舞》《庆顺》《庆平》《庆肃》《庆熙》《庆隆》《庆融》《庆和》《庆休》。太庙乐舞有《开平》《武成之舞》《雍熙之舞》《咸和之舞》《灵长之舞》《积善之舞》《显仁之舞》《章庆之舞》《观德之舞》《肃雍之舞》《章德之舞》《善庆之舞》《观成之舞》《明德之舞》《定功之舞》。⑦

---

① 薛居正，等. 旧五代史 [M]. 北京：中华书局，1976：429.
② 薛居正，等. 旧五代史 [M]. 北京：中华书局，1976：1020.
③ 薛居正，等. 旧五代史 [M]. 北京：中华书局，1976：1928–1930.
④ 吴任臣. 十国春秋 [M]. 徐敏霞，周莹，点校. 北京：中华书局，2010：631.
⑤ 薛居正，等. 旧五代史 [M]. 北京：中华书局，1976：1034.
⑥ 薛居正，等. 旧五代史 [M]. 北京：中华书局，1976：1042，1044.
⑦ 薛居正，等. 旧五代史 [M]. 北京：中华书局，1976：1924–1927.

具体的表演形式则是文舞郎六十四人，分为八佾，每佾八人，左手执籥。武舞郎六十四人，分为八佾，左手执干。乐队编制是：大床十二，庆容九人，振作歌乐，其床为熊罴貅豹腾倚之状以承之，象百兽率舞之意。分置于建鼓之外，各三案，每案羽葆鼓一，大鼓一，金錞一，歌二人，箫二人，筑二人。

（三）教坊乐

五代十国时期，宫廷教坊机构继续得到重视，教坊乐人是宫廷极为庞大的乐舞生产者群体，因此，教坊乐也是宫廷乐舞生产的主要类型。如《旧五代史》卷八十载："甲戌，诏皇子齐王就前河府节度使康福第，以教坊乐宴会前、见任节度使。"① 教坊乐包含两种：一是教坊乐人所奏之乐，一是教坊专属乐曲。本文所强调的应该是后者，它包括隋唐遗存的教坊法曲，所谓"正旦上寿，宫悬歌舞未全，且请杂用九部雅乐，歌教坊法曲"②。或者"又继以龟兹部《霓裳法曲》，参乱雅音"③。

（四）细声女乐

女乐在封建社会中是一个相对独特的概念，有时是一种泛称，有时则专指宫廷设立的，尤其是内廷设立的特定女性表演群体，具有独特的地位。从文献来看，五代时期宫廷中设置有女乐，并以表演细乐为主，所以称之为"细声女乐"。如《旧五代史》卷八十二载："庚申，宰臣冯道等再上表请听乐，皆不允。时帝自期年之后，于宫中间举细声女乐，及亲征以来，日于左右召浅蕃军校，奏三弦胡琴，和以羌笛，击节鸣鼓，更舞迭歌，以为娱乐。常谓侍臣曰：'此非音乐也。'故冯道等奏请举乐，诏旨未允而止。"④ 显然，后晋时期的"细声女乐"，其生产者是女性乐人，隶属宫廷，表演细腻、婉转，属旖旎靡靡之乐。

（五）词调与琵琶曲

五代时期，词开始繁盛，隋唐时期的曲子在这一时期开始以词调音乐的形式传播盛行。这导致无论是宫廷还是官宦的宴飨之中，演唱旖旎婉转、抒情感人的词调成为一时风尚。如《十国春秋》卷第十六载："陶谷使江

---

① 薛居正，等. 旧五代史 [M]. 北京：中华书局，1976：1060-1061.
② 薛居正，等. 旧五代史 [M]. 北京：中华书局，1976：1034.
③ 薛居正，等. 旧五代史 [M]. 北京：中华书局，1976：1930.
④ 薛居正，等. 旧五代史 [M]. 北京：中华书局，1976：1087.

南，甚欲假书。韩熙载令馆伴驿中誊六朝书，半年乃毕。谷见伎秦蒻兰，以为驿吏女也，遂败慎独之戒，作长短句赠之。明日，中主燕谷，谷毅然不可犯。中主持觥立，使蒻兰出歌'续断弦'之曲侑觞，谷大惭而罢。词名'风光好'，云：好姻缘，恶姻缘，只得邮亭一夜眠，别神仙。琵琶拨尽相思调，知音少。再把鸾胶续断弦，是何年？"①

一些地域流行的民歌也与文人词调一样，盛行于贵族官员宴飨，最典型的是《麦秀两歧》，对此《十国春秋》卷第三十六中有着极为生动的记载：

> 梁祖使封舜卿聘于蜀。时岐阳睚眦，关路不通，遂泝汉江而上，路出全州，全帅致筵于公署。舜卿素轻其山川，多所傲睨，及执斝索令，曰："麦秀两歧"。伶人骇为未闻，以他曲代之。舜卿摇首曰："不可。"又再呼"麦秀两歧"。主人惭怒，杖其乐将。次至汉州，伶人已知全州事，忧之。及饮会，又曰："麦秀两歧。"如是三呼，不能应。有乐将王新殿前曰："略乞侍郎一唱。"舜卿唱未遍，已入乐工之指下矣。其乐工白师曰："此是大梁新翻，西蜀未有，请写谱一本。飞递入蜀，具言经过二州事。洎舜卿至蜀，长吹《麦秀两歧》于殿前，施芟麦之具，引数十辈贫儿，褴褛衣裳，挈筐笼而拾麦，仍合声唱，其词凄楚。舜卿惭恨而退。及复命，历梁汉、安康等道，不敢更言两歧字。"②

从文献来看，这一时期词调音乐表演时的主要伴奏乐器是琵琶。文献也记载了很多后宫嫔妃善弹琵琶，并常常在宫廷内宴之上进行琵琶演出，和而歌词调的现象。如南唐昭惠国后周氏，善歌舞，尤工琵琶，尝在元宗寿宴演奏，元宗感叹演奏技术之高超，以自己最珍惜的烧槽琵琶赐之。后主李煜嗣位后，将其册立为国后，极为宠爱。周氏"常雪夜酣燕，举杯请后主起舞，后主曰：'汝能创为新声，则可矣。'后即命笺缀谱，喉无滞音，笔无停思。俄顷谱成，所谓：《邀醉舞破》也。又有《恨来迟破》，亦后所制。故唐盛时，《霓裳羽衣》最为大曲，乱离之后，绝不复传，后得残谱，以琵琶奏之，于是开元、天宝之遗音，复传于世。内史舍人徐铉闻之于国工曹生，铉亦知音，问曰：'法曲终则缓，此声乃反急，何也？'曹生曰：

---

① 吴任臣. 十国春秋[M]. 徐敏霞，周莹，点校. 北京：中华书局，2010：231-232.
② 吴任臣. 十国春秋[M]. 徐敏霞，周莹，点校. 北京：中华书局，2010：523-524.

'旧谱实缓，宫中有人易之，非吉徵也。'后主以后好音律，因亦耽嗜，废政事。……亲取元宗所赐琵琶及平时约臂玉环，为后主别，又作书请薄葬。……后主哀苦伤神，扶杖而起，自制诔，刻之石，与后所爱金屑檀糟琵琶同葬"①。南唐后主的另一名嫔妃流珠也擅长琵琶。"后主常制《念家山破》，昭惠后制《邀醉舞》《恨来迟》二破，流传既久，乐籍多忘之。后主追念昭惠后，理其旧曲，顾左右无知者，流珠独能追忆无失，后主特喜。后不知所终。"②

上述文献一方面说明了词调的表演形式，另一方面也说明琵琶在五代十国时期的繁盛，尤其是南唐时期。因此，演奏琵琶曲也成为这一时期社会乐舞生产的主要类型。《十国春秋》卷第一百三记载十国时期著名乐人荆南仙女梦异人传授其琵琶乐曲二百余调，所用宫调很多，有道调玉宸宫、夷则宫、神林宫、蕤宾宫、无射宫、元宗宫、黄钟宫、散水宫、仲吕宫；商调独指泛清商、红绡商、风商、林钟商、醉吟商、玉仙商、高双调商；角调醉唫角、大吕角、南宫角、中吕角、蕤宾角；羽调凤吟羽、风香羽、应圣羽、玉宸羽、香调、大吕调。当时比较盛行的乐曲有凉州、渭州、甘州、绿腰、莫靼、倾盆乐、安公子、水牯子、阿泛滥等。③

（六）俳优杂戏

俳优杂戏渊源颇早，可追溯至春秋战国时期的优孟衣冠、角抵之戏。南北朝时期是俳优杂戏的勃发期，出现了《踏摇娘》《兰陵王》《钵头》等歌舞杂戏，经过隋唐的发展，这些作品深受宫廷和民间的欢迎。五代十国时期则进一步继承了隋唐俳优杂戏发展的趋势，历代帝王、官员都非常喜欢俳优杂戏。最具代表性的是后唐庄宗，极好俳优，以优名自取李天下，并常与俳优一起演出杂戏。《新五代史》卷三十七载："庄宗既好俳优，又知音，能度曲，至今汾、晋之俗，往往能歌其声，谓之'御制'者皆是也。其小字亚子，当时人或谓之亚次。又别为优名以自目，曰'李天下'。自其为王，至于为天子，常身与俳优杂戏于庭，伶人由此用事，遂至于亡。"④文献也记载了后唐庄宗自扮优人进行演出的事情，所扮演的角色可以假乱真。文曰："皇后刘氏素微，其父刘叟，卖药善卜，号刘山人。刘氏性悍，

---

① 吴任臣. 十国春秋 [M]. 徐敏霞，周莹，点校. 北京：中华书局，2010：264-265.
② 吴任臣. 十国春秋 [M]. 徐敏霞，周莹，点校. 北京：中华书局，2010：269.
③ 吴任臣. 十国春秋 [M]. 徐敏霞，周莹，点校. 北京：中华书局，2010：1466.
④ 欧阳修. 新五代史 [M]. 北京：中华书局，1974：398.

方与诸姬争宠，常自耻其家世，而特讳其事。庄宗乃为刘叟衣服，自负蓍囊药笈，使其子继岌提破帽而随之，造其卧内，曰：'刘山人来省女。'刘氏大怒，笞继岌而逐之。宫中以为笑乐。"①

俳优杂戏是这一时期重要的产品类型，从史料记载中可见端倪。《新五代史》单列"伶官传"，记载了大量知名优伶人深受帝王恩宠，在不同场合从事俳优杂戏生产的行为，诸如敬新磨、景进、史彦琼、郭门高等。

俳优之戏在江南也很盛行，所谓"淮南，巨镇之最，人物富庶，凡所制作，率精巧，乐部俳优，尤有机捷者"②。《新五代史》卷六十一记载了臣僚和帝王在宴飨之中亲自装扮表演参军戏的故事，充分说明了其产品类型深得社会喜爱。文曰："徐氏之专政也，隆演幼懦，不能自持，而知训尤凌侮之。尝饮酒楼上，命优人高贵卿侍酒，知训为参军，隆演鹑衣髽髻为苍鹘。知训尝使酒骂坐，语侵隆演，隆演愧耻涕泣，而知训愈辱之。左右扶隆演起去，知训杀吏一人，乃止。"③

另外，从文献来看，角抵之戏、钵头等胡人之戏在江南也非常盛行。如江南杨吴执政者徐温的长子徐知训"尤喜剑士角抵之戏"④。徐知训当魏王时，一次宫廷侍宴，优人在演出中对其苛政进行了讽刺，文曰："因入觐侍宴，伶人戏作绿衣大面胡人，若鬼状。傍一人问曰：'何为者？'绿衣人对曰：'吾宣州土地神，王入觐，和地皮掠来，因至于此！'"⑤也有人把来自四夷方国的优戏称为"番戏"，如《十国春秋》卷第十五载："昇元二年春……，高丽使正朝广评侍郎柳勋律贡方物。……帝御武功殿，设细仗受之，命学士承旨孙晟宴其使于崇英殿，奏龟兹乐，作番戏以为乐。"⑥

猴戏也是宫廷俳优演出的内容之一，由于深受帝王喜爱，五代宫廷还专设"猴部头"，以表演猴戏。如《江邻几杂志》载："猴部头，猿父也，衣以绯优服，常在昭宗侧。梁祖受禅，张御筵，引至坐侧，视梁祖忽奔走号踯，褫其冠衣。全忠怒，叱令杀之。"⑦

当然，五代十国时期的俳优之戏盛行，更多的是与其具有讽谏功能有

---

① 欧阳修. 新五代史 [M]. 北京：中华书局，1974：398.
② 刘崇远. 金华子杂编 [M]. 北京：中华书局，2014：285.
③ 欧阳修. 新五代史 [M]. 北京：中华书局，1974：756.
④ 吴任臣. 十国春秋 [M]. 徐敏霞，周莹，点校. 北京：中华书局，2010：172.
⑤ 郑文宝. 南唐近事 [M]. 郑州：大象出版社，2019：25-26.
⑥ 吴任臣. 十国春秋 [M]. 徐敏霞，周莹，点校. 北京：中华书局，2010：189-190.
⑦ 江休复. 江邻几杂志 [M]. 郑州：大象出版社，2019：138.

关，很多伶人常常将社会现象改编为优戏进行讽谏，以获得帝王和官员的关注。如《南唐近事》载：

> 张崇帅庐州，好为不法，士庶苦之。尝入觐江都，庐人幸其改任，皆相谓曰："渠伊必不复来矣。"崇来，计口征"渠伊钱"。明年再入觐，盛有罢府之议，不敢指实，道路相见，皆捋须相庆。崇归，又征"捋须钱"。尝为伶人所戏，一伶假为人死，有谴当作水族者，阴府判曰："焦湖百里，一任作獭。"崇大惭。①

（七）挽歌

挽歌也是这一时期乐舞生产的一种类型，有些人甚至以此为职业，如《新五代史》卷四十四载："丁会，字道隐，寿州寿春人也。少工挽丧之歌，尤能凄怆其声以自喜。"② 即便是在朝堂之上，也有挽歌之声，《旧五代史》卷一百四十四载："明年正旦，复奏于廷，而登歌发声，悲离烦悳，如《薤露》《虞殡》之音，舞者行列进退，皆不应节，闻者皆悲愤。"③

（八）舞蹈

五代十国时期，舞蹈渐趋作为相对独立的艺术形态，深受帝王和贵族官员的喜爱，于是，在皇宫和地方官员的宴飨之中，舞蹈也成为一种产品类型。如《十国春秋》卷第四十六载，南唐后主时期大兴力役，强取民间子女，教以歌舞，以供帝王享乐，④ 以至宫廷专设"舞童"，"唐道袭，阆州人也。始以舞童事高祖"⑤。

队舞是这一时期宫廷宴飨的主要表演形式，文献对此记载颇多，如"杜邠公悰，暮年耽于燕会。……淮南左都押衙傅希闻御制，因习来苏队舞以迎候，邠公衔之"⑥，"广政十五年春正月，下诏劝农。……夏六月乙酉朔，大宴群臣，教坊优人作灌口神队二龙战斗之象，须臾天地皆暝，大雨雹，明日灌口奏岷江大涨，锁塞龙处铁柱频撼"⑦。

---

① 郑文宝. 南唐近事［M］. 郑州：大象出版社，2019：26.
② 欧阳修. 新五代史［M］. 北京：中华书局，1974：481.
③ 薛居正，等. 旧五代史［M］. 北京：中华书局，1974：1930.
④ 吴任臣. 十国春秋［M］. 徐敏霞，周莹，点校. 北京：中华书局，2010：666.
⑤ 吴任臣. 十国春秋［M］. 徐敏霞，周莹，点校. 北京：中华书局，2010：659.
⑥ 刘崇远. 金华子杂编［M］. 北京：中华书局，2014：263.
⑦ 吴任臣. 十国春秋［M］. 徐敏霞，周莹，点校. 北京：中华书局，2010：721.

胡乐舞也极为盛行，这在现今挖掘的五代时期壁画中体现得淋漓尽致。如 1994 年发现的位于山西省太原市第一热电厂的北汉天会五年（961 年）壁画墓，墓室东南柱间壁上方有乐舞图一组，五名男性乐人分别敲鼓、吹笙、拍板、奏笛、吹筚篥，前场一胡人跳胡腾舞。①

此外，根据南唐徐铉《山路花》诗"城中春色还如此，几处笙歌按舞腰"，以及南唐李中《思九江旧居三首》诗"遥村处处吹横笛，曲岸家家系小舟"等记载，可见南方地区民间俗乐舞蹈的盛况。

第二节　五代十国时期的音乐消费

一、祭祀活动中的音乐消费及其场所

国之大事在祀与戎，祭祀活动历来都是封建帝王的重要乐舞消费形式。后梁开平初年（907 年）就制定了有关宗庙、四室祭奠用乐和酹献之舞，如肃祖宣元皇帝室曰《大合之舞》，敬祖光宪皇帝室曰《象功之舞》，宪祖昭武皇帝室曰《来仪之舞》，烈祖文穆皇帝室曰《昭德之舞》。后汉时期宫廷接受太常卿张昭的建议，改定六庙乐章舞名，有《武德之舞》《大武之舞》《灵长之舞》《积善之舞》《显仁之舞》《章庆之舞》等。② 因此，宫廷祭祀活动中的音乐消费，其主要内容是雅乐登歌和酹献之舞，主要场所则是历代帝王的庙堂之上。当然，在庙堂之上也演奏其他类型的音乐，如《旧五代史》卷二十七载："初，唐龙纪元年，帝才五岁，从武皇校猎于三垂岗，岗上有明皇原庙在焉。武皇于祠前置酒，乐作，伶人奏《百年歌》者，陈其衰老之状，声调悽苦。"③

二、宴飨活动中的音乐消费及其场所

（一）重大政治活动中的宴飨音乐消费

所谓重大政治活动，是指国家规定的重要节庆日、重要政治活动日（如皇帝加冕、太子册封、大赦天下等），以及帝王组织的重要宴飨活动。

---

① 黄剑波. 五代十国壁画研究——以墓室壁画为观察中心［D］. 上海：上海大学，2015.
② 薛居正，等. 旧五代史［M］. 北京：中华书局，1976：1336.
③ 薛居正，等. 旧五代史［M］. 北京：中华书局，1976：369.

《旧五代史》卷六记载了帝王加冕御朝时的用乐消费，所谓："己亥，日南至，帝被衮冕御朝元殿，列细仗，奏乐于庭，群臣称贺。"①《旧五代史》卷四十五则记载了长兴五年（934年）改制为应顺元年，大赦天下，然后在殿堂之上"仗卫如仪，宫悬乐作"②。如《旧五代史》卷十五载：

> 昭宗东迁，以（韩）建为佑国军节度使、京兆尹。车驾至陕，召太祖与建侍宴，宫妓奏乐。③

《旧五代史》卷三十三载：

> 庚午，宴诸王武臣于长春殿，始用乐。④

《旧五代史》卷七十载：

> 及庄宗平梁，授武宁军节度使。尝因内宴群臣，使相预会，行钦官为保傅，当地褥下坐。酒酣乐作，庄宗叙生平战阵之事。⑤

《旧五代史》卷八十四载：

> 辛酉，幸南庄，召从臣宴乐，至暮还宫。⑥

《旧五代史》卷一百三载：

> 乾祐三年……戊午，宴群臣于永福殿，帝初举乐。⑦

《新五代史》卷七载：

> 应顺元年春正月壬申朔，视朝于广寿殿。……戊寅，大赦，改元，用乐。⑧

---

① 薛居正，等. 旧五代史 [M]. 北京：中华书局，1976：92.
② 薛居正，等. 旧五代史 [M]. 北京：中华书局，1976：615.
③ 薛居正，等. 旧五代史 [M]. 北京：中华书局，1976：205.
④ 薛居正，等. 旧五代史 [M]. 北京：中华书局，1976：461.
⑤ 薛居正，等. 旧五代史 [M]. 北京：中华书局，1976：926.
⑥ 薛居正，等. 旧五代史 [M]. 北京：中华书局，1976：1116.
⑦ 薛居正，等. 旧五代史 [M]. 北京：中华书局，1976：1366.
⑧ 欧阳修. 新五代史 [M]. 北京：中华书局，1974：70.

《新五代史》卷八载：

> 十一月丙子，冬至，始用二舞。①

《旧五代史》卷一百四十四载：

> 五年，高祖诏太常复文武二舞，详定正冬朝会礼及乐章。……其年冬至，高祖会朝崇元殿，廷设宫县，二舞在北，登歌在上。文舞郎八佾六十有四人，冠进贤，黄纱袍，白中单，白练襠裆，白布大口袴，革带履。左执籥，右秉翟。执纛引者二人。武舞郎八佾六十有四人，服平巾帻，绯丝布大袖、绣裆甲金饰，白练襠，锦腾蛇起梁带，豹文大口袴，乌皮靴。左执干，右执戚。执旌引者二人。加鼓吹十二按，负以熊豹，以象百兽率舞。按设羽葆鼓一，大鼓一，金錞一。歌箫、笳各二人。王公上寿，天子举爵，奏《玄同》；二举，登歌奏《文同》；举食，文舞《昭德》，武舞《成功》之曲。礼毕，高祖大悦，赐赍金帛，群臣左右睹者皆赞叹之。②

（二）军事活动和战争庆典中的宴飨音乐消费

五代十国时期，帝王获悉战争获胜之后，喜出望外，也常常以宴飨作乐的形式来表达内心的喜悦以及对臣僚的恩惠。如《旧五代史》卷二十五载：

> 是月，班师过汴，汴帅迎劳于封禅寺，请武皇休于府第，乃以从官三百人及监军使陈景思馆于上源驿。是夜，张乐陈宴席，汴帅自佐飨，出珍币侑劝。武皇酒酣，戏诸侍妓，与汴帅握手，叙破贼事以为乐。③

《旧五代史》卷二十九载：

> 是月，镇州大将张文礼杀其帅王镕。时帝方与诸将宴，酒酣乐作。④

---

① 欧阳修. 新五代史［M］. 北京：中华书局，1974：85.
② 薛居正，等. 旧五代史［M］. 北京：中华书局，1976：1930.
③ 薛居正，等. 旧五代史［M］. 北京：中华书局，1976：338.
④ 薛居正，等. 旧五代史［M］. 北京：中华书局，1976：397.

《旧五代史》卷三十二载：

> 辛亥，至德胜城。登城四望，指战阵之处以谕宰臣。渡河南观废栅旧址，至杨村寨，沿河至咸城，置酒作乐而罢。①

一些臣僚也在行军之中饮酒作乐，如《旧五代史》卷五十二载，代州刺史史克柔之假子李嗣昭"尝享诸将，登城张乐"②。《新五代史》卷五载："克用破孟方立于邢州，还军上党，置酒三垂岗，伶人奏《百年歌》，至于衰老之际，声甚悲，坐上皆凄怆。"③ 有的官员在奋勇杀敌时，乐声不辍；有的官员在行军途中"以娼女十余自随，张盖操扇，酣歌饮食自若"④；也有的官员（崇方）甚至在敌方军队进攻的时候还"张乐饮酒，以示闲暇"⑤，以致兵败。

（三）臣僚之家的宴飨音乐消费

帝王为了彰显对臣僚的重视，亲幸臣僚之家，由臣僚设宴款待帝王，并在接待的宴飨中作乐，从而实现乐舞消费，以彰显宾主亲密和欢颜。如《旧五代史》卷六载："十一月丁亥朔，幸广王第作乐。"⑥《旧五代史》卷三十一载："戊寅，幸李嗣源第，作乐，尽欢而罢。"⑦《旧五代史》卷三十二载："甲寅，幸郭崇韬第，置酒作乐。戊午，幸李嗣源、李绍荣之第，纵酒作乐。"

臣僚家宴更多的是官员之间相互宴请、酬谢、具有私人属性的宴饮活动，这是臣僚之家宴飨乐舞消费的主体，对此，五代十国遗存的壁画描述极多。如2012年发现的位于洛阳市老城区邙山镇营庄村的五代壁画墓中，墓室内砖雕壁画分别为童子迎宾图、侍女劳作图、弹唱宴饮图等。2010年发掘的呼和浩特市清水河县窑沟乡塔尔梁村五代壁画墓《宴饮图》（图1）则形象地刻画了这一时期贵族官员宴飨乐舞消费场景。2001年发现的唐末五代李茂贞夫妇墓道两侧绘有18幅乐伎图。⑧

---

① 薛居正，等. 旧五代史［M］. 北京：中华书局，1976：447.
② 薛居正，等. 旧五代史［M］. 北京：中华书局，1976：704.
③ 欧阳修. 新五代史［M］. 北京：中华书局，1974：41.
④ 欧阳修. 新五代史［M］. 北京：中华书局，1974：579.
⑤ 薛居正，等. 旧五代史［M］. 北京：中华书局，1976：1584.
⑥ 薛居正，等. 旧五代史［M］. 北京：中华书局，1976：91.
⑦ 薛居正，等. 旧五代史［M］. 北京：中华书局，1976：441.
⑧ 黄剑波. 五代十国壁画研究——以墓室壁画为观察中心［D］. 上海：上海大学，2015.

图 1　呼和浩特市清水河县窑沟乡塔尔梁村五代壁画墓《宴饮图》

三、赐乐活动中的音乐消费及其场所

赐乐是封建时期帝王笼络人心的一种重要手段，也是宫廷乐舞消费的一种重要形式。从文献来看，五代十国虽然战乱频繁，但赐乐消费依然存在。如后唐明宗时期，皇子从荣进贡马及器币，明帝便以伎乐赐之。① 当契丹上书以求乐器时，明宗也以赐乐的形式将乐器赐予契丹。② 后唐庄宗回乡省亲时，也赏赐伶人给地方官员。③

臣僚之间则是赠送乐人，这在五代十国时期也是非常普遍的，乐人成为贵族官员之间相互行贿以获取一定的政治回报的重要工具。如《旧五代史》卷五十七载："宗弼选王衍之妓妾珍玩以奉崇韬，求为蜀帅，崇韬许之。"④

即便是官伎，也没有独立的自由身份，可以被地方州府长官自由买卖或随意送给别人，如后唐时期府刀笔小吏马郁"尝聘王镕于镇州，官妓有转转者，美丽善歌舞，因宴席，郁累挑之。幕客张泽亦以文章名，谓郁曰：

---

① 薛居正，等. 旧五代史 [M]. 北京：中华书局，1976：526.
② 薛居正，等. 旧五代史 [M]. 北京：中华书局，1976：537.
③ 欧阳修. 新五代史 [M]. 北京：中华书局，1974：404.
④ 薛居正，等. 旧五代史 [M]. 北京：中华书局，1976：770.

'子能座上成赋，可以此妓奉酬。'郁抽笔操纸，即时成赋，拥妓而去"①。这说明了乐人的商品属性。

四、游宴、雅集活动中的音乐消费及其场所

雅集活动是这一时期文人、官员的重要娱乐方式。《旧五代史》卷十四记载后梁天雄军节度副使罗绍威精晓音律，"好招延文士，聚书万卷，开学馆，置书楼，每歌酒宴会，与宾佐赋诗，颇有情致"②。这显然是当时文人、官员雅集乐舞消费的一种形态。史载后唐庄宗天成时期礼部尚书卢詹与右仆射卢质、散骑常侍卢重三人俱嗜酒，好游山水，塔庙林亭花竹之地，无不同往，酣饮为乐，人无间然，洛中朝士目为"三卢会"③。从后唐开始纵横几朝的官员李从昶也常常"以逸游宴乐为务"④。

帝王也常常进行游宴活动，如《旧五代史》卷十五载："昭宗久在华州，思还宫掖，每花朝月夕，游宴西溪，与群臣属咏歌诗，歔欷流涕。"⑤虽没有强调游宴之中的乐舞消费，但足见帝王对游宴的喜爱。所以就出现了后唐帝王召集宾友于会节园，酒酣之后"频恣歌欢""致彼喧哗，达于闻听"⑥。《蜀梼杌》卷上记载了前蜀帝王的游宴乐舞消费："（乾德）二年八月，衍北巡……至汉州，驻西湖，与宫人泛舟奏乐，饮宴弥日。九月，驻军西县。自西县还，至益昌，泛舟巡阆中，舟子皆衣锦绣。衍自制《水调银汉曲》，命乐工歌之。"⑦

当然，在游宴中进行乐舞消费的主要群体不仅是帝王和官宦，一些后宫嫔妃也是重要主体，在江南胜景之地，其游宴之地常常是西湖，行乐方式则是泛舟湖上，奏乐酣歌。如《十国春秋》卷第九十四记载，开平时期帝王的宠妃金凤偕后宫杂衣文锦，"列坐水次，流觞娱畅，沉麝之气，环佩之香，达于远近。途中丝竹管弦，更番迭奏。端阳日，造防舫数十于西湖。每舫载宫女二十余人，衣短衣，鼓楫争先，延钧御大龙舟以观。金凤作乐

---

① 薛居正，等. 旧五代史［M］. 北京：中华书局，1976：937-938.
② 薛居正，等. 旧五代史［M］. 北京：中华书局，1976：191.
③ 薛居正，等. 旧五代史［M］. 北京：中华书局，1976：1231.
④ 薛居正，等. 旧五代史［M］. 北京：中华书局，1976：1743.
⑤ 薛居正，等. 旧五代史［M］. 北京：中华书局，1976：204.
⑥ 薛居正，等. 旧五代史［M］. 北京：中华书局，1976：696.
⑦ 张唐英. 蜀梼杌［M］. 郑州：大象出版社，2019：110.

游曲，使宫女同声歌之"①。《十国春秋》卷第三十七载，吴越后宫嫔妃饯于升仙桥，以宫女二十人从行，"至汉州，驻西湖，与宫人泛舟奏乐，饮宴弥日"②。

五、宗教活动中的音乐消费及其场所

五代十国时期，宗教活动相对复杂，既有中原和江南地域的传统宗教活动，又有大量的四夷方国宗教活动。其中道教活动相对突出，从帝王到官员常常在组织的相关道教醮仪中进行乐舞消费。如《新五代史》卷六十八载："昶亦好巫，拜道士谭紫霄为正一先生，又拜陈守元为天师，而妖人林兴以巫见幸，事无大小，兴辄以宝皇语命之而后行。守元教昶起三清台三层，以黄金数千斤铸宝皇及元始天尊、太上老君像，日焚龙脑、薰陆诸香数斤，作乐于台下，昼夜声不辍，云如此可求大还丹。"③《十国春秋》卷第九十九载："益劝康宗作三清殿于禁中，以黄金数千斤铸宝皇及无始天尊老君像，昼夜作乐，焚香祷祀。"④《十国春秋》卷第三十七亦载咸康元年（925年）九月，前蜀后主奉太后、太妃祷青城山。"宫人皆衣云霞之衣，帝自制《甘州曲》，令宫人唱之，其辞哀怨，闻者凄惨。"⑤ 2010年11月挖掘的位于呼和浩特市清水河县窑沟乡塔尔梁村的五代砖石壁画中，在西南壁绘有道教打坐图一幅，还发现了表现丧葬礼仪、耕作的画面，西北壁则绘有抚琴图、宴饮图等。⑥

也有一些具有风俗特性、少数民族特征的宗教乐舞消费活动盛行，如《北梦琐言》卷第十七记载，后唐太祖李克用先祖为回纥部人，在出生之际，母亲难产，其族人"率部人被介持旍，击钲鼓，跃马大躁，环居所三周而止"⑦后，太祖出生。在江南民间则盛行祭潮乐舞，如《十国春秋》卷第七十八载，杭州一带常常在八月迎钱江潮设祭，民众"必动乐鼓舞其上，寻命呼镇江石"⑧。

---

① 吴任臣. 十国春秋[M]. 徐敏霞，周莹，点校. 北京：中华书局，2010：1360.
② 吴任臣. 十国春秋[M]. 徐敏霞，周莹，点校. 北京：中华书局，2010：535.
③ 欧阳修. 新五代史[M]. 北京：中华书局，1974：851.
④ 吴任臣. 十国春秋[M]. 徐敏霞，周莹，点校. 北京：中华书局，2010：1423.
⑤ 吴任臣. 十国春秋[M]. 徐敏霞，周莹，点校. 北京：中华书局，2010：544.
⑥ 黄剑波. 五代十国壁画研究——以墓室壁画为观察中心[D]. 上海：上海大学，2015.
⑦ 孙光宪. 北梦琐言[M]. 贾二强，点校. 北京：中华书局，2002：316-317.
⑧ 吴任臣. 十国春秋[M]. 徐敏霞，周莹，点校. 北京：中华书局，2010：1086.

六、重要民俗节庆活动中的音乐消费及场所

很多民俗节庆活动也出现了大量的乐舞消费,如上元节,《旧五代史》卷二十二记载了后梁时期上元节民间乐舞消费的盛况:"向时河朔之俗,上元比无夜游,及师厚作镇,乃课魏人户立灯竿,千钉万炬,洞照一城,纵士女嬉游。复彩画舟舫,令女妓棹歌于御河,纵酒弥日。"①

在蜀地、江南的一些民俗活动中,也存在繁多的乐舞活动,如《录异记》记载了合州石镜人赵燕奴以捕鱼宰豚为业,"每斗船驱傩及歌《竹枝词》较胜,必为首冠"②。在长安城内坊巷之中,常常会存在拦街铺设,以乐舞表演祝贺,从而向路过的达官贵人索要钱财或进行广告推销等活动。

七、专业性音乐消费

很多时候,帝王或臣僚的乐舞消费并非在宴飨之中,而是进行专业性的乐舞品鉴,类似今日的音乐会。如《旧五代史》卷七十一载,后唐时期著名文人许寂"泛览经史,穷三式,尤明《易》象",昭宗闻其盛名,召至内殿。"会昭宗方与伶人调品筚篥,事讫,方命坐赐果,问《易》义。既退,寂谓人曰:'君淫在声,不在政矣。'"③ 这说明昭宗所进行的乐舞消费类似六朝时期的丝竹会,属于专业性的乐舞生产与消费行为,与宴飨"乐以佐食"没有关系。

第三节 五代十国时期音乐生产与消费的经济基础和总体特征

一、音乐生产与消费的经济基础

(一)战争掠夺

五代十国时期帝王、贵族奢靡乐舞生产消费的主要经济来源之一是战争掠夺。如《旧五代史》卷三十三载:"丁巳,大军入成都,法令严峻,市

---

① 薛居正,等. 旧五代史 [M]. 北京:中华书局,1976:298.
② 杜光庭. 录异记 [M]. 北京:中华书局,2013:37.
③ 薛居正,等. 旧五代史 [M]. 北京:中华书局,1976:944.

不易肆。自兴师凡七十五日蜀平，得兵士三万、兵仗七百万、粮三百五十三万、钱一百九十二万贯、金银共二十二万两、珠玉犀象二万、纹锦绫罗五十万，得节度州十、郡六十四、县二百四十九。"① 从兵马到金钱，从州郡到乐人，这是最为直接、迅速地获得经济基础的手段。对此，封建帝王有着极为清晰的认知，如前蜀王建在立国之前多次攻打成都，并直白地说"四川号为锦花城，一旦收克，玉帛子女，恣我儿辈快活也"②。

(二) 通商贸易

五代十国时期统治者非常重视国家的经济发展，出台了各项经济措施，极大地促进了区域经济的繁荣，使得原来经济比较落后的地区也得到了较快的发展。地方政权割据中心往往也是区域性的大都市，商业比较发达，较具代表性的有南唐的金陵、扬州、洪州，闽国的福州、泉州，西蜀的成都，吴越的杭州，南汉的广州，马楚的潭州，荆南的江陵，北汉的太原，中原的汴梁，等等。此外，江陵、岳州、苏州、宣州等也较为发达。如成都城内有东市、南市、北市、西市四个经常性的市场，还有花市、蚕市、锦市、药市等定期市场。岳州是"五岭、三湘水陆会合之地，委输商贾，靡不由斯"③。

商人群体的涌现是五代十国时期经济繁荣的标志，对此，文献多有记载。如后唐明宗长兴元年 (930 年) 正月，"许州奏：准诏放过淮南客二百三十人，通商也"④。次年七月，"兖州奏：密州淮口，准敕放过往来商客一千八十八人"⑤。在商人群体中，也出现了一些贵族官僚利用特权，强取豪夺，以谋取商业利益。如后梁昭义节度使李嗣昭，其夫人杨氏"治家善积聚，设法贩鬻，致家财百万"⑥；后唐庄宗皇后"其在魏州，薪苏果茹皆贩鬻之"⑦；后唐节度使赵在礼"善治生货殖，积财巨万，两京及所莅藩镇，皆邸店罗列"⑧；吴国润州团练使徐知谔"作列肆于牙城西，躬自贸易"⑨；

---

① 薛居正，等. 旧五代史 [M]. 北京：中华书局，1976：460.
② 孙光宪. 北梦琐言 [M]. 贾二强，点校. 北京：中华书局，2002：394.
③ 薛居正，等. 旧五代史 [M]. 北京：中华书局，1976：63.
④ 王钦若. 册府元龟 [M]. 北京：中华书局，1960：6052.
⑤ 王钦若. 册府元龟 [M]. 北京：中华书局，1960：11520.
⑥ 薛居正，等. 旧五代史 [M]. 北京：中华书局，1976：706.
⑦ 司马光. 资治通鉴 [M]. 胡三省，音注. 北京：中华书局，1956：8916.
⑧ 薛居正，等. 旧五代史 [M]. 北京：中华书局，1976：1178.
⑨ 司马光. 资治通鉴 [M]. 胡三省，音注. 北京：中华书局，1956：9132.

南唐寿春军政长官李彦真"惟务聚敛,不知纪极,列肆百业,尽收其利"①。见于文献记载的还有节度使张筠、延州兵马留后李彦硕、后周世宗等。宋人李焘也说:"五代藩镇多遣亲吏往诸道回图贩易,所过皆免其算。"②

显然,这一时期的官员之所以热衷于经商牟利,除了他们多出身社会下层,没有唐朝贵族那种"不言利"的儒家传统思想束缚外,还在于他们可以利用手中掌握的特权,为己牟利服务。正如杜文玉所说,"政治权力与商业经营结合起来后,从而使其能获得比普通商人高出很多的利润,积累了大量财富。五代十国时期,商业发展的结果,必然导致商业资本与政治资本结合起来,从而形成新一代商人"③。

五代十国政府重视经济发展的一个重要表征是强化通商贸易,所谓"军国之费,务在丰财,关市之征,资于行旅,所宜优假,俾遂通流"④。尤其是临海、近江之地,更是将通商贸易作为重要的国家经济政策和国家经济发展的重要依托。根据郑学檬的研究,五代十国时期海上交通和对外贸易,主要集中在南方吴、南唐、吴越、闽、南汉这几个国家,尤其是闽国的商业贸易极为发达,和日本、东南亚各国都有贸易往来。北方各国主要是与西域有商贸往来,但与西域的交往程度不如盛唐时期。具体来说,吴越海上交通有三条路线,一条是从杭州出发沿海岸北上青州转至开封;一条是从海上通闽广;一条是通往朝鲜、日本的航路。⑤

王丽梅则进一步分析了五代十国的对外贸易,认为五代十国时期丝绸之路贸易依然持续,由唐代外贸的私商主体转化为官商主体,开展对外贸易呈现出一些新的特点:一是海上贸易超过了唐代,对外贸易港口增加,参与对外贸易的地区比唐代更加广泛,其中泉州、福州、杭州、温州、明州、台州、金陵、扬州、登州、莱州等成为贸易港口;二是一些政权积极开展对外贸易,官方贸易十分活跃,如闽国王氏兄弟为鼓励发展海外贸易,免除了繁重的商税,广泛招徕各地商贾来闽经商,与日本、朝鲜半岛、菲律宾、马来西亚等国都有贸易往来;三是对外贸易的商品种类增多,商品由以丝绸为主变为陶瓷、丝绸并重,并有药材、水果、铁器、木器等商品

---

① 文莹. 玉壶清话 [M]. 北京:中华书局,1984:101.
② 李焘. 续资治通鉴长编 [M]. 北京:中华书局,1979:392.
③ 杜文玉. 五代十国经济史 [M]. 北京:学苑出版社,2011:133.
④ 王钦若. 册府元龟 [M]. 北京:中华书局,1960:1136.
⑤ 郑学檬. 五代十国商品经济的初步考察 [J]. 中国经济问题,1982 (1):60 – 64.

向外销售。①

与此同时，市民阶层也逐渐兴起，城市中手工业勃兴，包括印染业、织锦业、造纸业、印刷业、文具制造业、金银器制造业、制车业、铸钱业等，还有酒肆、旅店、脚力、邸店（货栈）、裁衣肆、凶肆、娱乐等服务行业纷纷出现。② 社会经济繁荣、商业贸易勃兴的一个重要标志是这一时期在四川出现了世界上最早的纸币——交子。因此，郑学檬总结说："由于商人、城市、集市的一度繁荣，城乡贸易、南北方贸易、周边民族贸易、对外贸易（特别是海外贸易）有了相当水平，局部景象已为前代所无。"③ 这为五代十国时期社会乐舞生产消费奠定了坚强的经济基础。

（三）国家休养生息

五代十国时期由于长期受战乱影响，北方农业经济遭到严重破坏，民众生活十分困顿、萧条。唐末就出现了"西至关内，东极青、齐，南出江淮，北至卫、滑，鱼烂鸟散，人烟断绝，荆榛蔽野"④ 的现象。后晋时期，契丹频繁进入中原，烧杀抢劫，极大地破坏了中原的农业经济，中原人口锐减，如相州之城，城中得髑髅十余万，全城仅余七百余人，足见其惨状。⑤ 因此，北方各国立国后大多积极采取了轻徭薄赋的休养生息政策，如后晋在天福三年（938年）和天福七年（942年）都曾颁布诏令，无主空闲之荒地，一任百姓开垦，甚至"免五年差税"⑥。后汉在天福十二年（947年）规定："应天下户口，夏税见供输顷亩税赋外，一任人户开垦荒地，及无主田土，五年之内，不议纳税。"⑦ 后梁和后唐，均积极减轻赋税，安置流民，开垦荒地，实行屯田，以至汴州"内辟汙莱，历以耕桑，薄以租赋"⑧；洛阳则是"京畿无闲田，编户五六万"⑨。后唐明宗时期出现了"兵

---

① 王丽梅. 论五代十国的历史地位——以唐宋变革论为中心［D］. 西安：陕西师范大学，2016.
② 王丽梅. 论五代十国的历史地位——以唐宋变革论为中心［D］. 西安：陕西师范大学，2016.
③ 郑学檬. 评杜文玉著《五代十国经济史》：兼论该时期若干经济史问题［J］. 中国经济史研究，2012（2）：170－176.
④ 刘昫，等. 旧唐书［M］. 北京：中华书局，1975：5398.
⑤ 薛居正，等. 旧五代史［M］. 北京：中华书局，1976：1327.
⑥ 薛居正，等. 旧五代史［M］. 北京：中华书局，1976：1058.
⑦ 董诰，等. 全唐文［M］. 上海：上海古籍出版社，1990：1215.
⑧ 薛居正，等. 旧五代史［M］. 北京：中华书局，1976：1945.
⑨ 薛居正，等. 旧五代史［M］. 北京：中华书局，1976：839.

革粗息,年屡丰登,生民实赖以休息"①的现象。宋人洪迈曾评价后梁采取积极农业措施之后的状况:"厉以耕桑,薄以租赋,士虽苦战,民则乐输。"②

这一时期,北方经济逐步恢复,南方经济获得较大发展,经济中心持续南移,所谓"吴越地方千里,带甲十万,铸山煮海,象犀珠玉之富,甲于天下"③。这是由于南方政治和经济相对稳定,历代政府励精图治,兴修水利,大建"圩田",减轻田赋,重视商贸往来,奖励农桑。如南唐规定:"每丁垦田及八十亩者,赐钱二万,皆五年勿收租税。"④吴越则是"募民能垦田者,勿取其税,由是境内无弃田"⑤。闽王审知强调"流民还者,假以牛犁,兴完庐舍"⑥。楚王马希范宣布"命营田使邓懿文籍逃田,募民耕艺出租"⑦。吴国在徐知诰执政期间"江淮间旷土日辟,桑柘满野,国以富强"⑧。著名学者郑学檬也说"由于农业发达,吴越官府积蓄甚夥,粮食足支十年军用"⑨。

相比中原的频发战乱,川蜀地域相对稳定,经济发达,所谓"蜀为西南一都会,国家之宝库,天下珍货聚其中,又人富粟多,顺江而下,可以兼济中国"⑩。前蜀王建统治时期,川蜀之地"郡府颇多,关河甚广,人物秀丽,土产繁华"⑪。"是时蜀中久安,赋役俱省,斗米三钱。城中之人子弟不识稻麦之苗,以笋、竿俱生于林木之上,盖未尝出至郊外也。村落闾巷之间,弦管歌诵合筵社会,昼夜相接。"⑫

两湖地区的经济也比较富庶,丝织业、冶铁业、铸钱业、农业较为发达。其中江陵是长江中游最大的商业都城,"右控巴蜀,左联吴越,南通五岭,北走上都"。闽广地区,尤其是福建在王审的统治下,"起自陇亩,以

---

① 欧阳修. 新五代史 [M]. 北京:中华书局,1974:66.
② 洪迈. 容斋三笔 [M]. 北京:中华书局,2007:187.
③ 祝穆. 方舆胜览 [M]. 北京:中华书局,2003:20.
④ 吴任臣. 十国春秋 [M]. 徐敏霞,周莹,点校. 北京:中华书局,2010:194.
⑤ 吴任臣. 十国春秋 [M]. 徐敏霞,周莹,点校. 北京:中华书局,2010:1150.
⑥ 吴任臣. 十国春秋 [M]. 徐敏霞,周莹,点校. 北京:中华书局,2010:1363.
⑦ 吴任臣. 十国春秋 [M]. 徐敏霞,周莹,点校. 北京:中华书局,2010:59.
⑧ 司马光. 资治通鉴 [M]. 胡三省,音注. 北京:中华书局,1956:8832.
⑨ 郑学檬. 中国古代经济重心南移和唐宋江南经济研究 [M]. 长沙:岳麓书社,2003:228.
⑩ 刘昫,等. 旧唐书 [M]. 北京:中华书局,1975:5022-5023.
⑪ 吴任臣. 十国春秋 [M]. 徐敏霞,周莹,点校. 北京:中华书局,2010:633.
⑫ 张唐英. 蜀梼杌 [M]. 郑州:大象出版社,2019:124.

至富贵，每以节俭自处，选任良吏，省刑惜费，轻徭薄敛，与民休息，三十年间，一境晏然"①。

(四) 豪取抢夺与贪腐

为了能够满足个人的财富积累和乐舞享乐，有些官员依靠豪取抢夺来积累财富，奠定经济基础。如前蜀萧怀武在后主时期为小院使，"凡隶怀武部下者，名寻事团，亦曰中团。中团百余人，每人各蓄私人十余辈，侦察动静，以告密为能，由是怀武积金钜万，第宅伎乐为一时冠"②。这显然是典型的豪取抢夺。

五代时期大地主土地私有制发展较快，许多大地主、大官僚往往占田上万亩甚至几十万亩，究其原因，主要是豪取抢夺，即大多通过请射国有土地或买卖土地的方式，实现兼并掠夺。如后晋时，晋昌军节度使安审琦一次就请射了五处官庄，这五处官庄中，仅万年县陈知温庄一处就有十七顷零三十四亩，数额之大令人吃惊。后梁驸马赵岩，"乃占天下良田大宅，裒刻商旅，其门如市"③。延州节度使刘景岩"良田甲第、僮仆甚盛"，并"言邠、泾多善田，其利百倍，宜多市田射利以自厚。景岩信之，岁余，其获甚多。"④后唐西平县令李商，"为夺有主之庄田，挞其本户"⑤。凤翔节度使李从俨，"先人汧、陇之间，有田千顷，竹千亩"⑥。历任五朝武将的宋彦筠也"良田甲第，相望于郡国"⑦。南方诸国也存在严重的土地兼并情况，如后蜀孟知祥时，其大臣"多逾法度，务广第宅，夺人良田"⑧。

(五) 商税之重

五代十国时期，国家的商税制度有了较大发展，并逐步建立明确的规章制度，杜文玉《五代十国经济史》认为是"以两税为其主要税种，辅之以各种杂税以及种种禁榷之制"⑨。所以杂税"繁多"且"混乱"，徭役"名目繁多"，比唐时更加沉重。李昪建立南唐初期，曾经询问伶人申渐高

---

① 薛居正，等. 旧五代史 [M]. 北京：中华书局，1976：1792.
② 吴任臣. 十国春秋 [M]. 徐敏霞，周莹，点校. 北京：中华书局，2010：631.
③ 欧阳修. 新五代史 [M]. 北京：中华书局，1974：462.
④ 欧阳修. 新五代史 [M]. 北京：中华书局，1974：536.
⑤ 王钦若. 册府元龟 [M]. 北京：中华书局，1960：1721.
⑥ 薛居正，等. 旧五代史 [M]. 北京：中华书局，1976：1742.
⑦ 薛居正，等. 旧五代史 [M]. 北京：中华书局，1976：1623.
⑧ 欧阳修. 新五代史 [M]. 北京：中华书局，1974：804.
⑨ 杜文玉. 五代十国经济史 [M]. 北京：学苑出版社，2011：312.

为何"四郊之外皆言雨足，惟都城百里之地亢旱"，申渐高戏谑谓"雨怕抽税，不敢入城"。① 这虽为伶人戏谑，却真实地说明了当时国家和各级政府税收之重。当然，正因为高额的税收，统治者奢靡歌舞娱乐生产消费才得到了充足的经济保证。

文献记载了不同时期政府的税收政策，如后唐天成元年（926年）四月的诏令："省司及诸府置税茶场院，自湖南至京六七处纳税，以至商旅不通。及州使置杂税务，交下烦碎。宜定合税，物色名目，商旅即许收税，不得邀难百姓。"② 说明此时中央政府允许地方政府自行制定税务清单。

天福元年（936年）闰十一月，后晋高祖石敬瑭曾下敕：

> 关防凡有征税，省司曾降条流。虑多时而或有隐藏，因肆赦而再须条贯。应诸道商税，仰逐处将省司合收税条件，文榜于本院前，分明张悬，不得收卷。榜内该税名目分数者，即得收税。如榜内元不该税着系税物色，即不得收税。宜令所在长吏，常加觉察。如敢有违条流，不将文榜张悬，将不合系税物色收税，罔欺官法，停住商贾者，尽行具名申送。③

虽然有相对完备的征税制度，但征税范围极为广泛，尤其是富庶的南方政府，如开宝四年（971年）广南转运使王明言"广州承前止于河步收税，猪、羊、鹅、鹿、鱼、果并外场镇课利"。淳化二年（991年）十月，江南转运司言"鄂州旧例，盐米出门皆收税钱"。后周政府下诏对牛畜的交易税"卖价每一千抽税钱二十"。南唐统治者李昪在建国初期采纳汪台符的建议开征交易税和通过税，"货鬻有征税，舟行有力胜，皆用台符之言"。④

由于税收利益巨大，很多交通要道作为征税重地成为地方政府的争抢对象，如开平二年（908年）六月，岳州一度被杨吴军队占据，朱温下令荆南和马楚派军征讨收复，理由是"此郡五岭、三湘水陆会合之地，委输商贾，靡不由斯"⑤。

---

① 郑文宝. 江表志 [M]. 郑州：大象出版社，2019：38.
② 王钦若. 册府元龟 [M]. 南京：凤凰出版社，2006：5735.
③ 王钦若. 册府元龟 [M]. 南京：凤凰出版社，2006：5735.
④ 吴任臣. 十国春秋 [M]. 徐敏霞，周莹，点校. 北京：中华书局，2010：142.
⑤ 薛居正，等. 旧五代史 [M]. 北京：中华书局，1976：63.

二、音乐生产与消费的成本

从显性的角度来说，五代十国时期乐舞生产消费的成本主要体现在以下几个维度。

（一）蓄养乐人的成本支出

五代十国乐舞生产消费成本首先体现在从帝王到官员所拥有的乐人数量上，所蓄养的乐舞生产者越多，其承担的成本就越高。史料记载了豪绅贵族大量蓄伎的现象，如据《旧五代史》记载，郭崇韬曾拥有王衍爱伎六十，乐工百人；郭廷海自有艺色绝伎七十人，乐工七十人。① 明宗初纂嗣时有宫婢二千，乐官千人；契丹主安巴坚亦有诸部家乐千人。② 平卢军节度使杨光远"仆从妓妾至千余骑，满盈僭侈，为方岳之最"③。

《五代会要》记录了宫廷因承应重大演出而不断增加乐人，并请求政府增加供养的事情：

> 太常丞刘涣奏，当寺全少乐工，或正冬朝会，郊庙行礼，旋差京府衙门首乐官权充。虽曾教习，未免生疏。兼又改业胡部音声，不闲（娴）太常歌曲。伏乞宣下所司，量支请给。据见阙乐师添召，令在寺习乐。敕太常见管西京雅乐节级乐工共四十人外，更添六十人。内三十八人，宜抽教坊贴部乐官，余二十二人，宜令本寺招召充填。仍令三司定支春冬衣粮，月报闻奏，其旧管四十人，亦量添请。④

对此，《旧五代史》卷一百四十五也有着详细记载。《北梦琐言》逸文卷第三载，南唐时期人们常言"琵琶多于饭甑，措大多于鲫鱼"⑤，这充分说明南唐乐人和俳优之多。

（二）赏赐乐人的成本支出

帝王、官员在宴飨娱乐中，对乐人进行赏赐也是一个重要的成本支出。对此，文献也多有记载，如嬖伶周匝初为梁人所得，其后庄宗灭梁入汴，

---

① 薛居正，等. 旧五代史［M］. 北京：中华书局，1976：770.
② 薛居正，等. 旧五代史［M］. 北京：中华书局，1976：1831.
③ 薛居正，等. 旧五代史［M］. 北京：中华书局，1976：1292.
④ 王溥. 五代会要［M］. 北京：中华书局，1998：94.
⑤ 孙光宪. 北梦琐言［M］. 贾二强，点校. 北京：中华书局，2002：412.

周匝谒于马前，庄宗得之喜甚，赐以金帛，劳其良苦。① 后周太祖平河中班师回朝，殿廷听乐，赐教坊使玉带，诸伶官锦袍。② 后唐庄宗喜欢伶人敬新磨，"庄宗尝与群优戏于庭，四顾而呼曰：'李天下，李天下何在？'新磨遽前以手批其颊。庄宗失色，左右皆恐，群伶亦大惊骇，共持新磨诘曰：'汝奈何批天子颊？'新磨对曰：'李天下者，一人而已，复谁呼邪！'于是左右皆笑，庄宗大喜，赐与新磨甚厚"③。

广政三年（940年）春正月，上元节，帝观灯露台，召舞倡李艳娘入宫，赐其家钱十万。④《十国春秋》卷八十三也记载了吴越时期钱仪因弹琴而获得吴王赏赐的事情：

> （钱仪）晓音律，能造新声，尤工琵琶，妙绝当世。忠懿王常宴集兄弟，欲使仪弹，而难于面命，乃别设一榻，置七宝琵琶于上，覆以黄锦，酒酣，仪果白王曰："此非忽雷乎？愿奏一曲为王寿。"时王叔元玢亦知音，王命之拍，曲终，王大悦，赐仪北绫五千段，元玢钱千缗，当时以为美谈。⑤

(三) 购置乐器的成本支出

五代十国时期，从宫廷到地方，从贵族到商贾竞相蓄养乐人进行乐舞娱乐，这些乐人除了歌舞，还有乐器演奏，因此，购置乐舞服饰、乐器都需要大量的经济支出。这可以从今人研究五代十国时期墓葬壁画中的乐器图看出端倪。（图2）

---

① 欧阳修. 新五代史 [M]. 北京：中华书局，1974：398.
② 薛居正，等. 旧五代史 [M]. 北京：中华书局，1976：1405.
③ 欧阳修. 新五代史 [M]. 北京：中华书局，1974：399.
④ 吴任臣. 十国春秋 [M]. 徐敏霞，周莹，点校. 北京：中华书局，2010：710.
⑤ 吴任臣. 十国春秋 [M]. 徐敏霞，周莹，点校. 北京：中华书局，2010：1206.

图 2　五代王处直墓浮雕《散乐图》

有学者对五代十国墓室（包括冯晖墓、王建墓、王处直墓、李茂贞夫妇墓、内蒙古清水河塔尔梁五代壁画墓、后蜀宋王赵廷隐墓、后蜀宋琳墓、江苏蔡庄五代墓）壁画中的乐器图像进行了统计，具体如下：琵琶7，箜篌4，筝3（1疑为琴），角5，箫5，笛8（1疑为篪），笙5，腰鼓4，毛圆鼓2，答腊鼓2，鸡娄鼓2，羯鼓3，大鼓4，正鼓1，羌鼓1，齐鼓1，拍板15，方响3，铙2，磬2，筚篥6。① 这在一定程度上反映了当时盛行的乐器及其组合形态，也明晰地反映了乐人使用乐器的情况。这仅仅局限于几个现存的五代十国墓葬中的情景，以此类推，可知在五代十国时期，从宫廷到民间，乐器的生产消费规模之庞大。

乐器作为一种商品进行买卖在这一时期也得到了体现，如《金华子杂编》曾记载杭州才子李郢因为诗调美丽而娶了临氏女，及第后返回江南，途经苏州被友人（亲知方作牧）邀请同赴茶山。但其本人却想回家为妻子过生日。"亲知不放，与之胡琴、焦桐、方物等，令且寄代归意。"并赋诗曰："谢家生日好风烟，柳暖花香二月天。金凤对翘双翡翠，蜀琴新上七丝线。鸳鸯交颈期千载，琴瑟谐和愿百年。应恨客程归未得，绿窗红泪冷涓涓。"② 这条文献中的信息包含几个方面，一是从苏州可以往杭州寄胡琴、焦桐等乐器以表相思之情；二是在苏州所寄胡琴或焦桐是蜀地生产的乐器（称为蜀琴）。这显然是乐器流通的结果，也标志着这一时期乐舞产业经济的发展。

---

① 黄剑波. 五代十国壁画研究——以墓室壁画为观察中心 [D]. 上海：上海大学，2015.
② 刘崇远. 金华子杂编 [M]. 北京：中华书局，2014：283.

(四) 因乐舞消费而涉及生命安全

竞相奢乐必然导致贵族豪绅之间相互豪夺强取，以满足自我娱乐消费之需。《十国春秋》卷第十三记载位高权重的徐知训得知属下李德诚有女乐，便求之，遭到李德诚的拒绝。徐知训便对其进行威胁，云："吾杀德诚，并取其妻，亦易尔。"① 后终达目的。南唐时期也出现过这种情况，如《北梦琐言》卷第十八记载，后唐护国军节度使安重诲，总揽政事，独断专行，因听闻任圜家中有伎善歌，求之不得，导致两人之间嫌隙渐深，后诬杀宰相任圜。② 李德诚、任圜显然是因为歌伎而惹祸上身，甚至付出了生命代价。但也有因为歌伎而挽回生命的案例，如《新五代史》卷二十五载：

>   符存审，字德详，陈州宛丘人也。初名存，少微贱，尝犯法当死，临刑，指旁坏垣顾主者曰："愿就死于彼，冀得垣土覆尸。"主者哀而许之，为徙垣下。而主将方饮酒，顾其爱妓，思得善歌者佐酒，妓言："有符存常为妾歌，甚善。"主将驰骑召存审，而存审以徙垣下故，未加刑，因往就召，使歌而悦之，存审因得不死。③

(五) 因乐舞消费而丧失帝位

综上，五代十国时期，以帝王宫廷为代表的乐舞生产消费成本极高，若用金钱衡量，则一次活动耗费数万。如《十国春秋》卷一云："王居丧作乐，然十围之烛以击毬，一烛费钱辄数万。"④《十国春秋》卷二云："唐祀南郊，其费巨万。"⑤ 这也导致顺义元年（921年）吴王的南郊礼乐未能举行。也正因为乐舞消费成本过于高昂，很多帝王不得不主动削减支出。如后唐同光四年（926年）帝王下敕曰："宜自今月三日后，避正殿，减常膳，撤乐省费，以答天谴。"⑥ 后唐明宗即位之初，奋发图强，强调"减罢宫人、伶官，废内藏库，四方所上物，悉归之有司"⑦。顺义元年（921

---

① 吴任臣. 十国春秋 [M]. 徐敏霞，周莹，点校. 北京：中华书局，2010：173.
② 孙光宪. 北梦琐言 [M]. 贾二强，点校. 北京：中华书局，2002：339.
③ 欧阳修. 新五代史 [M]. 北京：中华书局，1974：263.
④ 吴任臣. 十国春秋 [M]. 徐敏霞，周莹，点校. 北京：中华书局，2010：33.
⑤ 吴任臣. 十国春秋 [M]. 徐敏霞，周莹，点校. 北京：中华书局，2010：58.
⑥ 薛居正，等. 旧五代史 [M]. 北京：中华书局，1976：1882.
⑦ 欧阳修. 新五代史 [M]. 北京：中华书局，1974：66.

年),徐知诰以国中水火屡灾,兵民困苦,安可独乐,悉纵遣侍伎,取乐器焚之。①

也正因为有着如此高额的乐舞消费成本,在频繁战乱的推动下,皇帝最终可能会丧失帝位。如《新五代史》卷六十五载:

> 玢立,果不能任事。奂在殡,召伶人作乐,饮酒宫中,裸男女以为乐,或衣墨缞与倡女夜行,出入民家。由是山海间盗贼竞起。……洪熙日益进声妓诱玢为荒恣。玢亦颇疑诸弟图己,敕宦官守宫门,入者皆露索。洪熙、洪杲、洪昌阴遣陈道庠养勇士刘思潮、谭令禋、林少强、少良、何昌廷等,习为角抵以献玢。玢宴长春宫以阅之,玢醉起,道庠与思潮等随至寝门拉杀之,尽杀其左右。玢立二年,年二十四,谥曰殇。弟晟立。②

三、音乐生产与消费的总体特征

(一) 乐人深受重视,高官厚禄、参与政治者极多

五代十国时期,乐舞生产消费的一个典型特征是从事乐舞生产的群体多受到帝王的重视和恩宠,并借此成为帝王身边的亲信,获得高官厚禄,甚至参与重大的政治活动,位高权重。具体来说,主要表现在几个方面。

其一,深受恩宠,获取高官厚禄。深受帝王恩宠并获取高官厚禄的乐人很多,诸如:

后唐时期,杜洪者,江夏伶人。曾奉命镇守鄂州,后败死。天祐三年(906年)夏,太祖表请为洪立庙于其镇,优诏可之。太祖即位,诏赠太傅。③

后唐时期,武德使史彦琼者,以伶官得幸,帝待以腹心之任,都府之中,威福自我,正言以下,皆胁肩低首,曲事不暇。④

后唐时期,教坊使陈俊,梁之伶人,因伶人周匝推荐,被唐庄宗任命为景州刺史。内园使储德源,梁之伶人,因伶人周匝推荐,被唐庄宗任命

---

① 吴任臣. 十国春秋 [M]. 徐敏霞,周莹,点校. 北京:中华书局,2010:71.
② 欧阳修. 新五代史 [M]. 北京:中华书局,1974:814.
③ 薛居正,等. 旧五代史 [M]. 北京:中华书局,1976:231.
④ 薛居正,等. 旧五代史 [M]. 北京:中华书局,1976:469.

为宪州刺史。教坊使王承颜,为兴州刺史。① 乐人景进被唐庄宗任命为银青光禄大夫、检校右散骑常侍、守御史大夫。②

南唐时期,唐袭本以舞僮身份得到帝王恩宠,后为枢密使。③

后周时期,王峻与其父亲王丰,均为乐营使。梁贞明初,王峻被相州主管张筠蓄养,后随筠南渡,被赠予租庸使赵岩。梁亡,赵氏族灭,峻流落无依,寄食于符离陈氏之家,后在三司使张延朗家供职。清泰末,张延朗被诛,王峻归汉祖,为典客。汉祖登基后,授王峻为客省使,奉使荆南,留于襄、汉为监军,入为内客省使。后又任命为兵马都监,改宣徽北院使,加检校太傅,转南院使。至广顺元年(951年),诏诸军并取峻节度。④

其二,行贿受贿,干涉国政。伶官受贿在这一时期非常普遍,《旧五代史》卷五十九载:"庄宗初定河南,象先率先入觐,辇珍币数十万,遍赂权贵及刘皇后、伶官巷伯,居旬日,内外翕然称之。"⑤《旧五代史》卷三十六也描述了庄宗时期伶官受贿的现象,所谓"庄宗季年,稍怠庶政,巷伯伶官,干预国事。时方面诸侯皆行赂遗,或求赂于继麟,虽俛俛应奉,不满其请"⑥。这也足见伶官深受帝王宠幸,权力之大。如后唐明宗时期,"教坊伶官敬新磨受贿,为人告,帝令御史台征还其钱而后挞之"⑦。同样是后唐庄宗时期,大将李嗣昭军用乏绝,无奈之际将银数十万两至京师,厚赂宦官、伶人,以求宦官、伶人通融,由是庄宗释李嗣次子继韬。后李继韬再次行赂宦官、伶人求归镇,庄宗不许。⑧ 据《新五代史》卷四十载,"庄宗灭梁,韬自许来朝,因伶人景进纳赂刘皇后,皇后为言之,庄宗待韬甚厚,赐姓名曰李绍冲"⑨,并以为泰宁军节度使。《新五代史》卷四十五亦载:"象先为梁将,未尝有战功,……在宋州十余年,诛敛其民,积货千万。庄宗灭梁,象先来朝洛阳,辇其资数十万,赂唐将相、伶官、宦者及刘皇后等,由是内外翕然称其为人。庄宗待之甚厚,赐姓名为李绍安,改宣武军

---

① 薛居正,等. 旧五代史[M]. 北京:中华书局,1976:444.
② 薛居正,等. 旧五代史[M]. 北京:中华书局,1976:469.
③ 欧阳修. 新五代史[M]. 北京:中华书局,1974:788.
④ 薛居正,等. 旧五代史[M]. 北京:中华书局,1976:1711-1716.
⑤ 薛居正,等. 旧五代史[M]. 北京:中华书局,1976:798.
⑥ 薛居正,等. 旧五代史[M]. 北京:中华书局,1976:847.
⑦ 薛居正,等. 旧五代史[M]. 北京:中华书局,1976:596.
⑧ 欧阳修. 新五代史[M]. 北京:中华书局,1974:388.
⑨ 欧阳修. 新五代史[M]. 北京:中华书局,1974:441.

为归德军。"① 后唐伶官史彦琼，任职武德使，"帝待以腹心之任，都府之中，威福自我，正言以下，皆胁肩低首，曲事不暇"，由此导致"政无统摄，奸人得以窥图"。②

当然，也有伶人因利益反过来行贿皇帝宠臣，但行贿不成则诬告而灭之的事情，如后唐庄宗时期，李友谦深受恩宠，被赐姓名李继麟，加守太师、尚书令，其子令德为遂州节度使，令锡忠武军节度使，诸子及其将校为刺史者十余人，恩宠之盛，时无与比。于是宦官、伶人多求赂于友谦，友谦不能给而辞焉，宦官、伶人皆怒。以伶人景进为首诬告李友谦与崇韬谋反。庄宗虽疑其事，但群伶、宦官日夜以为言。伶人景进甚至使人诈为变书，告友谦反。庄宗最终将其杀死，复其姓名。因此，《新五代史》卷三十七总结说："其败政乱国者，有景进、史彦琼、郭门高三人为最。"③

其三，与帝王互为表里，赤诚相待。如后唐庄宗"与伶人景进相为表里"④。《旧五代史》卷三十四载："是时，帝之左右例皆奔散，唯五坊人善友敛廊下乐器簇于帝尸之上，发火焚之。"⑤

这种互为表里、赤诚相待的现象，必然导致乐人地位较高，常常与帝王一起治理国家，参与国家重大政治活动。如《新五代史》卷六十三载："元膺初不为备，闻袭召兵，以为诛己，乃与伶人安悉香、军将喻全殊率天武兵自卫。"⑥ 当然，这种现象也说明五代十国时期乐人贱籍的社会观念较弱。

（二）贵族阶层乐舞生产与消费极为奢靡

五代十国时期，虽然战乱频发，但贵族阶层昼夜伎乐欢宴，出则以伎乐相随，任意所之，乐舞生产消费极为奢靡。如《旧五代史》卷一百八载："逢吉性侈靡，好鲜衣美食，中书公膳，鄙而不食，私庖供馔，务尽甘珍。尝于私第大张酒乐，以召权贵，所费千余缗。"⑦ 孙晟二十年间，累历伪任，财货邸第，颇适其意，其家伎甚众，"每食不设食几，令众妓各执一食器，

---

① 欧阳修. 新五代史 [M]. 北京：中华书局，1974：498.
② 薛居正，等. 旧五代史 [M]. 北京：中华书局，1976：469.
③ 欧阳修. 新五代史 [M]. 北京：中华书局，1974：399.
④ 欧阳修. 新五代史 [M]. 北京：中华书局，1974：573.
⑤ 薛居正，等. 旧五代史 [M]. 北京：中华书局，1976：478.
⑥ 欧阳修. 新五代史 [M]. 北京：中华书局，1974：789.
⑦ 薛居正，等. 旧五代史 [M]. 北京：中华书局，1976：1424.

周侍于其侧，谓之'肉台盘'，其自养称惬也如是"①。后晋宰相景延广居洛阳，郁郁不得志，"乃为长夜之饮，大治第宅，园置妓乐，惟意所为"②。前蜀最后一位皇帝王衍荒淫酒色，出入无度。"尝以缯彩数万段结为彩楼山，上立宫殿亭阁，一如居常栋宇之制。衍宴乐其中，或逾旬不下"，"使宫人乘短画船，倒执炬蜡千余条，逆照水面，以迎其船。歌乐之声沸于渠上。及抵宫中，复酣宴至晓"。③

南汉皇帝刘玢即便是在其父亲刘龑在殡之际，依然"召伶人作乐，饮酒宫中，裸男女以为乐，或衣墨缞与倡女夜行，出入民家"④，足见其奢靡程度。帝王的奢靡消费也给其自己带来了灭顶之灾。刘玢因被臣僚日夜以声伎诱惑，不理朝政，导致被其弟和官员、勇士杀害，年仅二十四岁。⑤

南唐进士韩熙载，因报国之志不得实现，而在家享乐以避政治风险，其生活是"女仆百人，每延请宾客，而先令女仆与之相见，或调戏，或殴击，或加以争夺靴笏，无不曲尽，然后熙载始缓步而出，习以为常"⑥。传世的《韩熙载夜宴图》（图3）的背景据说是南唐后主李煜对韩熙载不放心，命令顾闳中深夜探视，窥得其家中乐舞享乐之景，极为奢华。画中内容分为听乐、观舞、歇息、清吹、散宴五个部分。画中除乐舞表演之外，所涉及的乐器有琵琶、笙箫、横笛、拍板、大鼓、扁鼓等，规模庞大。问题是，这还仅仅属于一个父亲被杀、自己被冷落的中层官员的宴飨。整个社会这种现象也极为普遍。如南汉大将潘崇彻，因被后主怀疑而失宠，"彻日以伶人八百余，衣锦绣，吹玉笛，为长夜之饮，不恤军政"⑦。

---

① 薛居正，等. 旧五代史［M］. 北京：中华书局，1976：1733.
② 欧阳修. 新五代史［M］. 北京：中华书局，1974：323.
③ 佚名. 五国故事［M］. 郑州：大象出版社，2019：89.
④ 欧阳修. 新五代史［M］. 北京：中华书局，1974：814.
⑤ 吴任臣. 十国春秋［M］. 徐敏霞，周莹，点校. 北京：中华书局，2010：852.
⑥ 薛居正，等. 旧五代史［M］. 北京：中华书局，1976：1790.
⑦ 吴任臣. 十国春秋［M］. 徐敏霞，周莹，点校. 北京：中华书局，2010：913.

图 3　韩熙载夜宴图（局部）

（三）乐人的悲惨命运

五代十国时期乐舞生产者呈现出两个极端现象，一是如前文所述，深得帝王恩宠，与帝王互为表里，获得高官厚禄，位极人臣；一是地位低贱，没有自主性，常常任人宰割，随波逐流，命运悲惨。这首先表现在当朝代更迭、帝王四处逃逸、命运前途无法预知的情况下，乐人首当其冲受到打击，甚至杀害，以防落入他人之手。如《旧五代史》卷七十二载："潞王行及陕州，乃悉召诸妓妾诀别，欲手刃之，众知其心，率皆藏窜。"①

正因为乐人是私有财产，地位低贱，所以很多恩主可以随意处置，甚至杀害乐人。如《新五代史》卷六十五载，南汉刘晟初封晋王时，"尝夜饮大醉，以瓜置伶人尚玉楼项，拔剑斩之以试剑，因并斩其首。明日酒醒，复召玉楼侍饮，左右白已杀之，晟叹息而已"②。也有乐人由于不能满足恩主的需要或拒绝为恩主服务，而招致杀身之祸，比较典型的是乐人邓慢儿。史载邓慢儿善弹琵琶，乐府推其首冠，黄巢特别喜欢该乐人，常常给其丰厚的金帛、礼品。但邓慢儿因感恩前朝天子的恩惠，拒绝为黄巢服务，导致黄巢大怒，"命斩之，屠其家焉"③。

（四）乐人和音乐产品的商业属性凸显

乐舞生产者地位的低贱也体现在他们的商品属性上，也即这一时期很多豪绅、官员常常把乐人作为一种商品，随意地赠送，或作为行贿受贿的主要内容。如《十国春秋》卷五十五载："'王公志在声色，苟得其所欲，则置而不问矣。'廷珪素俭约，不畜伎乐，遂求于姻戚家，得女伎四人，复假贷金帛直数百万以遗仁赡，由是获免。"④

《旧五代史》也记载了官员把乐人当作文章酬金的事情，更是典型地说明了乐人的商品属性。其文曰：

> 府刀笔小吏马郁，尝聘王镕于镇州，官妓有转转者，美丽善歌舞，因宴席，郁累挑之。幕客张泽亦以文章名，谓郁曰："子能座上成赋，可以此妓奉酬。"郁抽笔操纸，即时成赋，拥妓而去。⑤

---

① 薛居正，等．旧五代史［M］．北京：中华书局，1976：956．
② 欧阳修．新五代史［M］．北京：中华书局，1974：816．
③ 杜光庭．录异记［M］．北京：中华书局，2013：44．
④ 吴任臣．十国春秋［M］．徐敏霞，周莹，点校．北京：中华书局，2010：805．
⑤ 薛居正，等．旧五代史［M］．北京：中华书局，1976：937－938．

当然，乐人具有商品属性，其乐舞生产本身也具有典型的商业属性。目前看到的文献虽然没有明确表明乐舞生产的价格，但已经能够清晰地看到，这一时期乐人通过乐舞生产来获得经济收入，民众也很自然地认为乐舞生产是一种商业性行为。如《旧五代史》卷一百二十五载："守恩性贪鄙，委任群小，以掊敛为务，虽病废残癃者，亦不免其税率，人甚苦之。洛都尝有豪士，为二姓之会，守恩乃与伶人数辈夜造，自为贺客，因获白金数笏而退。"①

《旧五代史》卷七十六则记载了民间盛行的乐舞经济行为："将作少监高鸿渐上言：'伏睹近年已来，士庶之家死丧之苦。当殡葬之日，被诸色音声伎艺人等作乐搅扰，求觅钱物，请行止绝。'从之。"② 这虽然是上奏帝王以求禁止的行为，但充分说明诸色音声艺人通过乐舞来寻觅钱物，已经成为当时社会的普遍现象，甚至是一种突出现象，而且这种乐舞生产导致士庶之家开销太大，形成了"死丧之苦"，故而有大臣上奏请求禁止。

商业性的乐舞生产行为并未局限于中原和江南，在四夷邦国也普遍存在。如《新五代史》卷七十三载："（契丹国）又行三日，遂至上京，所谓西楼也。西楼有邑屋市肆，交易无钱而用布。有绫锦诸工作、宦者、翰林、伎术、教坊、角抵、秀才、僧、尼、道士等，皆中国人，而并、汾、幽、蓟之人尤多。"③ 显然，这条文献明确指出了在上京都市中，存在着大量依靠乐舞生产谋生的乐人群体，诸如教坊、角抵等，而且从事之人多来自中原，尤其是燕赵一带。

（五）与周边国家乐舞交流频繁

五代十国时期，由于政权更迭频繁，又是地方豪强割据而治的政治格局，很多政权的统治者和贵族与四夷邦国有着一定的血缘关系，再加上丝绸之路和海上贸易发达，所以乐舞生产者的流动性较强，中原或江南与周边国家乐舞交流频繁。主要体现在以下几个方面。

一是将乐人、乐官赠送于四夷邦国。五代十国与周边四夷邦国互赠乐人是一种常规的政治往来。一方面四夷邦国以进贡乐人、乐部的形式来加强国家之间的关系；另一方面中原和江南政府也通过馈赠乐人的形式来构建友好的邦交关系，甚至是特意送乐人给四夷邦国，以换取政治利益。从

---

① 薛居正，等. 旧五代史 [M]. 北京：中华书局，1976：1641.
② 薛居正，等. 旧五代史 [M]. 北京：中华书局，1976：1007.
③ 欧阳修. 新五代史 [M]. 北京：中华书局，1974：905-906.

文献来看，五代十国时期更为典型的是将乐人、乐官赠送于四夷邦国。如《新五代史》卷八载："辛丑，归伶官于契丹。"① 《新五代史》卷十七载："是岁六月，契丹国母徙帝、太后于怀密州，……明年四月，永康王至辽阳，帝白衣纱帽，与太后、皇后诣帐中上谒，永康王止帝以常服见。帝伏地雨泣，自陈过咎。永康王使人扶起之，与坐，饮酒奏乐。而永康王帐下伶人、从官，望见故主，皆泣下，悲不自胜，争以衣服药饵为遗。"② 永康王即辽国新国君耶律阮，此条文献说明永康王帐下伶人大多是后晋皇帝赠送的，所以才有"望见故主，皆泣下"的现象。从纵向发展历史来看，五代十国政府频繁地将乐舞赠送至四夷邦国的现象，也反映了这一时中原和江南政府的国力普遍赢弱。

二是战争导致乐人在不同国度频繁被动流动。五代十国的频繁战争导致乐人被动流动，文献对此记载颇多，如《新五代史》卷三十七载："其战于胡柳也，嬖伶周匝为梁人所得。其后灭梁入汴，周匝谒于马前，庄宗得之喜甚，赐以金帛，劳其良苦。"③《新五代史》卷七十二载："德光已灭晋，……胡兵人马不给粮草，遣数千骑分出四野，劫掠人民，号为'打草谷'，东西二三千里之间，民被其毒，远近怨嗟。……德光已留翰守汴，乃北归，以晋内诸司伎术、宫女、诸军将卒数千人从。"④

三是主动迁徙，寻求利益。这一时期也出现了乐人主动流动以寻求利益的现象。如前所述，在契丹国的上京，有专门的交易场所——西楼。里面"有邑屋市肆，交易无钱而用布"，身在其中的有教坊乐人、艺伎之人、角抵之人，而且这些从业者大多来自并、汾、幽、蓟之地，即现在的山西和河北北部一带。⑤ 这显然是乐人从业者主动到上都城谋生的结果。

四是乐人在不同官员中频繁流动。由于社会的不稳定，以及官员豪绅竞相奢靡乐舞消费的行为，很多乐人频繁在不同的恩主之间流动。最典型的如庄宗时期的乐人王峻，《旧五代史》卷一百三十载："王峻，字秀峰，相州安阳人也。父丰，本郡乐营使。峻幼慧黠善歌，梁贞明初，张筠镇相州，怜峻敏惠，遂畜之。及庄宗入魏州，筠弃镇南渡，以峻自随。时租庸

---

① 欧阳修. 新五代史［M］. 北京：中华书局，1974：82.
② 欧阳修. 新五代史［M］. 北京：中华书局，1974：178－179.
③ 欧阳修. 新五代史［M］. 北京：中华书局，1974：398.
④ 欧阳修. 新五代史［M］. 北京：中华书局，1974：898.
⑤ 欧阳修. 新五代史［M］. 北京：中华书局，1974：906.

使赵岩访筠于其第，筠召峻声歌以侑酒，岩悦，筠因以赠之，颇得亲爱。梁亡，赵氏族灭，峻流落无依，寄食于符离陈氏之家，久之弥窘，乃事三司使张延朗，所给甚薄。清泰末，延朗诛，汉祖尽得延朗之资产仆从，而峻在籍中，从历数镇，常为典客。"① 王峻后来虽然成为庄宗的宠臣，位高权重，但其前半生的漂泊生涯典型地诠释了乐人随着恩主的变化而随波逐流的现象。

（六）"以舞相属"遗风犹存

"以舞相属"是汉代兴起的一种贵族宴飨交谊性舞蹈，南北朝时期也非常盛行，隋唐渐趋消亡。但从文献来看，这种交谊性舞蹈在五代十国的宫廷和贵族宴飨中依然存在。

具体来说，五代十国时期的"以舞相属"常常是"自起舞，然后以舞相属"。据文献记载，后梁庄宗时期宫廷宴飨中常常出现，如《新五代史》卷十四载："庄宗神闵敬皇后刘氏，魏州成安人也。……晋王攻魏，掠成安，裨将袁建丰得后，纳之晋宫，贞简太后教以吹笙歌舞。既笄，甚有色，庄宗见而悦之。庄宗已为晋王，太后幸其宫，置酒为寿，自起歌舞，太后欢甚，命刘氏吹笙佐酒，酒罢去，留刘氏以赐庄宗。"②《旧五代史》卷七十二亦载："庄宗……尝置酒于泉府，庄宗酣饮，命兴圣宫使李继岌为承业起舞，既竟，承业出宝带、币、马奉之。"③ 说明在帝王宴飨之中，还保留汉魏"以舞相属"的遗风。

在后梁时期贵族宴飨中也存在"以舞相属"的现象，如《新五代史》卷六十六载："梁太祖即位，……杨行密袁州刺史吕师周来奔。师周，勇健豪侠，颇通纬候、兵书，自言五世将家，惧不能免，常与酒徒聚饮，醉则起舞，悲歌慷慨泣下。"④

（七）文学艺术新风尚的影响

从现有研究来看，五代十国时期被学界视作词体发展演变的关键时期，出现了晚唐文人词、敦煌曲子词、花间词派、南唐词派等。这为宋词的勃兴并成为一代之绝艺奠定了基础。因此，五代词的创作思潮和社会的审美

---

① 薛居正，等. 旧五代史［M］. 北京：中华书局，1976：1711.
② 欧阳修. 新五代史［M］. 北京：中华书局，1974：143.
③ 薛居正，等. 旧五代史［M］. 北京：中华书局，1976：951.
④ 欧阳修. 新五代史［M］. 北京：中华书局，1974：823.

需求也影响到了这一时期的乐舞品格。

尤其是在天府之国，以韦庄、温庭筠、李珣为代表的花间词，风格艳丽、妖娆，体现了文士放荡不羁、生活奢靡、醉心风花雪月的情怀，因此，西蜀之无论是丝竹管弦还是文人词调，多艳丽之曲，靡靡之乐。

南唐词派以李璟、李煜、冯延巳等为代表，总体风格清新自然、深美闳约，具有魏晋江南士风传统。这自然影响到了音乐创作风格，尤其是词调音乐、歌舞的风格。其音乐既有清雅之韵，又有旖旎之风；既有纵欲逸乐，又有亡国的惆怅与悲痛；既有沉酒闺阁脂粉，又有人世无常的叹息；既有脉脉情怀，又有淡泊的尘外之意。

在美术领域，出现了五代山水画、花鸟画的主流趋势，其中花鸟画以南唐徐熙和西蜀黄荃为代表，凸显"富贵"和"野逸"之风。山水画北方以荆浩、关仝为代表，具有雄浑、宏大之风；南方以董源、巨然为代表，具有细腻、丰润之气。这种文化艺术的思潮也必然深刻地影响到音乐艺术的发展。

（八）礼俗观念、等级观念混乱与乐舞产品俗化

五代十国时期统治者的乐舞观念发生了重大变化，这种变化的主要表征是用乐观念的混乱，缺少了前代严格的等级性，增加了随意性。

这一时期帝王用乐观念的混乱从后晋高祖石敬瑭去世时新帝石重贵的用乐行为可以看出，如《新五代史》卷十七载：

> 高祖崩，梓官在殡，出帝居丧中，纳之以为后。是日，以六军仗卫、太常鼓吹，命后至西御庄，见于高祖影殿。群臣皆贺。帝顾谓冯道等曰："皇太后之命，与卿等不任大庆。"群臣出，帝与皇后酣饮歌舞，过梓宫前，酹而告曰："皇太后之命，与先帝不任大庆。"左右皆失笑，帝亦自绝倒，顾谓左右曰："我今日作新女婿，何似生？"后与左右皆大笑，声闻于外。①

从文献可以看出，在国之大丧日，新任帝王却毫不遵守前代之礼乐制度和礼乐规定，反而是鼓乐喧天，与群臣欢歌艳舞，明显有违祖训，展现了帝王乐舞生产消费的随意性、奢靡性。

帝王用乐观念混乱进一步弱化了音乐生产消费的等级性，这种等级观

---

① 欧阳修. 新五代史 [M]. 北京：中华书局，1974：180.

念的弱化在当时非常普遍，它具体表现为宫廷乐舞演出常常向民间开放，呈现出统治阶级与民同乐的景象。如前蜀后主王衍常常在宫外让人表演宫廷乐舞，使普通百姓也能亲眼看见，所谓"驻西湖，与宫人泛舟奏乐，饮宴弥日"①。后蜀后主孟昶曾在宫中后苑设宴并演奏宫廷乐舞，允许百姓进来观看。后周皇帝郭威甚至在后苑宴飨乐舞表演时也放士庶入观。② 这种弱化等级性，"与民同乐"现象的出现可能与这一时期很多政权的获得往往不是正统继承而来，更多是暴力夺取而得的现象有关，所以皇帝为了维护统治的合法性，有意拉近与百姓的距离，邀请普通百姓观看宫廷乐舞。当然，这也为宋代市民音乐的勃兴、宫廷和雇现象的出现奠定了基础。

仔细分析，五代十国时期用乐观念的变化主要有以下几个原因。

一是社会结构的变化。五代十国时期社会结构发生了重大变化，帝王多出身社会下层，等级观念相对偏弱，如后梁太祖朱温，出身农家，早年为流民；后唐明宗李嗣源、后晋高祖石敬瑭与后汉高祖刘知远，均出身于地位卑微的沙陀下层军人家庭，甚至连姓名都没有；后周太祖郭威，早年孤贫，衣衫褴褛，疑为黥面罪犯；后唐末帝李从珂、后周世宗柴荣，出身低微；吴国杨行密，走卒出身；吴越钱镠，出身农家，早年贩盐为盗；南唐李昪，是流浪孤儿；楚国马殷，木匠出身；南汉刘氏一说是波斯商人后裔，另一说是军将出身；闽国王潮兄弟，世为农家；后蜀皇帝孟知祥，出身军将；北汉刘氏，与刘知远同族，也是出身于社会下层的沙陀之人；南平高季兴，家仆出身。这与汉唐之际以世家大族为主体的政治血脉有着显著差异，也标志着贵族政治的没落。

另外，这一时期的外戚阶层也是如此，大多出身于下层社会，如中原五朝共有后妃三十余名（包括追册者在内），竟无一人出身士族勋贵之家，反而有不少出身于农家或其他下层社会之家。③ 同样，汉魏至隋唐的门阀士族、世袭贵族已经不是官员群体的主流，在唐末黄巢起义的冲击和后梁朱温崛起之后，彻底改变了隋唐的社会结构，军功起家的藩帅军将、科举出身的士人、门客幕僚出身的官吏成为新的官员主体。

这种社会结构的重大变化，一定程度上引起了社会礼俗观念、等级观

---

① 张唐英. 蜀梼杌 [M]. 郑州：大象出版社，2019：110.
② 吴任臣. 十国春秋 [M]. 徐敏霞，周莹，点校. 北京：中华书局，2010：720.
③ 王丽梅. 论五代十国的历史地位——以唐宋变革论为中心 [D]. 西安：陕西师范大学，2016.

念的混乱。所以，宋人欧阳修在撰写《新五代史》时多次总结："五代之乱，君不君，臣不臣，父不父，子不子。至于兄弟、夫妇人伦之际，无不大坏，而天理几乎其灭矣。"①"五代之际，君君臣臣父父子子之道乖，而宗庙、朝廷、人鬼皆失其序，斯可谓乱世者欤。"②

二是社会崇尚武力的结果。频繁的战争导致帝王和地方权贵崇尚武力，武力就意味着权力和土地。但统治者崇尚武力，必然导致对文化建设的忽视，对文臣儒典的轻视，所谓"礼乐文物皆虚器也"，"安朝廷，定祸乱，直须长枪大剑，若'毛锥子'安足用哉？"③

当然，社会崇尚武力的主要原因是战争频发。政权更迭频繁，只有武力才能够保障权力的稳定性。这种动荡的阴影在一定程度上也导致及时行乐、贪图享乐风气的蔓延，以及官僚士人道德观念的沦丧。在这种社会风气下，统治阶级大多行为放纵而不守礼法，终日征歌逐舞、以声自娱，追求感官享受，宫廷乐舞的功能不可避免地向世俗化转变。④

三是多民族文化的融合。从政治结构来看，五代时期有三朝是他族所建，这必然影响到以宫廷为主体的乐舞消费观念和风尚。另外，朝代更替频繁，北方战乱频发多贫困，南方相对稳定多富庶，导致人员流动性大，丝绸之路、对外贸易、南北交流等导致整个社会呈现出多民族交融的现象。而且，这种民族文化高度的融合性，从考古学界对墓葬的研究也得以证实。

四是隋唐礼乐的消亡。战争的频繁，必然导致前代礼乐文化的衰落和消亡，对此，《旧五代史》卷一百四十四已明确指出："洎唐季之乱，咸、镐为墟，梁运虽兴，英、茎扫地。庄宗起於朔野，经始霸图，其所存者，不过边部郑声而已，先王雅乐，殆将泯绝。"⑤

五是宗教的兴盛。五代十国时期宗教盛行，尤其是佛教，社会上形成了五宗引领（临济宗、曹洞宗、沩仰宗、云门宗、法眼宗）、禅派林立的现象。如南唐时期"宫中尝造佛寺十余，出余钱募民及道士为僧。都城至万僧，悉取给县官"⑥。后汉时期"遍历乡村，缁侣阗居，精舍辉赫，每县不

---

① 欧阳修. 新五代史 [M]. 北京：中华书局，1974：370.
② 欧阳修. 新五代史 [M]. 北京：中华书局，1974：173.
③ 欧阳修. 新五代史 [M]. 北京：中华书局，1974：332-333.
④ 蒋雯晶. 承唐启宋的五代十国宫廷乐舞研究 [D]. 西安：西安音乐学院，2019.
⑤ 薛居正，等. 旧五代史 [M]. 北京：中华书局，1976：1923.
⑥ 陆游. 陆游全集校注 [M]. 钱仲联，周亚中，主编. 杭州：浙江古籍出版社，2015：136.

下二十余处。求化斋粮，不胜饱饫……且约十万僧尼"①。后周的灭佛事件其根本原因也是佛教太盛，影响到了国家的生存和发展。

这一时期，道教也极为繁盛，尤其是南闽和西蜀之地道教更盛。如嘉王宗寿"为人恬退，喜道家之术"②。前蜀后主王衍常携太后、太妃游青城山，宫人衣云霞之衣，并以高祖受唐恩，建造上清宫，塑王子晋像，尊以为圣祖至道玉宸皇帝，又塑建及衍像，侍立于其左右，于正殿塑玄元皇帝及唐诸帝，备法驾朝之。还大兴土木建造宣华苑，有重光、太清、延昌、会真之殿，清和、迎仙之宫，降真、蓬莱、丹霞之亭。王衍曾"披金甲，冠珠帽，执戈矢而行，旌旗戈甲，连亘百余里不绝"③。

综上，作为社会娱乐的最大需求者、最主要的引领者，其审美志趣和审美层次发生重大改变，必然导致俗乐俚曲盛行，从而使宫廷与民间的音乐发展走向趋同。这就不难理解，为什么宋代戏曲繁盛，宋代和雇产生，宋代不会蓄养大量宫廷乐人。这也就是"音乐学，请把目光投向人"的核心要义。什么样的人欣赏什么样的音乐，不会随着地位和环境的变化而形成质变。封建社会的中国是典型的自上而下的管理体制，上所好之，下必行之，文人士大夫盖莫如此。社会的主流群体不具有深厚的文化素养，必然导致社会审美的世俗化、低俗化。短暂的立国，不可能形成贵族文化，社会的更迭就是社会底层一代接着一代走向宫廷。这也许是五代十国音乐经济发展具有典型时代特征的根本原因。

---

① 董诰，等. 全唐文 [M]. 上海：上海古籍出版社，1990：8971.
② 吴任臣. 十国春秋 [M]. 徐敏霞，周莹，点校. 北京：中华书局，2010：567.
③ 吴任臣. 十国春秋 [M]. 徐敏霞，周莹，点校. 北京：中华书局，2010：534.

后　记

　　历经多年，《中国音乐经济史》即将出版。回首往事，心潮难平。这部《中国音乐经济史》既是我从事音乐经济学研究的学术思考和孜孜探究的见证，也是前辈师长对我学术成长的关心和学术引领的见证。在音乐经济学领域从无到有的探索，一路艰辛，甘苦自知。

　　我起初研究的是中国古代音乐史，攻读博士期间却研究了戏曲音乐。也正是在攻读博士期间，受教于秦序研究员，常常在秦序师启人深思的谈话中沉迷于学术海洋，也深得秦序师的指引，开始关注古代音乐经济现象，但当时主要精力在完成博士论文上，并没有深入思考。工作后，我开始静下心来重温秦序师的诸多闪光理论和见地，决定从事新的研究领域，做音乐经济学领域的探索者。

　　彼时，音乐经济学是一个极为小众的领域，国内基本没有学者对此进行过系统研究，可资借鉴的重要成果除了几本艺术经济学的宏观论著，就只有李向民先生的《中国艺术经济史》和曾遂今先生的《音乐社会学》。很多学者认为研究古代音乐经济史就是对音乐史的重新梳理，没有什么创新意义；也有学者质疑不懂经济学如何研究音乐经济？2009年，我申报的第一个有关音乐经济的课题——《中国古代音乐经济发展史研究》（教育部一般课题）获批立项，这是我博士毕业后进入高校工作的第一个课题，这给了我莫大的信心和支持。自此，我开始系统探索中国古代音乐经济现象，并由此构建了一个相对庞大的研究计划，想从古代音乐经济现象研究出发，再拓展到近现代、当代，再到区域音乐经济史，最后宏观梳理音乐经济学的理论与方法、论域与内容，最终建构出一个具有中国特色的音乐经济学理论体系。显然，三十刚出头的我在学术的道路上豪情万丈。

　　2011年，作为浙江省首批之江青年社科学者，我获批了浙江省哲学社会科学之江青年专项课题——《江南音乐经济发展史研究》，由于课题结项时间要求只有1年，我不得不将精力集中在区域音乐经济史的研究上。所以，2017年我的第一本音乐经济史成果《江南音乐经济史》由商务印书馆出版，而《中国音乐经济史》的书稿自2009年开始撰写则一拖再拖，直到2018年才由苏州大学出版社出版了《中国音乐经济史（远古至南北朝卷）》。虽然教育部课题及时结项，但我一直希望能够写出一部通史性的著述，这也是我当时从事音乐经济学探索的一个重要规划和目标。

为了能够高效率完成《中国音乐经济史》书稿的撰写，我组建了一个学术团队，包括我的同门曹丽娜、倪高峰，以及我的硕士研究生张晨捷、黄坛笑、田瑞和博士研究生韩莉薇。组建这个团队的主要原因是基于上述几位都曾经在音乐经济史领域进行过探索，如曹丽娜的硕士论文是《唐代民间营利性乐舞的生产与流通》，倪高峰的硕士论文是《艺术经济研究：唐代宫廷乐舞生产、消费的经济基础》，张晨捷的硕士论文是《明代音乐经济研究》，黄坛笑的硕士论文是《宋代民间音乐活动中的商业化现象研究》，田瑞的硕士论文是《元代音乐经济研究》，而韩莉薇则是在我的指导下撰写了《清代音乐经济》。但是，当我把这些成果堆砌起来，进行纵向音乐经济史的梳理时，却遇到了很多问题，难以继续展开。原因有很多方面，一是因为我个人对音乐经济史研究的基本思路和观点的转变；二是基于音乐经济通史体例规范的局限；三是我撰写《江南音乐经济史》的一些新知。所以，在后续的撰写中，我把预先设计的思路和团队撰写的方式推倒重来，将江南音乐经济史的研究思路融入进来，并从远古开始逐一按历史时段去撰写和改写。需要特别指出的是，"隋唐时期的音乐经济"是借鉴和运用了倪高峰和曹丽娜的部分成果，因此两位学者也是这一章的作者；"元代的音乐经济"是在田瑞硕士论文的基础上补充完成的；"明代的音乐经济"是在张晨捷硕士论文的基础上补充完成的；"清代的音乐经济"是我和韩莉薇合作完成的。

2022年，该项目入选了国家新闻出版署"中华民族音乐传承出版工程精品出版项目"，这是对该研究的肯定。但由于我从事管理工作等原因，书稿的撰写进度相对缓慢，我在撰写过程中又对北朝和五代十国时期的音乐历史产生了浓厚的兴趣，认为里面有太多值得挖掘的内容，这导致对每一个历史时期的研究都要耗费至少半年时间。但出版工作有一定的时间限制，所以，这几年来我一直在努力写作，希望能够如期给读者呈现出一部相对系统和全面的音乐经济学领域的通史性著作。

虽然现在书稿完成并交付出版，但我心中依然有很多歉意，很多研究思路和研究心得没有系统展开。这让我常常痛苦和自责，深刻领悟了前辈学者"慎写史书"的劝告，通史性著述看似简单，实际撰写起来千难万难。

也许可以自我安慰，这一版书稿依然是我和我的团队在音乐经济学领域探索的一个阶段性成果汇报，书稿中的很多遗憾和不足，我们后续还有时间继续完善。将此书作为阶段性成果汇报，我也衷心地希望其出版能够得到学界同仁的宽容和理解，更希望学界同仁能够指正错误，以便我们今后继续完善和深化。希望这些不足和缺憾更加激励我们前进，更加坚定我在音乐经济学领域继续探索的信心。

最后，要衷心感谢参与此书编撰的同门和学生，是你们的思路给予了我很多启发，是你们的努力和前期成果完善了此书，谢谢！